浜田糸衛 生と著作 下

平塚らいてうと高群逸枝の手紙／長編小説を中心に

高良真木
高良留美子 編
吉良森子

ドメス出版

浜田糸衛（高良真木「人物」1957年4月　平塚市美術館蔵）

高知市にて（1953年10月）
コペンハーゲン婦人大会、訪ソ、訪中経験の
報告活動を行う著者（右端）

ふるさとの金比羅さまにて

平塚らいてうの色紙（1971年7月）
帰幽後五十日祭に遺族を通じて
親しい人に贈られたもの

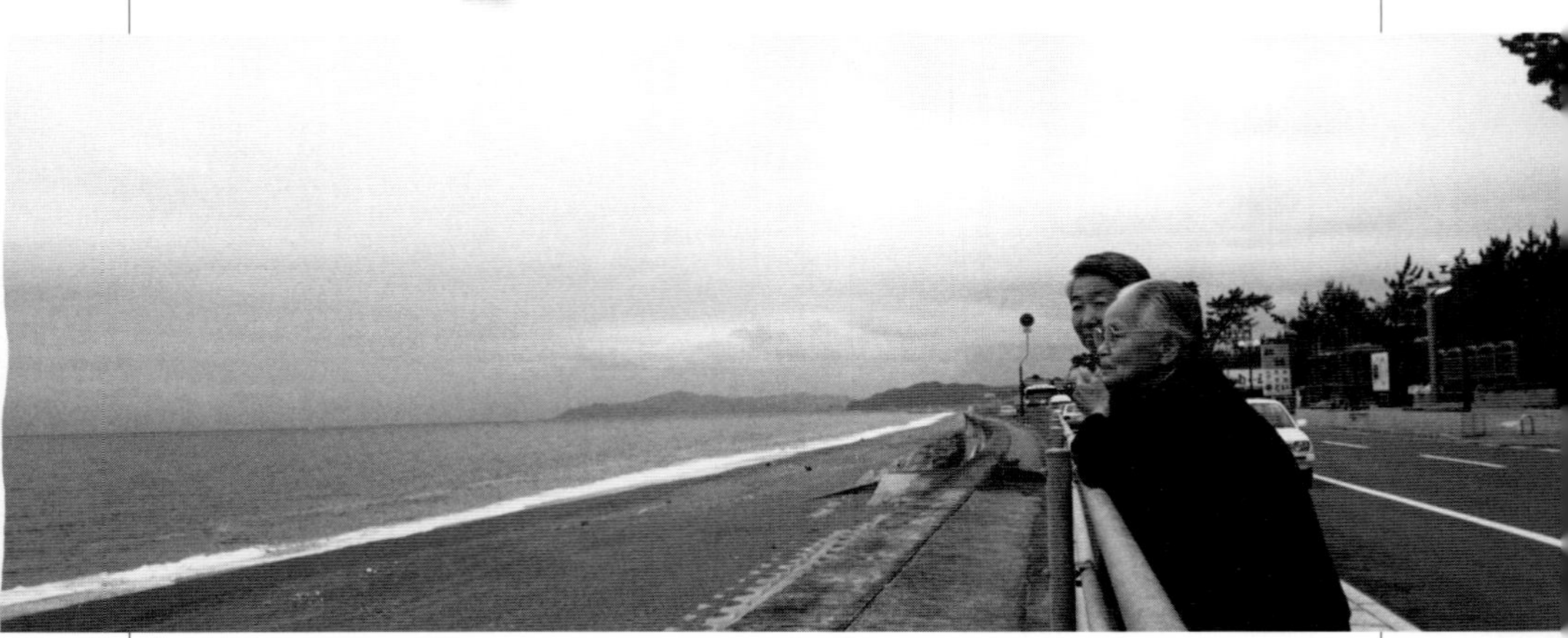

高良真木と高知にて

浜田糸衛　生と著作　下巻　平塚らいてうと高群逸枝の手紙／長編小説を中心に　もくじ

カバー絵　高良真木「赤い木黒い木」
（平塚市美術館蔵）

装丁　市川美野里

凡例

1　執筆年月日、発表誌紙、発表年月日、筆名のあるものは筆名を文末に記した。
2　数字はほぼ原文通りにした。巻末の執筆・発表年月日は著者によるものと編者によるものとを問わず、現代の表記に統一した。但し、手紙の場合は、原文のままとした。
3　旧字・旧仮名づかいは新字・新仮名づかいに改め、送り仮名は現代式に統一した。但し、手紙の場合は、旧字、新字、旧仮名、新仮名の混在も原文のままとした。
4　くり返し記号をやめ、使用度の高い副詞・接続詞等の一部の漢字表記は最小限平仮名に改めた。
5　誤字、脱字、または誤植と認められるものは検討の上、訂正した。
6　（中断）は、文章などがここで途切れていることを示すために編者が入れた。
7　読めない字やはっきり聞きとれないテープの言葉は□、著者が空けておいたところは○、著者自身が塗りつぶしたところは◎で示した。
8　亀甲パーレン〔　〕でくくったものは編者が付加した補足ないし説明である。中島〔岸田〕など。
9　題名のないものには適当なタイトルをつけ、＊（アステリスク）を付した。
10　個人名は原文のままとし、最小限の統一をした。平塚雷鳥→平塚らいてう、高田なほ子→高田なお子、など。
11　現代においては不適当と思われる語彙や差別語とされている言葉もあるが、当時の言葉としてそのままとした。
12　編注は『岩波西洋人名辞典』岩波書店、三井禮子編『現代婦人運動史年表』三一書房、『世界大百科事典』平凡社、『広辞苑』第七版、岩波書店、『近代日本総合年表』第四版、同、ジャネット・K・ボールスほか編著『フェミニズム歴史事典』明石書店、井上輝子ほか編『岩波女性学辞典』岩波書店、『日本近現代史辞典』、『日本女性史大辞典』ともに吉川弘文館、フリー百科辞典 Wikipedia などによった。

I 評論

不当追放をただすための協力のアピール

――市川房枝氏の公職追放解除のために

主題：市川房枝[一]氏の公職追放の解除について

海外の女性諸団体の方々へ

私たち婦人団体協議会[二]は、最近、市川房枝氏の公職追放の解除に関して別紙に示したように決議文[三]を作成し、連合国総司令官ダグラス・マッカーサーおよび日本政府に提出しました。私たちは日本女性の民主化をさらに十全に実現するために、市川氏の公職追放からの解放に助力してくださるようあなた方に嘆願します。私たちの大義のためにあなた方が何かを、特にマッカーサー将軍に手紙を書いてくださるなら、私たちは深く感謝いたします。

市川氏は戦後すぐに新日本婦人同盟[四]を組織し、以前からの運動の継続として、日本女性の民主化を促進するために、女性の参政権を要求し投票権の有効な活用を女性に教育する啓蒙活動を推し進めてきました。この仕事に打ち込んでいた一九四七年三月、彼女は戦争中幹部の一人として言論報国会[五]に関わっていたというお座なりの理由で追放されました。こうして彼女は新日本婦人同盟の代表の地位を奪われ、すべての公的な活動から退くことを余儀なくされました。

市川氏の公職追放に対して、直ちに追放解除のキャンペーンが、新日本婦人同盟やこの問題に関心を持つ多くの女性団体、友人先輩たちによって始められました。このキャンペーンは絶え間なく今日まで続けられています。さらにその間、アピール日本委員会は満場一致で市川氏の追放解除を決定したと言われます。それでもなお政府は一九四八年四月二九日、彼女を解放しないと発表しました。この方針は残念ながら今日まで変わっていません。

婦人団体協議会は、一九四七年に行使された女性参政権を記念する第二回女性の日、四月一〇日に、参政権運動における市川氏の多大な貢献への感謝のメッセージ(六)を伝えました。さらに協議会は婦人諸団体の名前で、市川氏の追放を取り消させるキャンペーンを継続して行うことを決定しました。

このキャンペーンは、イデオロギーや階級を超えたすべての日本女性によって支持されていると言うことができるでしょう。そしてこの事実が、市川氏が反民族主義者であり非軍国主義者であることを強く証明しているばかりでなく、彼女が民主主義の真のチャンピオンとして、また日本の将来の民主化のための平和主義の指導者として、大きな希望をもって尊敬されていることを立証しています。

一九四九年七月一八日

敬具

署名

浜田糸衛

市川房枝の公職追放解除のための特別委員会議長

婦人団体協議会

(河上友子・高良留美子訳)

編注

(一)市川房枝……一八九三〜一九八一。愛知県生。女性運動家、小学校教師・新聞記者を経て一九一八年上京。友愛会婦人部書記となり、一九年平塚らいてうとともに新婦人協会を結成。二一年渡米し婦人参政権獲得に専心することを決意。二四年婦人参政権獲得期成同盟会(翌年・婦選獲得同盟と改称)の結成に参加、婦人参政権運動の中核を担った。戦時期には婦選獲得同盟を解消(四〇年)、婦人時局研究会・婦人問題研究所を活動拠点に、婦人団体一元化や女子勤労動員など戦時下の女性政策を提言すると同時に、大日本婦人会審議員、大日本言論報国会理事などに就任。女性の社会参加と権利擁護を求めたことが結果として戦争協力につながった。戦後も婦人参政権獲得を求めて新日本婦人同盟の結成などに取り組んだが、四七年から約三年間公職追放となる。五三年参議院議員に初当選し、売春禁止、選挙と政治の浄化などに取り組む。二四年半在職し、国際婦人年など国内外の女性運動の連帯と高揚に尽力した。一九八一年没。『市川房枝集』全8巻・別巻。

(二)婦人団体協議会……略称「婦団協」。一九四九年五月結成。その参加団体は四四(のち整理統合して二八)団体であった。民婦協・婦人民主クラブ・新日本婦人同盟・民主婦人同盟・日本女子勤労連盟・婦人矯風会・YMCA・地域婦人団体協議会・日教組・国鉄・全逓その他労組婦人部・民自から共産党までの各政党婦人部などが参加した(浜田糸衛「私のかかわった戦後初期の婦人運動(一九四五〜五三年)――平和のための統一戦線を求めて」)。本著作集上巻(ドメス出版、二〇一六年)の編注(二五)参照。

民自とは一九四八年に結党された民主自由党のこと。四七年暮れに日本社会党との連立政権に反対して離党した元民主党議員からなる同志クラブ・民主クラブと、野党であった日本自由党とが合同して民主自由党を結成した。五〇年三月、民主党連立派と合同して自由党と改称した。

(三)決議文……このアピールには添付されていなかったが、「市川房枝追放解除についての決議案(全世界の婦人団体に発送す)」(本著作集上巻所収)のことであろう。

（四）新日本婦人同盟……一九四五年一一月、市川房枝が中心になり、婦人参政権獲得を目的として設立された。民主主義と男女同権の啓蒙を特徴とし、市川の公職追放解除後の五〇年一一月、日本婦人有権者同盟と改称した。

（五）言論報国会……大日本言論報国会。太平洋戦争下の言論挙国体制の団体。一九四二年一二月二三日、内閣情報局や軍部との密接な連携のもとに設立された。市川房枝は理事の一人であった。進藤久美子『市川房枝と「大東亜戦争」』（法政大学出版局、二〇一四年）参照。

（六）感謝のメッセージ……「婦人功績者に感謝の辞をおくる」および「私のかかわった戦後初期の婦人運動」（ともに本著作集上巻所収）参照。

一つの出発

高良真木[一]さんに初めて私が出遭ったのは、一九五三年のたしかまだ肌寒い季節で、彼女の母堂が参議院議員に立候補されたときで、朝鮮戦争もまだ終っていなかった。

豊中市の人の出入りのはげしい、殺風景な選挙事務所で、場ちがいな感じで、まだ少女の名ごりをどこかにとどめた一人の女性に、私は声をかけた記憶が残っている。この女性が高良とみ氏の長女であることを知った。しかし彼女はすぐセンキョの雑踏場から、かすみのように姿を消してしまったことを覚えている。

ずっとあとになって知ったことであるが、彼女は当時、政治などいう〝くだらない〟ことには全く興味がないというより、むしろ嫌悪の気持があったので、その時、奈良や京都の古寺巡礼をしたという。

その年の夏に、私はデンマークの世界婦人大会[二]とに出席することになり、はからずも同伴者の幾人かのなかに通訳者として、ふたたび高良真木さんと出遭うことになり、ソ連・東欧・中国など約三ヶ月の旅をともにした。

アメリカの大学を終えて帰国して間もない高良さんは、旅の荷物も絵道具が多く、絵は描いてはいたが、まだ、こんとんとした心の迷いの状態のなかに揺れうごいていたように、私には思われた。そのときに私のうけた、高良さんの印象は、何んと表現したらよかろうか一口にいうなら、「こわれかかった人形」という感じであった。

解放されて、まだ日も浅い新中国は、オモチャ箱をひっくりかえしたように、幾億の人民が起ち上がり、活気に充ちあふれていた。北京放送局で座談会をした時のことであったが、日本向け放送というので、一同はマイクを囲んでかなり緊張して、慎重に話しをつづけていた。ふと見ると高良さんは、まるで自分一人がそこに居るかのように、コックリ、コックリ居眠りをしていたのには、さすがの私もおどろいた。

このような高良さんの光景は、旅の間じゅう終りの日までつづいた。「高良さんは偉大な人物になろう」、わたしたち旅の仲間が、彼女におくった評価であった。

予定の仕事が全部終って、高良さんは私たちと別れて、デンマークからフランスへと一人で旅立っていった。

それから二年余りの歳月が流れて、三たび高良真木さんに出遭ったのは、一九五五年の秋ごろで、当時、実家の西宮市で療養中の私の家へ、わざわざフランスで制作した作品を二十枚ほどたずさえて見えられた。

その絵を病室の壁にはりめぐらして、私は一日じゅう一週間も見つづけたことがある。それらの作品は、一枚一枚例外なくに、さびしく、くらく、未来がかたく閉ざされたようで、いったいこれから、この人はどのように歩いてゆくだろうと私を不安な気持にした。

彼女が帰ったあとで、家人が、「高良さんは、どこか御病気があるのではなかろうか」と私に心配げにたずねたことをおぼえている。腰の辺りまで長くのばした髪を結ばず背に流して、静かに帰っていった高良さんの姿をいま思い出す。

その後、私が東京に住居を移してから、私の家の近くに高良さんは、小さいアトリエを新築された。それから、ずうっと高良さんの制作の過程を近くで見ることができた。

その頃の高良さんは、風景と静物を盛んに描きつづけていた。

フランス時代の空想的、概念的、童話風なものから、画面は全体としてやはり暗かったけれど、対象物への取り組みの烈しさからくるであろうか、時の経過の深まりとともに一層、生命の緊張感が獲得されていくように私には感じられた。

その間に、長編童話「野に帰ったバラ」に百枚近いさし絵を描き上げた。「登場する草や虫や動物が図鑑のように正確で、しかも詩を失わぬように」という著者からのきびしい注文が、見ごとに生かされ成功した、さし絵であった。

この骨の折れる仕事は、帰国後の高良さんの制作の過程で本来の詩の素質が質的に変化したことを端的に物語り示していた。と同時に、この過程は自然を媒介として、画家高良真木の世界観が否定の世界から肯定の世界への変化の過程でもあったのではなかろうか。

彼女の仕事は速いほうでは決してない。むしろおそい方で、一つの仕事を幾月もかけて念入りたんねんに進めていくほうである。人間にあてはめることが出来るとしたら、高良さんにとって一つの作品の完成は、重い難産のように私には見えるのである。

一九六六年の再度の訪中は、高良真木の世界観に決定的な転換をもたらした、と彼女は云う。

五十日近い中国旅行はかなりの強行軍であったが、高良さんは重要な役目の秘書長としての仕事を充分に果すだけでなく、夜更けまでつづく訪中団の雑務やうるさごとの処理に、睡眠も不充分の中で、あの人類未踏の文化大革命の高揚期を、ともに生きているような日々の姿は、ピンと張った弦のように美しく緊張感にあふれていた。

高良真木さんはいま、海のまだ美しい伊豆の山々の見える真鶴海岸のアトリエで、絵ととっ組みながら、地下足袋をはいて畑に物を作り、雑草刈りや、時には下肥をかつぎ、ミカンの消毒などの労働を楽しげにつづけている。それに加えて、中日友好運動者として、宣伝文を書いたり、立看板を作ったり、夜更けの街へビラはりに出かけるし、相模原で戦車を阻止するため、夜を徹して坐りこんだりもする。

一人の人間の体にすきまなく、たくさんの仕事を詰めこんでいる高良さんの生活を見ていると、人間の緊張の限度を思いときどき心配になる。

画家高良真木は、世界を変革する、という野望を頑固に秘めつづけている。

画家として高良さんを考えるとき、私には、玄初《ママ》の渦巻く渾沌がはげしいエネルギーで燃えつづけている、すさまじさを想像する。この焔が四散霧消するか、あるいは新しい世界を創造するか。高良真木さんは、ただひたむきに誠実に歩きつづけているようである。

（『美術ジャーナル』一九七三年一月号）

編注

（一）高良真木……「Ⅲ　浜田糸衛から高良真木への手紙」（一二五ページ）参照。

（二）世界婦人大会……一九五二年一二月、ウィーン諸国会議が採決した戦争の危険防止の決議を国際民婦連がとりあげ、各国に平和のアピールを送って世界平和大会を招請した。婦団連は一〇人の婦人代表団を送り、この参加を機会に日本の婦人運動の国際連帯は深まった。大会は五三年六月五日から六七カ国七〇〇〇人が参加して開催された（「コペンハーゲンへ――世界婦人大会へ正式参加」本著作集上巻参照）。

高良とみ自伝について（一）

――一九八三年の日記より

四月九日（土）

（前略）とみ女史の「非戦を生きる」（二）（自叙伝）の新しい本を、はじめて手にして、読む。なかなか読ませる面白い内容で、婦人運動（主として平和）の歴史を辿る思い。それにとみ女史は日本唯一の国際的婦人平和運動者でもある。あまり世間で、故らいてうさんのように、故市川房枝氏のように有名になっていないが、その世界的行動力は、偉大である。

四月十五日（金）

（前略）明日は若い婦人たちが来宅。日本の戦後――戦前の婦人の運動を知りたいという。現在ではたくさんの本が出ている、が、やはり、人間は同じ人間の口から目から態度から、話をききたいようだ。そして何よりも自分の好む人物から――であろうか。

※

明日の若い婦人のために、資料を調べてみた。

婦人の活躍、活動などの歴史的資料を調べる。個人的、自叙伝風の歴史には、個人の主観的思惑が入っていて、科学的、正確性を欠ぐ《ママ》。自己中心で客観性がない。その点では高良とみの伝記は、自他ともに、大らかで荒けずりで面白い。小さい私心がない。私心の強い人の文章は一方的見方であり、自己本位である。歴史は客観性に重きをおくこと。

編注

(一)高良とみ……一八九六〜一九九三。富山県生。旧姓和田。教育心理学者、政治家。日本女子大卒業後アメリカに留学し、コロンビア大学大学院で哲学の博士号を取得。九州帝国大学医学部助手を経て日本女子大教授。一九三〇年代の「生活科学」「生活合理化」運動に取り組み、四〇年大政翼賛会臨時中央協力会議に唯一の婦人議員として出席し、婦人局設置を提案。以後、戦時総動員体制の一翼を担った。しかし若き日よりタゴールに傾倒してアジアの独立に関心を寄せ、日中戦争を防ぐためガンジーを招きに行くなど平和主義者だった高良の国策協力は、複雑な過程をとった。四一年五月一三日、金子しげりら一〇人の婦人指導者とともに情報局の時局指導懇談会に呼ばれ、日本軍がインドまで征服してアジア人全体を支配すると聞いたときは、軍の進める大東亜共栄圏構想に危機感を抱いた。戦後は二期一二年参議院議員を務める。五二年日本人初のモスクワ入りを果たし、国際経済会議に出席、さらに中国に赴き第一次日中民間貿易協定を結ぶ。翌年の再訪中で、日赤など民間三団体と協力して邦人二万人の帰国を実現させた。『高良とみの生と著作』全8巻（ドメス出版）、『写真集　世界的にのびやかに――高良とみの行動的生涯』（同上）。

(二)「非戦を生きる」……『非戦《アヒンサー》を生きる――高良とみ自伝』(ドメス出版、一九八三年三月)のこと。増補改訂版、一九九八年。

Ⅱ

平塚らいてうの手紙
高群逸枝の手紙

〈付〉浜田槙尾の手紙／高良真木の手紙

平塚らいてうの手紙（原文のまま）

平塚らいてう　一八八六～一九七一。東京市生。本名明《はる》。女性運動家、思想家。日本女子大卒。在学中から哲学書や禅の修行によって自我の確立を追求。閨秀文学会に参加し、森田草平と塩原心中未遂事件を起こす。一九一一年日本初の女性による雑誌『青鞜』を発刊。創刊の辞「元始女性は太陽であった」は女性解放のマニフェストとなる。〝新しい女〟への非難・攻撃のなかで『青鞜』は文芸誌から婦人問題誌へと性格を変えていく。らいてうは自ら「私は新しい女である」と宣言した。年下の画学生奥村博（のち博史）と恋愛、家制度に抵抗して婚姻届を出さず、〝愛の共同生活〟に入る。エレン・ケイの思想の影響を受けて母性主義を主張、与謝野晶子、山川菊栄らと母性保護論争を展開。一九年市川房枝らと新婦人協会を設立、女性の政治参加を禁じた治安警察法第五条改正と花柳病男子の結婚制限法などの運動を行う。二二年前者の第二項改正の実現により婦人参政権運動への道が開けた。クロポトキンの『相互扶助論』に共鳴して内外の協同組合運動を勉強し、三〇年、協同自治の新社会建設の理念をひろめることに努める。消費組合〝我等の家〟を設立し三八年まで続けた。戦時下には天皇神格化などの錯誤もあったが、四二年茨城県取手に疎開し農耕生活をする。

戦後は新憲法の平和の精神に共鳴し、四九年世界連邦建設同盟に入会。一貫して反戦平和の女性運動の先頭に立ち、五三年日本婦人団体連合会初代会長、国際民主婦人連盟副会長。五四年ビキニ被爆事件を契機に核兵器禁止を訴え、世界母親大会と日本母親大会開催の原動力となる。七一年五月没。享年八五。『平塚らいてう著作集』全7巻・補巻。

1　一九五三年十一月七日（消印　神奈川・仙石原28・11・7）
東京都千代田区永田町衆議院第一議員会館七〇八号室
婦団連　濱田糸衛様
箱根千石高原　平塚らいてう（ペン書き）
封書、名前・住所・電話番号を記した自分の名刺（裏面はローマ字）に書きそえたものを同封

婦団連（一）事務局長濱田糸衛さんを御紹介いたします。お願ひの件の内容詳しく濱田氏よりおき丶とり下さいまして、御承諾下さいますよう私から御願ひ申上げます。先日家の者にＷＩＤＦ（二）の印刷物御届けいたさせましたが御受取り頂きましたでせうか。
こちへ《ママ》ら来る出がけ取いぞき《ママ》申し置いた事でしたが――ではどうぞよろしく。

箱根仙石高原　平塚らいてう

野上弥生子（三）様

衆議院第一議員会館七〇八号室
婦団連　濱田糸衛様

編注
（一）婦団連……正式名称は日本婦人団体連合会。平和と女性の地位向上を目指す女性団体。労働組合婦人部などの共闘組織。一九五三年四月、三十余の女性団体が参加して、全日本婦人団体連合会として結成。会長平塚らいてう、

副会長高良とみ、事務局長浜田糸衛。子どもを生み育てる母親の立場を重視し、中心スローガンを「平和憲法を守り、軍国主義の復活と反民主主義への逆コースをくいとめましょう」とした。

(二)WIDF……Women's International Democratic Federation の略。日本名は国際民主婦人連盟（略称「国際民婦連」）もしくは国際民主女性連盟。パリに本部があった。「平塚らいてうの手紙」5の編注（二）参照。

(三)野上弥生子……（一八八五～一九八五）。作家。『青鞜』に「ソニヤ・コヴァレフスキィの伝記」を連載した。代表作は長編『真知子』『迷路』『秀吉と利休』など。

2　一九五四年一月二十六日（消印　静岡・西浦29・1・27）

東京都中野区沼袋町五四九　浜田糸衛様

沼津市西浦村大瀬館　平塚らいてう（自筆）

封書、速達、BBBの200字詰原稿用紙六枚に青インクでペン書き

御多用中より詳細なご報告(一)の御手紙おそれ入りました。感謝しております。私もやっとこの静かな暖い土地に落付く事ができまして、昨年末から又少し悪化に向っていた健康をとりもどしつゝありますから御安心下さいませ。旅券出ず(二)何とも残念でした、こちらの報告書だけは十分に、早く送っておきたいものですね、旅券獲得の持久戦今後のために是非必要でしょう。

運動が具体化して行くのをうれしく思います。議員との懇談会はいろ〳〵な点で、効果的でしょう、婦人議員達を刺激する意味でも。いよ〳〵国会□会御多忙を御案し(ママ)するばかりです。

○静岡市の婦人教員研究協議会には、当日（二十二日）の朝、電報で短いメッセージ送りました。そちらでお書き御□□いたゞいたのでしたら、それに越した事はなかったのですが、私は日教組からの直接の文書を見たり、

静岡新聞の記事を読んだりして黙していられない衝動を感じ、その朝三キロもある江梨という郵便局所在地へ宿のものを使に出し、そこから電話で、電報を打って貰った次第です。御諒承下さい。堀さんの御労《ママ》を感謝します。西園寺さん（三）の応援にお西下の事よろこんでいます。東京宅とこちらと両方へ電報が来ましたので、二十四日メッセージ送りましたから、よろしく御願いいたします。

○京都の比エおろしでさぞ寒い事でしょう、私の娘夫婦が大津市石山近江学園におりますので、それにも協力するよう申しやりましたところ、選挙事務所に早速婿が西園寺氏をお訪ねした様子では、秘書も周囲の方たちも皆自信満々で、西園寺氏も私たち婦人の協力をたいへんよろこんでいられたそうです。娘（曙生《アケミ》）は小さい子持ちですから、心はあってもお手傳は無理かと思いますが、友人知人に支持勧誘はせい〴〵しているようです。是非かたせたいものです。平和のために。

神奈川縣婦人大会には御出席下さいますよし　安心しました。私の旧友――新婦人協会時代、評議員をしていた元小学校教員の菊池ミツという人（逗子に居住し、平和運動に今熱心に奔走している未亡人です）、婦・団・連の会員になっていやしないでしょうか。――を通じてメッセージの依頼を正月早々から受けていますので、承諾はしておきました。あなたかけるなら御かきいただきたいのですが、また書けません《ママ》し、間に合はない場合は、直接送っておきますからよろしきよう御願いいたします。菊池氏は子供もなく全く孤独で、小学校教員の恩給で生活をしている人、平和のために働きたいとしきりに申されますから、今後こちらからよびかければよろこんではたらく人で、私と同い年の老人ですが、実にマメでよく動くからだで口も達者です。しかし何といっても年のせいで頭は少々旧く、それになか〳〵おてんぐで、クセのあることはやむを得ませんが決してわるい人ではありません。いらしたらお会いになってやって下さい。

○大瀬は全く通信も不便な僻地で、夏の海水浴のための旅館、大瀬館というのが町に一軒建っているだけ、人の住む家もないところで、冬中ば《ママ》沼津から大瀬行のバスも天候次第で、出たり出なかったりで、あてになりません、出さへすれば沼津から二時間で来るのです。途中の三津とか江梨までなら毎日来ますけれど。そんな不便なところですから、お忙しいおからた《ママ》でお出下さるのはあまり済みません、時々の報告を頂ければ私として十分有難く思っています。不審の事あればこちらから手紙で御たづねいたしますから。

内部にいろ〳〵一寸した誤解から起る問題など私は決してそう気にしたり、それて《ママ》動揺したりなどしていませんから御安心下さい。何事も小さいうちに曝発《ママ》させ、ふっとばしてしまへばいゝので、あまり気にしない事です。御安心下さい。皆さんご活躍を期待しているばかりです。

濱田様　今バスが来ましたのでそれに託します、大急ぎで書きました。ご判読下さい

編注

(一)ご報告……解説「平塚らいてう晩年の活動」（本巻所収）15節参照。

(二)旅券出ず……編注（一）に同じ。

(三)西園寺さん……西園寺公一《きんかず》。一九〇六～九三。元老西園寺公望《きんもち》の孫。オックスフォード大卒。外務省の嘱託。近衛文麿のブレーンとなり対中国、対英米和平外交で活躍するが一九四一年ゾルゲ事件に連座する。四七年参議院議員。五四年、京都市長選挙に出馬したが落選。五八年一家をあげて北京に渡り、日中間の友好、交渉の窓口となり、民間大使と呼ばれた。

3　一九五四年七月二十二日（消印　茨城・取手29・7・23）

西宮市松園町一七二　濱田糸衛様

茨城縣小文間村平塚方にて　らいてう（自筆）

葉書、青インクでペン書き

（前不明）×がつゞき、その間にはへと〲に疲れてねてしまったりして、御礼のひと言も申あげず時を過してしまひました。お許し下さい。

国際民婦連の日本評議員の第一回の集りはやっといたしました、病中の丸岡氏（一）宅に出かけて開きました、何とかこれですべり出せるでしょう。健康なしには何もできません　どうぞ静養を専一に、そして元気を回復して下さい、その日を御待ちいたします。私も今ちょっと東京をのがれ小貝川べりの緑の里、老母の家で休息しています、二十四日帰京、婦団連の方々にお會いする筈です。

編注

（一）丸岡氏……丸岡秀子。一九〇三～九〇。長野県生。評論家。奈良女子高等師範学校卒。川村女学院教諭。消費組合運動や生活改善の啓蒙活動に携わる。戦中は夫と共に北京に渡る。戦後は消費者運動や日本母親大会の開催などに努力し、日教組教研集会の講師を務めた。一貫して農村女性の立場にたち、その地位の向上に貢献した。

4　一九五四年十二月七日（消印　茨城・取手29・12・8）
西ノ宮市松園町一七二　浜田糸衛様
茨城縣北相馬郡小文間村戸田井　平塚雷鳥（自筆）
葉書一枚目、青インクでペン書き

先日は御手紙ありがとう御座いました。御快方と承り何よりうれしく心強く存じます。なほこの度は関西の諸新聞（李女史（一）と私の握手している写真の出ているもの）わざ〳〵御送り頂きうれしく御礼申上げます。あなたの御病状のことといつも心にかゝり乍ら、手にあまる仕事と心に負いきれぬ責任とで、お恥かしい事には余力なく落着いて御見舞の手紙一つ書けない始末でした事御許し下さい。李女史の歓迎準備（二）や歓迎の催しその他で事務局はとても大多忙、私も少し疲れましたのと、書かねばならない仕事もあって、東京を去り、逗子海岸に居りましたところ、老母病気の電報（三）で、取るものもとりあへず表記に参り、只今手掌波中（四）です、九十才で◉

編注

（一）李女史……李徳全《りとくぜん》（リー・トーチュアン）。中国の政治家。一八九六〜一九七二。河北省生。牧師の家に生まれ、北京協和女子大卒。一九二五年西北軍閥の頭領でクリスチャン・ゼネラルと呼ばれた馮玉祥《ふうぎょくしょう》と結婚。抗日戦中は南京・重慶で女性運動を指導した。中華人民共和国成立後は中国紅十字会会長などを歴任。五三年日本人の帰国に尽くし、五四年と五七年に来日し、大歓迎を受けた。五八年中国共産党に入党。六五年中国人民政治協商会議副主席。

（二）李女史の歓迎準備……一九五四（昭29）年一〇月三〇日、婦団連主催の中国紅十字会会長李徳全女史歓迎会が一ツ橋如水会館で開かれ、らいてうは出席して挨拶を述べた。翌日、らいてうは李女史を宿舎の帝国ホテルに訪ねて歓談した。

(三)老母病気の電報……らいてうの母光沢《つや》は一二月一一日、九一歳で永眠。

(四)掌波……らいてうは一九三九年に中山貞子を知り、掌波療法による治療を受け、これを機縁として掌波療法を修得した。手のひら療治などともいう。

5　一九五四年十二月七日（消印　茨城・取手29・12・8）

西ノ宮市松園町一七二　浜田糸衛様

茨城縣北相馬郡小文間村戸田井　平塚らいてう（自筆）

葉書二枚目、青インクでペン書き

◉もう衰弱も加はっていますので、今年一杯位もてば幸と存じております。

こんな次第で、高田なほ氏(一)帰朝を迎え、国際民婦連(二)の日本評議員會開催、明一月二十六―三十日まで、ジュネーブで開かれる評議員会(三)へ、日本代表を送ることや、日本からの提案、又提出されている議題についての意見などについて協議するよう、遠藤国際部長まで申出ておきました。それで過日（三日）にその会があった筈です。私は残念乍ら出席出来ませんでしたが。あなたからの御手紙のご趣旨は、当日の会に間に合うようこちらから通知いたしました。

来年は世界母親大会が開かれますので、その準備もあります、あなたが御快方になられ、ＷＩＤＦ関係の仕事の方だけでもおやり頂けるようによくなっていただきたいと思います。

私は何としても会長としての大きな責任にはからだも頭も堪えられません。実は李徳全女史の歓迎を無事済ませたところで、やめさせて頂きたいと考えていたのです。慰労会でも開いてその席上で幹事諸氏にこの事を願い出る考へでいたところ、母の急病で、出先きから当地に参り、その機をまだ得ぬ次第です。あなたの健康の回復を祈ります。

編注

(一)高田なほ氏……高田なほ子、高田なお子。一九〇五~九一。福島県生。政治家。〈WIDF評議会について〉(23ページ)の編注(二)参照。教員出身の女性運動のリーダー。福島女子師範学校卒業後教職につき、戦後は社会党設立とともに初の女性党員。日教組設立に加わって初代婦人部長となる。五〇年社会党から参議院議員に当選、以後二期一二年間議員を務め、教員、とくに女性教員の地位向上に努力した。日教組婦人部代表として世界婦人大会に出席。同部の中心として女性運動・平和運動を促進した。

(二)国際民婦連……国際民主婦人連盟の略。英語名の略称WIDF。一九四五年一一月、フランス婦人同盟の提唱で五〇カ国の婦人がパリに参集し、戦後最初に開催された国際会議で創立された。綱領は①ファシズムの根絶と民主主義の強化ならびに永続的な平和の確立。②文化・政治・経済・法律その他すべての領域での男女同権の実現。③母性の幸福と児童の生活・健康・教育の保護。参加団体は年々増加し、世界母親大会(五五年)、世界婦人労働者会議(五六年)の開催などひろく活動した。機関誌は"Woman"。日本からも理事・評議員などとして数名が参加した。四九年一月勝目テルが会長、五三年平塚らいてうが副会長になる。

(三)評議員会……一九五五(昭30)年、二月初旬に開かれた。「平塚らいてうの手紙」7の〈小川智子の手紙〉の編注(四)参照。

6　一九五四年十二月二十一日（消印　茨城・取手29・12・21）

西宮市松園町　浜田糸衛様

茨城県北相馬郡小文間村戸田井　平塚らいてう（自筆）

葉書、鉛筆書き

結構なようかん御送りいたゞきましてありがとう御座いました。母の霊前に供へさせて頂き、あと一同で賞味いたしました。その後御からだおよろしい方に向っていらっしゃいます事何よりです。今度ご上京のときは是非お目にかゝり度く、御待ちいたします。国際部の遠藤さん先日来の多忙で〝病気〟再発御気の毒に思います。お互に無理をしないで気長くやる事です。どうぞあなたもこの冬をお障りなく御過し下さい。私は、昨日母の十日祭（一）をすませましたので、一先づ帰京するつもりです。取込み中で御礼おくれました。いづれ落付《ママ》きました上万〳〵。

編注

（一）母の十日祭……神道の死者のための祭。らいてうは母光沢の葬儀を、近くの神社の神主に依頼して簡素に取り行なった。

7　一九五五年九月三十日（消印　東京□□30・10・1）

西宮市松園町一七二　浜田糸衛様

東京都世田谷区成城町三六四　平塚らいてう（ボールペン書き、おそらく小川氏による）

封書、小川智子の手紙以外はカーボン紙によるコピー

〈ＷＩＤＦ評議会について〉　秋深くなってまいりました。評議員のみなさんもそれ〴〵御活躍の御様子およろ

こび申上げます。

このたびＷＩＤＦ書記長アンジェラ・ミネラさんから、同封のようなお手紙と電報をいただきました。来る十一月二日から四日までモスクワでＷＩＤＦの執行局会議が開かれます。昨年の十一月二、三日に開かれた執行局会議には髙田なほ子さんがおいで下さいまして、原水爆禁止の訴え（一）をして下さいました。またここでは母親大会の提案（二）がされました。大そう意義深かったことと存じます。

このたびの執行局会議にもどなたか出席していただきたいと存じますし、日本からの報告も出さなければいけないと思います。またＷＩＤＦ本部から駐在員派遣の要望も出ております。私もＷＩＤＦの規約のこともよく聞きたいと思います。

早く評議委員会を開いていただきたいと存じます。執行局会議のこと、ＷＩＤＦの十周年記念論文についても御相談致したく存じます。

評議員みなさま方の御都合を伺います。

九月廿六日　　　　平塚らいてう

ＷＩＤＦ評議員皆様

編注

（一）原水爆禁止の訴え……一九五四年三月、太平洋のビキニ環礁におけるアメリカの水爆実験により、日本のマグロ漁船第5福竜丸の乗組員が被爆した。放射能汚染で大量の魚が廃棄され、危機感を持った東京の主婦らは原水爆禁止署名運動に立ち上がった。それはたちまち全国に広がり、九月、放射能障害で入院中だった久保山愛吉が死去、運動は一層の高まりを見せた。集まった署名は三〇〇〇万とされている。八月、広島で原水爆禁止世界大会が開かれた。

婦団連会長の平塚らいてうは五四年一一月の国際民婦連（ＷＩＤＦ）の会議に出席した高田なお子に、原水爆の製造、実験、使用禁止を全世界の婦人に訴えた「日本婦人の訴え」を託し、日本の女性たちの原水爆禁止のための立ち上がりをアピールした。

(二)母親大会の提案……らいてうのアピールを受けて、国際民婦連は一九五五年七月の世界母親大会開催を決めた。この大会は予定通りスイスのローザンヌで開かれ、世界六八カ国が参加した。

〈手紙〉copy

Berlin, 10th September 1955

Mrs. Raicho HIRATSUKA

Vice President of the W.I.D.F.

Dear Friend,

Towards the end of this year there will be a very important date for the women's movement, namely the Tenth Anniversary of the founding of the Women's International Democratic Federation which was constituted at the International Women's Congress held in Paris from November 26th to December 1st 1945.

The Bureau of the W.I.D.F. which will probably meet in Moscow at the end of October or beginning of November, will discuss the celebration of this Anniversary and will certainly make some proposals in connection with celebrating this important date.

The Secretariat has already decided to publish in the review "Women of the Whole World", articles on the ten years of the W.I.D.F. and what this has meant for the development of the international women's movement, and to send them to national organisations and journals. Such articles should develop this idea either in general or from the point of view of specific aspects such as the contribution the W.I.D.F. in the fight for peace, development of friendship between women from different countries, development of the struggle for the rights of women and the defence of children, and international campaigns, actions and demonstrations in which the W.I.D.F. has participated.

The Secretariat also feels that it would be a good idea to issue a really good publication which would recall the history of the W.I.D.F., its activities and struggles.

We take the liberty of asking you whether you, as a Vice-President of the Federation, would write an article concerning one or more of the subjects suggested by us. Such an article should express in a very lively and human way your feelings, impressions and personal experiences in your activities as a leader of the women's movement, both nationally and internationally.

We shall be very glad if you will send us such an article as early as possible or hand in to us at the next Bureau meeting in October or alternatively write to us giving your opinions and suggestions in relation to our proposals.

If you need material to work from, we can send it to you.

We thank you very heartily for any help may be able to you give through your suggestions or through your articles for a worthy celebration of the Tenth Anniversary of the W.I.D.F.

With our warmest greetings,

Angiela, MINELLA

General Secretary

〈電報〉copy　9月23日着

RAICHO HIRATSUKA

BUREAU MEETING FIXED NOVEMBER SECOND THIHS FOURTH MOSCW STOP LETTER FOLLOWS

ANGIELA MINELLA

〈手紙の訳、編者による。ただしドイツ人の英語のためか一部やや不明確〉

ベルリン、一九五五年九月十日

平塚らいてう　様

W・I・D・F副会長

拝啓
　今年の末にむけて、婦人運動にとって非常に重要な日、すなわち一九四五年十一月二十六日から十二月一日までパリで開催された国際婦人大会において設立された、国際民主婦人連盟の設立十周年記念日があります。十月末あるいは十一月初旬にモスクワで開かれるW・I・D・F執行局会議は、この記念日の祝典を議論し、この重要な日の祝賀に関する幾つかの提案をするはずです。

　事務局はすでにW・I・D・Fの数年間についての、またそれが国際婦人運動の発展のために意味したことについての複数の文章を〝世界婦人〟誌に発表し、それらを各国の組織や定期刊行物に送ることを決定しました。これらの文章はこの計画を、全般的にも、あるいは平和のための闘い、異なる国々の女性間の友情の発展、女性の権利と子どもの保護、そしてW・I・D・Fが参加してきた国際的なキャンペーン、行動、デモンストレーション等におけるW・I・D・Fの貢献などの特殊な局面においても、発展させなければなりません。

　執行局はまた、W・I・D・Fとその諸活動や闘いの歴史を思い出させる本当によい出版物を出すことは、よい考えだと感じています。

　あなたは連盟の副会長として、私たちの提案する一、二の主題について文章をお書きになりませんか。そのような文章はあなたの婦人運動のリーダーとしての国内的・国際的な諸活動における感情や印象、そして個人的な経験を非常にいきいきと、また人間的に表現するべきでしょう。

　もしあなたがそのような文章をできるだけ速く私たちに送ってくださるか、十月に開かれる次の事務局会議で私たちに手渡してくださるか、あるいは私たちの提案についてのあなたのご意見と示唆を書いてくだされば、大変うれしく存じます。

もしあなたが仕事のための資料が必要なら、私たちはそれを送ることができます。
あなたが提案を通して、あるいは文章をとおして、Ｗ・Ｉ・Ｄ・Ｆ十周年にふさわしい祝典のために与えてくださることのできるご助力を、心から感謝いたします。

敬具

アンジェラ・ミネラ
事務局長

〈電報の訳、編者による。ただしTHIHS FOURTHは不明〉

らいてう 平塚 宛

執行局会議ハ一一月二日モスクワニ決定アトフミ　アンジェラ・ミネラ

〈小川智子(一)の手紙〉

御無沙汰しました。おからだ如何ですか。
ＷＩＤＦからの手紙が来て、早急に評議員会が開かれることになりました。羽仁先生(二)、高田先生、千葉先生(三)、丸岡先生ともお元気で、この頃は評議員会が開かれています。浜田さんと北さんが御病気なので、淋しいです。平塚先生もＷＩＤＦとの連絡について非常に心配して下さいます。
評議員会で今、ＷＩＤＦの駐在員のことを討議しておられます。駐在員については、今年二月母親大会準備のために羽仁さん、丸岡さん、高良さんがＷＩＤＦ評議会(四)にいらしたときに、ＷＩＤＦ本部からお話があり、又、婦団連にもお手紙がまいりました。母親大会でいらした河崎なつ先生(五)にも中国から駐在していらっしゃる楊さん

（浜田さんもお会いになりましたでしょう）が、とくに河崎先生にもお話になられました由です。評議員会としては、責任もってこの駐在員をおくりたいということをきめておられます。ＷＩＤＦ本部に駐在する人が出来れば、国内での国際連帯運動も今までより大きくなって来ると思います。今、こうして運動が進んで来ましたのも浜田さん方の世界婦人大会報告活動が大きい原因になっていると思います。

それから、平塚先生が御病気でおひきこもりがちなのですが、大へんＷＩＤＦの副会長の仕事を心配していらっしゃいます。私どもがと丶か《ママ》ないので、本当に御心配ばかりおかけしているのです。評議会では、先生が御病弱なことはじめからわかっていたことですし、評議員の方々が全部仕事を分担するということで、まとまっております。勿論私どももそう考えております。平塚先生は、たび〳〵副会長や評議員の任期はいつなのかとおっしゃいますが、私も不勉強で、先生にお答えできないでおります。実は私は、任期よりも、こ丶暫くは任期など別にして、ずっと先生に副会長になっていたゞくべきだと考えております。

浜田さんがおいでになられました頃、任期のことなどはＷＩＤＦ書記局で話がありましたでしょうか。今頃、しかも御気分のすぐれないところへこんなことを伺うのは誠に不見識なことではありますが、御気分よろしければおしらせいただけないでしょうか。いろ〳〵のことを問題にする人もおりますので。私も責任を痛感しております。

婦団連もＷＩＤＦにつながるべきだ（加入すべきだ）という意見も出ておりまして嬉しく思っております。今度の総会などで討論されるかとも存じます。

ＷＩＤＦ評議員としての日本での仕事をす丶めるために評議員の方々が一ヶ月五百円づつ負担して下さって連絡費、事務費にあてています。御病気でお休みの浜田さん北さんにはおしらせだけしておきましょうという皆さん方の御意見ですので、とりあえずおしらせ致します。

気候もわるいですが、早くよくなって下さいますよう。婦団連のことも評議員のことも、もっとまめにおしらせしなければいけないのですが、印刷物だけで失礼しております。

あと一つ伺いたいことがありますが、世界婦人大会からお帰りの折おもち下さいましたタイプライター沼袋のおうちにございましょうか。いよ〳〵国際連帯の仕事がさかんになったので事務所にタイプをおかないと不便になってきました。おゆるしを得ますれば、さくらさんと連絡して、沼袋のおうちにいただきに上りたいと思いますので、御一報下さいますよう。

久しぶりの手紙に、お気持をわずらわすようなことばかりかきまして申わけありません。くれ〴〵もお大事に。いずれゆっくりお話申上げる機会もあると存じます。

鈴木さん、芳子さんからよろしく申されました。

九月卅日　　　　　　　　　　　　小川智子

浜田糸衛様

編注
(一)小川智子……婦団連の幹事（『日本労働年鑑』第27集）。
(二)羽仁先生……羽仁説子。一九〇三〜八七。東京市生。教育運動家。羽仁吉一《よしかず》と羽仁もと子の長女で、自由学園卒。

『婦人之友』記者、農村セツルメントの託児所などを経て幼児生活団を開始。幼児を中心に生活教育に取り組む。四六年婦人民主クラブの創設に参加。「日本子どもを守る会」初代副会長、のち会長。同会代表として世界婦人大会に参加。全国幼年教育研究協議会会長。

(三)千葉先生……千葉千代世。一九〇七～九一。千葉県生。政治家。東京文化女学校専門部卒。一五歳で上京、書生をしながら家庭科教師、保健婦の資格を取る。港区の小学校の学校衛生婦、養護訓導。四五年社会党結党と同時に入党。日教組婦人部長となり、平塚らいてうや市川房枝らと交流。世界婦人大会に参加。五九～六五年参議院議員。七六年衆議院議員を一期務めた。

(四)WIDF評議会……世界母親大会準備会として一九五五年二月スイスのジュネーブで開かれ、羽仁、丸岡、高良、鶴見和子、本多喜美（医師）が出席した。平塚らいてうの手紙7の編注（一）（二）参照。高良とみが広島・長崎の原爆被曝報告をし、世界母親大会開催のアピールを発表した。

(五)河崎なつ……一八八九～一九六六。奈良県生。女性運動家。教育者。東京女子大学国語教授。新婦人協会に参加、また文化学院の創設に関わる。女性の法的権利の獲得と母性に関わる運動に取り組んだ。戦後は社会党の参議院議員を務め、一九五五年日本母親大会事務局長、「母親がかわれば社会がかわる」と訴え、母親運動の基礎を築いた。

8　一九五五年十月十六日（消印　千歳30・10・17）

西宮市松園町一七二　浜田糸衛様

東京都世田谷区成城三六四　平塚らいてう（自筆）

封書、コクヨの便箋に青インクでペン書き

いつも心ならずも御無沙汰いたしておりますが、御快方のようでおよろこび申上げております。過日は早速に御返事頂き確に拝讀、評議員会に御意見を伝えました。実は私はこの夏をずっと田舎で静養いたし、だいぶんよい状態になったと思って九月中旬久々で帰京いたしましたが、俄に生活が変り、面会人が重ったり、いろ〳〵心を労することがあったためか、自分ではそう無理をしたつもりもないのでしたけれど、血圧が急にたいへん高くなりまして、一日に何回となく、頭がふら〳〵して気が遠くなり、その度に右の耳の近くで、ひどい金属性の、機械かなにかが、すれ合うような大きな不快な音が聞え、どうにも不気味でなりませんでした。それ以来又安静を命ぜられ、今もって引籠っている次第です。昨今血圧もよほど下り、心臓の苦しさもなく、危険は脱しましたけれど、こんな状態で、殆ど仕事は出来ず、婦團連の会長としての、又ＷＩＤＦの副会長として重責は、いよ〳〵堪えられませんので　今度という今度は何としても辞任させて頂く決心で、辞意を表明し、後任を決定する事を願い出てあります。

ＷＩＤＦの日本評議員の諸婦《ママ》は羽仁さんにしても高田さんにしても、丸岡さんにしてもみなそれ〴〵の御仕事で手一杯で、評議員会を開くことさえ容易でないのが現状です。羽仁さんは評議員の代表者を引受けていられるのですけれど、御不在がちで、殆ど何もしては頂けませんし、会にも出席されない方が多いのではないかと思います。今度も書記局から電報で催促があり、ようやく一昨日羽仁さんが、今度の執行局会議に出席下さること御引受けて下さったので、まず〳〵一安心いたしたような次第です。しかし御持病があって医者の診断云々の条件がついていますので、差し迫って又いつぞやのような事を繰返えさねばいゝがと案じています。千葉さんに御足労願はうという事に最初なったようですが、日教組の方がどうしてもだめなのです。北さんからは御病気があり遠隔の地にいて評議員會にも出席不能だからというような理由で、御返事と一緒に評議員の解任願を送って来られました。

私は今度執行局会議のあるのを機会に副会長をもっと実際に働ける若い者にとりかえ、そして評議員も新しいメンバーをも少し加えて――あまり自分の忙〔し〕い仕事をもたない人を選んで――日本評議員會を強化しなければ、現状ではだめだと思います。ＷＩＤＦが日本に期待し、いろ〳〵申出てくるのにこたえる事もできない恥かしいこと、無責任なことばかりだと思うのです。私は今度の母親大会〔一〕でもつく〴〵責任を感じましたので、母親大会がすんだら、すぐ辞任する決心で、とにかく国際準備委員をやむなく、これが最後と観念して引受けた次第でした。私の窮状を御察し下さい。そして、後任の副会長について、又評議員についてのあなたの御考えを御示し下さい。今の役員はいはゞあなたに選ばれたものなのですから。あなたが御健康だったら、そして中心になっていて下さったら、こんな事ではなかったでしょう。これ以上のことを申上げればグチになりますからやめます。私は私の無力をかなしんでいるのです。とにかくもう責任がもてない心身の状態にあります事を御推察願って御許しを乞ひます。

あなたの御健康と御復帰を切に祈ります。

やっとこれだけの手紙かきました。とうに一度かき度く思っても気力なく筆とれなかったのです。ごめんなさい。

十月十六日　　　らいてう

浜田糸衛様

編注

(一)今度の母親大会……第一回母親大会、一九五五年六月に東京で開かれ、全国から二〇〇〇人の母親が集まった。彼女たちは涙ながらに戦中・戦後の苦労を語り、「涙の母親大会」といわれている。その背景には五三年の世界婦人大会への参加と日本婦人大会の開催、ビキニ水爆被爆後の原水爆禁止署名運動での女性たちの活動と平和運動の高揚、日教組の女性教師による全国的な母と女教師の会の存在があった。日本母親大会は一四人の代表を選んで七月の世界母親大会に送った。この手紙によると、らいてうはその国際準備委員を引き受けている。

9　一九五六年六月十二日（消印　千歳31・6・13）
西宮市松園町一七二　浜田糸衛様
東京都世田谷区成城三六四　電話（略）平塚らいてう（名前は自筆墨書、白い封筒に印刷）
封書、半透明のルーズリーフに青インクでペン書き

御帰りになってからお疲れが出ました事でしょう。御案じいたします。ＷＩＤＦの新規則についての訳文（一）御留守宅より御送り頂きありがとうございました。その後婦團連事務局からは早く話し合いの機会をつくれ、実行委員会も早く発足せねば又間に合はぬ、十二日は婦團連の常幹の例会だから、それまでにはっきりした返事をもらいたい。一日のばしになっている状態では困ると申入れがありますので、評議員との連絡にせい〳〵骨を折りましたけれど、丸岡さんは過労から心臓の発作でたいへん御苦しみになったそうでずっと安静を命ぜられ、ここ一ヶ月くらいは何も出来ないとの御家の方を通しての御言葉ですし、羽仁さんはあれきり、もう五郎さん（二）の選挙で、お電話さへ預けない始末、千葉さんには速達を御自宅宛にしましたけれど、東京にはもういられないのでしょう今もって御返事がありません。この分では選挙がすまねばどうにも集まれそうもありません、唯一のたよりにしていたあなたは御不在ですし、私はひとりでいろ〳〵熟考の上、理屈はともあれ、現実としては評議員が評議員として今働けないのが事実なのですから、といって、時はそう〳〵待ってはくれませんし、たいへん独断のよう

でその点申訳ありませんけれど、当面のお客様招待は、先頃河崎さんの御宅での会合の折の決定通り、婦團連が主となって、やってほしいそして母親連絡會と一体となって、八月下旬の母親大會開催の時期にでも御迎へ出来るよう早く進めてほしい、評議員團はむろん出来るだけの協力はすると、……こんな風に申入れました。種々な実状御賢察下さいまして、こんな方法をとりました事をどうぞ御了承下さい。
高良さんは昨日船でおたちになりました。(三) それについては話もありますけれど御面會の上で。いよ〳〵本格的な梅雨期で、私は毎日治療をつづけ、どうやら過してはおりますけれど、高血圧の方油断出来ぬよう注意されますので、今月末には遅くも東京を離れたいと考へております。いつ頃御上京ですか、お待ち申上げております。

六月十二日

らいてう

浜田糸衛様

編注

(一)訳文……これ以後、浜田糸衛が平塚らいてうに送った英語からの訳文はすべて高良真木による。
(二)五郎さん……羽仁五郎。一九〇一〜八三。歴史家(マルクス主義歴史学・歴史哲学・現代史)。羽仁説子の夫。「彼女が独立の女性として成長することを期待して」婿入りし、森姓から羽仁姓に変わった。一九四七年から五六年まで革新系参議院議員として活動した。
(三)「高良さん」以下。……高良とみは一九五六年六月一一日、海路東南アジア諸港を経てヨーロッパへ行き、英国の婦人会議に出席した。留美子がパリまで同行し、翌年二月まで滞在。

10　一九五六年六月二十七日（消印　千歳31・6・28）
西宮市松園町五四九《ママ》　浜田糸衛様
東京都世田谷区成城三六四　平塚らいてう（9と同じ）
封書、けいのない紙に青インクでペン書き

浜田糸衛様　　六月二十七日　　らいてう

その後おからだの調子はいかゝですか、何□□にも梅雨期で弱いものにはいけませんね。御察し申上げます、過日は御手紙それからＷＩＤＦへの手紙、原文、訳文とも確に落手、拝見いたしました。なほ東京の御留守宅からの北京評議員會の決議文の飜訳も次々と届いております、お心づかい恐縮に存じます。

その後のこちらからの御報告はおくれて申訳ありませんでしたが、婦團連常幹の人たちが中軸となって原水爆禁止日本評議会の方々ともお話し合いの結果、この度来日を予定さ《ママ》していたＷＩＤＦ代表の各国のお客さま（あの五人）を八月六日からはじまる原水爆禁止世界大會（一）に招待し、八月二十四日から二十六日までの第二母親大會まで滞在して頂くという事に意見がまとまりました。原水爆禁止協議會（二）の方からはもうだいぶん前にＷＩＤＦ宛とコットン（三）夫人とへ別々に八・六世界大会の招待状が出ているのだそうで、最近でもう三回目も出したとか、英國やインドの夫人もぜひ御出席してほしいとの希望です。それで婦團連と共同でおよびするような形に運ばれることになり、こちらから至急手紙をＷＩＤＦへ出す事に丁度なっていたところでした。

それで、あなたがお書き下さった手紙（経過報告をかねたもの）に、さらに、具体的な御招待についてのこちらからの提案をかき加え、先方からの返事を要求するように大急ぎで、とりはからいました。一両日中に発送します。

小川智子さんがいろ〳〵骨を折ってやっていて下さいます。実行委員會の発足を急いでほしいと要求しましたけれど、今となってはＷＩＤＦからの確実な返事を受取ってからでないとへんなものだ、返事の来たあとの方がやり易いというのが智子さんの意見でした。尤も常幹が昨日あるから細い相談をする云々ということでした。選挙が済みましたら……といって御待ちしています。羽仁さんからは五郎さんの選挙のおハガキがあったきりです。みなさま善戦中大変なのでしょう。

私は毎日電気の治療をつゞけ、どうにかやっていますうちに、はや六月も終らうとしていますので、七、八月は茨城の小貝川べりの家で、今年もまた静に過したいと願っております。

丸岡さんはたいへんおよろしい方らしく、お風呂にも久々ではいられ、近く大学病院に行って診察をうけられるのだとか、数日前承りました。どうぞあなたにも御大事に。御上京はいつ頃でしょう御無理でしょうか委員は。

乱筆ほんとにごめんなさい。

編注

(一)原水爆禁止世界大會……一九五六年八月六日から長崎で開かれた第二回原水爆禁止世界大会。

(二)原水爆禁止協議會……原水爆禁止日本協議会、略称日本原水協または原水協。一九五五年に反核・平和運動組織として出発した。毎年八月に原水爆禁止世界大会を開催するほか、各地で核兵器廃絶を掲げた運動を展開する。

(三)コットン夫人……ウージェニー・コットン。フランスの物理学者。国際民婦連（ＷＩＤＦ）会長。物理学者マリー・キュリーの愛弟子で、第二次世界大戦中は反ナチ抵抗運動で二度も逮捕された。原水爆には反対したが、原子力の平和利用は人類のため、とくに母親の毎日の仕事のために役立つと考えていた。

11　一九五六年、日付なし（消印　千歳31・7・8）

西宮市松園町一七二　浜田糸衛様

東京都世田谷区成城町三六四　平塚らいてう（自筆）

葉書、黒インクでペン書き

御必勝を期待し、祈っております。

昨日ＷＩＤＦのミネラ女史からモニカフエルトンさんとマリー　クラウド　ヴェリラン・コウチュリア《ママ》さんが原水爆世界大会に出席されるからヴィザをたのむ云々の電報昨日私方に入りました、こちらからのこの前来日の予定の方々招待についての手紙とかけ違ったのは残念です。右だけ取あへず御知らせ申上げます。

選挙すませ、東京を離れますので小川智子さんにあとおたのみしました。原水爆禁止協議会ともすぐ連絡しました。

12　一九五六年七月十一日（消印　千歳31・7・11）

西宮市松園町一七二　浜田糸衛様

東京都世田谷区成城町　平塚らいてう（自筆）

葉書、青インクでペン書き

毎日うっとうしい事です。その後おからだの調子いかゞでしょうか、御上京御無理なのでしょうか。選挙も終りましたので、丸岡さんもだいぶん御快方のようですし、早く評議員が一度お集りして頂きたいと思います。いろ〳〵御報告もたまりましたし、婦団連の常幹との會合も御客様をいよ〳〵お迎えするについて出来るだけ早く願はねばなりません。常幹の方々からも評議員の御希望や御意見をうかゞい、協力をいろ〳〵な点で御願ひしたいからと要求してきておりますので。何やかともち込まれ私はまだ東京を離れられません。

ＷＩＤＦに手紙は出しましたからご安心下さい

13　一九五六年七月十三日（消印　東京・砧31・7・14、西宮31・7・15）

西宮市松園町一七二　浜田糸衛様

東京都世田谷区成城町三六二《ママ》　平塚らいてう（自筆）

葉書、速達、青インクでペン書き、表にも書きこみ（一）

前便で申上げました婦団連常幹の方たちとＷＩＤＦ評議員方々との會合は、この十七日（火）午後四時から六時まで、参議院会館第四カイ室でいたします。羽仁、高田、千葉の諸婦《ママ》も今度はお揃い出席されますから、あなたも御暑いときでほんとに御苦労ですけれどおからだの方さへ大丈夫でしたらどうぞ御上京願いたいものです。評議員だけの集りをその前にもちたいと考えておりましたけれど、選挙がすみましてもまだなか〳〵お忙しかったり、疲れていられたりして早く集れそうもありませんし、そのため婦団連の方たちとの集りをおくらすことは事情が許しませんので、このように取りきめました。

マリー　クラウトさんは八月一日パリをたち、モニカ　フェルトンさんは八月三日東京につく予定の電報入りました。□□に御上京を御待ち申上げます。御返事どうぞおきかせ下さい。何れお目にかかって……。

こんな次第で私も東京をなか〳〵離れさせてもらえません。

七月十三日

編注

（二）ＷＩＤＦ評議員方々……マリー・クロード（副会長）、モニカ・フェルトン、ヴェリラン・クーチュリエの三人だと思われる。八月六日からの長崎での第二回原水爆禁止世界大会に出席したあと、二二日らいてうの成城の家を訪問した。なお二六日には同じく民婦連代表として来日した許広平（魯迅《ろじん》夫人）が訪れ、博史ともども感慨深い交歓の時を持った。

14　一九五九年、一月二十日（消印　千歳34・1・21）

中野区沼袋町五四九　浜田糸衛様

東京都世田谷区成城町五三〇　電話（略）平塚らいてう（名前は自筆墨書、茶封筒に印刷）

封書、住所電話番号、名入りの、うす茶のけいの便箋に鉛筆書き

土佐紙　拝受、とてもうれしく心あたゝまるおもいです。ありがとうござ《ママ》います。

前年頂きましたもの　クーチュリエさんに少しおわけいたし、あとを大切についこの間まで使はせて頂いていたところへ、たくさん又頂きしあわせを感じています。

早速この間中　伊豆山や熱海を歩いて出来ました駄句（おわらいものですけれど）かいて見ました。御禮の心ばかりに御目にかけます。

旧臘は御多忙中を　アルバニア婦人からの手紙お訳し頂きありがとう御座いました。曙生（娘）夫婦と孫三人暮れの二十七日から正月六日まで久々で上京、この狭い家に滞在していまして、すっかりゴタ〳〵し、そのためとう〳〵私は疲れきって熱海へ逃げ出し数日前帰宅いたしましたようなわけで、折角早く訳して頂いた手紙もま

だあのままになっています。又どうぞ何かと御願いいたしたいものです。

丁度この成城の家（一）は実に日あたりよく、家にいる方却て暖かなのでこの冬はもうどこにも出ないでぢっと家で冬籠りのつもりです。

とりあえず御禮まで

浜田糸衛様

編注

（一）この成城の家……らいてう夫妻は前年の一九五八年五月、騒音がひどくなった成城町の家を売却し、七月一三日、成城町五三〇番地の新居に移った。そのため住所が変わっている。ただし次の15では前の印刷封筒を使っている。

15　一九五九年十二月二十日（消印　34・12・21）

中野区沼袋町五四九　浜田糸衛様

東京都世田谷区成城町三六二　平塚らいてう（印刷、14と同じ）

封書、KOKUYOの便箋に青インクでペン書き

遠方、御寒い中をわざ〳〵いらして下さいましたのにあんな事になり、さぞがっかりなさったでしょう。私もがっかりしてしまいました。ほんとに御気の毒、かつ残念でなりません。実は私は奥の寝室でねていたのでした、一人きりですから、カーテンを引き、ガラス戸もすっかり閉めてはおきましたが、玄関の音には注意していたつもりでしたが、やはり耳も遠くなっているのでしょう、それに前夜よく眠られませんでしたので、少しウト〳〵

していたのかもしれません。

これではいよ〱留守番役もつとまらなくなりましたね。ほんとにごめんなさい。

いろ〱お心のこもった品ありがとう。あの小石はどれもそれぞれにすばらしく思います、どんなところで手に入れられたものですか、自然の不可思議というのを石ほどもっているものはない気がしますね。あの一つ〱がどれだけの長い時代を、歴史をもっていることでしょう。何ともいえぬ渋い、美しい色、傷。あの味わい。

春になりましたら、今度におこりなくもう一度お出かけ下さいませ。この冬はどこにも避寒に出かけないつもりです。今度の家は日あたりよく暖《ママ》がですから。

どうぞよい新年をお迎えなさいませ。御元気祈ります。高良女史の娘さん（ついお名が浮びません）よい仕事（一）をしていられるのでしょうね。奥村（二）はお作を高群さん（三）の御宅で拝見して、たいへん感激していました。勉強されるよう祈ります。そのうち私も作品を見せてほしいとおもっています。乱筆ですみません

十二月二十日　らいてう

浜田糸衛様

編注

（一）よい仕事……高良真木の画業のこと。
（二）奥村……奥村博史。洋画家。平塚らいてうの夫。「平塚らいてうの手紙」32の編注（一）参照。
（三）高群さん……高群逸枝。「高群逸枝の手紙」（92ページ）参照。

16　一九六〇年十一月二十四日（切手なし）
中野区沼袋町　浜田糸衛様
東京都世田谷区成城町五三〇、電話（略）　平塚らいてう（名前は自筆墨書、私製郵便はがきに印刷）
葉書、黒インクでペン書き

お兄様の御当選（一）を心からうれしく、およろこびいたします。過日はまた御国名産のうるめ丸干たくさん御恵贈にあづかり、いつも乍らの御厚情感謝しております。これは骨くるみ《ママ》頂ける食養（二）的なもので、かつ滋味にとみ、私ともは常々（二本ぐらいづゝ毎日）好んで頂いているものです。頂戴した品はさすがにきれいに、よく出来上ったもので味も上々です。ご本早く拝見したく過日理論社の主人に電話しました。もうしばらくとの話で、高良さん（三）も今社に見え御《ママ》られるとのこと。いつもその日を待っています。もう御帰京でしょうか。

編注

（一）お兄様の御当選……浜田糸衛の兄正信（一九〇二〜六七）は淀川製鋼の設立者で、のち社長。一九六〇年一一月二〇日の衆議院選挙で高知県から立候補し、二期目の当選を果たした。自民党、三木・松村派で、早くから日中貿易を提唱した。

（二）食養……一九三八年一一月、らいてうの母光沢《みつ》が腎盂《じんう》炎にかかり、「食養」を行なう下谷の双塩病院に入院したものをきっかけに、らいてうは「食養」を研究、実行しはじめた。五三年八月には桜沢如一《ゆきかず》の真生活協会道場に入り、厳密な食養法によって体質改善をはかった。

（三）高良さん……高良真木。

17　一九六一年一月八日（消印　千歳36・1・10）

中野区沼袋町五四九　浜田糸衛様

世田谷区成城町五三〇　平塚らいてう（印刷、9と同じ）

封書、速達、住所、電話番号入り、うす茶色のけいの平塚らいてうの便箋に、表書きと共にみどり色のボールペン書き

新年おめでとうございます。

はやぐ〜の御賀状うれしく拝見いたしました。

本年が希望多き年であるよう感じられ、欲ばった期待をもっています。御健康と御精進を祈ります。

お正月早々恐縮ですが、封入の英文をなるへ《ママ》く早く和訳頂きたいのですが、御迷惑でしょうか。願へれば幸です。突然かってを申しすみません。

私は六日に帰京しました。茨城の実家で姉、義兄　姪たちといっしょに賑やかな正月をして参りました。姉は七十六、義兄は八十。とてもよろこばれました。本年かき初めの色紙その内御笑覧に入れます。

高良眞木さんによろしく。一九六一年一月八日

浜田糸衛様

18　一九六一年一月十八日（消印　千歳36・1・19、中野36・1・20）
中野区沼袋町五四九　浜田糸衛様
東京都世田谷区成城町五三〇　平塚らいてう（印刷、14と同じ）
封書、速達、17と同じ平塚らいてうの便箋に黒インクでペン書き

先夜は寒い風の中を遠路おいで頂き何とも恐縮でした。ほんとにおさわがせしました、ありがとうございます。車でせめて成城駅まで御送りさせればよかったと雨戸をしめながら風の冷たさに驚き、後悔していました。

二十一日夜の報告會の招待券二枚、ともかく御送りいたします。御気がむいたらおでかけ下さい。どなたかさし上げて下さっても結構。婦團連からすでに送っているかともおもいますけれど。私は寒いためかこのところからだの調子わるく、すっかり弱り込んでいます。　明

浜田様

一□本さん（一）から一昨日電話で、「野にかへ《ママ》ったバラ」この八日ころ頂きましたが、まだ御読《ママ》しませんからよろしくとのこと。浜田さんがああいうものをお書きになる方とは知らなかったと少し驚いている様子

編注

（一）一□本さん……「一枝さん」と書きかけて消すのを忘れたのではないだろうか。富本一枝のことと推察する。

19　一九六一年四月二十六日（消印　□□砧□□□26）

中野区沼袋町五四九　浜田糸衛様

世田谷区成城町五三〇　平塚らいてう（印刷、14と同じ）

封書、速達、平塚らいてうの濃い赤茶色のけいの便箋に黒インクでペン書き

この間は五人展においで下さいましたそうでありがとうございます。あいにくその時刻に奥村は文化学院の創立四十周年會にちょっと顔を出さねばならず、出かけていましたときでたいへん失礼いたしました。おふたり御帰りになったすぐあともどったそうで残念がっていました。

安達太良山の岳温泉の御話をおもい出し、来月連休の終ったあとくらいに（五月八・九・一〇日あたり）行きたいと念じておりますが、御話の旅館に御紹介願えないでしょうか。五百圓程度でしたらありがたいことです。からだの調子さえよければ裏バンダイへも足をのばしたく、福崎の鈴木天明さん（婦團連のもと会員）のリンゴ園によりリンゴの花盛りも見たいと欲ばっています。

高群さんの詩碑(一)か《ママ》御郷里に建ちますそうでよろこんでいますが、その建設費(二)は御郷里の方だけでなく、東京でも集めた方がいゝのぢゃないのでしょうか、どのようなことになっているのでしょう。もしそうでしたら私もほんの心ばかりのことさして頂きたいとおもいます。御しらせ下さい。御電話でも願えれば幸。

明日は実に久しぶりで青鞜社の人々の内輪の集(三)りをやります。五、六人程度でしょうけれど。今年九月は創刊五十年ですから回《ママ》に出ても話し合って見るつもりです。

らいてう

奥村からよろしく申上ております。　四月二十六日

浜田糸衛様

編注

(一)高群さんの詩碑……高群逸枝の「望郷子守唄の碑」。

(二)建設費……らいてうのこの提案を受けて浜田糸衛が動き、らいてうを責任者に、連絡所を浜田宅におき、三九人(のち大河内一男の参加があって四〇人)の呼びかけ人連名で、案内ハガキが高群逸枝の人と事業に関連ある各方面に出された。碑は一九六二年一月一八日、熊本県松橋町久具寄田神社境内で除幕式が行なわれた。らいてうが「ごあいさつ」を寄せ、奥村博史が代読した。浜田、高良も出席した。らいてうのあいさつ「火の女火の国に帰る―除幕式祝辞―」は『平塚らいてう著作集』7(大月書店、一九八四)に収録。

(三)青鞜社の人々の内輪の集り……『平塚らいてう著作集　補巻』(大月書店、一九八四年)の「平塚らいてう　年譜」には、一九六一(昭和三六)年の項に「一〇月一八日『青鞜　五〇周年』に際し、成城の中山家を会場に借り社員物故者一九名の慰霊を行なう。出席者富本一枝、原田琴子、神近市子、小林歌津、生田花世、遠藤初子、和田光子、らいてう」とある。四月二七日の会は、そのための話し合いの会だったように思われる。

20　一九六一年五月四日(消印　千歳36・5・4)

中野区沼袋町五四九　浜田糸衛様

東京都世田谷区成城町五三〇　平塚らいてう(16と同じ)

葉書、黒インクでペン書き

わざ〳〵おいで頂き恐れ入りました。疲れている時で失礼いたしました。今朝(四日)速達ありがとうございます。九日元気でたてるようにしたいと念じています。

高群さんの「今昔の歌」(一) ほんとにありました。すっかり忘れていました。やはりモウロクしたというのでしょうか。高良さんによろしく。

編注

(一)「今昔の歌」……高群逸枝『今昔の歌』は一九五九年七月、講談社刊。「熊本日日新聞」夕刊に連載された短文を集めたもので、のち『高群逸枝全集9』(理論社、一九六六年)に収録された。

21　一九六一年五月十日(消印　二本松36・5・11)(一)

東京都中野区沼袋町五四九　浜田糸衛様

岳温泉しゃくなげ荘　平塚らいてう(自筆)

国立公園・安達太良山連峰の絵葉書、青インクでペン書き、表に俳句二句

お陰でしゃくなげ荘に落つきました。十畳位の展望のよい部屋で幸福を満喫しています。遠藤さんが二本松に出迎えにおいで下され、一晩泊って、今朝お帰りになりました。恐縮しています。昨夕車中で望んだ安達太良山連峰の静かなのびやかな線、優雅な色は何ともいえません。これから食事をすませて、近くに散歩に出るつもり。ありがとう御座いました。

(絵葉書の表に)

菜の花や安達太良山はまだら雪

山の湯の秋のしゞまの遠蛙

編注

（一）消印……消印は鮮明に36（一九六一年）・5・11とある。「平塚らいてう　年譜」（『平塚らいてう著作集』補巻、大月書店、一九八四年）は、この旅行を一九六〇年五月としているが、一九六一年五月だったことが判明した。

なお、らいてうは一九四七年に成城居住の女性たちの句作グループに加わり、中村汀女の指導を受けた。作品を句誌『風花』に発表していた。

22　一九六一年五月十六日（消印不鮮明）

東京都中野区沼袋町五四九　浜田糸衛様

福島県奥飯坂穴原温泉古川屋にて　平塚らいてう（印刷、14と同じ）

封書、平塚らいてうの名と住所、電話番号入りのうす茶色の便箋に、エメラルド色のボールペン書き

東京はいかゝ《ママ》、御元気と存じます。私どもはその後遠藤さんの御好意で、昨十五日まで岳温泉に滞在しました。その間方々へ御案内いただきました。第一日は蛇ヶ鼻の牡丹園に、雨中の藤とぼたんを見に行き（本宮町）第二日は二本松市の見学（市役所の方の御案内）で霞ヶ城公園はじめ黒塚の安達ヶ原鬼婆の住みかまでも。長沼（高村）智恵(二)さんの生家に立ち学生時代の智恵子をしのび感慨無量でした。第三日は（十四日）どうしてもスキー場から塩沢温泉への山道を歩き度く、出来れば湯川渓谷まで行き度くて車で、三人で出かけほんとにたのしい時を過しました。いづれそのときのことゝか委しくお目にかゝって御話しいたします。遠藤さんは御勤めの方を休んでまで行届いたサービスをして下さいまして御禮の言葉のない次第、どうぞあなたからもよろしく願います。同

じ部屋に起居し、ちっとも気のおけない方ですっかり親しくなりました。
十五日夕　当穴原温泉に参りました。飯坂温泉の奥で、飯坂と違い、まことに静かなよいところです。十七日まで滞在、帰京します。たのしい旅をしましたことをあなたに感謝しています。

五月十六日　　平塚らいてう

浜田　様

編注

(一)長沼（高村）智恵さん……長沼（高村）智恵子。一八八六〜一九三八。福島県安達郡油井村の酒造家の家に生まれる。洋画家。日本女子大学校家政学部でらいてうと顔見知りだった。青鞜社に参加し、創刊号の表紙絵を描く。彫刻家・高村光太郎と恋愛し結婚したが、生活と絵画制作との矛盾から次第に行きづまる。実家長沼家が破産。一九三一年統合失調症を発病、病中で紙絵制作を始める。

23　一九六一年七月二十八日（消印　千歳36・7・28）

中野区沼袋町五四九　浜田糸衛様御内

東京都世田谷区成城町五三〇　平塚らいてう（印刷、14と同じ）

封書、平塚らいてうの濃い赤茶色のけいの便箋に黒のボールペン書き

同封、松村金銀店の指輪のサイズ用型紙

毎日きびしいお暑さですが　皆さま御元気と存じます。
先日はありがとうございさ《ママ》いました。浜田様はもう信州へおたちでしょうね。指環のサイズをとる型紙、御送りいた

しますのがたいへんおくれましたが、どうぞこれを西宮ノのお姉さまの方へ御送り下さいませ。御願いいたします、かたいくらいにおはかりになるようにして頂きます。さもないと出来上りが、とかくゆるくなりますので。おはめになってみて少しかたいとお感じになる番号を御知らせ下さい。ではよろしく御願いいたします。（型紙《ママ》はわざ〳〵返送頂きませんでもおはがきで何号か数字だけ御知らせ願へれば結構です。　□□のみ　明

七月二十七日

浜田　様御内

24　一九六二年　日付なし（消印　千歳6・20）

中野区沼袋町五四九　浜田糸衛様

東京都世田谷区成城三六四《ママ》　平塚らいてう（印刷、14と同じ）

封書、声明文と小新聞「人類更生」を同封

声明

科学者京都会議（一）

一九六二年五月九日

人類の成員としてこの地球上に生れあわせた私たちは、居住する地域や保持する信条のいかんにかかわらず、私たちすべてに共通する重大な問題に直面していることを認めざるを得ません。いうまでもなく、それは人類が今後も存続し繁栄

しつづけてゆくか、戦争によって破滅するか、という問題であります。原子爆弾が出現して以来、今日までの間に、核兵器とその運搬手段とは著しい発達をとげました。その結果、現在すでに人類は、それらの使用によって自らを全体的に抹殺し得るにいたったと推定されております。それにもかかわらず、軍備強化の競争は依然として続いているのであります。この問題への解答は、もちろん、人類の破滅ではなく、その存続の方途を示すものでなければなりません。

現代の人類がこのような恐るべき事態の中におかれていることを認識している人々の数は、この数年間に急速に増大してきました。このことは国際世論の推移から見ても明らかであります。

今から七年前のラッセル卿と故アインシュタイン博士とを提唱者とする声明に始まるパグウォッシュ科学者会議（二）は、一九五七年以来八回にわたって開かれ、この問題の解決のための努力を重ねてきました。会議には毎回、米ソ両国をふくむ多数の国々の科学者が個人の資格で参加し、国籍やイデオロギーの相違をこえ、「全体的破滅をさけるという目標は他のあらゆる目標に優位せねばならぬ」という原則のもとに真剣な討議を行ない、多くの点で一致に達しました。

しかし、問題は大きく、この解決のためには、さまざまの角度からの検討が必要であります。それぞれの国の中でも、この種の国際会議のほかに、目標を同じくした会合の開かれることが望ましいのであります。

核兵器による災害を経験し、また戦争放棄を明記した憲法を有するわが国は、世界平和のために特別な貢献ができるはずであります。とくに、核戦争による人類破滅の危険が増大しつつある今日、私たちは日本国憲法第九条が、制定当時にもまして、大きな新しい意義をもつにいたったことを確認するとともに、平和に対する責任をあらためて強調したいと思います。

そこで、パグウォッシュ会議に出席した日本の科学者のよびかけによって、ラッセル＝アインシュタイン声明の精神に共感するものたちが、ここ京都に集まり、第一回の科学者会議を開き、三日間にわたって自由かつ真剣な討議を行ないました。その結果、次の諸点について意見の一致を見たのであります。

(1)　科学は私たちの生きている世界に内在する真理の発見によって、人類に貢献してきました。しかし、科学にもとづいて技術的に実現し得ることのすべてが、人間にとって、また人類全体にとって望ましいものとはいえません。科学の発見した真理を、人類の福祉と平和にのみ役立てるためには、科学者をふくむすべての人が、科学の成果の誤用、悪用を防ぐことに不断の努力をつづけなければならないのであります。

(2) 戦争がもはや、国際間の諸問題を解決する手段となり得ないことは、昨秋発表された軍縮交渉のための米ソ共同宣言においても確認されております。にもかかわらず、核兵器の保持による威嚇が平和の維持に役立っているという見解が、依然として根強く主張されています。しかし、この考え方はきわめて危険であるといわねばなりません。大量殺戮兵器による抑止政策がとられる限り、相対峙する諸国は必然的に、より大きな報復力の保持につとめ、ますます巨大な戦争遂行能力をもつことになるからです。その結果はかえって不安定な軍事情勢をもたらし、偶発事故をまたずとも、戦力や情勢に対する誤った判断などにもとづく戦争勃発の危険を増大させることになります。したがって、核兵器による戦争抑止の政策は、戦争廃絶の方向に逆行するものであり、私たちはこれに反対せざるをえないのであります。

(3) 核兵器実験は、多量の放射性物質をまきちらし、人類に遺伝的および身体的障害をひき起します。この理由だけからも、それは当然禁止されなければなりませんが、それにおとらず重要なのは、核兵器実験によって軍備競争が激化し、ますます国際緊張を強め、ひいては核戦争の危険を増大することであります。

核兵器実験のうち、大気圏および水中での核爆発実験は容易に探知、識別できることが認められており、しかもこれらの実験は、人類に与える障害と軍備競争におよぼす影響がとくに大きいと考えられますので、ただちに禁止されねばなりません。さらに私たちは、すべての核兵器保有国の参加した、いっさいの核兵器実験の禁止協定が一日も早く結ばれることを強く要望します。

(4) 全面完全軍備撤廃への希望を、全会一致で採択した国際連合総会の決議を思いおこすまでもなく、真の解決は核兵器をふくむ軍備の縮小、さらに進んでは、完全な軍備撤廃が実現される以外にはありません。

目下ジュネーブで行なわれている一八カ国軍縮委員会に、戦争防止のために有効と思われる多くの具体的提案が出されていることは、私たちに希望をいだかせます。とくにその中でも、厳格にして効果的な国際管理のもとにおける、核兵器運搬手段の廃棄と、他国の領土に置かれている軍事基地撤去とが、できるだけ早い時期に実現されることが望ましいと考えます。

(5) 軍縮の実現が、必然的に不況につながると考えて軍縮を拒否すべきでなく、むしろ積極的にこれにとりくむことによって、新しい道を開くべきであると考えます。

最近公にされた国連諮問委員会の報告書「軍縮の経済的、社会的影響」も結論において、その可能性を指摘しています。開発のおくれている国々の生活水準の向上、自然の改造、科学における大規模な共同研究の実施など、軍縮によって解放される資源をもって実現しうる、積極的な目標には限りがないのであります。全面軍縮によって可能となる全人類の向上と繁栄を考えますと、その意義は倍加するといえるでしょう。

しかし、軍縮の実現にともなう各国経済、世界経済の構造的転換の方途をはじめとして、なお多くの解明されなければならない問題が残されています。とくに、軍縮と日本の経済との関係について、長期的観点に立って十分に検討されることが必要であると考えます。

(6) 戦争と軍備競争に終止符をうち、全面完全軍縮の達成によって、新しい平和の時代をつくりだすことは、今日全人類が自らの運命をかけて行なわなければならない歴史的大事業であります。この問題は、政治、経済、科学、思想、宗教などと深くむすびついているので、あらゆる分野の人々が、衆知を集めて真剣に検討することが望ましいと考えます。

これらの切実な諸問題に直面して、私たちの思考は、国家主権だけを絶対視する現状を越えて、新しい次元に向って開かれなければなりません。核兵器競争で如実に示されている国家的利己主義を打破するには、高い道義的理念とそれにもとづく新しい法秩序を、広範な視野に立って検討することが、極めて有意義であると考えます。

この会議においては、「核兵器と軍縮」、「軍縮と経済」、「科学時代のモラル」、「世界平和と日本国憲法」に関する諸問題を中心議題として討論が進められましたが、私たちは率直かつ真剣な討議を通じて、このような会議をひきつづき行なうことが、きわめて有意義であることを確認し、この会議を科学者京都会議と呼ぶことにしました。今後の会議において残された諸問題を含め、より広く、またより深い検討がなされるでありましょう。ここに声明された私たちの見解に対して、多くの活発な意見の出ることを期待いたします。

一九六二年五月九日　京都にて

○江上不二夫　○大内　兵衛　大佛　次郎　○茅　誠司　○川端　康成　○菊池　正士
桑原　武夫　坂田　昌一　田島　英三　田中慎次郎　谷川　徹三　都留　重人
朝永振一郎　○南原　繁　○平塚らいてう　福島　要一　○三村　剛昂　三宅　泰雄
宮沢　俊義　湯川　秀樹　○我妻　栄

○印の者は都合により出席できず　あとから署名した

〈編者付記〉「声明」と一緒に「人類更生」と題する四頁の小新聞第1～第4号が同封されていた。発行人　今成覚禅、編輯者　木ノ下雅堂、発行所　福井市常盤木町孝顕寺内　第三文化協会。第1号の余白にらいてうの黒いペン書きの通信が記されている。

「御覧願えれば幸です。たいへん御無〔沙〕汰しました。姉が亡くなったり、私がまた眼底出血で安静を命ぜられたり、忙しいことが起こりゴタゴタしていました。いづれ御便りします。白内障が進み読書もかくこともすっかり無精になりました。／今成師は道元禅の修業〔行〕をした人。福井の孝顕寺の住職です。八十才くらい《ママ》老僧で病の床でこれを書いていています。」

　らいてうの姉孝（恭子）が死去したのは、一九六二年四月一六日のことだった。「人類更生」の内容については「解説」参照。

編注

(一)科学者京都会議……パグウォッシュ科学者会議〈編注(二)参照〉の国内版として、湯川秀樹、朝永振一郎、坂田昌一の三博士の呼びかけによりつくられた会議。一九六二年〜八一年に四回の会議を主催して核兵器の全廃と戦争廃絶を訴えた。

(二)パグウォッシュ科学者会議……正式には科学と世界の諸問題に関するパグウォッシュ会議。すべての核兵器およびすべての戦争の廃絶を訴える。科学者による国際会議である。バートランド・ラッセルとアルベルト・アインシュタインによるラッセル＝アインシュタイン宣言での呼びかけを受け、一一人の著名な科学者によって一九五五年に創設された。五七年七月、カナダ・ノバスコシア州パグウォッシュで、湯川秀樹、朝永振一郎ら、一〇カ国二二人の科学者が集まって第一回の会議が開かれた。しかし第二回会議以降、核兵器に対する評価は変化し、各兵器廃絶論に対して核抑止論が会議に定着し始めた。この声明には、核抑止政策や国家の利己主義による核兵器競争への反論が書かれている。

25　一九六三年七月十三日（消印　千歳38・7・13）

中野区沼袋町五四九　浜田糸衛様　高良眞木様

東京都世田谷区成城町五三〇　平塚らいてう（印刷、16と同じ）

葉書、黒いボールペン書き

昨日御送りしましたコットンさんの近著、どうぞ御暇に御覧頂きたいとおもいます。佛語の全然わからない私は内容がよくわかりませんけれど、キュウリー一家の人たちのことが——今まで日本に知られている以外の多くのことが書かれているのではないかと察します。もしそうだとすればあれを適当な方に翻訳して頂いて日本で出すことは意義ある仕事のようにおもいます。写真もいろ〳〵珍らしいものが入っているのではないでしょうか。とにかく御二方の御意見をきかせて頂きたいのです。高良さんの御仕事にでもなければいっ《ママ》そううれしいことに思はれます。

あの本は、去る日（五月初旬でしたか）櫛田氏(一)がフランス婦人同盟の総會に出席されたときコットン夫人から直接托されたものです。

ではどうぞ。

平塚らいてう（墨書、印刷）

編注

（一）櫛田氏……櫛田ふき。一八九九〜二〇〇一。山口県生。女性運動家。一九四六年婦人民主クラブ結成に参加し、書記長となる。五三年婦団連常任委員、五八年第三代会長に就任、その死まで在任した。六二年新日本婦人会の結成に参加し、代表委員となる。日本母親大会、原水爆禁止世界大会などにも尽力、七五年には国際民婦連の副会長になり、数多くの国際会議に出席した。「らいてうの手紙」44に出てくる「ベトナム母と子の医療・保健センター」設立運動にも力を注ぎ募金一億円をベトナムに贈った。

26　一九六三年、日付なし（消印　千歳38・7・22）
中野区沼袋町五四九　浜田糸衛様
東京都世田谷区成城町五三〇　平塚らいてう（印刷、16と同じ）
葉書、黒いボールペン書き

突然かってな御願いいたしましたところ早速おしらべ頂き、資料（一）御送り下さいましてありがとうございます。評議員についての御手紙も拝受、いろいろありがとう御座います。御厄介おかけいたしました。評議員のこと又私の副会長就任の件については、あの当時のこともう少し承りたいのですが、私只今発熱俯床中につきそれは又、改めて御煩はしいたし度。以上御礼のみ一言。

編注

（一）資料……コットン夫人の著書の内容がわかる資料、たとえば目次などを高良真木が訳したものではないだろうか。
次の27から31までは、高良あての通信となる。

27　一九六三年八月十九日（消印　千歳38・8・19）
中野区沼袋町五四八　高良真木様
東京都世田谷区成城町五三〇　平塚らいてう（印刷、16と同じ）
葉書一枚目、黒いボールペン書き

ほんとに〳〵ありがとうこさ《ママ》います。
御手紙も本もたしかに頂きました　お暑い中、突然かってな御願いいたしましたのにあんなに

(1)委しく読み、そしておきかせ下さって、御禮の言葉もありません。とてもうれしいのです　感謝し、感謝しているのです。

何度も手紙をかこうとしたり、せめて電話をかけて一言て《ママ》も早く御禮をいいたいと思ったり

28　宛名などは27と同じ。

葉書二枚目、黒いボールペン書き

心の中て《ママ》は繰返しているのですけれど、それがなか〳〵実行て《ママ》きないのです。代筆させるのもいやで、心ならずもおくれました。

(2)今日はいくらか筆をとる元気かて《ママ》ましたので乱筆で御禮だけ申します。

やはり適当なお方を見出してほん訳したいものですね、

もう少し健康を回復した上で改めて御便りします。浜田さんにそえよろしく

29　宛名などは27と同じ。

葉書三枚目、黒いボールペン書き

コットン夫人に実はまたご《ママ》本を頂いたことに対し　何のごあいさつもしてないことも気にかゝることの一つです。本の内容を知った上でと思ったのと、すぐ日本で翻訳して出したいように

(3)感じたものですから御禮といっしょに、その御許しも願えればなどいろ〳〵考えておくれていたのです。

御礼状（英佛いづれでも）かんたんでけっこうですから　御厄介かけついでといってはどうかとおもいますが

御早めに願えれば幸です。

30　一九六三年十月二十四日（消印　千歳38・10・24）
中野区沼袋町五四八　高良眞木様　平信
東京都世田谷区成城町五三〇　平塚らいてう（印刷、14と同じ）
封書、けいのない、三羽の鳥の模様入りの便箋に黒いボールペン書き

その後御無沙汰しております。

先日あなたをお煩はしいたしましたマダム　コットンへの手紙に対し、たいへんていねいな御返事をいたゞきました。ほんとうにありがとう御座います。日本語訳出版の希望についてももちろんよろこんで来られ、そしてエディタアの手紙の写しというのが同封されてありました。こゝに封入いたしますから　どうぞ御暇のとき御読み下さい、お願いいたします。

浜田さん御元気ですか、よろしく御傳え下さい。

遠藤さんは東京においでのように、うかゞったかと思いますが、もう御帰りになったのでしょうか、三ヶ月であったか、三週間だったかと記憶がぼんやりしていますので。もしまだ東京でしたら御宿を御知らせ下さい。いつもかってのお願いのみ御許し下さい。

十月二十四日　平塚らいてう

高良眞木様

（欄外に）砧生協は高群さんへの配給（一）をうまくやってくれていますかしら。明

編注

（一）高群さんへの配給……浜田糸衛と高良真木は高群逸枝の栄養状態がよくないのを心配して、一九六三年九月一四日から「栄養補給の会」を始めた。堀場清子『高群逸枝の生涯——年譜と著作』（ドメス出版、二〇〇九年）に掲載された九月一四日と一五日の記事は次のようなものだ。高群が翌年六月七日に死去したため、一年間も続けられなかったのだが……。

9・14「午後5—9時浜田・高良さん。／高群への栄養補給の会第一回次のとおり。／葱五本、胡瓜二本。プロトン・トーフ、焼肉、麩、ソーセージ、カステラ、卵、ブドウ。／会は浜田・高良・中島和子、らいてう夫妻など十五、六人で発足と。／らいてうさんの紹介で、砧生活協同組合成城支部から週一回届けると（三年間）。月一回デパートから届けることに変更してもらうよう話す」（『共用日記』）。

9・15「（略）両人静養。補給品食事はじめ」（『共用日記』）。「高群逸枝の手紙」11の編注（一）参照。

31　一九六三年十月三十日（消印　千歳38・10・31）

中野区沼袋町五四八　高良眞木様

東京都世田谷区成城町五三〇　平塚らいてう（印刷、16と同じ）

葉書、黒いボールペン書き

早速御知らせ下さいましてありがとうこさい《ママ》ます。この上はなるべく早くよい訳者と出版者《ママ》を見つけることに努力いたしましょう。「婦人科学者の會」の方に早速あたって見ますが、どうぞあなたもお心あたりありましたら

御知らせ下さい。浜田さま□御帰りになりましたらよろしく。

実は奥村が昨日、急に入院することになり、何かとせわしく、御禮のみ、いずれ又。（奥村の病気は特に心配なものではないのですから、御安心下さい）。

32　一九六四年四月（消印　千歳39・4・7）
中野区沼袋町五四九　浜田糸衛様
世田谷区成城町五三〇　電話（略）　平塚らいてう（印刷、白い角封筒に活字で）
封書、印刷

拝啓、陽春の候となりました、益々ご清祥のこと何よりとおよろこび申しあげます。

明保彦命、奥村博史（一）帰幽の際はご丁重なるお弔詞、お弔問を賜り、また霊前にお心づくしのお供物をいただき、ご芳志の数々かたじけなく厚くお礼申しあげます。

その後、お陰さまにて十日ごとの祭（二）をおえ、また本月七日は五十日祭を迎え、これまた滞りなくすませることができました、ありがとうございます。つきましては、このたび寸志お送り申し上ぐべきはずのところ、はなはだ勝手な取りはからいとは存じますけれど、故人の心を汲み、武者小路実篤先生の「新しき村」ならびに故人が最近身体障害者の問題に関心をよせ、いささか関係もございました「しののめ」（身体障害者全国同人誌）に些少ながら寄付させていただきました、何とぞご了承いただきたくお願い申しあげます。

去る三月二十八日、四十日祭にあたり、小田急沿線生田駅に近い霊園、春秋苑に埋骨いたしました。郷里藤沢に祖先や両親の墓がございますが、かねて生田の丘陵地帯の明るい展望を好んでおりましたのでこちらに決めた次第でございます。

なお、最近数年もっぱらデッサンにはげみ、作品も数百点に及んでおり、デッサン集刊行の準備を進めておりましたので、なるべく早い時期に皆さまのご協力を仰ぎ、出版実現いたしたく、その節はよろしくお願いいたします。油絵、指環などの遺作はゆっくり整理の上、ご高覧、ご高評いただきたく存じております。

故人を愛し、またその冥福をお祈り下さいましたお友だちの皆さまに、言葉につきぬ御礼を重ねて申しあげます。

昭和三十九年四月

平塚らいてう（自筆墨書、印刷）

浜田糸衛様

編注

（一）奥村博史……一八八九～一九六四。神奈川県生。洋画家。一九一三年、二科展で「灰色の海」が入選。二五年成城学園（中学高校一貫校）で美術と演劇部の教師となる。指環の制作者としても知られ、三三年工芸部門で受賞し、国画会会員となる。自伝小説『めぐりあい』（現代社、五六年）がある。六四年二月一八日、再生不良性貧血のため死去。

（二）十日ごとの祭……「平塚らいてうの手紙」6の編注（一）参照。

33　一九六四年四月十七日（消印　千歳39・4・18）
中野区沼袋町五四九　浜田糸衛様
世田谷区成城町五三〇　平塚らいてう（自筆）
葉書、黒いボールペン書き

先日はほんとうにありがとうございました。

奥村のユビワのひかえと御預りのものを御返しするためしらべていましたらあなたに赤い玉を御返しするようかいてありましたので早速さがして見ましたら封筒に濱田氏への返品とかいて玉が入っていました。ずいぶん長いことそのままになっていたことをお詫びいたします。

今紫のリラがまっさかりで、とてもよい香りです。

高良さんによろしくお伝え下さい。あの日のよろこび御禮までに

34　一九六四年六月（消印　千歳39・6・19）
中野区沼袋町五四九　浜田糸衛様
世田谷区成城町五三〇　電話（略）　平塚らいてう（印刷、白い和紙の封筒に活字で）
封書、和紙に印刷

御願い
新緑の色もいつか深まり、いよいよ真夏も間近くなってまいりました。お元気でいらっしゃいましょうか。日ごろは身辺にとりまぎれてごぶさたのみ申訳なく存じております。

さきに奥村博史帰幽の節は、お心づくしをたまわり、まことにありがたく存じました。早いもので、百日祭もとどこおりなくすませ、独り居のわびしさにもようやく慣れそめたこの頃でございます。

さて、このたびはまことに勝手なお願いを申しあげたくお便りいたしますことをおゆるし下さい。

実は、奥村の遺作のうちより裸婦百態素描集と色刷りの指環の本を何らかの形でこの際出版いたしたく存じ、つきましては故人にご縁故の深かった方々、ならびに故人の遺作を愛蔵される方々に発起人におなりいただいて、「奥村博史遺作集刊行会」というようなものを発足させ、この仕事の完成を期したいと存じます。それにつき早速ながら貴方さまに発起人におなりいただきたく、お願い申しあげる次第です。

お忙しくお過しの貴方さまに、このようなお願いを突然申し出ますのは、たいへん心ないことのようでございますけれど、故人をよく知り、愛して下さいました皆さま方とともに、夢多い故人のささやかな足あとをふりかえってみたい私の切なる願いからのことでございます。

どうぞ、私の気持をおくみとり下さいまして、発起人をお引受け下さいますよう、よろしくお願い申しあげます。

（恐れ入りますが折返しお返事いただけますなら、この上ない幸せでございます）

昭和三十九年六月　日

平塚　らいてう

浜田糸衛様

35　一九六四年六月三十日（消印　千歳39・6・30）
中野区沼袋町五四九　浜田糸衛様
世田谷区成城町五三〇　平塚らいてう（自筆）
葉書、青インクでペン書き

此の度びは奥村博史遺作集刊行会の発起人を御承諾いただき誠に有難う存じます。お陰様で遺作集の発行は「平凡社」を煩わすことになりました。つきましては編集上の御相談などいろいろお知恵を御拝借いたしたく存じますので、来たる七月十二日（日曜日）午後二時から四時まで私宅へお集まりいただきたく存じます。どうぞお気軽に郊外御散歩のおつもりでお越し下さいますようお待ち申上げます。お手数ながら御都合おしらせ下さい。

36　一九六四年七月（消印　千歳39・8・14）
中野区沼袋町五四九　浜田糸衛様
世田谷区成城町五三〇　平塚らいてう（印刷、14と同じ）
封書、和紙に印刷、名前は墨書印刷

盛夏の候をむかえお元気でお過しでいらっしゃいましょうか。その後ごぶさた申しあげましたが、先日は奥村博史遺作集刊行会の発起人をご快諾下さいまして、まことにありがとうございました。

このたび発起人をご承諾下さいました方々は別記の百名あまりで、かくも多方面の先輩やお友だちの友情に支えられて、この刊行会を発足させることのできましたことは、故人はもとより、わたくしにとりましても大きなよろこびであり、ふかい感謝でございます。

お陰さまで、刊行会の発足とともに、平凡社が——社長下中邦彦氏のご厚意により、デッサン集[一]の出版をお引きうけ下さることになりました。それで、さしあたり発起人有志、十五名の集りをさる七月十二日、私宅で開き、平凡社から提示された案にもとづき、ご検討いただきました結果大体次のようなことを決めました。

大きさ——B４判（アサヒグラフの大きさ）

内　容——デッサン五十葉　油絵原色版一葉

用　紙——ダイヤペーク、又はケント

体　裁——綴じずに、タトウ包みとする

製作部数—五百部（内、三百部を刊行会として頒布）

頒　価——二、五〇〇円程度（印刷は大塚巧芸（藝）社による）

なお、発行の期日は十月中の予定のこと、予約募集の印刷物を早くつくることなど話されました。今後刊行会は平凡社内に置き、会の事務は平凡社がして下さいます。

右、御礼とともに、大略ご報告申しあげました。何かとお気づきの点について、ご意見およせいただければ幸いに存じます。

酷暑の折からご健康をお祈りいたします。

（申し忘れましたが、指環[二]の本の出版に先だち、雑誌「太陽」にその一部を掲載することになりました。多分十一月号あたりかと思います。）

昭和三十九年七月

浜田糸衛様

平塚らいてう（手書き）

発起人氏名（略）

編注

（一）デッサン集……奥村博史『裸婦素描集』は一九七四年一一月、奥村博史遺作集刊行委員会編により平凡社から出版された。

（二）指環の本……『奥村博史わたくしの指環』は一九七五年一〇月、奥村博史遺作集刊行委員会編により中央公論美術出版から出版された。

37　一九六四年十一月十一日、午前四時（消印　千歳39・11・11）

中野区沼袋町五四九　浜田糸衛様

東京都世田谷区成城町五三〇　電話（略）　平塚らいてう（印刷、茶封筒に活字で）

封書、うす茶色のらいてう用箋に青いボールペン書き

おくにからのよいおたより、うれしく、ふかい共感をもって拝読しました、たゞし郷里というものをもたない自分のさびしさをどこかで少し感じながら。つゞいて名産の丸干、すばらしい上等品をたくさんお送りいただき、ありがとうございます。いつもお心にかけ私の好きなものをよく知っていて下さったと心から感謝し、賞味して

います。お酒のさかなにこれほどおいしいものはないとおもいます。実は今も―夜の二時―炭火の火鉢で一尾、上手にやいて、秋田のさきがけという地酒で、ひとり静にたのしんでいるところです。今晩窓をしめるときふと見た三ヶ月の晩秋の夕空にかゝっていたのを思い出しながら。

先日のお能拝見の一日は近来になくたのしいことでした。時々思ひ出しています。それからあの柿はとても結構な、昔ながらの柿のおいしさのある柿でした。百匁《ひゃくめ》柿《がき》（大きくて一つで百めもあるというのでしょう）といって明治時代には東京にもたくさんあったものですけれど、最近はめったに出逢いませんね、あの木は大事にして下さい。

あの日いたゞいた丸い石は、東北の何というところから出たものか、御序に委くきかせて下さい。忘れましたので―。

小林さん（一）がお家のごふしんのため外出できず、ちっとも見えないので、何かとひとりで忙しくしています。昨日久しぶりで橋本さん（二）から御手紙がありました。それは今度婦人公論が五十周年の記念号を出すので、それに何人かの恋愛に関する旧稿をのせるので、その中に高群さんのものも加え度く、橋本氏を紹介したからのことですが、その御手紙の中に、「火の国の女の日記」（三）が今月末には完了の見込み、おそくも年内には確実に完稿とあり、1,400枚見当とのことで、全四巻になるそうです。いづれ又、お休みなさい。高良さんにくれぐれもよろしく

十一月十一日　午前四時　　平塚らいてう

浜田糸衛様　デッサン集は本刷りにかゝりました。よいものになってくれるよう念じています。

編注

(一)小林さん……小林登美枝のことと思われる。一九一六～二〇〇四。大阪市生。女性史学者。茨城県立高等女学校卒業後、速記者、新劇の女優、大阪時事新報、東京日日新聞（現毎日新聞）の記者として働き、戦後は婦人民主クラブ創立の発起人になる。夫の小林勇とともにレッド・パージで職を奪われた。日本婦人団体連合会（婦団連）の常任幹事となり、その初代会長・平塚らいてうの研究者としてその自伝『元始、女性は太陽であった』全四巻（大月書店、一九七一～七三年）の執筆・編集に協力。平塚らいてうの会会長。著書に『平塚らいてう　愛と反逆の青春』（大月書店、一九七七年）ほか。この手紙の前後に当たる六〇年代半ば、らいてう自伝のための聞き書きをしていたと思われる。

(二)橋本さん……橋本憲三。一八九七～一九七六。熊本生。少年時代に左目を失明した虚無的な文学青年だった。一九一七年、同じ小学校の代用教員をしていた高群逸枝と会う。その後婚約し同居生活に入る。二二年東京に出て平凡社に入り、アナーキズムに傾倒。『大衆文学全集』を手がけて大成功した。「森の家」での逸枝の女性史研究の推進者、協力者、そして編集者であった。

(三)「火の国の女の日記」……高群逸枝の自叙伝。一九六五（昭和40）年、理論社から出版された。逸枝は六三年九月から書き始めたが、完結を前にして翌年病に倒れた。一四〇〇枚の最後の一〇〇枚を橋本憲三が書きついで完成させた。

38　一九六五年五月九日（消印　千歳40・5・10）
神奈川県眞鶴海岸　高良邸　浜田糸衛様
世田谷区成城町五三〇　平塚らいてう（印刷、37と同じ）
封書、平凡社の横書き便箋に、たてに黒いボールペン書き

旅にあけくれてようやくおもどりとのこと何よりでした。

いつか行く春もすぎ新緑を迎えましたが、多摩《ママ》墓地の前後左右の花のトンネルのまぼろしは時折なほ心に浮びます。関西の菜の花畑は特別ですね、私は明治の末年、尼ヶ崎から神崎あたりを歩いて見た、廣い〳〵菜の花のまぶしいばかりの美しさを忘れません。

大津はいかゞでしたか。

真鶴もさぞ　初夏はよろしいことでしょう。真鶴海岸に、ツルナの野生があること御存知でしょうね。畑にできるツル菜よりも葉に厚味があり、緑も濃くて、食用として上々です。てんぷらにしても、油炒りにしても、おひたし、ゴマあえ、みそあえにしてもよいものです。最近の真鶴は変ってしまったかもしれませんが、強い草ですからきっとまだどこかに残っているとおもいます。伊豆の海岸（尾瀬）などにも真冬でも石の間に青々と生えていました。


　先日お花見に連れて行って頂いた翌朝御電話しましたらもうお立ちのあとだったらしく、太郎ちゃんがひとりお留守番だったのでしょう、ちょっと御話しました。私もあれから姉の三年祭で、久しぶりに実家に参り、利根川堤のつくしを摘み、ぜんまいをとったりして遊んできました。（略）

家の庭はいまリラが散り、ヒメリラがさかり、やがててっせんが開くことでしょう。木蓮も今年はよく咲きました。沼袋のお庭も次々と美しいことと察します。美しい花を見ながらもベトナム戦争を、世界の危機を思うとどうしようもない憂うつを感じます。
高良さんご母子（一）によろしく、では御元気で。　　　明
浜田糸衛様
　博史の指環の本、ようやく見積りをとるところまで来ました。

編注

（一）高良さんご母子……高良とみと高良真木。とみは一九五九年六月の参議院選挙に落選したあと、六〇年頃から真木と同じ真鶴の敷地内の別の家に住んでいた。

39　一九六六年六月七日（消印　千歳41・6・8）
神奈川県眞鶴市《ママ》尻掛　高良邸内　浜田糸衛様
世田谷区成城町五三〇　平塚らいてう（印刷、37と同じ）
封書、平塚らいてうの名入りのえんじ色のけいの便箋に青いペン書き

先夜は竹の子、蕗、たらの芽など野山をしのぶものいろ〱おもちいただき　御厚情ふかく身にしみております。

私自身で自分流の料理をいたし、長くたのしみました。

過日の中国婦人歓迎準備會発会式（一）ちょっとでも顔を出したく念じていましたが、やはりその日になると元気が出

ず残念でした。日中関係は松村発言（二）もあり政府も少しは反省せざるをえないでしょう。世界平和アピール七人委員会（三）も今度中国問題をとりあげることになり、まず松村氏をお招きして話合ったのでした。

さて、とうから心にか丶りながらいろいろな事情でお頒けするまでになか〳〵運びに《ママ》ませんでした奥村の指環、ようやく五月初旬三越本店七階での展示会のあと始末もつきまして、（この展示会は金銀宝石逸品會といって、毎年三越で開くものですが、こ丶の依頼で「参考品」として　奥村の作品を特別出品したのです）貴金属工藝品協会組合の理事の方々により作品の賣價も一応つけて貰うことができました。

　それで前々から御希望のあったお方に先ず　第一にお頒けすべきだとおもいまして、昨日蕗沢様にも御届けいたしました。しかし何分にもあまりに長いことお待たせいたしましたことでもあり、当時価格不明《ママ》でありましたし、もし今となってはお気が変ったというのでしたら、そのま丶御返送いただければありがたいと存じ、とにかく急き《ママ》御送りいたしました。

　つい、あなたの黒オニクス（四）の指環のこと申しおくれてしまいましたが、あれは私、あの時から、よろこんで差し上げたいとおもって、心にきめていたのですから、どうぞ奥村と私の感謝のしるしとして　あなたの御手許に長く御保存願えますなら、うれしくおもいます。たいへんおくれましたことを御許し下さい。昨日やはり書留小包で出しました。

今日は故　逸枝さんの二年祭、（佛式では三周忌というのでしょうか）ですね、何かと思い出されてなりません。小林さん（五）は娘さん新家庭を訪ねて今京都、奈良の観光旅行中です。では梅雨期を迎えておからだ御大切にどうぞ。

　六月七日　　　　らいてう

浜田糸衛様

高良さんおふたりにどうぞよろしく。先日ハーズさんを偲ぶ會によい御発言をなさって下さってありがとう。明日はまた矯風會内で「ベトナム　話し合いの會」があります、

編注

(一)中国婦人歓迎準備會発会式……五月三一日に開かれ、「中国婦人をお招きする会」が結成された。

(二)松村発言……日本政府は一九六六年三月末、社会党が招請した中国人民外交学会代表団の入国を拒否。四月、同学会スポークスマンは佐藤内閣の中国敵視を非難した。日中貿易・日中友好に努力していた参議院議員・松村謙三は、訪中して五月一七日周恩来総理と会談した後、政敵である佐藤首相を非難されて、「佐藤首相は日本の首相です。私は日本人です。日本人の私の目の前で、日本の首相を非難することは断じて許しません」と発言した。

　当時、日本は従来通り中国との国交を持たないまま民間貿易だけを行ない、佐藤内閣は中国の激しい反対にもかかわらず、台湾の国民政府との結びつきを強めていた。また日米安保体制のなかで米軍のベトナム戦争を支持していた。いっぽう中国はソ連への修正主義批判（中ソ論争）を公然化させ、一九六四年に原爆実験を行ない、六六年文化大革命を発動させて日本への批判を強めていた。これ以後も中国は文革のため国内が混乱し、日中間に大きな溝が生まれて交流に齟齬《そご》をきたした。

(三)世界平和アピール七人委員会……知識人による平和問題に関する意見表明のための会。一九五五年一一月、平凡社社長・下中弥三郎によって結成された。結成時の委員は下中弥三郎・植村環・茅誠司・上代たの・平塚らいてう・前田多門・湯川秀樹である。

(四)オニクス……縞瑪瑙《しまめのう》のなかでも平行な縞模様があるもの。

(五)小林さん……「平塚らいてうの手紙」37の編注（一）参照。

40　一九六六年十一月二十三日（消印　千歳41・11・24）
中野区沼袋町四丁目二四ノ九(一)　浜田糸衛様
東京都世田谷区成城町五三〇　平塚らいてう（印刷、37と同じ）
封書、「日本婦人団体連合会」の200字詰原稿用紙一枚に青いボールペン書き

御忙しい中から御手紙ありがとう。名刺の人は昔の座禅仲間らしく、會えば思い出すのでしょう。御心配いたゞいているようですけれど　私の考えや、態度(二)は最初から少しも変っていません、私自身であるだけのことですから、いくらしめつけられても、少々うるさいだけですから御放神《ママ》下さい。ただし現状が―日本の―なさけなくはなります。私も日本の婦人大衆の一人として　中国の婦人を心から歓迎したく、お招きする会の成功を今は□□□いのっています。

「中国婦人代表団歓迎にともなう問題点」や四氏連名の「声明書」も拝見しました。

十一月二十三日夜　　らいてう

浜田糸衛様　　おからだを気をつけて下さい。これからもいろ〳〵御苦労が多い事とおもいますから。

編注

(一)この頃、沼袋の住居表示が変わったと思われる。

(二)私の考えや、態度……一九六六年に中国で始まったプロレタリア文化大革命は、日本共産党と中国共産党の間に亀裂を走らせた。三月二八日に上海で宮本顕治と会談した毛沢東主席は、日本共産党のソ連修正主義批判が不充分だと不満を表明し、日本共産党は中国が発信する文革礼賛や暴力革命礼賛に距離を置くようになる。やがて中国は

日本共産党打倒の方針を打ち出した。そのなかで一〇月二五日、浜田糸衛が参加していた日中友好協会は、いわゆる代々木派と反代々木派に分裂し、後者は（正統）を名乗るようになる。「中国婦人をお招きする会」も歓迎準備中に分裂した。らいてうは共産党の女性たちからの働きかけも受け、両派でのらいてうのとり合いのような気配になったが、らいてうはこの手紙で、日中友好を願う自分の考えや態度は少しも変わらないことを述べ、「お招きする会」の成功を祈っている。日中友好協会（正統）が一切の行事を進行させ、中国婦人代表団は一二月七日、来日した。

41　一九六七年一月十九日（消印　千歳42・1・20）
神奈川県眞鶴町尾掛《ママ》（尾掛は尻掛の誤記）高良邸内　浜田糸衛様
東京、世田谷区成城町五三〇　平塚らいてう（自筆）
私製年賀ハガキ、表にも、青いボールペン書き

謹賀新年　元旦

御賀状拝受、ありがとう。

先日頂いた水仙とても香り高く、今もよくにほい、花も少しもやつれません。時々は水はかえています。

白い花の二本は細い小さい花瓶にさして枕もとに置いてあります。

野に咲いているのも見たいものです。サザイ《ママ》はひとりでツボヤキにしてたのしく頂きました。片瀬に住んでいた時以来で八年ぶりでしょうか。

高良さんによろしく。遠藤さんのお母さまお亡くなりのこと驚きました。とてもまだ御元気のようにうかゞっていましたのに。御上京中の出来事ではなかったのかと、それも心にかかっています。

先日は斉藤さん（一）御疲れのところわざ〳〵いらして下さったのに、あの日は何とも頭の具合のわるい日で、すまなかったとおもっています。

東京都世田谷区成城町５３０
電話（略）
平塚らいてう（自筆墨書、印刷）

編注

（一）斉藤さん……斉藤きえのことと思われる。解説「平塚らいてう晩年の活動」（本巻所収）38節、39節参照。

42　一九六七年三月末（消印　千歳42・3・30）
中野区沼袋四―二四―九　浜田糸衛様
世田谷区成城町五三〇　平塚らいてう（自筆）
葉書、表にも、黒いボールペン書き

大好物のおくにのウルメ、思いよらずお送りいただき、早速に、毎夕〳〵賞味しております。ほんとにしあわせです。

白梅、紅梅、れんぎょう、椿、こぶしと庭の花も次々に開きますし、生きていることのもったいなさでいっぱいです。

ありがとうございます。

三月末

別便で過日、博史の三年祭のとき刷りました若いころの詩御送りいたします。御覧願えますなら幸です。

43　一九六七年五月二十一日（消印　42・6・23）

神奈川県真鶴町尻掛　浜田糸衛様　高良真木様

世田谷区成城町五三〇　平塚らいてう（印刷、37と同じ）

封書、名入りの濃い赤茶色のけいの便箋に青いボールペン書き

ありがとう、ありがとう

今日もまだ真鶴の朝夕（一）に吸いとった生命の流れを身内に感じ、心がはづ《ママ》んでいます。

たゞしおふたりは何やかのお心づかいにあとお疲れになったのではないでしょうか。

お土産いろ〳〵ありがとう。一同大よろこび。私にはいかの味は絶賞に價しました。布目を入れて、ほんのあっさり焼きましたら、柔かな、そして何とも言えぬ上品な御味、さゞえの遥に上にあります、感謝。

八十八夜に摘んだという天龍の銘茶もすてきな香でした。

御序に女史（二）によろしく御伝え下さい。

五月二十一日　らいてう

浜田様

高良様

御共のお風呂敷といっしょに食品（健康的のもの）少し別便、お送りいたしました。

編注

(一)真鶴の朝夕……らいてうは一九六七年五月に真鶴の高良・浜田宅に招かれて一泊したと思われる。

(二)女史……高良とみのこと。二人は久しぶりに会ったのだろう。これが最後となった。

44　一九七一年三月十三日(消印　□・3・13)

神奈川県真鶴町尻掛海岸　浜田糸衛様　高良真木様

東京都渋谷区千駄ヶ谷一ノ三一　代々木病院内(三階病室三〇五)(自筆)　平塚らいてう(印刷、14と同じ)

封書、印刷物にペン書きで加筆

(同封「ベトナム母と子保健センター　連絡会ニュース」No.1　一九七〇年八月一五日〈平塚らいてう、野宮初枝、羽仁説子、深尾須磨子、松本清張、若月俊一、長橋千代による「よびかけ」は、ここにも掲載されている〉、同No.2　一九七〇年一一月二五日)

〈よびかけ〉

長い間の戦争でつねに命の危険にさらされながら不自由な生活をおくっている、ベトナムの婦人や子どものことはたいへん心配です。とくに日本の基地(一)から飛びたつ飛行機が、爆撃をおこなっていることを考えるとむねが痛みます。

このとき、第六回世界婦人大会(ヘルシンキ)(二)で婦人の国際共同行動として、ベトナムの母と子の医療・保健センターの設立が決定されたことに私たちは心から賛成し、これを支持いたします。

思想・信条・民族のちがいをのりこえた大きな人類愛につながるこの保健センター設立のための運動がひろく

日本の婦人のなかに展開され、優秀な日本の医療器械や病院・研究所に必要な科学資材が大量にベトナムへおくられていきますように、この気高い事業の成功をねがってやみません。
ベトナムの婦人と子どもが一日もはやく独立と平和のなかで安全な生活がおくれるように日本の婦人のみなさまがおひとりでも多くこの国際連帯の活動にご参加くださいますよう、心からおよびかけいたします。

浜田様
髙良様

とうにお願いする筈と私《ママ》、病気のため、心ならず申しおくれておりました　どうぞ御協力下さい。大口カンパ願えればこの上ない事です。
また退《ママ》院出来ず、テンテキ注射や　筋肉注射が続いておりますが、花の咲く頃には家へ帰れるようになりたいと念じております。

らいてう

編注

(一)日本の基地……ベトナム戦争においてアメリカは沖縄の米軍基地を重要拠点とした。

(二)第六回世界婦人大会（ヘルシンキ）……ＷＩＤＦ主催、フィンランドの首都ヘルシンキで一九七一年六月一四〜一七日に開かれ、婦人団体連合会（婦団連）・新婦人の会・東京保育問題連絡会などの代表五人が出席。「ベトナムの母と子の医療・保健センターを」と婦人の国際共同行動を呼びかけた。

高群逸枝の手紙（原文のまま）

高群逸枝　（たかむれいつえ、本名イツエ）一八九四～一九六四。熊本県生。詩人、新女性主義の思想家、在野の女性史研究家。一九一八年「九州日日新聞」に四国遍路の「娘巡礼記」を連載して評判となる。一九年生涯の伴侶となる橋本憲三と同居生活に入る。二〇年単身で上京し、近代文明を批判する天才詩人として文壇に登場。二二年、憲三とのあいだの男児を死産。二六年評論『恋愛創生』の出版により女性解放の思想家となり、男女平等と女性の社会参加を求める女権主義に対抗して、新女性主義とアナーキズムを主張した。二九年『女人芸術』誌上でのアナボル論争ではアナーキストの急先鋒として発言、三〇年『婦人戦線』を発行した。三一年、女性解放のための女性史研究を始めることを宣言、世田谷に「森の家」を建てて面会謝絶の研究生活に入った。平塚らいてう、市川房枝らの結成した高群逸枝著作後援会の援助を受けて女性史の執筆に専念、『母系制の研究』（一九三八年）などの大著を出版した。その後、女性の地位が高かったことと天皇制支配を結びつけた血縁共同体を賛美し、戦争協力をすすめる内容の「日本女性史」を『日本婦人』（大日本婦人会の機関誌）に連載した。戦後は『招婿婚の研究』（一九五三年）、『女性の歴史』全四巻（一九五四～五八年）、自叙伝『火の国の女の日記』（一九六五年、死後出版）などの大著を次々と完成させた。六四年六月没、享年七〇。戦争協力への反省から、天皇制を相対化するマルクスのアジア的生産様式とアジア的専制の理論をとり入れた。その古代婚姻史研究の成果は、後代の女性史研究者、歴史研究者に批判的に継承されている。『高群逸枝全集』全10巻（橋本憲三編、一九六六・六七年、理論社）。

1　一九五六年三月十八日（消印　31・3・□）
西宮市松園町一七二　浜田糸衛様
世田谷区世田谷四―五六二　高群逸枝
葉書、ペン書き

御本(一)さっそく葉書ついた日から翌日にかけてよませていただきました。ただいま主人がよんでいます。眞理と理想を追求してやまぬ主人公の生き方にうたれました。このような資質なり生き方なりは、日本女性には稀れにしか存在しないもので、貴重《ママ》するに値すると信じます。この点で私は非常にうれしく思いました。20才そこ〳〵でこれを書かれたあなたに驚嘆します。はるかに心からの握手と敬意をさゝげます。お大事に。

3月18日

編注

（一）御本……浜田糸衛が濱田糸衛名で出した長編小説『雌伏』（春秋社、一九三一年）のことと思われる。

2　一九五九年十二月二十五日（消印　千歳34・12・28）
中野区沼袋町五四九　浜田糸衛様
東京都世田谷区世田谷四ノ五六二　高群逸枝（代筆(一)）
封書、けいのない便箋にペン書き

おめぐみのクリスマス・ケーキを食べているところに、速達いただき、かさねて感謝します。私のこんどの研究は、私としては最後の冒険で、私はこれを成就するか、その前に仆れるか予測されないわけで、勇気が要請され、神ないし運命の加護がねがわれています。しかし　この仕事は私の学問のしめくくりともなるもので、私はこれを成就して、バトンを次の人へ渡すことができれば、いささか自己満足がえられることでしょう。おめぐみのものは、来年第一の資料購入費にあてます。ありがとうございました。

封入の種子は、わが庭のサンショウです。大きくなると、初夏から初冬にかけて、葉と実から　広汎に　芳香を放ちます。

来年が、あなたや高良さんや、吉良御夫婦や、私どもにとって、よい年であることをいのります。

一九五九年一二月二五日　高群逸枝

浜田糸衛様

編注

（一）代筆……代筆者は字体からみて橋本憲三である。以下同じ。逸枝の住所と名前は、憲三が沢山書いたものをあらかじめ用意し、逸枝がそれを切って貼ったと思われる。コピー機のない時代だった。

3　一九六〇年五月二十三日（消印　千歳35・5・23）

中野区沼袋町五四九　浜田糸衛様（代筆）

東京都世田谷区世田谷四ノ五六二　高群逸枝（代筆）

封書、けいのない便箋にペン書き

「野に帰ったばら」（一）拝読しました。これは私がいつもいっていますあなたの玉のような資質がみごとに象徴された傑作であるとおもいました。これを読んで私も高められ、豊かにされ、まったく幸福とよろこばしさにつつまれました。ここには、哲学的には肯定の世界が展開され、生活的には「しあわせの国」の絵巻がくりひろげられています。私がどれだけこの作品を現実に目にして感動させられたかはお察しにまかせます。私がもし死後に行く世界を自分でえらぶことができるなら、極楽とか、天国とかではなく、それはこのミドロ池でしょう。あなたは確実にそうした一つのすぐれたイメージ（価値）を創造しました。私はなにはおいても、まずそうしたあなたへ心からの祝辞をささげねばなりません。そしてこれはどうしても活字にしておかねばならない作品であると考えました。高良さんの挿画をいれてりっぱな装釘の本にしたらすばらしいでしょう。そうするとこの本はこどもたちにもスムーズに理解され愛されるとおもいます。さっそく理論社にれんらくします。

私たち両人、三日がかりで、文部省かなづかいとにらみあわせて、おくりがなを訂しました。それとよみやすくするために、最小限漢字をかなにしました。私どもにもミスがあるかもしれませんので、これらはなお校正のとき、ご注意くださるようねがいます。

お疲れでしたろう。ご自愛ください。夫も私と同感で、よろこびと敬意を表しました。

高良さんにもよろしく。先日おみせくださったお作はたいへんうれしく心にのこっています。

5月23日　　高群逸枝

浜田糸衛様

編注

(一)「野に帰ったばら」……『野に帰ったバラ』。高群逸枝はこのあとすぐに理論社の社長・小宮山量平を紹介し、平塚らいてうの名前を借りて推薦文の広告文を作るなど、出版のために親身に尽力した。十通以上の手紙が残っている。『野に帰ったバラ』は高良真木のさし絵入りで一九六〇年、理論社から出版された。一九七八年新装再版。

4

一九六〇年十一月十日（消印　千歳35・11・13）
中野区沼袋町五四八　高良真木様（代筆）
世田谷区世田谷四ノ五六二　高群逸枝（代筆）
封書、けいのない便箋にペン書き

高良眞木様

（前文略）

祖母上（一）のご病気　ご心配のことでしょう。どうぞくれぐれも　お大事に。

11月10日高群逸枝

（別紙に）

おはがきいただきました。

ご不幸のこと（二）うかがい、かげながら　お悼み申しあげます。

「春の雪（三）」で拝見しておりますあのおやさしい祖母上と存じますが、あなたのお悲しみが深く察せられます。

編注

（一）祖母上……高良真木の祖母・高良登美

(二)ご不幸のこと……高良登美は十一月一日、老衰のため八九歳で死去した。
(三)「春の雪」……一九五五年三月に拒食症のため一八歳で死去した真木の妹・高良美世子の遺稿集。真木の編集により五八年三月に私家版で発行された。高良美世子著・高良留美子編著『誕生を待つ生命——母と娘の愛と相克』(自然食通信社、二〇一六年)参照。

5　一九六一年十月五日(消印　千歳36・10・5)
中野区沼袋町五四九　浜田糸衛様　高良真木様(代筆)
世田谷区世田谷四ノ五六二　高群逸枝(代筆)
封書、けいのない便箋にペン書き

浜田糸衛様
高良眞木様

10月3日、碑面の字を書き、きょう5日づけで松橋へ送りました。これでようやく一つのつとめをはたした気持ちになり、らいてうさんと　あなたがたへこのおたよりをしたためる気持ちになりました。碑は　熊本一流の専門家の設計で、新式碑として造型の上ではたしかに　名碑の列に入るものと思われますので、この造型との調和を破らないようにと念じ、心をむなしくし、つぎのような祈りをもって　碑文字を書きました。
1、下手は下手のままということ。
2、旧新両層に親しんでもらいたいということ。
3、自然との融合ということ。(注、この碑が四季の移りかわりや、晴、雨、風、雪などのなかにあっても、いつも自己の存在の意義や価値を失わないで、つまり自然と融合した姿で、そして郷土への無限の愛をたたえて立っていてほしいこと）

この日―私が碑文字を書いた10月3日は、外ではあるかなきかの秋雨がしぐれていました。自分としては稚拙な満足なものが書けたと思います。

碑文字書く　窓べ尊くしぐれけり

青汁欠かさず実行しています。よい気持ちです。太郎ちゃん（二）ごきげんですか。よろしく。

10月5日　高群逸枝

（橋本憲三の付記、略）

編注

（一）碑……高群逸枝の「望郷子守唄の碑」。熊本県松橋町久具の寄田神社境内に建立され、一九六二年一月一八日（逸枝六八歳の誕生日）に除幕式が行なわれた。「平塚らいてうの手紙」19参照。

（二）太郎ちゃん……浜田糸衛の姪（のち養女）の吉良櫻子と枝郎夫妻の長男。

6　一九六一年十二月十一日（消印　千歳36・12・16）
中野区沼袋町五四九　浜田糸衛様　高良真木様（代筆）
世田谷区世田谷四ノ五六二　高群逸枝（代筆）
封書、けいのない便箋にペン書き

建碑騒動も　いよいよ　おわりにちかづき、昨日は無事東京募金もすみ、しかも過分の　ご芳志がいただけたようで感謝しています。とくに　らいてうさんと　あなたがたには言葉で申しきれないほどのご恩になりました。西岡さんのれんらく文にも　ありましたように、今月中には建設も募金も完了するでしょう。らいてうさんの方にもごあいさつ申し上げるつもりですが、あなたの方からも　私がたいへん感謝していましたと　よろしくお申しあげください。

昨日は　浜田さんはお疲れになりませんでしたか。ずいぶん　お足を酷使なさったのでは　ございませんでしたか。くれぐれ　ごむりなさらないようねがいあげます。

高良さんに　うつしていただきました写眞、女性自身の　よりも　私に近いものができて　たいへん満足しています。

きょうは「全世界の婦人」の掲載号がつきました。これも　あなたがたと　らいてうさんのたまもので　深謝します。もし　あまり　めんどうでなく　入手できるようでしたら、数部おねがいしたいものです。松橋へに送ったら　よろこぶだろうと思います。めんどうのようでしたら、もちろん　それに　およびません。

小崎さんから　きょう　たよりがありました。碑陰（碑の裏）の荒木さんの撰文を小崎さんが書いてくださったそうです。これももう彫りに　かかっているでしょう。

高良さんのボールペン、あずかってあります。

眞鶴のおみかん、タロ子[一]と三人でたべています。吉良さんご一家、槇尾お姉さん[二]、お兄さん、高良さんご一家、その他　あなたがたの　たくさんのお友だちの方々に　よろしく申し上げてください。除幕式後に　礼状さしあげるつもりです。

とりあえず　昨日のお礼まで。夫からもよろしくと。

12月11日　高群逸枝

浜田糸衛様
高良眞木様

編注

(一)タロ子……高群逸枝の愛鶏。
(二)槇尾お姉さん……糸衛の姉・浜田槇尾。濱田槇尾の名前で詩文集『乱夢』（春秋社、一九三一年一〇月）と『素朴』（洛陽書房、一九三五年一一月）を出版し、生田長江に師事した。また高群逸枝を訪れた。「高群逸枝の手紙」には西宮の梶尾あての手紙もある。後年、逸枝は槇尾について糸衛に「若い日に長江を通じて知り合い、一日語り合った。この人と同時代に生きている幸せを感じた」と話した。

7　一九六二年四月一四日（消印　千歳37・4・14）
中野区沼袋町五四八　高良眞木様
世田谷区世田谷四の562　高群逸枝　4月14日
葉書、ペン書き

①タゴール詩集(一)　ありがたくいただきました。あなたの挿絵　夢幻のようなうつくしさをたたえていると思いました。あなたの個性の高貴さ（キンノワ(二)はうってつけでしょう。）がわかりかけてくるようで　心うれしく　おもいます。いずれ本文とともに、しずかな時間をもちえたとき、くりかえして拝見するつもりです。訳者の「あとがきにかえて」拝読、いつか印度について書かれた紀行文のうつくしさを思い出させました。タゴールについてもいろいろと考えをあらたにしています。（後文省略）

編注

（一）タゴール詩集……ラビンドラナート・タゴール作、高良とみ訳『タゴール詩集　新月・ギタンジャリ』（アポロン社、一九六二年）。高良真木が挿画を描いている。

（二）キンノワ……浜田糸衛が当時書いていた童話『金の環の少年』のことと思われる。『豚と紅玉』（アンヴィエル、一九八〇年）が先になり、一九八七年、国土社から刊行された。高群逸枝はその原稿を読んでいて、主人公の右太《ゆうた》が山で一緒に暮らす金髪碧眼の「金の環の少年」、捨て子のジュウトク（寒山拾得《じっとく》の拾得）を、作者の意図に沿って外国帰りの高良真木に重ね合わせているのだろう。寒山と拾得は唐代の僧。天台山の近くで共に住み、世俗を超越した奇行が多く、孤高の隠者として多くの詩を遺した。

8　一九六二年八月六日（消印　千歳37・8・6）

中野区沼袋町五四九　浜田糸衛様　高良真木様（代筆）

世田谷区世田谷四の五六二　高群逸枝

封書、けいのない便箋にペン書き、裏にも

ごきげん　いかかですか。先日は　高良さんからの眞鶴だより　うれしくいただきました。ご来宅を心待ちにしていましたが、あるいはどこかへお出かけかと。

駒井さんのおたより同封します。コーヒーなど到着しましたら、あなたがたの分は　おあずかりして　おきます。

私の庭は　昨年までは降るような　せみしぐれでしたが、ことしはどうしたのか　声も形もありません。それにひきかえモズが二、三羽　低い木の上で毎日　がんばっているのも異様です。（裏へ）

この頃の暑さは　こまります。早く涼風が立ってくれなくては　と、二人とも　うだってうめいています。しかし、私の処は　よそよりはまだ過しよいようです。

お二人の想・技、ともに　深まりつつあるとのこと　よろこびにたえません。私は　涼しくなったら、新しい本を一冊（専門書）[一] 書かねばならなくなったようです。

研究は進んでいます。ご安心ください。

8月6日原爆の日　高群逸枝

濱田糸衛様

高良眞木様

編注

（一）本を一冊（専門書）……『日本婚姻史』（『日本歴史新書』の一冊として至文堂、一九六三年五月刊）のこと。六二年七月二二日に依頼状を受け、一〇月一八日起稿、六三年二月二日に脱稿した。

9　一九六三年一月（消印なし）
中野区沼袋町五四八　高良真木様（代筆）
年賀葉書、ペン書き

頌春　1963
このハガキ春の雲とも身をなして君が窓べに流れ行けかし

高群逸枝（代筆）
東京都世田谷区世田谷4〜562（代筆）

10　一九六三年七月十八日、十九日（消印　千歳38・7・19）
中野区沼袋町五四九　浜田糸衛様　高良真木様（代筆）
世田谷区世田谷四の五六二　高群逸枝（代筆）
封書、けいのない便箋にペン書き

浜田様
高良様
タロコが死にました。1963年7月18日午後12時50分。この日は朝から　きげんがよく、二階の寝室でめをさますと、私のひざをもとめてよじのぼりました。この私のひざをもとめるしぐさは、じつは二週間ほど前からはじまっていたのでした。他のにわとりの例もあるので、心配はしていました。けれど上機げんなので、急に死ぬとも思わず、この日も　やがて　ご存じの　お縁《えん》の涼しい「彼女の座」にうつし、お書のごはんも　たべました。
この頃病気がちで、視力も衰えている私を慰めるため、憲三がいろいろな　本を読んできかせてくれていますが、今日はあなたから頂いた「ヴァン・ゴッホの生涯」をよんでいて、ゴッホが人々の無理解のなかで奮闘しているパリ生活を描いた191ページにかかっていましたところ、そのときタロコが立ち上って部屋の中へこようとする気勢なので、憲三はすぐ読むのをやめて近づき、行儀のよいタロコが脱糞のために立ったと思い、その手当て中、なお私の方へ　こようとするので、私の膝をもとめているのがわかりましたから、もっと涼しい二階へつれて行って抱いてやろうと、まずひとりで二階へ上ったところへ憲三がすぐ抱き上げてきて　私の膝の上にタロコをおろした時には、もう臨終に近く、そのまま安らかに、まったく安心して、息が絶えました。

　その後数時間抱いていて、ぬくみが去り、こう直《ちょく》もきましたので、憲三にうながされて、寝かんにうつし、花という花をつめ、祭壇に安置し、香をたいて　今夜はこれからお通夜です。きげんのよい子で、最後まで人を疑わず、信頼していました。数え年13才、満12年にちょっと足りませんでした。彼女の存命中、あなたがたも　ふかくお心におかけくださっていたことを思い、心から感謝しています。　ご報告まで

7月18日　高群逸枝

ごへいをかつくようですが、18日という日は私の誕生日（例の観音縁日（一））です。タロコの一番目と二番目の姉にあたるブー子とノン子も　前者は26年6月18日、後者も同年11月18日に死にました。この26年という年は、私の「招婿婚（二）」が成った年でした。脱稿にさきだって死にました。脱稿は同年12月13日（訂正完了25日）でしたが、このときタロコは妹のジロコとともに　まだ羽の揃わない　うぶ毛のヒヨコで、いまの「タロコの座」に移動鶏舎をすえて、そのなかで遊んでいました。

「業成りて　ヒナに餌をやる冬日和」という即興の句は、その脱稿の時（13日）の作です。

その生きのこりのタロコがこんどは「日本婚姻史」が本になり、あとのしまつもそれぞれすっかり完了した翌日

の7月18日に死んだのでした。

それはとにかくとして、タロコの寝かんの前でしみじみと思うことは、人間にまれ動物にまれ、「生命」というものほど美しくて悲しいものはないということです。

生命力あふれている若い日の姿は、人間、鳥、獣の別なく、なんと美しく愛らしく、せいいっぱい生きていることでしょう。それが老い、病み、やがて死んでいったとき、それらの姿は　なんといじらしく、悲しいものでしょう。だから生きている人々への私のねがいは、「みんなが幸福に」「嬉々としてたのしく」ということだけです。戦争したり、憎み合ったり、それらの現象を「人間性」の一つに考えたりしている者のあることのなんと　まちがった　ばかげたことか。愛鶏に死なれて　さびしくなった部屋のうすぐらい電燈の下で　こんなことをいまさら思ったりしています。

お大事に　お過しください。

乱筆をもって。

編注

(一)例の観音縁日……高群逸枝の父母は三人の男児を失ったあと、女児出生を願って筑後山門《ちくごやまと》郡清水観音に願かけし、逸枝を授かった。初観音の縁日（正月一八日）の日だった。「私は父母から「観音の子」とよばれ、その待遇を受けて育った」（『火の国の女の日記』）。

(二)「招婿婚」……『招婿婚の研究』。一九五一（昭26）年一二月一三日に三六〇〇枚の稿が成り、翌日から訂正にかかり、二五日完稿した。本は五三（昭28）年一月一〇日、講談社から出版された（堀場清子『高群逸枝の生涯――年譜と著作』ドメス出版、二〇〇九年）。

11　一九六三年七月二四日（消印　千歳38・7・25）
中野区沼袋町５４９　浜田糸衛様　高良真木様（代筆）
封書、けいのない便箋にペン書き
7月24日　世田谷区世田谷４の５６２　高群逸枝（代筆）
7月24日後6時、高群逸枝

浜田様
高良様
（前文省略）
お貸しくださったご本5冊、まことにありがとうございます。さっそく生田先生の「釈尊」の序と跋を一読しました。この部分は、未見のものでした。先生の厳しさ　と深さに襟を正す思いでした。本文はそのうち憲三に読んでもらいます。その他のもたのしみにしています。
お心のこもった豊富な食料品（一）も感謝にたえません。三越からのも　たしかに今日届きました。おかげで　貧血症状等もふっ飛ぶことだろうと　大よろこびでいます。私も早く元気をとりもどして、きのうお話ししました「野生の道」と「続招婿婚」完成にかかるつもりです。いうまでもないことですが、お二人のお仕事のお進みも私の希望と祈りの大きな目標です。
きょうは涼しい風が寝室に吹き入り、不快指数もうすれた感じです。この手紙　寝床で書いています。（後文省

略）

編注

（一）食料品……このときの食料品補給は、浜田糸衛と高良真木が高群逸枝の栄養状態がよくないのを心配して、一九六三年九月から「栄養補給の会」を始めるきっかけ、あるいはその最初の試みだったのではないかと思われる。「平塚らいてうの手紙」30の編注（一）参照。

12　一九六三年十二月一日（消印　千歳38・12・2）

中野区沼袋町五四九　浜田糸衛様　高良真木様（代筆）

世田谷区世田谷四—五六二　十二月一日　高群逸枝（代筆）

封書、四〇〇字づめ原稿用紙にペン書き

お作「ブタとペニ玉（一）」、「みどりむしのかなしみ（二）」、その翌日までに両人とも読みおわりました。ふかいよろこびと感激が先にきました。「バラ」からの一歩前進です。私たち両人は、これによってじゅうぶんにあなたの未来が祝福されたことを確信しました。なんのためらいもなく、あなたが日本のアンデルセンであることを見きわめました。これは深い感謝です。

人間のほんとうの幸福をねがう心を、これほど純粋に示してくれる作者は日本には稀れです。だいいち日本の作者には、そんな欲求さえが欠けています。日本の作者がそれに似た世界を描こうとすると、それはこの作者より一《ひと》けたも二《ふた》けたも低い次元でしか描きえないことはたしかです。しかし、そんな次元の低い作品だけが日本では求められていると思うのはまちがいで、この作品のような高貴な作品の出現を日本でも求めてはいるのですが、作者たちにその求めに応ずる資格が欠けているので（というのは、日本人の生活がそういう精神的な蓄積の上にきずかれていないので）、日本の作者にはそれができないのです。ですから日本の読者は一種の欲求不満の状態にあり、その空白を輸入の外国ものの翻訳で埋めているといった状態にあるでしょう。この意味で、この作者の出現は重要な意義をもっていると思います。

作品は前作「バラ」に比して、よりリアルになり、構成もおもしろみが加わりました。前に書きましたように一歩前進です。前作のバラさんは、これではベニ玉ちゃんとなり、前作のガマさんは、これではブタおばさんになっているように思われました。そして前作では都会から自然へ帰ったのが、これでは逆になっているようです。そこにブタおばさんの孤独な臨終があります。しかしこの臨終は、「マッチ売りの少女」の死に比せられるものであり、さらにいえば、もっと人生をかみしめた深いもので、この部分が圧巻であることは疑いありません。ここにきて読者は、あらためて作者のけだかい心境を全面的に知り、同感し、その美しさを心からたたえたくなります。

しかし、こんどの作品では、芋三さんの生活とその社会環境を描いた部分がたいへん興味をひきました。芋三さんはブタやベニ玉に対して、当然加害者で搾取者ですが、彼の生活の諸関係にみられる現世的しくみの複雑さをみごとにつかんで、それらを大肯定の態度でこなしてあるのが、私たちには同感をよびます。すべてはこうした大肯定の上での否定でなければならないと思うのです。その意味でブタおばさんが欲求してやまなかっただろう世界こそ、まさに「かくあるべき未来」の人間生活を示唆するものと思いました。

「みどりむしのかなしみ」は、幼い子供たちのよみものとしても、たいへんよくまとまっているし、一つの新しい有意義な教材の提供でもあろうと思われました。よく考えてみると、所属（これはもちろん人為的な分類によるものですが）のわからない中間的なものがずいぶんあることが知られます。われわれの立場についてみても、おなじことがいわれましょう。黒白、是非の判断は、なかなか容易なものではありません。けっきょくこの作品の精神である「わが道を行く」ということが、いちばん神さまの思しめしに添うものでしょう。またそのとき自然（必然といいかえてもよい）の分類も可能となりましょう。

その他大自然の健康なたたずまい、すべての生きものたちの快活なよびかわし、季節のなつかしい移り変りなど、読む者の心に率直な幸福感を喚起せずにはおきません。文章にはごくわずかの部分に、やや簡単にすぎた詩的飛躍がみられ、普通のよみかたではちょっと意味のつかめない個所なども二、三あるようですが、それらはカナづかいの分といっしょにいずれ後に。

とにかく走りがきの読後感をのべました。おめでとう。幾度もおめでとう。

10月26日　高群逸枝

浜田糸衛様

「緑の館」その他（3冊）、ありがたくお借りしておきます。

編注

(一)「ブタとベニ玉」……『豚と紅玉』。一九八〇年三月、アンヴィエルから高良真木のさし絵入りで出版された。半月後に再版。

(二)「みどりむしのかなしみ」……「浜田槇尾の手紙」によると二五枚の短篇だが、原稿は残っていない。のちに高良真木はノートに次のように書いている。「動物と植物の両方の性質を持ったミドリムシが両方から「お前は仲間じゃない」と言われて排除される悲しみを書いた。政治運動のなかで〝右でも左でもない〟と言われた経験に依るものだ。半世紀後に右のような記事を見て、ミドリムシの特異性がプラスに転化されているのに、驚いた。」ノートには「朝日新聞」二〇〇九年八月三〇日号の記事「火発排ガスでミドリ虫培養――温暖化対策に新技術」が貼付《ちょうふ》されていた。ミドリムシからはバイオ燃料が作れるのである。

13　一九六四年、日付なし、（消印　千歳　39・2・29）
中野区沼袋町五四九　浜田糸衛様　高良眞木様
東京都世田谷区世田谷四の五六二（印刷）　高群逸枝
私製郵便はがき、ペン書き、表にも書きこみ

今日は午後から起きて理論社へ書きました。これで当座の手つづきはすみました。よい結果を期待しています。

昨日はガンの話でびっくりしましたが、無根《ママ》とのことで安心しました。今日のレントゲン写眞説明いかがでしたか。そのうちおきかせください。これでおちついて、じっくり「黄金の環」とおとりくみください。拝借12冊多謝。

みゆき姉上に心から敬意を表します。高良さんもご勉強ですか。私は第三部にきていますが、脱稿と同時に起き上がるつもりです。

らいてうさんにおくやみ状書きました。生死一夢の感ふかいものがあります。

昨今、「森の姫」（沈鐘）の歌調で作った四連の最後のものに

どこからあたしゃきたのやら／どこへ帰っていく身やら／風雪すさぶ冬の道／歩めと鬼がいうままに鬼とはいわば「生命」のことです。しかし生きている以上はつよく尊く生きねばなりません。

高群逸枝

14　一九六四年三月三日（消印　千歳39・3・3）
中野区沼袋町五四九　浜田糸衛様　高良眞木様
世田谷区世田谷四の五六二　高群逸枝
私製郵便はがき、ペン書き、表にも書きこみ

あの夜からだんだん快方に向い、甘味も塩気もうけつけるようになって、きょうはあの夜頂いたソーセージなどを片っぱしからもりもりたべました。ご安心ください。

「火の国」の口述は毎日つづけています。（四月には「続」にかかるつもり。）バラ芸術団の一員として高価な作品をのこしたいと努力しています。あなたがたも与えられた道を根気よく進んでいただきたく心からお祈りしています。

私の一生
どこからあたしゃきたのやら
どこへ帰っていく身やら
遠い故郷の春の丘

あたしの夢はもえていた

どこからあたしゃきたのやら
どこへ帰っていく身やら
妖気ただよう夏の森
裸で駈けた日もあった

どこからあたしゃきたのやら
どこへ帰っていく身やら
月の片照る秋の家
白くねむった夜もあった
どこからあたしゃきたのやら
どこへ帰っていく身やら
風雪すさぶ冬の道
歩めと鬼がいうままに

15　一九六四年四月十四日（消印　千歳39・4・□）
中野区沼袋町五四九　浜田糸衛様　高良眞木様
世田谷区世田谷四の五六二　高群逸枝
私製郵便はがき、ペン書き（橋本憲三以外の人による代筆）

一昨日は失礼いたしました。

らいてうさんのことおうかがいいして安心しました。私は天気がよくなれば好転するだろうと思っています。

ごちそうありがとうございました。

つばさうばわれし天使として　春を寝る

16　一九六四年四月二十六日（消印　千歳39・4・□）
中野区沼袋町五四九　浜田糸衛様　高良眞木様
世田谷区世田谷四の五六二　高群逸枝
私製郵便はがき、ペン書き（橋本憲三以外の人による代筆）

昨日は遠征旅行からお元気でおかえりになってよろこびました。私は視神経をおかされてほとんど盲人ぐらしでした。そのあいだじゅう、東海道中仙道の旅路がだいたい頭に出没してあなたがたと行をともにしました。わらびのおみやありがたく。

ここちょっとで立ち直るつもりです。その上でまた。（口述）

浜田槇尾の手紙——四通(一)『野に帰ったバラ』などについて

浜田槇尾　一八九八〜八五。高知県生。糸衛の長姉。長女として大事に育てられた。土佐高等女学校卒。美人でもの静かな女性だった。濱田槇尾の名前で詩文集『乱夢』（春秋社、一九三一年一〇月）と『素朴』（洛陽書房、一九三五年一一月）を出版し、生田長江に師事した。また高群逸枝を訪れた。後年、逸枝は槇尾について「若い日に長江を通じて知り合い、一日語り合った。この人と同時代に生きている幸せを感じた」と糸衛に話した。終生結婚せず、西宮で弟正信の子どもたちを育て、家計をみた。晩年、熱海居住を経て姪の家に移り、その子どもたちに見守られて逝った。

たゞ今御本ありがたう存じました。

本當に立派に美しく出来ました。

カバーを見るだけで　気持が　はれ〴〵いたします。雲も夕日も空の青色とても美しいし　又、ほがらかです。

本の中のさしえ及表紙よく出来てゐます
大人の方は　はじめ文章をよんで　あとから又さしえをじっくり見るでせう、子供さんはすぐさしえをバラ〳〵と興味をもって見ていって、それからボツ〳〵と文章をよみはじめるでせう。又あとから　ひま〳〵に何べんも

何べんも　とり出しては索引とさしえとを引き合はせて読んだりながめたりするでせう、本当に　かういふような　至りつくせりの童話の本は今までにはじめてでせう。
みな様の熱意によって　はじめて　かうした美事な御本ができました。帯封から、「はじめに」、「あとがき」、至り盡せりで　そのいみでも　全く万全なものになってゐます。
どうぞ一人でも多くの人の手に渡り　読んでいたゞき、さしえに　親しんでいたゞきたいことを　念じております。

（以下略）

十一月二十七日

編注

(一)浜田槙尾の手紙——四通……三通までは「野に帰ったバラ　批評　一九六〇」と表紙に手書きしたノート（本の束見本）に、糸衛が書き写したもの。四通目は糸衛が別紙に書き写したものが同じノートに挟んであった。そのため何れも住所は記されていない。

お作いそがしい中で　そこよみ　ここよみいたしながら、とう〳〵いつのまにか　よんでしまひました。全体からくる　イメージが　印象づよく心の中に残って、いつどんな場合にも　ちょい〳〵顔を出してきて、心をふくらませ幸福にしてくれます。本當に　これだったら　山の好きな私も　山へ登らなくても　この作一つあれば　結構幸福になれます。一寸労れたときでも　手当り次第に　どこかを開いてよんでおれば、もう、それで

なんとなく気持が　ふくらんでまゐります。
この作は、何べんも　何べんも　よみ直すほどよいと思います。その方が心にはっきり　きざみ込んでゆきます
(さびのある珠玉のような作ですから)そして今まで　あまり気にもとめてゐなかったような虫や草花も好きに
なり親しまれてきます。
本当によい本を書かれましたね。
みどろ池の草や虫と仲良しになってしまひました。どうぞこの本が　一人でも多くのお友達をみつけて、しづか
な気持で読んでいたゞけたらと　念じております。
二十二頁からの大祖父さんの毛尾(一)のところは　この作のあつ巻だと思ひます　韻《いん》。
ここに書かれた亀さんのさしえ　本当によく出来てゐますね。毛尾の中での小虫のあそび　しかも亀さんには
とても威げんがあって。――(以下略)
十二月四日

編注
(一)毛尾……亀の腰のうしろに長く伸びた白い毛。原文には「もうび」とルビが振ってある。

(前略)――週刊誌の批評(二)は、あの作を一つの普通ありきたりの童話としてよんでゐるので、ああした批評の出るのも無理はありません。しかし、あなたの作には　言葉の一つ一つに韻《いん》が流れ、且つまた、いつもの　あなたの作に流れる俳句的な　さびも漂っています。それで出来上った作は　いつでも一つの散文的長詩のやうなかん

じを持ってきています。それであなたの思想なり、また言わんとするところは作全体に流れています。自然讃美にせよ、作全体、文章の一つ一つから漂ってくるのです。それであなたの今度の作もおっとりと静かによんでゆかなければならないのです。しかし、ああした作は　その読む人の個性々々で、いろ〳〵によんでゆかれるのですから　どの批評でも批評の一つ一つを参考にしてゆきなさい。また何かの機会に映画のようなものにでもなればと存じております。（以下略）

一九六一年一月十九日

編注

（一）週刊誌の批評……『週刊朝日』一九六一年一月二〇日号に掲載された臼井吉見の書評のこと。

唯今原稿到着しました。（一）

全体が詩であり、絵画になってゐます。本當に美しいきれいな情景が又ことこま〴〵とよくカンサツをしたものよ。と――感心いたしました。たゞところどころ少し言葉を洗練させ練るところがあります。

少し文章をねることによってこの大切な素材が又一段と美しく効果が出てくるのではないかといふところがあります。

私、鉛筆でところ〴〵一寸直してみましたが文章の呼吸が合いませんので止しました。結局、筆者が気づいたところを洗練さすのがよいと思ひました。

しかし、詩ではなく童話体ですからかへって素朴でこのまゝでもよいのかとも考へています。私はすぐ文章の韻を加重するくせがありますので。――私の言葉をあまりたよらない方がよいと思ひます。

この原稿二十五枚大した素材です。

あなたの気格情緒そのままがでています。これを書いてから私は、全文をもう一度、よみかへしてみました。そして考へました。あれでよい〱あのままで上等だと思ひました。――何せ作者の細かい深い神系《ママ》で実に細密なカンサツに立って書かれた文章ですし普通の人には気付かない――又そうした情緒でしかカンサツすることのできないものですから――つまり糸衛さん自身の人柄人格でなければ書けないものですから。文章は直すことはいらないと思ひます。

　干からびたこの世界にかうしたものがドシ〱出てゆくことを私は待ち希んでゐました。――美雪さん（二）がいらっして又美雪さんからの批評がきけないのがとてもざんねんです。あの人はあなたに俳味があることをとても推賞していましたから。――

一作書くごとにあとの作はつる〱でてきます。心をゆるさず、あとから〱と書いておくことです。

あなたの失敗は、一作出してあとの作が一つもなかったことです。十も二十も書いておくことです。ときには日記文も、ときには宛て名なしの手紙のような形式で。――そういふように縦横無盡に書け出すのは一作二作三作とつづけてゆくうちにどんどんあとが書けてくるようになります。――それは私のけいけんからです。たしかに一つできましたね。――これは大したお作ですから大切にお持ちになっていて下さい。――

発表方法。――この文章にはできることなら絵が添った方がいいのです。カット式の絵でもつけて、どこかへ発表なさい。――婦人画報あたりはいかゞ、新聞なんかもよいと思います。沢山書いて單行本で出してもよい、それにはこれ一つではいけません。五つくらひはいりますね。――

ゆくゆくはこの童話はテレビなんかに出すととてもよいですね。――

ともかくもあなたは、今仕上ってゐる書き物はこれ一つだけですか。――又これは一つのまとまった作を出版社から出したあとで、その機運の中であっちこっちの雑誌新聞社へ発表する場合の用意に持ってゐてもよいのです。

何んせあなたは長い間文筆生活からは　はなれていたのですから書きだめも持ってゐないのですから。

しかし二十五枚の立派な珠玉篇を書き上げたことを私はあなたの今後の　こうした方面の活やくの上にほの〴〵と大きなよろこびとうれしさをしみ〴〵感じてきました。心から　おめでとう――の言葉がつき上ってきます。

今日は父上や母上に申し上げてお礼を言ひます。長い間の空白からいよ〳〵本格なものが出来上った最初の作ですから。――

お体をくれ〴〵も御大切になさって下さい。――カアイさんが友比古さんと一諸（緒）にきてゐます。十月二十日頃のお産です。入院する前にここにゐます。私もおかげでるす番ができて　何となく外出もゆたかな気持です。

さくらさんが関西へおいでの由　必らずお目にかかりにゆきます。久し振りです。うれしいことです。

私ももう少しひまになったら東京へも必ず　日帰りやうな気でゆきます。こちらも只今一同至って元気です。何も変ったことはありません。

ワンワンもヒフ病がよくなってゐる由うれしいことです。

本當に私もこれから東京へ折々ゆくようにします。それには仕事を　ズン〳〵らちをあげておくことです。

又書きます。　サヨーナラ
九月二十一日
槇尾

いとえ様

文章の中にあなた独特の対話の美しさ　ヒユのうまさから来るほの〴〵とした情緒が読んだあとまでも心に残り私を幸福にしてくれます。

すべてのものを培ひ育てるあなたの全人格があの一作に凝集してゐます。

二十五枚の作とは思へないほどの読み心地がいたしました。

第一作にあゝした貴い珠玉篇を書きおえたあなたの前途を何んだか幸福な前兆を予感してうれしくてたまりません。——

編注

(一)原稿……『野に帰ったバラ』出版後に書かれた短篇「みどりむしのかなしみ」ではないかと思われる。原稿は残っていない。「高群逸枝の手紙」12の編注（二）参照。

(二)美雪さん……(一九〇五～五三)、著者の次姉。母の妊娠一二カ月で、誕生のときかん子《し》でひっぱり出された。そのため病弱で、小学校時代から手や視力が衰えたりした。のちに脊髄空洞炎と診断された。頭がよくがんばりやで、高知県立高女卒。母とともに弟の正信一家と生活、晩年は手が動かず、口にペンをくわえて哲学的な執筆をした。母の死後、数カ月で逝く。

高良真木の手紙——『野に帰ったバラ』について

〈河辺智恵子氏(一)への返信〉

私もあなたの批評に全く同感です。あの「きゅうけい、おやつ」なんか、浜田先生の眞価ですし、美しいイメージが満ちています。

たゞ私の考えでは、この本が、実は童話の形をとった文学作品であるということを考えると、一五三頁のところは、(バラの夢全体が(二))全体の作品の中で、他の部分(より現実的、具象的な)で潜在する著者の思想的な内容が、より抽象的、超現実的な次元で再現されているのだと思います。それともう一つ、特に一五三頁前後の、星や、天体の描寫は、著者の自然観の中に、最も重要な部分をなしている、宇宙の秩序、そして、人間の科学の未来の志向である宇宙と、そこに於ける人間の、敬虔(これは、神、宗教につながるものですが)が表現されている部分だと思うのですが。私としては、この作品のクライマックスであると思うのですが、あるいは、全体との調子で観念的になっているかも知れません。実は私も、まだ浜田先生の世界観の、この領域については、観念的にわかっているだけのような気がしますが、これは、実は最も東洋的な思想で、私などは、西洋かぶれしすぎているらしいです。私の理解というものは、「あとがき」に少しだけ書いておきましたが、この作品の豊かさと愛は、実は、巨大な虚無に支えられた、肯定の世界であること、その故に、強力であること、人生そのものも、そうなのではありませんか。あなたが否定的になりがちな心という、その現実から、読んで共感した理由もそこにあるのかと思います。また折にふれで《ママ》読んで下されば、その時々に違ったものを与えてくれる本だと思います。

十二月二十七日

編注

(一)河辺智恵子氏……高良真木の東京女子大時代からの友人。住所は記されていない。

(二)バラの夢全体……「バラは、たった一人で昏《くら》く青白い世界に立っています。どちらへ歩いて行こうにも、方角の見定めがありません。どっちへでも自由に歩けばよいのですが、バラの足は一歩も動こうとしません。（略）／不思議な不安にバラの心は畏《おそ》れおののきました。バラは敬虔《けいけん》な心で、かなたの虚空《こくう》を見ました。／無限《むげん》に展《ひら》けた壮大な空間！　ここはまたなんというたとえようもなく、美しくにぎやかな世界でしょう。巨大な水晶《すいしょう》の塊《かたま》りかと思われる星ぼしが、光芒《こうぼう》（芒）の長い尾をひきながら光り輝いています。／はるかなべつの空では、幾十億万《おくまん》の煌星《きらぼし》が寄りあつまって、光の海を流しています。／バラは色と光の妖しく交織《こうしょく》する豪華《ごうか》な世界の中で、茫然《ぼうぜん》と自分の生命《いのち》さえ見失ってしまいそうです。／夜でもない昼でもない、渾然《こんぜん》とした下の空から、巨《おお》きな星が真珠色《しんじゅいろ》に燃《も》えながら、荘厳《そうごん》な姿を現わしました。／コロナに包まれた星は、黄いろく、青く、無数の色に溶け合って、壮麗《そうれい》な天《てん》上楽《じょうがく》を奏《かな》でながら、涯《は》てしない中空を、ぐんぐん拡がってゆきます。／バラは歓喜《かんき》で体じゅうがふるえ、いまにも胸が張りさけそうです。新しい不思議な力が、体のすみずみまで流れてゆきます。」

Ⅲ

浜田糸衛から高良真木への手紙

浜田糸衛から高良真木への手紙

高良真木　一九三〇～二〇一一。東京市生。画家。東京女子大学中退後渡米、米国アーラムカレッジ卒。五三年六月、コペンハーゲンの第二回世界婦人大会に日本婦人代表団の通訳として随行し、原爆の図を携えた赤松俊子（のちの丸木俊）ら七人と旧東ベルリン、旧ソ連、中国、ルーマニア、旧チェコ・スロバキアを回り、パリに落ち着く。その後スペインにも滞在して画業に専念した。五五年三月、一八歳の妹美世子を拒食症によって失い、失意の父武久を迎えてフランス、スペイン、イタリアを旅行し、同年五月に帰国した（高良美世子著、高良留美子編著『誕生を待つ生命――母と娘の愛と相克』自然食通信社、二〇一六年参照）。州之内徹の現代画廊ほか各地で個展開催。また浜田糸衛とともに神奈川県真鶴で日中の平和と友好に力を注いだ。『高良眞木画集』（求龍堂、二〇一〇）。高良真木著・高良留美子編『戦争期少女日記――自由学園・自由画教育・中島飛行機』（教育史料出版会）が近く刊行予定。

1　一九六三年十月二十六日（消印　西宮38・10・28）
東京都中野区沼袋町五四八　高良眞木様　*Maki Kora*
簡易てがみ、青インクでペン書き

親愛なまきへ

こちらに来て夜、不眠症になってしまいました。そんなわけで、私はエマソンを熟読しています。彼が（最高の精神の所有者は自然に対する愛が烈しい）と云っています。そうです。自然を感じ理解出来ない以上、眞実な芸術家とは云へません。彼は詩人であり、詩を抱いた思想家です。彼の如き人物がアメリカに生れたのには、アメリカと云う物質文明に対立したと云う大きい理由が存在するのです。高群先生の好きな、ソローも同時代の人です。エマソンは直感の豊ぎょうな魂に思想の芽を出し精神をうたった人間です。我々は、何んとかして、失った人間の故里、自然を、もう一度、とり返へさなくてはなりません。

エマソンの特異性は、キリスト唯一の神でなく、神は、現在に存在し、各自の内にあると云う思想です。彼は、誇り高い精神所有者です。アメリカの生んだ最大の思想家と思います。晩年の作著が見たいものです。

このごろお月さんが、とてもきれいです。こちらは殆ど雨は降りません。美子さんは残念なことです、どうも恵まれていませんね、この二人は。

十月廿六日　浜田糸衛

二十八日夕　手紙受領

〈高良真木の手紙〉

一九六三年十一月四日

封筒なし

高良真木

青インクでペン書き

今朝（四日朝）お手紙を頂きました。月末には帰ると思って待っていましたけれど、帰らないので、また心配していました。（略）

自動車の方は、講義（法規15構造10）のうち三時間、乗るのは二時間乗りました。初めて乗せられて自分で動かしたときは我ながらびっくりでした。めったに汗などかかない私が、おりてから、背すじが冷たいので気がついたら冷汗をかいていました。間違いばかりやって、車はしょっ中がくんがくんしています。でもとにかく走りますし、ハンドルを切損なうと隣の指導員の足の下にもブレーキがあって止めてくれますから、生命に別條はないです。運転というものはかんたんにみえて、一時にいくつものことをしなくてはならないので気がつかれるものですね。（略）

昨日は中島姉妹と一しょに、テレビで「フィガロの結婚」（ベルリン・オペラ）をききました。すばらしい演奏で、私はあまりオペラを芸術としてみとめていなかった（あまりにも、ショー的な、俗なオペラが多いので）のですが、ちょうど、モスクワ芸術座の「三人姉妹」が劇の眞ずいであったように、芸術として完ぺきなフォルムと感動を受けました。また、モツァルトの音楽のあの本質的な優美さ、天使のような明るさと軽さを純粋に見た思いでした。その前、木曜の夜に、ベートーヴェンの「フィデリオ」を見て、それも実に壮（壮）重で立派なものでしたけれども、オペラという感じではなく、むしろヘンデルのメサイアのような宗教的なものでした。私がフィガロに感心したのは、オペラの美しさであったため、意外の感もあったためです。よいものを見ることは、ほんとうに嬉しいことです。芸術の力の大きさを感じます。今年はマイヨールでもそれを感じました。シャガールはまだ見ていません。そんな感動は期待し得ないような気もします。ザクロについての示唆ありがとうございました。マナヅルで見たザクロの木と黒い蝶のことを想出します。私のザクロは先週までのところ、かなり八方やぶれです。美しさより、あの奇妙な裂け目や皮のそり具合にとらわれています。また違ってくると思います。

四日午后、今速達（二日夜書）を受取りました。（略）

帰ったらすぐ創作の生活にもどれるとよいと思い、新聞のせいりを私がしておきましょうか。天気の他天候、植物、天体、山、すべて要りそうなものをとっておきましょう。

高群先生から、ブタとみどりむしを何回かよんで喜んでいると便りがありました。お姉様が喜ばれたこと何よりのおみやげでした。

私はとても元気です。殆ど毎日、自動車まで、歩くのも、けやきの褐色の梢や菊やコスモスをみて、今の季節をたのしみながら歩けます。

早くおかえり下さい。閉めきりの書斎は悲しいものです。

2　一九六三年十一月九日（消印　大阪中央38・11・9、中野38・11・10）

Miss Maki Kora

東京都中野区沼袋町五四八　高良眞木様

西宮市松園町一七二　浜田糸衛

封書、速達、高良真木の手紙の裏に青インクでペン書き

六日夜、ひる手紙（速）を出して、今手紙うけとりました。（略）自動車よく〳〵気をつけて下さい。（略）切りぬき、よく〳〵気をつけて読んでおねがいします。年、月、日、を忘れぬように。（略）ドイツのオペラ見たいものです。私はTVどころではない。（略）新聞切りぬきして下されば、もう、新聞は要りません。拂ってよろしい。とても助かります。直ぐ創作に、かかれます。こちらはまだ〳〵暖いです。霜など、考へ及びません。（略）

体を大切にして下さい。桜の葉が、深紅色にうれてほんとうに錦のように美しい。

おやすみ

（略）姉が、たま〳〵どうしても山の空気が吸いたいと云うので、私は姉のお伴をして病后の、姉を叡山に案内しました。私は景色など見る気もせず、ゆううつでしたが、姉は空気が　おいしい〳〵と云って大喜びでした。山で若い時代は殆どすごした姉です。姉にとって山は、故里のようなものです。幾十年振りかに山に来たと云って生き返つていました。病后の体を甚く私は案じましたが。山の人間は山で元気になるようです。私は唯、風邪を引きかへしはしないか、疲れはしないかと　ハラ〳〵で、どこを　どう歩いたかさっぱり気おく（記憶）にありません。

もう、何をする元気もなく家に帰ったら、兄が、（数江さんは今年一ぱい居てくれるそうだよ）と云ったので、ほっとしました。十三日に正岡さん（広尾町）が手伝いに見えるので入り替りに帰ります。或は少し早くなるかも分りません。十三日からおくれることはありません。用要のみで。

　もうすぐマキのもとへかえります。

3　一九六五年三月二十二日夜、三月二十三日（消印　中野40・3・24）
神奈川県眞鶴町尻掛　高良眞木様
東京都中野区沼袋四丁目二四の九　浜田糸衛
封書、青インクでペン書き

三月廿二日夜
　絵は進んでいますか。余り日がないので　私は心配しています。たっぷり時間があれば、眞木は必ず　よいものの　できる画家ですが。それでも時を限られて、描くことも　また　一つの勉強に　なります。

　私は今日から全く　ノンキになりました。今日は午后、書斉《ママ》の南側の通り道え《ママ》、雪割草をきれいに植え替えました。美しい　みちができました。好きな仕事のせいか、右肩の痛みも　とれそうで軽くなりました。食欲も進み、たのしい夕食をすませました。家の労働のヅメが来ていたようです。

私は、こんなわけで、もういつでも　そちらに行けますが、桜さんが一度病院へ行くそうですから、それが　すんでからに　します。

洗たく器は　御母さまは入用でしょうか。お知らせ下されば運送屋に頼みます。ネコは翌朝早く帰宅しました。

困った子です。ゆっくりとした感情で室の中で温く坐っていると、部屋中の置物や額をじっくりと観賞する気も起ります。マイヨールの画像をあらためて見たり、これは東洋的で、独創的です。そして健康的です。病的なものは、絵でも文でも彫刻でも音楽でも　人間を未来に発展させません。マキのひまわりは、意欲的でさえあつて、良い絵です。大へん力強いところも感じます。スヰスの山へも登りたいナーと空想するだけでもたのしいことです。

中国の絵は、眞面目で誠実です。伝統を浅薄に破っていません。歴史を破り棄てると云うことは或る意味の天才の仕事ですが、現代人はバカで、「恐怖」のない楽天家が多いようです。それでいて、口にすることは、虚しいとか　解らないとか、ムジユンとか、頭のデッカイ奇型児が多くなりました。私の絵は赤ん坊の如く幼稚です。そして健康です。黒いつぼの色が気に入っています。

アカマンマと　ひまわりは甚くかけはなれているようですが、よく見ていると、同じ作者の感情（こころ）が底にたまっています。

セザンヌの水浴、どうして、こんな絵が、作意、ムリ、破たんせず　かけたものよと、ただ〳〵おどろくばかりです。彼も天才の一人です。深い宇宙の中にいる人間です。

※

とにかく近日中に　種子をまきに行くつもりです。

糸衛

4　一九六六年二月二十三日（消印　中野41・2・23）

神奈川県眞鶴町尻掛　高良眞木様

東京都中野区沼袋四丁目二四―九　浜田糸衛

封書、青インクでペン書き

今日は強い風が吹いて、少し寒い日です。昨夜、腹が空いたので　オソバをしてたべました。とても、おいしいオソバが出来ました。

太郎は最初の熱がすぎて、ソロ〳〵本格的な発熱が始まりそうです。森子（二）はキゲ〔ン〕よく遊んでいます。今眠らせて、私の部屋に帰りました。これから郵便局へ行って、アート、ガーデの桜のカンパを　すませて来ます。

（略）（絵のことを考へました。）

日本人は油絵を卒業しないうちに、いろ〳〵の世界的流行に　わざわいされて、（油絵）のもつ第一の基ソ的、特質を理解できなかったではなかろうか。

それ故に、（油絵）の総合的技術、表現、把握に未熟なままで今日に至った。

この大きな欠陥をどうして、現代の画家が、各人の個人の中で、一人々々　克服、勝ちとることができるか。その方法、道を　発見し、自覚することが、現代に油絵で生きる画家の大きな課題ではないかと思うのです。

單に、十七世紀の、ヨーロッパの　あの輝やかしい偉大な完全に近い油絵を、眞似ることではなく。尚且つ現代の二十世紀後半に於ける世界思潮に芸術家として闘う精神をもって、尚且つ、前述した油絵の発展の道を見出す。

　單に、十七世紀油絵を、生徒の如く修得することだけでも　並大抵の術《ワザ》ではないのですが。

ここの、ところを自覚しないと、すると、で現代画家の行く道に　大きな　ポイントがあると私は思うのです。

日本人の油絵の、ウスッペラ、汚たなさ、把握の幼稚性、悪い意味の稚劣及び單純、油でも、油でなくてもよい　ような油絵。（大工の聖ヨセフ）にしても、これは油でなくてはならない絵です。油でこそ表現できた絵です。油を一〇〇パーセントに　使いこなした絵です。

日本人は、油絵は、油で描くから、油でかくという態度、習慣、精神のようです。自分の絵（意志）は油でなくては表現できないと、思う画家が何人いるでしょうか。勿論、油絵的才能あってのことですが。文学に於てもこれは同じことが云われます。ただ文学の道は油絵の道と異って、より抵抗が異質でないと云うことです。


（粉雪が散り出しました。）


（高良眞木）の場合、いろいろの問題があります。ただ一つ、油絵のもつ特質を薄らながらも理解しようとしていることです。これは大切なことです。

いま外を見ると、柿の葉を落した枝が、こな雪と風の中で、ゆれ動いています。冬ですが、春は、とうに近づいて動いているのです。

冬を迎えるこの木と、春を迎へるこの木とは別の生命が存在します。いま、この木は枯木の如く外かんは見えるのです。が、より新しい生命に向っています。

初冬の、この木はまだ枯木の如くではありません。葉もいくつか残っている。が冬に向っての木です。（休養の季節です）

とにかく、木一本をかくにしても、その木に対する自然の意思と人間（画家）の意思がどう闘い、未来を指し、ゆう合、統一するか。それによって、絵のもつ芸術性が、左右されます。

（カツコウ）よく描いても眞の絵にはなりません。ただこれだけでも、画家は表現に　如何に苦労することでしよう。ましてや　油で　この技術を生かし、寫し、一つの芸術を創り上げるということは。
㊉を、もっと〳〵闘いの中に摑まなければ　絵は出来上りません。油のもつ意思です。油の特別な性質、油が法王の如く君臨できる油質、油意を画家は己れのものとしなければなりません。それなくして　油絵は一歩も踏み出せません。西欧の画家たちが幾世紀もかかって　踏み歩いて来た道を、現代の画家は一代でやりとげなければならない。
大へんな仕事です。が、また、生きがいある仕事です。やろうと思へば　やれる仕事です。十七世紀に比べると　現代は、すべてにおいて、より便利になり、進歩合理性も存在しているのです。（油と闘う）ことは、いつ、どんな仕事の中でも　生きていなければ画家とはいえません。
木をかくとき、型よりまず油と闘っていなければならないと思うのです。これは第一歩です。
また書きます。66、2、23、　午后三時半　　　　　　　　　　　　　　　　糸衛
眞木様
雪の中を歩いて坐骨神経痛がおこらないかと心配しています。

編注

（一）森子……浜田糸衛の姪（のち養女）の吉良櫻子と枝郎夫妻の長女で太郎の妹。早稲田大学理工学部建築学科を卒業して建築家になり、オランダ在住。

5　一九六六年五月二十三日（消印　中野41・5・23）
神奈川県眞鶴町尻掛　高良眞木様
東京都中野区沼袋四丁目二四―九　浜田糸衛
封書、青インクでペン書き

今夜は豪雨が降るらしく、天井から、雨滴が、ポタリ、ポタリ、洩れています。朝鮮大学(一)は素晴しい学園でした。清潔な校庭で行き交う男女学生がニコニコして　おじぎするのです。その瞳の　清らかなこと、童児のようでした。

千五〇〇人位いの講堂で、〝栄ある祖国の旗のもとに〟と云う音楽舞踊叙事詩（三場十一景）がありました。美しく優雅なこと、学生であるのに、コーラスの立派なこと、さすがに　サイショーキ(二)の世界的舞踊家を生んだ国です。おどりも上手です。玄人のように洗練されています。私は、人間関係ということを　ここであらためて考えました。相互に尊敬し合ってこそ、相互に幸福である。ということ。相手を蔑視したり、憎悪したり、することは相互に不幸である。ということを。私は、健やかな希望に燃えた男女学生の若い群像の中で、ほんとうに身も心も、暗い過去から解放された気分になりました。この明る《ママ》さを、いついつまでも守り通すことが、私たち日本人の過去に於ける、朝鮮人に対する暗い不快な、いんざんな重荷を軽くすることであります。

　しみ〴〵考えるのですが、こんなことが戦后たった二十年で、また〳〵平気で　まかり通るとは、一体、誰れを　バカにしているのでしょうか。佐藤は、われ〳〵日本人を白痴とで〔も〕思っているでしょうか。こんなことをファッショというのでしょう。

ベトナム、中国、インドネシア、とつぎ〳〵腹の立つことが　つづき、これでは胃の具合が、よくなる筈がありません。血を吐かないのが不思議なぐらいです。ベトナムも重大ですが、朝鮮人に対しては、私たちは、直接の関係があるのです。《ママ》から、これから尚一そうに問題を徹底させてゆかねばなりません。あなたも、出来〔る〕だけ友人知人に、せんでんして下さい。今夜も私は　たくさん手紙を遠くの人々に書きました。運動は、思うだけでは何んの役にも立ちません。行為することが大切です。

　今日は雨の中を、枝郎君が運転して、（帰りは桜）横浜の氷川丸を見に　行きました。太郎、森子も大よろこびです。途中で甚い事故を見ました。ＴＶでニュースでみると二十人位い重軽傷が出た由。スピードの出しすぎでスリップして、グリーン　ベルトを突っ越して、向うから来た車と衝突。二つとも大破して、荷物が雨にぬれて哀れでした。

明後日は結婚式です（午后五時）、私は、二十四日の日に西宮へ電ワして、帰鶴かどっちか決めます。

（略）

　朝鮮の婦人が、（今度は、ゆっくり高良さんと御二人でおいで下さい）と云っていました。あなたは　いづれにしても二十六日には　必ず帰って下さい。二十七日に午后一時から中国の会議がありますから。

　五月二十三日　午前二時、　　糸衛

朝鮮大学へ行く途中、神経痛が起り、薬局でミオブタゾリジンという薬を買ってのみました。利くように思います。連用しています。

編注

(一)朝鮮大学校……在日本朝鮮人総聯合会（略称総聯）が結成された翌年の一九五六年四月、二年制の大学として東京都に創立された。祖国と民族の未来をになう有能な人材と、在日朝鮮人社会の各分野をリードする民族活動家を養成することを目的としていた。五八年四年制大学へ改編、五九年東京都小平市に移転した。総聯系の学校法人朝鮮学園が運営し、東京都の認可を受けた各種学校である。

(二)サイショーキ……崔承喜《チェ・スンヒ》。一九一一～六九。舞踏家。京城（現ソウル）で両班《ヤンバン》の家に生まれる。幼いころに才能を認められ、一六歳のときソウルに公演にきていたモダンダンスの石井漠《ばく》に師事し、内地（日本本土）に渡った。当時、舞踏は妓生《キーセン》がするものと、崔の在学した学校では除名処分も検討したという。

　軽やかで時には激しいリズムに乗った朝鮮舞踏の動きに繊細なモダンダンスの要素を盛りこんだ踊りは、多くの日本人を魅了した。一九二九年京城に帰り、早大でプロレタリア文学を研究していた安漠と結婚、翌年娘が生まれる。しかし夫が抗日運動に関わった疑いで逮捕され、一時舞踏活動が困難になるが、三四年東京で開いた初のソロ公演が評判になり、映画にも出演する。アメリカ、ヨーロッパ、中南米各地で公演。〝世紀の舞姫〟として一世を風靡《ふうび》した。

　戦争中は日本人として中国戦線で日本軍への慰問団の一員として朝鮮半島や中国、満州（中国東北地方）を訪れた。しかし日本政府からは反体制派の一人と目されていた。

　戦後は夫と共に北朝鮮に移り、舞踏研究所を設立する。一九五一年、周恩来の支持で北京に舞踏訓練班を設立し、多くの生徒を指導した。東欧各地で公演、日本でも招聘運動が起きたが実現せず、文化大革命渦中の六七年、「ブルジョワおよび修正主義分子」として粛清され、北朝鮮文化省次官を務めた夫と娘の舞踏家・安聖姫と共に消息不明となった。

　二〇〇〇年夏、ドキュメンタリー映画「伝説の舞姫　崔承喜」が岩波ホールで上映された。〇三年、崔承喜が一九六九年に亡くなり、遺体は愛国烈士陵に葬られて墓碑に「舞踏家同盟中央委員会委員長、人民俳優」と刻まれていることが公式筋から公表され、名誉回復されたことが明らかになった。しかし失脚理由や死因は公表されず、没年月日についても疑念がもたれている。

崔はモダンダンスやバレエなど西洋の踊りも摂取したが、結果として徹底して朝鮮の踊りにこだわった。宮中舞踏、芸人集団が踊っていた舞踏、ムーダンの踊りなど、当時の朝鮮の踊りから民俗的な色彩の濃い踊りの動作を選び、朝鮮舞踏基本動作をまとめ上げるという、大きな仕事を達成した。「舞踏に貧しい朝鮮、しかも自分たちの舞踏の遺産さえも継承していくことのできない朝鮮に生まれた私は、郷土の芸術を新しく再建して行きたいと努力しています」と崔は語っている（『世紀の美人舞踏家崔承喜』高嶋雄三郎・鄭炳浩編著、エムティ出版、一九九四年）。

崔承喜の舞踏には喜びのなかにも一抹の哀愁が漂い、朝鮮民族の匂いと生活感情が溢れている。その踊りは型破りでときに幻想的でもあり、さまざまな表情をみせてくれる。東洋の心を舞踏で表現した革新的にしてユニークな天才舞踏家であった。

ちなみに高良とみは一九五二年五月に中国に招かれた際、朝鮮の住民地区で崔承喜の舞台をみている。前半の抗日劇では爆撃で乳飲み子を亡くした母親役を演じ、崔自身が演出した後半の古代朝鮮の物語では、横暴な王に夫の復讐をする農民出の妃を演じた。「私は静かに見ていて朝鮮人の心はかくもあろうかと思い暗澹たる気持にさせられた」と高良は書いている。面会を求めたが疲れて帰ったといわれたという（「崔承喜の舞台」『高良とみの生と著作』第6巻「和解への道」所収、ドメス出版、二〇〇二年）。

Ⅳ 小説

黙殺

双道の彼方

原文を尊重し、誤字、脱字の訂正及び最小限の用字の統一をしました。
ルビは適宜ふりました。

黙殺（懸賞短篇小説当選作）

井上　直衛
（ペンネーム）

大酒飲みの源蔵を親爺に持つお由《よし》の憎悪は日に増して募って行った。

「ウ……ゲェーブ、お主は俺の娘じゃねえか、愛い奴〱此方へこい。」

幼少の時母の連れ子となって、村一番のやくざ男源蔵の家に養われるようになってからお由はもう随分長い年月を此の熟柿《じゅくし》臭い、まるで酒樽の中での生活に慣らされて来たのである。

母のお霜《しも》は世の中の総ての苦労を全部、背負って生まれて来たかのように実際運命というものにこっぴどく、いじめ抜かれて来た元気の全く無い不幸者であった。

源蔵が無頼漢の悪たれ男と知りつゝも尚彼の許に行かねばならなくなった程、お霜は今迄自分に授けられた幸福と言うものが極めて冷淡であった。そうして源蔵と一緒になっても同じように何故か運命はお霜に苛酷であった。

「ふん、片眼位が何んだい。汝奴《うぬ》殺されねえで済んだを仕合せだと思え。此のすなび婆奴がッ。」

博徒の代金《しろ》が無くなった源蔵がお由の肉体を相手に一日だけの約束で賭けた時、流石のお霜も逆らった。而し結局お霜の片眼がとんだのみで事が済んだ。何故なら源蔵が賭け事に上手であったから——。

それでもお由に取って、もっと〳〵忌わしい親爺のトロンとした眼付きが野獣のそれのように付き絡い出した時、お由の源蔵に対する憎悪と嫌悪は押し募って、丁度堤防を切って圧し流す洪水のような勢いで彼の身内に迫って来た。

「源蔵奴、今にみておれ！」

お由の気持はそれから日毎に憎悪にもえて行った。

或る日お由の置いたねずみとりは偶然にも徳利の中へころげ込んでいた。

それから二日目の世更けに源蔵はコロリと誰に厄介もかけずに死んでしまった。


日が高く登ってから村に一つしかない獣医上がりのヨボ〳〵医者が一里の道を馬に乗って源蔵の家に来た。丁度、祝いごとにでも呼ばれるような気持で。

「やあ、お霜さん、これでお前さんも気が楽だぜ。なあ、お由さんよ、あんなに酒と仲良しだったら結局は卒中だよ。」

源蔵の体に一寸手を触れただけで何の雑作も無く医者はお霜に紙片を渡して帰って行った。

源蔵が死んで村の人達は厄介者の息子が死んだかのように重荷を下して安心した。

お霜は痩猫《やせねこ》のように細った体を丁度、幽霊か何かの影法師のようにして、つぶし残された片眼から辛い涙を引っ切りなしに流しながら、暗い穴にしお〳〵と埋《まい》土《ど》の鍬を引きずった。

——まだ〳〵惨酷な運命が直ぐ後から此の墓穴よりも、もっと大きい暗い口を開けて迫って来て居るかのように慄きながら——。

お由の持った木鍬の腕はお由自身にも解らないある

力で一杯だった。
　お由の頭には微塵も死などと言うそんな、恐ろしい気持は起って来なかった。寧ろお由の心には何か人の出来ない大きいことが偶然にも断行されたような気持で一杯だった。
「学校裏の共同墓地へ行って見い、あんなに沢山の善良な若い男が死んで居るではないか……」
　お由はず太い源蔵の体を入れた白木の棺がポコン〳〵と気の抜けた空《くう》な音をたてて次第に土塊の中に消えて行くのを見ながら心の中でこんなことをも叫んでみた。

（京都市東山三条託児所内井上気付　井元　直衛）

懸賞短篇当選

　本週は四百五十九篇中から「黙殺」井元直衛君作を当選とした。原作はもっとはっきりしたものであったが、発表出来ないので可なり手を入れたので稍変んなものになった。幾分イデオロギーを持った点が力強く表現されている◆応募作の中大体に於て努力の跡は見えるが、どうも類型的に陥り易い、当選作物の影響もあるが――弊がある。五枚では玄人でも仲々いいものは困難なのであるから是非もないが一層の力作投稿を乞う、此当選作は原稿紙四枚に書かれている。

（「読売新聞」懸賞短篇小説当選作
一九三〇年二月一〇日）

双道の彼方

嶺　一二三
（ペンネーム）

（一）

南国の春は美しかった。

なごやかな風に桜の花が吹雪と散っている。

三々、五々、打集う人たちを離れて、相子《さがこ》は一人藤棚の下に佇んだ。空は一面花曇りに霞んで、初めて味わう故郷の自然が、相子の心をはてしない夢の世界に運んでいった。

「東條さん」

不意に呼びかけられて相子は、はッとして振り向いた。

明るい美しい顔が彼女の顔前で微笑んだ。

「お一人でお淋しいでしょう」

栄子は賑やかに笑うと、

「でも、美しい空ですわね、あら！　桜の花があんなに散るわ」

栄子は美しい吹雪の空を仰ぐと、

「須賀先生があなたをお呼びになっていましたわ、多分、職員室にいらっしゃるだろうと思います」

「はあ、——どうも」

相子は人慣れない迂闊さで会釈すると、そのまま運動場を横切って、職員室へと急いだ。

「今日、昼食後の談話時間に、あなたの転校後の御感想を、お聞きしたいのですが——」

相子たち四年級の作文の受持である、年の若い女の教師は、何かを期待するように、にこやかに彼女の面を見つめながら言った。

「何も難しいことはありませんよ、私も転任して来た頃は、よく皆さんに自分の感想を、お話ししました。自分の生まれた土地柄のことや、初めて見る国の印象や、気候、風土、人情の相違など、そこ独特のめずらしい習慣のことなど、色々お聞きして面白いことが□□□□□□□それをありのまま私やお友だちに、話してくだすったらいいのですよ」

深く啄木を崇拝して、将来、文学的方面に自分を伸ばそうとしている、女子大出のこの先生は、いつも大きい期待と好奇心をもって、転校してくる生徒の一人ひとりから、詳しくその土地々々のめずらしい話を聴くのを楽しみにしていた。

相子は、その日、昼食の後で一同の前に立って話した。

彼女の故郷は鹿児島県であるが、父の勤めの関係上、諸々方々を廻ったこと、しかしそれが全部、寒国であったため、故郷の南国は幼い頃から、彼女の心に大きい憧れと、□□の的であったこと、ことに冬の□□□、寝物語りに、母から聞かされた美しい自然や蒼い（原稿五枚欠）

た。その後、肋膜を悪くして、もう一年近くも、ラケットを手にしたことがなかった。

「まだ少しは出来るのか知ら」

テニス自慢の須賀先生を敗《やぶ》ったとき、相子はもう久しく忘れていた、運動の世界を懐しく想った。

「あの頃は元気だった。父もまだ達者だった」

相子は、大阪府知事として華やかだった、父の一年前までの生活を想った。

「浮沈は政治家の常！」

こう言って、再び起ち上がろうと焦った父が、軽い脳溢血で床について以来、次第に病勢をつのらせているのを、相子は淋しく想った。

相子は、その日帰ってから、思いがけない手紙を受け取った。

「ただいま、このお手紙がまいりました」

女中の差し出した封書の裏を返して見ると、「北見栄子」と記《しる》してあった。

相子は、はっとして封を切った。

（三）《ママ》（二欠か）

手紙には相子に対する栄子の親愛な友情の言葉が並べてあった。初めて心の友を得たことの悦びが、若く感激的な、情熱的な彼女の性格を通して炎のように熱していた。

相子は夜晩《おそ》く友の友情に対する感謝の筆を執った。

日曜日、相子が兄と二人で雑談している所へ栄子が突然訪ねてきた。

相子はこの不意の来客を心から喜んで、出来るだけの歓待をした。栄子は夕方近くまで遊んで帰っていった。

「あれが栄子さんというのかい、成程、美人だな、却々噂に違わず御器量人でいらっしゃる」

桂治が冗談のように一人で感心した。

「どうして御存じ？」

「いや、ぼくんところの生徒間では評判だよ、美人《しゃん》で才女だってね」

「お父さんは何をしていらっしゃる？」

いつになく女性に関心を持つ桂治の言葉であった。

「此処《こちら》の連隊長をしていらっしゃるんですって」

「軍人の娘のようにないね」

桂治はこれ以上きかなかった。

その後、相子と栄子との間は加速度に親密の度を加えていった。

市内でも、ずっと西に近い所にある栄子の家は、彼女と父母との三人暮らしであった。

宏壮な邸《いえ》に住んではいるが、軍人独特の引締った地味な空気が、家庭の中を支配して、見るから厳格な感じのする父親のひととなりを偲ばせていた。母親は五十近い背の高い女で、顔のどこかには栄子に似たところもあるが、ひどく痩せて血色の悪いところが一見病身そうな感じを与えていた。

相子には慣れるにつれて、栄子の母親が気立の優しい親切な人のように思われた。

「東條さんのお父様はおいくつになられますの」

あるとき、母親は話しかけた。

「五一になりますの」

「まあ、まだお若くていらっしゃいますのに――御病気が一番いけませんですわね、私なども、平生身体《からだ》が弱くって困ります」

相子は、もう一年も前から殆んど床に就いたままでいる父親の事を想った。

「始終、お床に就いたままでいられますか」

「はあ、もう殆んど」

「お兄様はおいくつになられますの」

「二七です」

「学校はどちらの方を?」

「東大の文科を出ていますの」

「そしてすぐこちらの学校にお勤めになられたのですか」

「はあ」

「大変御秀才のようにお聞きいたしますけれど――」

相子は答えなかった。

「お父様が政界の方で御活躍なさったのですから、やはりお兄様も法科の方にお進みになるように、私などには思われますけれど、――お兄様が文科の方を強《し》いてお志しになられたんですか」

「父は政治家ですけれど――余り政治の方を好みません」

（四）

相子はもう何十年間言い古された父の一口言葉を思い出した。

「同じ貧乏をするんじゃったら、もう少し良心的な生き道もあったんじゃにな」

七〇万近い祖父の遺産を使い果たして、貧乏と借金の味をその髄までも嘗め尽くした父は、桂治が本人の希望でない限り政治をやるのを奨めなかった。

「文学でもやるさ、そして、もっとしっくりした生き方をするさ」

持って生まれた廉潔心が禍いして常に自分の境遇と生活に安心を見出すことの出来なかった父は桂治の文学志望をむしろ一緒に喜んだ。

「相子も、なんでもしろよ。嫁にゆきたくなければ嫁にゆかなくってもいいさ、女弁護士、音楽家、彫刻家でござれ、書家でござれ、婦選獲得運動家、女文学者、なんでもいいさ、医専へでもどこへでもやってやるよ。一人しかない女の子だ、思い切りなんでもやってみろ」

厳格な祖父の許に育った父はその反動でもあるのか極端に自由で放任主義だった。だが一つ祖父にも増して厳格だったのは、その恋愛についてであった。

「恋愛のない結婚はさせない。だが恋愛中に貞操を失うような男女の恋愛は恋愛と認めない」それが父の持論であった。度々行った外遊中にも、その朋輩間に石部金吉と言う綽名を取るほど、政治家にはめずらしい貞操上の堅固さも、かつて幼い頃檀那寺の和尚と懇意になって出家してもよいとまで思ったという父の性格の一面を物語っていた。

「相子さん、上級の学校にお進みになられるお心算《つもり》がございますか」

その日いろいろ話している内に栄子の母はこんなことにまで立ち入って尋ねた。

「いいえ、ございません」

「でも、相子さんはいいわ、自分からいらっしゃらないのだから、お父様はどちらでも自由にしてくださるんですって。私のように行きたくって行けないのと違うわ、それもね、――宅《うち》の父は学校そのものがいけないと言うんじゃないんですよ。学校そのものはどうでもよいが、女を一人都会に出しておくと危険だからいけないって言うんですわ、余りのことに馬鹿らしいわ！」

いつも相子の前で洩らしている鬱憤を栄子は母親の前で爆発させた。

「それだけ栄子に信用がないでしょうよ」母は笑いに紛らそうとした。

「私、お父様のお側《そば》にいても、お父様の御信用に適うようには、よう致しませんわ」

母は憂うらしく娘の面を見た。

その後、栄子は相子に向かってよく父が上級学校に入れてくれないことの愚痴をこぼした。彼女の語るところによれば、父は極端な保守主義者で、二年から自由科目になった英語の勉強さえ彼女にさせてくれなかったこと、その頃彼女はまだ幼くて無自覚なままに父の言いなりになって英語科を止めて手芸科に入ったこと、その後幾度か英語科に替わろうとしたが父が許してくれないこと、仕方なしこの頃では父に隠れて、放課後一週に二回ずつ英語の私塾に通っていること、父が最も彼女の嫌っている軍人との結婚を理想としていることなどを話した。

「それでも、養子だけは勘弁してやるってよ、ホ、、、養子娘は可哀想だから嫁にやってもよい。その代わり、北見家は潰すことは出来ないからお前の子の一人に継がすんですって。まあややこしいのねホホ、、」栄子はさして気にもしないように笑った。

――好きな人が出来たら誰とでも結婚しちまうし、嫌いな人だったらいくらお父様が言ったって嫌！――そう言って母を困らした栄子である。

（五）

七月に入って降るように蟬の声が喧しくなった。庭の夾竹桃が毎日咲き続けた。

青葉の梢を洩れる月の光を全身に浴びながら、桂治は昼間のように明るい庭のベンチに坐りつづけた。彼はもう二時間程前から、其処《そこ》に座ったまま仄暗い茂みの彼方をじっと見つめたまま動かなかった。日頃から青白い彼の顔面が青葉を透す月の光に照らされて余計に青く凄麗に見えた。

彼は何を思ったか、不意に立ち上がった。そして、波打つように縮まった頭髪を額から搔き上げると、中空に懸かった下弦の月を仰いだ。彼は静かに歩き出した。庭の中程の東屋に来たとき、彼は妹の後姿を発見した。

「相子、何しているの」

声が低かったのか相子には聴こえなかった。

「相子、何しているの」

彼は再び呼びながら妹の側に近づいて行った。

東屋の側の大きい銀杏の木にもたれて立っていた相子が振り向いた。

「あら、いついらっした?」

「今、ここへ来たばかり」

「そう」

「一人かい」

「ええ」

「いい月だな」

桂治は東屋のベンチの一つに腰を降ろすと、

「あなた、知らないだろう、まだちいちゃかったからね、ぼくなんかが、この家から中学に通っている頃だから、もう一〇年余りも昔だ、その銀杏の木はぼくと死んだお祖父さんが磨江山から取ってきて植えたんだ。あなた、お祖父さんの顔を覚えているのかい」

「ええ、おぼろに」

「いいお祖父さんだったがな、――今、生きていたら、もう八〇近くなるだろう」

「あなた、北海道のおばさんのこと知っている?」

相子が何を思い出したか急に声をはずませた。

「北海道のおばさん? 志影子《しげこ》おばさんか?」

「ええ、私、今ふとそのことを考えていたの、なんであんなに零落して田舎に籠《こも》っているの」

「零落——か。まあ、そう言えばそうかね」

桂治は伸びるように、ベンチの背に上半身を寄せかけると、

「あの、おばさんには、又、あのおばさんの人生観があるさ」

「修道院に長く行っていらっしたの」

「そうだね、二年位行っていただろう」

「兄様お会いになったことがありますか」

「うん、ちいさいときだったから、はっきりしないけれど、かすかに覚えている。お母さんに似て、もっと、もっと美しい若い人だった。あれはお母さんの従妹だよ」

「私も一度、お会いしたい気持がしますわ」

「もう随分齢をとっているだろう。四〇過ぎているからな」

あれから、二〇年の月日が経《た》った。桂治が志影子叔母を見たときの叔母の齢よりもすでに自分は数年を齢増しているのか。桂治はうたた感慨に堪えられなかった。

（六）

「相子、相子」

月明かりの木立を通して、母の声がした。

「はあ」

相子は答えると、走るようにして母のそばへ急いだ。

「兄様も其処《そこ》かえ」

高い樫の木の下に佇んだ母の面射しは桂治そっくりであった。

「ええ」

「ちょっと、呼んでおくれ、お父様がお呼びだから。そして、あなたももう早くお寝み、余りおそく夜露に打たれるといけないから」

母は言い残すと、そのまま踵を返した。桂治は急いで父親の書斎に向かった。相子は、そのまま自分の室に帰った。この頃、ときどきその寝室に兄を呼びつけ

る父の心中に（原稿二枚欠）

「そうかしら」

「だったら、外に理由があるのかね」

相子には、兄の言葉の意味が解らなかった。

「どうして」

「どうしてって？」

「だって、外に理由があるのかねって変にお聞きになるじゃないの」

「あなたが、そうかしら、なんて言うからさ、ハ、、」

桂治はわけもなく愉快そうに笑った。

相子は、毎年夏休みになると必ずその翌日から家を飛び出して、一日中帰って来ない桂治が今年に限って家を出ないのみか、毎日深く思索と勉強に落ちついてゆく姿を不思議に思った。

（七）

「欣吾さん、私もう帰りたいわ」

海から上がって来た栄子がとっさにそんなことを言うのでバルコニーで休んでいた欣吾はびっくりして振り向いた。

「どうしたの、多津子さんとでも喧嘩をしたの」

「いいえ、そんなことないわ、多津子さんも妙ちゃんもみんないい人だわ」

「じゃあ、どうした。貞一君でもいけず言ったの」

「まあ、おかしな欣吾さん。子どもじゃあないわ、喧嘩なんかするものですか」

栄子が朗らかに笑ったとき、多津子が上がって来た。

「まあ、栄子さん、ここにいらっしたの、随分捜したわ」

高いバルコニーからは伊豆半島が一目に見渡された。空は美しく紺碧に晴れて、涯しない地平の彼方に鏡のような水面が合致していた。寄せては返す波の音を聞きながら、栄子は、もう一月《ひと》余りもこの浜で過ごした。

夏休みになるとすぐ、遠縁に当たる欣吾に誘われて、欣吾の叔母である井澤家の別荘に来たが、其処《そこ》には、もう美しい娘の多津子と妙子が兄の貞一と共に避暑に来ていた。

今年、三〇近いのに、まだ京大の医科に通っている貞一は、見るからにおとなしそうな、ひよわな生まれの青年であるが、妹の二人は兄に似ず、揃いも揃って立派な体格と、快活な明るい性格の持ち主である。

「私、華族とでなければ、絶対！　結婚しない」

ブルジョア娘によくある、奢り崇ぶった虚栄心と、いかなることによらず、人に負けていられない我儘《わがまま》性とを除けば、別にこれと言って悪い意地もない姉の多津子である。多津子より六つ下で、未《ま》だ小学校に通っている妹の妙子は無邪気そのもののように朗らかに美しい少女であった。

「あら！　栄子姉様、こんな所にいらっしたの」

多津子の後を妙子が上がって来た。

右手に手紙を持っている。

「それ何？　妙さん」

「お手紙よ。栄子姉様へ」

妙子は小鳩のように飛んで来て栄子の前に差し出した。

「どなたから――」多津子が懐しそうにたずねた。

「東條相子《さがこ》様から」妙子が手柄顔に高く叫んだ。

「まあ、ありがとう、相子様よ、妙ちゃん」栄子が可笑《おか》しさを怺《こら》えて受け取ろうとすると、

「まあ素的ね、相模湾の相だわ！」

多津子が大仰に叫んだ。

「多津子さんだって素的じゃないか」

今まで黙っていた欣吾が急に口を出した。

「いやだわ、こんな名、伯爵夫人に相応しくないわ」

多津子はわざと拗ねたように横を向いた。

いつしか、陽が入りかけて、西の空が黄金色に燃えだしてきた。ゆるやかな波面が五色の綾を織りだした。

貞一が雫の垂れる海水着のまま上がって来た。

「海が綺麗だね、ボートを出そうか」

「出そう」

欣吾が一番に飛び下りた。

（八）

一同は海岸の砂伝いにボートに急いだ。

「ぼくが漕ごうか」

欣吾が威勢よく皆を振り返った。

「頼もう、ぼくが舵をとる」

貞一は一同を舟に乗せると痩せた体に満身の力をこめて舟先きを海水に突き出すが早いかひらりと飛び乗った。

「痩せているだけ、機敏の早業だな」

欣吾が感心するように言って、オールを取ると舟は静かな海面を滑るように走った。

「欣吾さん、あなたどれだけ漕げるの」

「ぼくですか。無尽蔵」

「まあ偉そうに、今に嵐でもきたら青くなるくせに」

「波荒い南国の潮風に育った薩摩隼人には伊豆位の嵐は怖くありませんよ」

「まあ偉い。私、そんな男子大好きよ」

「華族よりは嫌いでしょう」

「華族でそんな人が尚更いいわ」

「待っていらっしゃい。今にそんな人が多津子さんを貰いに来るから」

「もう、とっくに来ているのよ」

「やられたな」

欣吾は軽い冗談を飛ばしながら漕ぎつづけた。

燃えるような夕焼けの空が次第に収まって、あたりが薄暗い夕暮の気に閉ざされると、多津子はさすがに淋しい気持に襲われた。

「彼との間にも、いつかはこうしたときが来るのであろうか」

彼女の心を一抹の暗いものがさっと通った。

妙子の指さす方に遥かな汀の灯《ひかり》がゆらいだ。

「お姉様、あそこ」

「もう随分、出たんでしょうか、汀の灯があんなに小さく見えるわ」

「一里位は漕いだんでしょう、もう月が出る」

「海上の月は、いいわね」

多津子が深く感慨をこめて言ったとき栄子は、ふと心に思った。

海上の月——なんと詩的な男性的な言葉であろう。それは彼女が半生その魂に捜し求めた愛人であるかのように思われた。

「月が出たら泳ごうか」

「泳ぐわ」

貞一が答える前に栄子が答えた。

「まあ、栄子さん、夜の海をお泳ぎになる元気があるの」

「ええ、私、月夜の海を泳いでみたいわ」

「栄子姉様が、月夜の海を泳いだら、まるで人魚ね」

「たくさんお泳ぎになれるの」

「一里や二里は——」

「ほんとですか」

貞一が驚いたように聞き返した。

「ええ、私水泳ではチャンピオンですわ」

「オリンピックに出られてはいかがです」

「オリンピックよりも、私、結婚の方を考えますわ」

「その御結婚のお相手は？」

「まだ決まっていませんの」

「どんな御理想をお持ちですか」

「まだ、そこまでも考えていませんの、でも、華族と軍人だけは大嫌いですわ」

栄子は率直にありのままを言った。

貞一は深く栄子の顔を見つめた。

「栄さん、相子さんも水泳が、達者？」欣吾が尋ねた。

欣吾がオールを放しているのでボートは海に浮かんだまま漂った。

「駄目、相子さんはまるで金仏よ、あの方の得意はテニス」

その時、オールの軋る音がして、一艘のボートが次第に彼らの方に近づいて来た。

（九）

「素晴しい月だ！」

ボートの中で叫んだらしい青年の声に栄子は、ふと東の空を仰いだ。

折しも、満月に近い月が、東の山端を紅く染めて、湾内の山頂に懸かっていた。

栄子は、波荒い鹿児島湾の岸頭に狂う雄浪に答う中秋の名月を思った。

「あっ！」

ボートが静かに彼女らの傍らを通り過ぎようとしたとき、多津子が微かに驚きの声をあげた。

「あっ、矢吹さん！」

妙子が続いて無邪気な叫び声をあげた。

その声に気が附いたらしく、オールを持った青年が、ふとこちらを振り返った。

「ああ、矢吹君」

貞一が起ち上がるようにして、その青年の視線を迎えた。

「ああ、井澤君、――皆さん、お揃いですか」

麗かに微笑んだ青年の顔は黒く元気に陽に焼けていた。

「いつからこちらへ――お一人ですか」

「ええ、一人です。もう二、三日前に来ました。学校に帰るまでの道寄りですよ。一週間も漕いで行こうと思って――」

欣吾は、何処《どこ》かその面影に見覚えがあった。眼鼻だちの整った、口元の引き締った、一見、端麗な容貌の持ち主である。

「随分お待ちしていましてよ。もういらっしゃらないのかしらとお姉様とお噂していましたわ」

「そうでしたか、どうも有難う」

青年は慈しむような微笑をもって妙子を眺めると、改めて多津子に会釈した。

「一寸も存じませんで――。是非又お暇の節にはお遊びにいらっしゃってくださいませ。ちょうど従兄も来合せております」

多津子はつつましやかに欣吾を見ると、
「鹿児島の高等学校に通っていらっしゃる矢吹さんとおっしゃる方、御存じないですの」
「ああ」欣吾は、そのとき初めて思い出したように挨拶した。そう言えば、いつか文科のM教授送別会のとき、欣吾たちより一級下の二年生を代表して、司会の詞を述べたのが彼であった。そのときの、歯切れのいい言葉遣いや、凛と澄み切った声、浅黒い、端整そのもののような容貌が、今眼の前に見る矢吹そのものであった。

彼は、学生にはめずらしい程、丁重な慇懃な挨拶をもって欣吾に答えると、いつ学校に帰るか、とたずねた。

同じ高等学校に通っていても、理科と文科の相違がある上、クラスも一年違っているので欣吾の方では余り知らないが、矢吹の方では、欣吾がラグビーの選手であるだけによく知っていた。

矢吹は、それからすぐ、友だちと面会の時間が迫っていると帰った。

「是非、一度お遊びにいらっしてください」

別れぎわに彼は、親しみ深い挨拶を一同に残した。去って行く彼の後姿を眺めながら、多津子はいつまでも黙ったまま動かなかった。そうした彼女の様子に、貞一も欣吾も、急に黙り込んでしまった。妙子のみが無邪気に打ち沈んで行く姉の前に話しかけた。

「姉様、矢吹さんて、いつお会いしても親切ないい方ね、私、あの方大好きよ。うちの貞一兄様よりもずっと好きだわ」

一同が声を上げて笑ったとき、多津子も急に気がついたように、われにもどって微笑した。

（一〇）

「栄子姉様、いらっしゃらないの」

妙子が軽快な洋服姿で入ってきたとき、後からきらびやかな夜会姿の多津子が華やかな化粧を凝らして入って来た。

「まあ、どこへいらっしゃるの」

栄子は思わず瞳《め》を見張った。

「今日、戸田男爵のお宅《うち》でダンスの会があるのよ、いらっしゃらないこと」

多津子は誇らかにあらわな両腕を胸で合わせると、ちょっと小首を傾けるようにしてにこやかに笑った。

「まあ、――私、今夜帰りたいと思っていますのよ」

栄子はさっきから帰り仕度に忙しかった両手を休めると、

「もう学校も四、五日で始まりますし、それに、なんだかお天気も変なものですから」

この頃毎日のように曇天が続いて、新聞で、数日中に台風の見舞ってくるらしいとの予報を出しているのがにわかに栄子の帰郷を思い立たせた。

「まあ、そんなにお早く――でもまだいいでしょう、一日や二日くらい。――今日お帰りだったら、私、お送りも出来ませんもの」

「お姉様あんまりだわ、急にそんなことをおっしゃって」

「今、お別れに行ったんですけれど、多津子さんも妙子さんもいらっしゃらなかったから」

「でも、まあ、今夜だけはいいでしょう、お天気も悪くってお困りでしたら、ぜひ明日お送りさせていただきますわ」

「栄子姉様はお帰りになってはいけないわ！　今夜みんなでダンスへ行きましょう。きっと矢吹さんも来ていらっしゃるわ」

無邪気に言う妙子の言葉の裏に栄子はなんだか不思議なものを感じた。

矢吹のような男子でもダンスの会に行くだろうか。

栄子はその夜、皆の止めるのも聞かず帰り仕度をすませた。

「栄さん、できたのか」

多津子らが出て行った後、欣吾が入って来た。

「もう、ボツボツ出掛けようか」

「出掛けましょう」

派手な浴衣の上に夏帯を締めた栄子の姿は無雑作に束ねた頭髪と調和して美しかった。

「貞一君が駅まで送ってくれるそうな」

「あら、ダンスへいらっしゃらないの」

「止したらしい」

栄子の分と自分の分と二つの大きいトランクを持った欣吾の後から栄子が続いた。

女中が二人玄関まで送って来た。

貞一がもう自動車の用意をして待っていた。

栄子は道々自動車の中で、この一月近い生活を振り返ってみた。

井澤豪蔵と言えば、その道では誰知らぬ者ない有名な実業家で、殊にその美しい夫人は華族出で社交界の花形として鳴らしていた。彼は昔、貧しい一介の書生から身を起こして今日の盛名を得る程の人物で、人並すぐれた努力家で、才能の持ち主であるが、実業家にめずらしく物質に淡泊な高雅な趣味の一面を持っていた。その性格が夫人の父親である御園男爵に見込まれて、まだ彼がさして成功も収めていない三〇そこそこの頃、男爵の長女である一八歳の夫人と結婚したのであるが、夫人は又、それと反対に持って生まれた虚栄の権化で、物質と名声以外には何物も考え得ないほど極端な性格の持ち主である。こうしたお互いの性格の相異が兎角風波の原因となって、一時は久しく別居生活をしていたこともあったが、今ではもう夫の豪蔵がすべてをあきらめて、妻を自由に社交と虚栄の世界に放つと共に、自分は早く事業を後進の逸才に譲って、静かに子どもらと余生を楽しむ日を心待ちにしていた。

彼の書斎には、今からすでに多くの秀れた芸術品——書籍、絵画、彫刻、磁器類まで蒐《あつ》められていることも同輩間に有名であった。

彼は夫人の意見の下に造られた十幾つの別荘にも殆《ほと》んど顔を出すことがなく、東京市内に造られた豪壮な邸宅の奥深くで寸暇を惜しんでは好きな読書に没頭していた。

彼の実業家としての生涯の最後の一頁に、はっきりと印された短い文字、曰く、それは――「死の用意」――であった。

（一一）

自動車が国府津駅に着いたとき、栄子は、華やかだったここ一月の生活に最後の別れを告げる如く元気に飛び降りた。やがて又、こうした世界からは想像もつかない程地味な厳格な家庭の空気が彼女を待っているのである。運転手がすばしこく彼女たちの切符を買った。

「ああ青《ママ》かな」

いつもながら無遠慮な欣吾の挨拶が栄子の頬を赤くした。

「じゃ、欣吾君」

貞一は欣吾の手を把ると、改めて栄子に向かって丁寧に頭を下げた。

「又、来年をお待ちいたしております」

栄子は慇懃に別れの挨拶を述べた。

鳴り響く発車の合図に汽車が動き出してからも貞一はしばらく窓に沿って走った。

いつもならすいている二等客車もさすが時季が時季だけに、避暑帰りの客で充たされていた。汽車が次の駅に着いたとき、可愛らしい七、八つの少女を連れた上品な老婆が彼女らの前に腰を降ろした。少女は欣吾を見ると顔を赤くしてお辞儀をした。そのとき遠眼鏡の下から透かすように欣吾を見ていた老婆が、急に気が付いたように欣吾に頭を下げた。

「まあ、すっかりお見それ致しておりました。どこかでお目にかかったお方様のようにおぼえながら、ついにわかに思い出せませんで――。歳をとりますと、もうすっかり耄碌いたしてしまいますものでございます」

老婦人は上品に微笑むと、

「あの節はあわてておりまして、十分お礼も申し上げませず失礼ばかり致しました。幸いここでお目にかかれましたのを機会に深く厚くお礼申し上げます。失礼ながら、まだお名前もお聞き致しませんが、どちらのお方様でございましょう。私はこうした者でございまして――」

婦人は名刺を出して欣吾に名乗りを求めた。

「いいや、――お話しする程のこともありません。ぼくは鹿児島の者ですが、――ハ、、」

欣吾は豪快に笑って、差し出された婦人の手から名刺を受け取った。

そのとき、次の駅が近づいたので、婦人は、なおも慌てて欣吾から名前を聞こうとした。

「坂本欣吾という者です」

欣吾は簡単に自分の名を名乗った。

婦人は注意深く彼の夏帽の校章を眺めた。

次の駅で、婦人が再び慇懃な礼の言葉を残して下車したとき、欣吾は手に持った名刺をちょっと眺めてポケットに入れた。

東京市本郷区藤並町三番地　榊原寿子

「あの方、どなた?」

栄子はほぼ心当たりがあったがたずねてみた。

「いつか、ぼくが話したでしょう。急に烈しい夕立が来た日、流れボートを救ったことを、――あの婆さんと嬢ちゃんを、一二、三の少年が乗せて漕いでいたのを、急に烈しい暴風雨《あらし》に遭って困っていたさい、ぼくが通りあわさなかったら、どうなっているか分からないものだったから、婆さん、甚《すご》く感謝している」

「運動家にも、時にはそうした功徳もあるわね」

「ああ、痛快だった。一月の伊豆滞在中で一番愉快な思い出だ」

欣吾は、篠つく雨と嵐の中を、今にも沈まんばかりに流されて行くボートの中の必死の少年の顔を思い浮かべた。そして、咄嗟に身を躍らして、その中に飛び移ったときの自分の必死の努力を思い返した。

暴風雨は気紛れである。彼が四人の生命を双腕に托して闘った一時間余の後、ようやく陸に上り着いたときは雨も小降りに風も収まっていた。

恐怖と疲労に蒼くなった三人を送って、彼が沖合いにボートを捜す頃はさすがに荒れ狂った伊豆の海面もようやく静けさを取り返していた。

（一二）

夜更けるにつれて、乗客の大部分は寝台車に移った。夏の夜の汽車の旅は、涼しかった。殊に車中で混んでいないのが、気持よかった。

汽車が名古屋を通過する頃には車外の全部が平野に展けて、そこから吹いてくる青葉の風が、快かった。

栄子は、腰掛けに座ると、窓に凭れて外を眺めていた。薄水色に晴れた空には、星の光が淡く光っていた。

「欣吾さん、今年の明治神宮のラグビー戦に出るつもり？」

栄子が何を考えていたのか、不意に尋ねた。

「勿論、出ようと思っている。だが、親父がうるさく干渉してねえ」

欣吾は、ちょっと眉根に皺を寄せると、

「ぼくは運動は好きだ。運動している間、何も彼も考えなくてすむ。世の中のわずらわしいことや、うるさいことや、その他、色々の雑事、不愉快なことが、瞬間心から離れている。ぼくに取って運動は、一つの人生麻酔剤だ」

栄子は、今日のように淋しい欣吾の言葉を聞いたことがなかった。幼いときから母を継《こと》にして育った欣吾の胸には、やはり、快活なように見えても、一抹の暗い淋しい影が宿るのであろうか。

栄子はそう思うと、無性に彼が愛《いと》しくなった。

「だからぼくは、事情さえ許せば、一生、運動家として終わってもいいと思っている。だが、それは親父が許すまい。まあ、柄にもない医学博士の免状でも貰って、一生薄暗い病院の中で過ごすことだろう」

欣吾は淋しく口を噤んだ。

栄子は黙って外を眺めていた。

「それは、そうと――」

欣吾が急に元気を回復して口を開いた。

「ぼくん学校《とこ》の東條先生ね――」

彼は何か言おうとしたが話題を変えて、

「栄さん将来どうするつもり?」

「どうするって、――何を?」

「もう、このまま学校を止すの」

「止したくないけれど、お父様が行かしてくれないわ」

「どうしても行ってはいけないと言うの」

「上級学校に進む時間で、家で家事の見習をせよですって」

「もう、叔父さんに心当たりでもあるの」

「部下の士官に二、三人あるらしいわ」

「いっそ、叔父さんの言う通りにしてあげたらどう?」

「いや――私、軍人だけはいやよ」

「叔父さんは、どうしても軍人でなければならないと言うの」

「そんなこともないでしょうけれど」

欣吾は黙って何か考えていた。

ちいさいときから、親戚だというので、まるで兄妹のように仲よく育った栄子から、欣吾はこの頃何かにつけて相談を受けていた。

欣吾は思い切って先刻《さっき》の話を持ち出した。

「ぼくんとこの東條先生ね、――あの先生、君が大好きらしい」

栄子はさっと顔を赤らめた。

栄子は、欣吾が冗談を言っているのではないかと思った。

「だが、栄さんは、どう思う」

欣吾は優しく栄子の顔を見た。

そのとき、矢吹の姿がふと彼女の眼前に浮かんで消えた。だが、それがどうしたためか、彼女自身にも分からなかった。

(一三)

九月に入ってからも、残暑はなかなか去らなかった。

校庭の周囲の花畑に、美しく咲き誇った草花が刈り取られて、放課後、生徒の手で花束につくられると、翌日の父兄会の後、一同の父兄に贈られた。

我が仇は　嵐ばかりと思いしに　やさしかるべき人の手もあり　読人不知

誰の手になったのか、いつか生徒間に問題を巻き起こした立札が、ガランとした畑の隅に立っているのも、何かしら初秋のあわれを誘った。

栄子は伊豆から帰ってきて、まだ一度も相子の家を訪れなかった。

学校が始まれば会えると思っていた相子が、もう始業後一週間にもなるのに顔を見せない。

今日は、今日は、と思いながら、栄子は毎日訪ねる機会を失っていた。

いつもなら四時間であるはずの土曜日が、その日はちょうど、体操の受持ち教師の欠席で、三時間で切り上げられた。

栄子は誰よりも早く校門を出た。

学校から相子の家までは一〇町程あった。電車に不便な彼女の家は、それだけ山の手の静かな所にあった。射し入るような九月の太陽の光を浴びながら、栄子は清らかな小川に沿っていつまでも歩いた。小川のふちには青い露草の花が咲き並んでいた。燃ゆるような赤い色をした彼岸花の蕾がふくらみかけているのも、ようやく秋の近づいたことを思わせた。

栄子が相子の家の玄関に立ったとき、薬瓶を持って出掛けようとする女中と逢った。

「相子さん、お悪いですの」

栄子はいきなりそれを尋ねた。

「ええ、お嬢様がお悪いですの、学校の始まります前の日から、ちょっとお風邪を召しておられましたのがこじれまして」

女中は栄子を相子の病室に案内すると急いで出て行った。

「相子さん、御病気!」

栄子は相子が思ったよりもひどく衰弱しているのに驚いた。

「ええ、ちょっと風邪をこじらしたの、でももうずっといいわ」

相子は二年前肋膜をしてからのち何よりも風邪がこわかった。風邪を引くとすぐ肋膜にでもなりそうに思った。それだけ彼女の風邪に対する抵抗力も弱かった。今度も普通のものならなんでもない程度ですんでいるのであるがなかなか彼女にはそうは行かなかった。風邪はともすると彼女の肋膜の炎症を起こし勝ちであった。医者はそのために彼女に万全の用意を払った。

「もう四、五日もすれば学校に行けそうに思うわ」

蒼白い唇の中から相子は割に元気な微笑を見せた。

そこへ桂治が入ってきた。

「ああ、栄子さんですか。どうも――」

彼は相変わらず落着いた態度で挨拶すると、

「今、欣吾君も来ています」

「あ――」

栄子ははっとして顔を赤めた。

そのとき、欣吾の廊下を近づいて来る足音が聞こえた。

「先生、入ってもよろしいですか」

「ああ、どうぞ――」

いつものように元気な欣吾の顔が現れた。

（一四）

「御病気だそうですが、いかがですか」

欣吾は入って来ると、いきなり相子の枕許に坐って尋ねた。

「ああ――」

相子が不意の来訪者に驚いて起き上がろうとするのを桂治が止《とど》めた。

「いいよ。相さん、そのままで――。病人だから失敬するさ」

「どうか、そのままで、どうか」

欣吾は世慣れない朴訥さで狼狽すると、起き上がろうとした拍子に出来た蒲団の隙間を上から親切に抑えた。

「どうも身体《からだ》が弱くて困る」

桂治は独り嘆息するように呟くと、

「欣吾君、貴方は理科ですが将来医科をやるつもりですか」

「ええ」

「内科ですか、外科ですか」

「まだ何とも決めていません」

欣吾は今、相子を見た瞬間から将来、内科をやろうと決めた。そうした劇しい心の動きは、愛するものの衰えた姿を前にすることによって、彼の心に雷光《いなずま》のように呼び起こされたのであった。

「自分は将来内科をする、そして呼吸器専門を」

彼の前途に、今までの職業医師としての自分の将来を考える真暗な気持の中では想像も出来なかった明るい道の光明が走った。

彼の前途に、発明と純情の二字が懸かった。

相子さんのために。——病める人類のために。

若やかな感激が、火のように彼の全身を支配した。


「相子さん、肺病になっても構いませんよ。ぼくが将来医者をするから」

欣吾はわが気に任せて突拍子なことを言った。

「私、まだ肺病にはなりませんわ」

相子は淋しく笑った。

「ああ失敬。万一の場合ですよ。万一なったとき、栄さんだって先生だってぼくが癒してあげる」

「ありがとう」

桂治はいつもながら欣吾の性格を好もしいと思った。

その日、夕方、栄子は欣吾と共に家を出た。

夕暮れて水を撒いた歩道が涼しい風を二人に送った。

喧しく山の麓から聞こえていた寒蟬《ひぐらし》の声が収まって、川端の叢から夏虫の声が洩れはじめた。

「欣吾さん、あなた相子さんの御病気を知っていて?」

栄子が歩きながら尋ねた。

「いいや、ぼく知らなかった。東條先生と今週の日曜日に鷲尾へ登山することになっていたからその打ち合わせに来ていた」

運動といえば何一つ出来ないことのない欣吾と、足にかけては誰にも負けない健脚家の桂治は、二年前の夏休みに、日本アルプスを踏破してから後の最もよき登山友だちであった。

こうした親しい間柄にあって、欣吾は時々桂治から栄子に対する好意の言葉を聞くが、自分の相子に対する気持の、その一端をも打ち明けたことがなかった。

（一五）

相子は、その後日増に元気を回復していった。

栄子は、毎日学校から帰りに彼女の家に寄った。そして、夕方近くまで話して帰った。

九月も半ばを過ぎる頃になっても、相子はまだ学校に出られなかった。

刈り取られた花畑の一隅で芙蓉が淋しく秋の陽を受けながら咲いた。

旧八月の満月が次第に近づいて来るにつれて、相子の心には何かしら懐しい記憶が甦ってきた。

父敬三の主義で、どんなに忙しい都会生活をしているときでも、母の桂子は子どものために、月見の祭りと七夕の遊びは怠ったことがなかった。そうした、幼い日からの情緒が彼女の心に湧くような懐しさを呼び起こしてきた。

相子は毎日床にあって、人懐しい思いに浸っていった。

ある日母から相子に宛てて懐しい手紙が届いた。

海岸に行って兎角身体《からだ》の工合の勝れない父の看病につかれている母親に、これ以上の心配をかけまいとする桂治の心遣いから、相子の病気はいまだに桂子に報《し》らしてなかった。

相子は急いで封を切った。

「相子さん、明々晩はお月見ですわね、あなたは故郷で十五夜のお月さまを眺めるのは初めてでしょう。あなたがまだちいさい頃、たぶん五つか六つ位でしょう、お父様に抱《だ》っこをして、お母様と兄様と四人で裏のお縁で眺めたお月様を、あなたはもう忘れていらっしゃるでしょう。それからお父様のお勤めの関係で、お母様たちは随分多くの土地でお月見をしましたね、でもいつもお母様が一緒でしたのに、今年は生まれて初めて相子さんと兄様だけのお月見をなさるのね。

お母様はこの頃、あなたたちのちいさいときから繰り返して来た懐しい月見の晩を偲んでいます。

お天気もこの向きだったらたぶん美しいお月様が見られるでしょう。

竹やに言っていつものようにお祭りをしていただきなさい。

お父様も今夜はいつもより御気分がよくて、幼いときお祖父様やお祖母様のお側でお月見をしたときのお話をしていられます。

では兄様にもよろしく申してください」

相子は何回も繰り返して読んだ。

翌日栄子が訪ねて来ると思っていたのが来なかった。

夕方、女中が縁側に机を持ち出して芒《すすき》と萩を刈って来て活けた。

月見の団子と薩摩芋がお盆に山盛りにして祀られた。

そこへ突然栄子が訪ねて来た。

「あら、栄子さん！」

相子は思わず歓声を上げた。

常には厳格な父親が今宵に限って、気易く夜分外出を許してくれたのが、栄子の心を小鳥のような愉《よろこ》びに膨《ふく》らましていた。

「あまり晩くならないうちにお帰りなさいね」

出がけに母に言われた言葉も忘れて、栄子はつい一〇時近くまで遊んでしまった。

相子はようやく畳の上を歩ける程度になった身体を引きずって、玄関から二、三丁も見送って来た。そこから女中が栄子の家まで送って行くことになった。

二人が四、五丁程歩いたとき、向こうから桂治が急ぎ足にやって来た。

（一六）

「やあ――」

彼は近づいて帽子を取った。

白絣に袴を着けた彼の姿は、いつもより余計にすらりとノーブルに見えた。青白く、汗ばんだ額に漆黒の髪が下がって、濃く黒い眉の下に窪んだ瞳が鋭く輝いていた。

「どちらへ――」

栄子は、今更に若き学徒としての彼の品位を見た。

「今までお伺いいたしておりました」

栄子は丁寧にお辞儀をした。

「ああ、そうでしたか」

「あまり晩くなりましたのでお送りいたしております」

竹やが傍らから口を添えた

桂治は立止まって何か考えていたが、

「ぼくがお送りいたしましょう」

彼は片手にステッキを片手に風呂敷包みを提げている。

「いいえ、それでは――」

栄子は深く辞退した。

だが、桂治は強いて栄子を送ることにした。

そこから三丁も歩くと電車道に出た。だが、電車に乗っても栄子の宅は、下車《おり》てからまだ数町歩かねばならなかった。

桂治は、あまり時間の早くないことを思った。

そのとき、一台の自動車が彼の方に近づいた。桂治は素早く右手をあげた。

「客ずみ」

運転手は冷淡に言い切ると、そのまま行き過ぎた。

そのとき一人の学生が窓から首を出した。

「先生ではありませんか」

車は惰力で一〇間程行き過ぎて止まった。

「ああ」

桂治は小走りにその方に近づいた。車の中からは、品のいい一人の学生が下りた。

「ああ、矢吹君ですか」

桂治は親しみ深く呼びかけた。

「ぼく、もうすぐそこで下ります。どうかお乗りください」

彼は弟子としての、慇懃な態度を保って言った。

「いいや結構です。どうか」

桂治は遠慮深く辞退した。

「いいえ、ぼく、もうすぐここで下りますから」

「だったら御一緒にして戴きましょうか」

「いいえ、ぼく結構です。どうか」

彼は、そのとき近づいて来た栄子に会釈すると、丁寧な辞儀を桂治に残して立ち去った。

大股に颯爽と歩く彼の後姿を眺めながら、栄子は何かしら不思議な魂の因縁を感じた。

「お乗りください」

桂治は先に栄子を促した。

桂治は矢吹の行為が嬉しかった。自動車の少ない田舎のことである。いつまで待っていて乗れるのか分からなかった。

空には美しい中秋の月が懸かっていた。

町外れの閑静な道路を自動車が十分間も走りつづけると栄子の家に着いた。

「お帰りなさいませ」

女中が丁寧に二人を出迎えた。

「お母様を！」

栄子が命令するように言った。

慌てて入った女中と入れ違いに、母親が淑やかに玄関に現れた。

「ああ」

彼女は一目で桂治と覚った。

「まあ、よくいらっしゃってくださいました。栄子が度々お邪魔に上がりまして。――また今夜はこんなに更《おそ》くまで。わざわざお見送りに与りましてありがとう存じます」

初対面の挨拶の必要のないような母親の態度に、桂治は深く親しみを覚えた。

「いいえ、こちらこそ。度々お見舞にあずかりまして」

桂治は言葉の代わりに丁寧に頭を下げた。

その夜、強いて止めてくれる母親の好意を辞退して、桂治はそのまま玄関から辞した。

（一七）

栄子は書斎に帰ったまま、一人ぼんやり机にもたれていた。

そのとき、母の汲子は、父の大介の書斎に入った。

「栄子は、帰ったのか」

彼は汲子の顔を見るといきなり尋ねた。

「はあ、唯今帰って参りました」

「一人で？」

「いいえ、桂治様にお見送りしていただいて――」

「なんでお上げしなかったのか」

「大変お急ぎのようでございましたから」

どこか、外出から帰ったらしい大介は軍服を和服に着替えたまま机の前に立っていた。

今日は朝から、いつになく機嫌のいい夫の態度が、汲子にはたまらなく嬉しかった。

一八の春、女学校を出たまま、何も知らない「世間知らず」で大介の許へ嫁いできて二〇年、その人一倍気難しい夫に仕えた久しい苦労と、栄子の兄の長男を中学二年で失った悲しみは、持って生まれた汲子の性格を、まるで別人のように変えてしまったのみか、その恵まれた健康をすらも奪ってしまったのである。

「栄子さんは、いったい誰に似て、そんなに朗らかで快活なの、あなたは、お父様にもお母様にも似ていらっしゃらないのね」

栄子を知る程の友人が、異口同音に洩らすこの言葉にも、栄子はさして不思議でもないようにこう答えていた。

「いいえ、私母に似ているのよ。母も私の齢頃には、こんなに朗らかで明るくて健康だったんですって。でもお嫁に来て色々苦労が多いから、いつの間にかあんなに気弱な淋しい不健康な人間になってしまったんですって。だから皆さんも、うっかりお嫁に行こうものではないわよ。ホ、、」

そうした彼女の言葉の裏には、いつの間にか気難しい父親を敬遠し、軍人の家庭を嫌う思想が根強く育まれていった。

まだ三八だというのに、一見四〇過ぎて見える母親の、苦労の多い顔を見るにつけても、彼女は決して軍人の家庭にだけは嫁ぐまいと心に決めた。

「軍人だって、お父様のように、決して気難しい方ばかりではありません。性格は、その方々の生まれ持ったものですから初めから分かっているものです。職業によって性格は決められません」

あまりに狭く根深く喰入った娘の先入観を取り除こうとして、ときどき試みる母の教育も、てんでその効をなさない程、栄子にとっては軍人としての父の気難しい生活の印象が深かった。

汲子はそのため、栄子の結婚問題についても、夫の大介と娘の間に立って、どれだけ人知れぬ苦労を嘗めてきたのか分からなかった。

「じゃ、栄子をちょっと呼んできなさい」

大介は、そのまま書斎を出ると、廊下伝いに客間の方へ急いだ。

「はあ」

汲子は答えたまま自分の居間に行った。

「お嬢様、旦那様がお呼びでございます。ちょっと、お客間の方へ」

女中が入口に手をついて栄子に声をかけたとき、彼女は何かしら、不安に胸を衝かれるような思いがした。

いつでも、父に呼ばれるときに感ずる何かしら得体の分からない不安に胸をおののかせながら彼女は客間の入口に立った。

（一八）

「お父様、唯今帰りました。何か御用で――」

父の前に出たときの栄子は、まるで別人のように臆病におどおどしている。

　彼女は入口に近く坐しながら、向こうむきに坐っている二、三の士官の姿を見た。みな、軍服で厳めしく、襟を正して父親に向かっているが、顔が一様に襟元まで赤く、仄かに感じられてくる酒気が、どこかの宴会の帰りであることを知らせた。そう言えば、日頃ほとんど飲酒しない父親の顔まで、ほんのりとした紅味を射していた。

「ああ、栄子か。今夜はお月見の晩だから皆さんが寛ぎかたがたお訪ねくださった。御挨拶をなさい」

　栄子は案外和やかな父親の態度にホッとしながら黙って頭を下げた。

　三人が申し合わせたように振り向くと、素早く軍隊流の律動でこちらに向き直って頭を下げた。

　みな、彼女の顔見知りの者ばかりであった。軍刀を取った上衣の肩に大尉や中尉の肩章が光っていた。栄子は、挨拶の言葉もなく、手持ち無沙汰で坐っていた。厳しい軍服の鎧にも似ず、伏目勝ちに黙って両手を膝の上に載せている三人の顔を、栄子は何か物怖じでもするように避けた。

「では、どうぞ御ゆっくりなさってくださいませ。失礼いたします」

　ようやく適当な機会を見つけて立ち上がった栄子は逃げるように書斎に急いだ。

「ハヽ、野暮な奴で挨拶することもまだ知らんです」

　めずらしく快闊な父の笑い声を栄子はその背後に聞いた。

　栄子は書斎に帰ってからも、何かしら不安な重苦しさのために落ち着くことが出来なかった。自分の運命が何ものかの手に依《よ》って、次第に不幸な境遇に絡められてゆくような一種の暗い予感を感じた。

　彼女は窓を開けて外を見た。

　傾く中秋の名月にすだく虫の音が夜の繁みからしげく聞こえてきた。

　彼女はふと伊豆の海岸を思った。そして、そこで初めて遭った矢吹のことを思った。

そして、再び今夜遭ったときの彼の姿を思い浮かべた。

　彼女は自分の心にすら解らないような魂のおののきを感じた。

　と、そのときふと、今まで思っても見なかった伊豆での淋しい多津子の姿が彼女の心に浮かんできた。

　瞬間、彼女の魂は永世《とこよ》の闇に沈んだような深い悲しみを感じた。

　何が故の悲しみであろう。馬鹿馬鹿しい。――彼女は強いて一切をかき消そうとして強く頭《こうべ》を振った。

　そのとき、又も矢吹の影像が、掻きならされた砂地に浮かぶ指の跡のように、くっきりと彼女の顔前に描き出されてきた。

　彼女は再びそれをかき払った。

（一九）

「いよいよ秋になったな」

　欣吾は、寝覚めの床の中で、さっきから聞こえる、寒蟬《つくつくぼうし》の声に耳を傾けていた。

　彼の枕許には、今朝早く父の名で届いた手紙の便箋が、読み終わったまま、乱雑に散らかされていた。

　彼はその第二頁にあった文面を一人心に描いてみた。

　――父の赴任以来、母上病気にて、もう一月程前より楠田病院に入院致候。幸い病状良好にて、もう一月もすれば退院出来る筈にて候。病名は何時もの腎臓炎にて案ずる事も無之候。

　そもそも、今年の明治神宮競技会への出場の儀は固く相止め申候。

　近々、東大医科への入学試験を眼前に控え余技への熱中は必ず御身の不為になり申候。

　他に男子を持たぬ坂本家の戸主として、十分自重自愛の上、眼前の難関に対して万全の努力を以て当たられんことを念じ申候。


　九月の新学期を迎えると共に、鹿児島県立第一中学校長から、熊本県立中学校長に転任した父親から、初めて受取る手紙を、彼はさすがに懐しいと思った。

優しいとはいえ、継《まま》しい母親との間に感ずる冷たいものを、感じないですむ一人離れた下宿生活が、生まれて初めての孤独と安易の喜びを彼に与えた。

欣吾はいつまでも床の中に伸びたまま、なおも手紙の先を心に浮かべていた。

——まだ少し早いとは存じ候えども、一様伝え置き申候。

先日、岡崎の叔父が来訪され鶴子との縁談を希望致され候。

元よりこれは本人の意志によることとなれば、その旨のみを伝え置き候えども、御身も承知の通り、幼くして慈母の膝を離れ、他《ほか》の弟妹に比べて、淋しい人生の道を歩まれた御身の事故、父の愛は一日も早く優しい配偶者の真心をと念じ申候。

ここまで思い返したとき、欣吾は眼頭に涙の滲むのを覚えた。

彼はもう、それから先を考えるのを止めて飛び起きた。

「相子さん！」

彼は自分の魂のどこかで、不意に湧き立つような愉びを感じた。

そのとき、主婦が梯子段を上がって来た。

「坂本さん、お友だちがいらっしゃいましたよ」

「誰でしょう」

欣吾は軽く問い返した。

「矢吹さんとおっしゃいました」

矢吹？　欣吾は不審に眉をひそめた。

矢吹といえば、あの矢吹のことであろうか？　いつかの伊豆で会った——。あの矢吹が、どうしたことで自分を尋ねて来たであろう。まだ一度も話したこともない間柄であるのに。それに級も違えば、科も違う。

彼は文科の二年生で、自分は理科の三年生、しかし、とにかく何かの用事であろう。

欣吾は咄嗟に返事をした。

「お上げしてください」

彼は敏捷《すば》しこく蒲団を上げると、乱れた髪をさっと掻き上げて、机の前に座蒲団を直した。


（二〇）


そのとき矢吹が制服のまま入って来た。

「こんなに早くから失礼致します」

いつに変わらない慇懃な態度に欣吾は丁寧な挨拶をもって迎えた。

「いいえ、私こそ。まだ寝起きのままで失礼いたします」

「突然お伺いいたしまして」

坐につくと彼は話の糸口を切った。

「実は先日、榊原の叔母が伊豆の方に参っておりますとき、大変ご厄介になりましたとかで」

欣吾には、その言葉の意味が分からなかった。榊原？——たしかにどこかで聞いたことがあるような名でありながら思い出せなかった。ただ、はっきりと記憶に残っている伊豆の海岸を頼りに彼はどうにか記憶を呼び起こそうと焦《あせ》った。

「榊原と申しても、御記憶にないかも知れませんが、伊豆の海岸で難船していて助けて戴いた老母と言ったら御記憶にあるかも知れません」

彼は初めて端整な顔に冗談めいた微笑を洩らした。

「はーあ」欣吾は初めて思い出したようにうなずいた。

「ああ、あの方あなたの叔母様でしたか。ちっとも存じませんでした」

「わざわざお礼に上がらなければならないけれども、何分遠方のことだからどうぞ宜しくお礼を申し上げてくれるようにと、くれぐれも言づかってまいりました」

「いいえ、決してそんな」

欣吾はどうして老母が自分のことを知ったのか分か

らなかった。

ただ、鹿児島のもので坂本欣吾と言ってあったのが制服でも見て七高の生徒だとでも思ったのか。それで矢吹に問い合わせたのであろう。

彼は妙な奇遇に惑いつつ矢吹を送り出した。矢吹は言葉少なく、だが、寡黙で誠実な彼の人柄《ひととなり》をよく表しているような挨拶を残して帰って行った。

欣吾は、それから、朝食をすますとぶらりと家を出た。

麗かな、秋の光が舗道に降り注いでいた。家々の塀越しに、赤く柿の実が色づいているのが眺められた。

「南国だな」

彼は呟くように空を仰いだ。晴れ渡った一片の雲影もない空に百舌の声が高く響いた。

「もう何時だろう」

彼は立ち止まって時計を見た。

「もう一〇時過ぎになっているのかなあ」

あてどなくさまよっていた彼の足がいつしか相子の家に向かっていた。

玄関に立って訪うと、女中が出て来て桂治は留守であると告げた。

その声を聞きつけたのか、相子が急いで玄関に出て来た。もう、すっかり健康になって、生き生きとした頬には、美しい紅味をさえ帯びていた。

「先生がお留守だそうですから」

欣吾が帰ろうとするのを、

「いいえ、兄はもうすぐ帰ってまいります。ちょっと、町まで買い物にまいりましたものですから」

相子はいつものように、欣吾を距てなく桂治の室に通すと、自分で茶を運んだ。

今まで桂治と話しながら編んでいたスコッチの靴下が、編みかけのまま机の上に投げ出されてあった。

「もう、すぐバザーが近づくものですから、色々準備に急《せ》かされていますの」

相子は、机の上の編物を取り上げながら言った。

「ええ、どうぞお編みください。栄子もせかせかやっています」

いずれは桂治の所有《もの》となるであろうその靴下を、欣吾は羨ましく眩しいような気持で眺めた。

落ち着いた納戸色の大きい玉が、彼女の手先で小さい銀ピンが器用に動く度にコロコロと解《ほど》けていった。

（二一）

熱心な、クリスチャンである校長の、社会事業の一つとして、毎年秋の初めに催される相子たちの学校のバザーが、今年はいつもより少し遅れて一〇月の中旬に開かれることになった。生徒たちは放課後、その出品の製作に忙しかった。毎年、それによって得られる三〇〇〇円近い純利益が、県の社会課を通じて、貧しき人びとへの正月の餅となって配られるのであった。

生徒は皆《みな》その得意によって、各々五品以上の出品を言いつけられた。

相子は毎日編物をした。

栄子は自慢の彩管を揮って、毎日栞や絵葉書を書きつづけた。

中に、ずるけた生徒があって、ほんのお申し訳けに、玩具《おもちゃ》の小猿や雛人形を五個だけ掌に掻き集めて係りの教師の前に出しては、はげしく大きなお目玉を喰っているのも、毎年バザーシーズンに繰り返される一情景である。そうかと思うと、一人で二〇〇枚近いハンカチへ模様を書き上げてくる牧師の娘もあり、先生への信望を命と考えている席長が、夜も寝ないで可愛い赤ちゃんのセーターを八枚も仕上げてきたという噂が拡がる。

金入れ、名刺入れ、帽子、人形、造花、菓子、化粧水、ベビー服、物理応用玩具、あらゆる方面の生徒の技芸と頭脳を傾け尽した努力の結晶が、三日間にわたって麗々しく全校舎に飾りつけられるのである。

中には、社会奉仕に同感というので、奇特な町の商人が原価で商品を提供してくる。差出人名の無い小包の中から、美しい手製の技芸品が集まってくる。

身動きもできないような三日間の混雑の中に、洗われたように消えて行くこれ等《ら》品物の数は、いくら多くとも満たされない程の激しい需要をもって迎えられていた。

それに、今年は特別に、掛軸と壁画の展覧会が催されることになった。

展覧会といっても、勿論観衆の鑑賞に供するという意味ではなく、拙ない若者の作でもという篤志家によって買い取られることを希望としたもので、それには五年級の栄子たち四、五人と四年生の秀才がこれに当たることになったのである。

栄子はスケッチに出る暇がないというので主に書方の方を受け持って、唐紙用の大紙に墨痕鮮かな得意の筆を運んでいた。

相子は、珠算が達者だというので、第一に収入係に推薦された。母の留守中、女中を相手に記《つ》け慣れた簿記帳を見本に彼女は暇々に練習した。

「まるで番頭さんだな、しかし、よかろう。やがては家庭の主婦となるんだから」

桂治は冗談半分にからかった。

（二二）

一日目が日曜だったので、売店は朝から混雑していた。

稚いとはいえ、秀れた天分を見せた、二、三の生徒たちの書画の作品が、一際父兄間の人気を博していた。髪を時代遅れの庇に結って、顔に白粉気もない、それでいて、澄んだ大きい瞳に深い芸術的気品を宿らした、女流書家貞遷女史が、熱心に書画に見入っているのが若い乙女たちの胸を高鳴らした。

「いつ、鹿児島へ帰っていらっした（の）でしょう」

「この間、帰ったって新聞に出ていたわ」

「今年の帝展にもきっと当選なさるでしょう」

「当選はいつも決まっているわ、もしかしたら、特選かも知れないわ」

「あら、先刻《さっき》から北見さんの絵ばかり見ていらっしゃるわ」

「光栄ね。私も一筆《ひとふで》出しておくとよかった」

「あなたが出したら未来派ね」

「なんで」

「私たちにはさっぱり分からないわ」

「まあ、失礼な。これでも鑑賞眼はあってよ。私、絵批判家になろうかと思っているわ」

「まあせいぜいお勉強なさいな」

「貞遷女史のお弟子にでもなって」

「あなたまで、いらないことを言って私を馬鹿にするの」

「あらまだ、立野さんの絵を見つめていらっしゃるわ」

係りの生徒たちが数人立ち寄って、小声で噂し合っている前を、女史は熱心に、幼い作品の一つひとつを鑑賞しつづけてゆくのであった。

そのとき、相子が急ぎ足に入って来た。彼女は右手に細長い紙の札を持っていた。

「立野さんの額が売れたわ」

一同の顔に、一様に純な喜びの色が浮かんだ。

「とうとう売約済みね」

自称批判家が元気に、相子の手から紙の札を受け取ると、先刻まで貞遷女史の見凝めていた立野の額に結びつけた。

そのとき貞遷女史は、次の作品である栄子の書の掛軸の前に立っていた。

「なかなかお上手ですね」

女史は誰に言うともなく、微かな呟きの声を残した。

「確《しっ》かりしていますね、女の、ことに女学生の字とは見えませんね」

もう五〇余りの白髭の紳士がそれに答えた。

相子もしばらくその書の前に立った。

理想・友愛・同志・結合・闘志。

墨痕鮮かに、肉太に書かれた彼女の筆の運びのどこにも、女性としての感じが浮かばなかった。

「東條さん、早く」

出入口で、友だちの綾目が彼女の名を呼んだ。

「はあ」

彼女が急いで振り返ったとき、貞還女史がそっと彼女の前に身を屈《かが》めた。

（二三）

「この絵葉書描いた人御存じありませんか」

何かちょっとした思いつきらしく、紙面に小さい起き上がり——達磨——が転びかけて、起き返ろうとする刹那の感じを描き出したらしい、小さい赤い達磨の絵葉書が女史の右手に握られていた。

「ああ」相子はそれをいつか栄子が書いていていたことをかすかに記憶していた。

「多分、この方だろうと思います」

相子は咄嗟に壁の軸を指した。

女史は振り返って、再び軸の表を見た。

理想・友愛・同志・結合・闘志。

男のような字の傍らに、小さく北見栄子と記してあった。

「どうも、ありがとう」

女史は嬌《にこ》やかに頭を下げた。

相子は自分の仕事場に帰って来ると、すぐ傍らの売場に働いている栄子にそのことを告げた。

「まあ」

さすがに嬉しいらしく、喜びに満ちた栄子の顔が光に輝いた。

このとき、四、五人の高校生が彼女の前に立った。

「買いましょうか」

「買ってください」

「これ、なんですか」

そのとき一人が、ごっちゃに吊るされた玩具《おもちゃ》の中から竹の小枝に母指大《おやゆび》の赤い小猿を四つ五つも吊したのを取り出した。

「吊られ小猿ですの」

「何かのお呪《まじな》いですか」

「いいえ」

「可哀相な恰好で吊り下げられているな」

小猿は皆《み》んな四つの手足を一つに縛られて糸で吊り下げられていた。

「お家へ帰って解《ほど》いてあげてくださいな」

買うよりも素見《ひや》かすのを眼目としているやんちゃな田舎の学生を、栄子は冗談と機知で揶揄《からか》っていった。

「ぼくたち四人ですが四竿ありませんか」

竿と言うにはあまりに大仰な小枝を指して彼らはなおも冗談を飛ばそうとした。

そのとき、つと彼らの後に立った一人の学生が栄子の視線に止まった。

栄子は、はっとして瞳を伏せた。

全身の血が一時に頭に上がるような激しい眩惑を感じた。

彼女はわれにもなく逃げるように相子の方へ小走って行った。

「どうしたんです。売ってくれないんですか」

余りに下びた揶揄に似た言葉を栄子はいつになく激しい憤りをもって聞いた。だがそれも、彼女の混乱した魂の背後から夢のように聞いたに過ぎなかった。栄子は無我に相子の肩に手をかけた。

「な——に」

何気なく面を上げた相子は、あまりに取り乱した栄子の様子に不審の声を洩らした。

「どうしたの」

「いいえ、なんでもないの」

相子は無意識に周囲《あたり》を見回した。

そのとき、矢吹はもう次の室に入って生徒たちの書画の陳列を眺めていた。

理想・友愛・同志・結合・闘志。

しばらくその前に、彼の肢体が釘付にされたように固く凝固して動かなかった。

彼の視線は、鋭くその文字の一字一字を辿っていった。

（二四）

「先日はどうもありがとう」

欣吾がぼっかり栄子の家へやって来た。

「欣吾さんあなた、ちょっとも買ってくれなかったのね、約束を違えて嘘つきよ」

栄子はその顔を見るなり抗議した。

「だって、ぼく、金が無かったさ。まあ赦してくれ給え」

「だったら、ひやかさなければよいのに」

「ひやかしても、たまには賑やかでいいではないか」

「あなたたちの学校でとっても下品な人がいるのね」

「誰のこと」

「誰だか知らないけれど、とっても下品なことを言ってひやかすの、私憤慨しちゃったわ、これだったら、もう来年こそ校長先生にお願いして、高等学校の生徒だけは入店を禁止するわ」

「えらい憤慨したものだね、たまには不良の二、三人もいるだろう。だが栄さんだったら負けはしないだろう」

「なんで」

「口八丁、手八丁だから」

「ええ、私は手八丁よ。だから貞遷先生にも絵を認めていただいたわ」

「成程、先日新聞に出ていたね。君の絵を貞遷先生がとっても褒めて」

「私、お父様にお願いして、書家になろうかしらとこの頃思いだしたわ」

「もう、結婚は廃業ですか」

「結婚してもつまらないわ」

「いつからそんなに、御主義が豹変いたしました」

「欣吾さん、私の言うことを冗談にしているのね」

「だって女性は、人生の有情を知ると、よくそんなことを口にするとか聞きましたよ。——しかし、それはそうと、栄さん絵ばかりでなくて栄さんの字をとっても褒めていた御仁があった」

「どなた?」

「ぼくの友だち。矢吹君」

栄子ははっとして耳元を染めた。

「あなた、矢吹さんを知っていらっしゃる？」

「先日、ぼくの宅へ突然訪ねて来て、伊豆で助けてやったお婆さんが矢吹君の叔母さんに当たるからと言っていた」

「そのお礼に？」

「まあそんなことさ」

欣吾はこともなげに言ってのけた。

「その矢吹君が、君の字をとっても褒めていた」

「どう言って？」

「上手だと言ってさ」

「それだけ？」

「それ以上褒めようがないじゃないか」

栄子はそれ以上何か聞きたかった。だが、なぜか聞けない感情がこだわっていた。栄子は黙って、欣吾の面を見守った。

「矢吹君はいつ逢っても慇懃な人だな。さすがに華族の坊ちゃんという気がするさ、それでいてちっともきざな所がなくっていい」

欣吾はちょっと感心したように言った。

栄子は再び意外の感に把われた。

「矢吹さん、華族ですって？」

彼女はなるたけ驚きの感情を抑えて言った。

「ああ華族さ。子爵の子らしい。——それでも実家は伯爵とか聞いた。何でも、子爵の養子とかになっているらしい」

栄子はそのときふと多津子の言葉を思い出した。

「厭だわ、こんな名前、伯爵夫人としてふさわしくないわ」

彼女はくずおれそうな心の絶望を感じた。彼女はじっとその場に坐っている元気が無かった。

「どうした？　気分でも悪い」

急に変った栄子の顔色に、欣吾が驚いてあわててたずねた。

「ええ、ちょっと気分が悪いの」

栄子はうつ伏せに机の上に顔を埋めた。

「なんでもないの、ちょっと頭痛がするだけ」

「急にどうしたんだろう」
欣吾は何がなんだかさっぱり分からなかった。
「今まで元気に話していたのに、急にどうして頭痛がしだしたんだろう」
彼は不審の頭を捻った。

（二五）

東京麹町区の中央に、二〇〇〇坪近い広い地面を敷地とした、豪壮な邸宅の奥深くに、主人の豪蔵は数日前から風邪の気味で臥っていた。妻の多美子は、夫の病気などにはお構いなく、いつもと同じく、華やかな社交の場裡に出入しているので、豪蔵の身の廻りはもとより、こうしたときの看病に至るまで、すべて上女中の定子が一手に引き受けて世話をしていた。

今日も朝から、豪蔵は劇しい咳と微熱の為に苦しめられていた。

「お父様、いかがでございますの」

学校から帰った妙子が、可愛ゆく両手を畳に突いて、父の機嫌を伺ったときには、豪蔵はようやく微睡の中に落ちようとしていた。

「ああ妙子か。もう学校から帰ったのか」

彼は小さく眼を開けると、淋しい慈愛の籠った面に、微かな笑みを洩らした。

「お母様は？」

「唯今帰ったばかりでございますの、まだ、お母様のお部屋へは御挨拶にまいりません」

「そうか、姉様をちょっと呼んでおくれ」

「はい」

妙子は答えて立ち上がった。

どこへ外出しているであろうか。まだ一度も父の部屋に顔を見せない多津子のことを、豪蔵はさっきから気に病んでいた。

「妻の多美子の若いときにそっくりだ」

その容貌はもとより、その気性に至るまで、すっかり多美子の血を享けている娘の生涯を思うにつけ、豪蔵の心は暗澹と曇った。

それは、母の生活をそのまま、虚栄と不貞の中に一生を終えるであろう不幸な娘を思うばかりでなく、そのために、自分と同じく、不幸な生涯を諦めに過ごさなければならない一人の男を悼む心でもあった。

そして、その中に醸される家庭の不幸と、その中に生まれ出る恵まれない子どもたちの運命を考える心でもあった。

「又、自分たちと同じように、不幸な一家族が彼女の結婚によって生まれ出るのではなかろうか」

病み疲れた豪蔵の心はこうしたことにも、おそろしく、おののきふるえるのであった。

「自分はもうすぐ死ぬるのではあるまいか」

豪蔵はこの頃よくこうした死の不安に鎖ざされることが多かった。殊にこうして病気をすると、それが単なる軽微の風邪であるにせよ、彼の精神は意気地なく弱って、衰えた心身は常に死の予感の虜とされて、彼の魂を暗黒に蝕ばむのであった。そうしたとき、彼の胸中に、なお、後生を暗うするものは、自分の亡き後の多津子の将来と生来病身な貞一の行末であった。しかし、貞一は相当の資産と、佳き配偶者を得ることによって、彼の不幸はある点まで救われる。だが安心のならぬは多津子の一生である。いかなる配偶によっても、彼女の虚栄と彼女の不貞は救われる術《すべ》もない。やがては、離縁か、さもなくば自分たち不幸な家庭の再現か。せめては彼女が妙子程の優しさと、妙子程の純情と素直さを持ち合わせてくれていたら――。

豪蔵は病気の床の中にあって、日々こうした思いを繰り拡げて行くのであった。

(二六)

「お父様、なーに」

いつものように疳高い多津子の声が響いた。

彼女は入口の障子を開けて敷居際に立っている。どこか外出先から帰ったのか、出掛けようとするのか盛装している。派手な黒地の錦紗の袷に、同じく黒地に金銀の刺繍で躍る龍体を浮き立たせた、見るから重い感じのする厚板の帯が、華美と嬌慢を併せそなえたような彼女の容貌によく調和している。彼女はいつも好んでこの服装をした。

「お入りなさい」

それに比べて余りに静かな淋しい父の声がした。

「何か御用？」

彼女はつかつかと二、三歩入って、

「お父様、定やはいないの、お父様お一人置いてどこへ行ったのかしら」

彼女は父の枕許に坐った。

「お母様はいらっしゃるか？」

「いいえ、お留守ですの」

「どこへ行った？」

「私、存じませんわ」

豪蔵は今更紊乱した家庭の空気を嘆じた。妻は、その夫にも、子どもにも、行先をさえ明かさないで外出する。子どもは、それを不思議とも思わない。まして父親の病気のときに。豪蔵はすべてを因果だと眼をつぶった。

「多津子」

豪蔵は更めて娘の名を呼んだ。

「はい」

「お前、お母様のようになっては駄目だぞ」彼の面に、刻んだような悲痛の影が澱んだ。

「多津子」

「はあ」

いつもより更った父の態度に多津子はさすがに膝を正した。

「お前、もう、幾つになったか」

「一九ですの」

「まだ縁談のことについては、お母様から何もお話を伺わないのか」

「ええ」

「それについて、お父様の考えがあるが、お前、秦《はた》君をどう思う。彼は、なかなかの逸才で将来成功の見込みもあるし、それに、お前の性格をよく飲み込んで、何も彼も承知の上で貰ってくれようというし、彼なら将来、女狂いや放蕩に身を持ち崩す心配もないし、性格が放胆で女子どもに関わらない性《たち》だから、何かにつけて、お前のためにも相手のためにもいいだろうと思う」

「秦さんって、秦洋吉さんのことでしょう」

「そうだ」

「嫌《いや》ですわ、私あんな人、大学も卒《す》んでいないではありませんか。成り上がりの守銭奴みたような。私あんな下品な人大嫌いですわ」

多津子はその相手が余りに意想外だったので泣かんばかりに反駁した。

「お前が厭と言うなら、仕様がない。だが、お父様の考えでは、お前のように思わない」

豪蔵はこうしたことにかけては、寛大な理解を持っていた。

「私、そのことについては、先日お母様にお話し申し上げてありますわ」

「どんなことを」

「自分でちょっと、思い当たる方がありましたので」

「どなたか?」

「矢吹子爵ですの、戸田男爵の御親戚に当たる」

「ああ、矢吹久彌さんの嗣子《しし》か」

「ええ、お母様が、何も彼もよくお取り計らいくださるようになっていますわ」

（二七）

下宿して二年近く、かつて女手の手紙を受け取ったことのない矢吹の所へ、突然たおやかな女手の手紙が配られたことに、内儀は不審と好奇の眼を見張った。

「矢吹さん、お手紙でございますよ」

いつになく、笑いながら上がって来た内儀の手から、彼は見慣れない女文字の手紙を受け取った。

「誰だろう」

彼は裏返してみて、ちょっと意外の感に打たれた。

「井澤多津子」

彼女が何の為に、自分の許に手紙を寄こしたのであろう。彼は無雑作に封を切った。

「突然御文差し上げますことの失礼を御許し遊ばしませ。

先日妙子と共に銀座に参りましたところ、矢吹のお兄様に御贈り申すのだと申してききませんので、失礼をもかえりみず粗品一品求めました。

御勉学のつれづれ御慰めにも遊ばされればと、幼き者のすすめに従い、御笑草にまで御送り申し参らせます。

南国とはいえ御寒さに向かいます折柄一入《ひとしお》御身御自愛御大切に遊ばされませ。遠地はるかに御念じ参らせます」

生まれて初めて受ける若き女性からの手紙に、矢吹の心は若やかなおののきを感じた。

だが、一方に彼の意志は、強くそれを否定した。

「彼女も畢竟資本家階級の娘である」

この一言に、彼はあらゆる青春的なもの、人間的な感情を抹殺しようとした。

数日して多津子の許からは、素晴らしく贅沢な靴下とトランプが届いた。

彼は多津子に礼状を出さなければならない心の重荷に胸を狭《せば》めた。

最初、彼女に伊豆の避暑地で会ったとき、彼は親戚の戸田男爵を通して、単に大実業家の娘としてのみ紹介された。

その後二、三度会っている内に彼の感じた多津子の印象は、単に我儘な虚栄心の強い実業家の娘としての彼女であった。

それが計らずも今年の夏に海岸で再会したときも、彼は格別言葉を交わす親しみさえ感じなかった。

その後、戸田男爵の園遊会で、見るからにけばけばしく人目を引く彼女の洋装姿を見たときも、雅美と静謐の空気の中に育った彼にとっては、徒らに下卑ていとわしく感ぜられたのみであった。

「畢竟成金と資本家は自分の友でない」

虚栄と高慢の権化、物質の尊さ以外には何ものも解しない多津子の態度は、彼に侮辱と反感の念をさえ起こさせた。

数日して養父の矢吹久彌から、彼の許に長い一通の書面が届いた。

それには、思いがけなく、井澤豪蔵から彼の許に、娘の多津子を娶ってくれまいかという相談を受けたことが記《し》るされてあった。

彼は蒼惣として返事を書いた。

「結婚問題は、まだ自分にとって早いことに思われますし、それに私は、実業家の娘を好みません。お申し越しの、多津子嬢とは二、三の面接をもっています。しかし、私の眼に映じた嬢の印象は、最も悪い意味での、実業家の娘としての欠点を、遺憾なく具え尽くしているかのように思われます。

兎も角、結婚問題に就いての御相談は、今少し御猶予願いたいと思います」

（一八）

養父の久彌からは、その後なんにも言って来なかったが、養母《はは》の絹子から再三彼に手紙が届いた。

それには矢吹家の現在の苦境が訴えてあった。父の久彌が株に手を出して失敗したので、一〇万円近い借財をこしらえたこと、その期限が今年いっぱいに迫っているので、一同火の付くように奔走しているが未だにめどのつかないこと。もしもこのままでいったら今年中には家屋敷を競売に付せられて立ち退きの用意をしなければならないこと、そうなれば彼の学費すら困難になること、母は焦慮と涙の筆をもって縷々《るる》と書きつらねると、最後に、今度の矢吹家の結婚問題はそうした意味で一家を救う唯一の鍵であると書いてあった。

矢吹は前途が暗澹と鎖ざされるような思いがした。

彼は、幾日かを悶々のうちに過ごした。たびたび、映画で見たことのある、不幸な女性の身の上が今自分に降りかかっている思いがした。彼はしばらく学校を休んだ。

養父とはいえ、幼い頃から養われた父には気距てがなかった。

しかし、母には、なぜか親しめなかった。それだけ、彼には母に対する義理があった。

強いようで、一面弱い性格を持った自分の欠点を、彼自身、一種の宿命と感じなければならない程、彼の性格の一面は弱かった。

その弱さに、負けまいとして、彼は毎日を苦悶の中に過ごした。

その日も矢吹は、朝から机の前に坐って考え通した。やがて夕暮が圧し迫ってきて、彼の机へ、ほの赤い秋の光が斜めに射した。

彼はふと、幼い日のことを思った。

そうしたとき、彼の頭に浮かんでくるいつもの歌が、又も彼の心の淋しさを誘った。

アソビスゴシテ
ヒガクレテ
エリマキ　ホシイナ
サムイカゼ
クライ　ヨコチョウヲ
シタムイテ
ヒトリデ　セッセト
オオイソギ
カアサン　ドンナニ
ゴシンパイ
…………

先を忘れたが、子どものときに習い覚えたこの歌が、どんなに幼い彼の魂を淋しがらせたであろう。

物心づく四つまで祖母の手許で育って、それからずっと矢吹の両親に育てられて来た彼は、今、ベルリンに勤めている両親にも一度しか会ったことがなかった。

「真の情愛を持たない人間の淋しさであろう」

彼は子どものようにその歌を口ずさみながら涙を流した自分の過去を思った。

そして、その真実の両親にも会いたいと思わない自分の境遇を淋しく思った。

「強くあらねばならない。強くあらねばならない。あらゆる意味において――」

彼は強いて自分の心を引き立てた。

（二九）

鹿児島高女のバザーに次いで人気を集める秋の催しは、七高の運動会である。

「今度はぼくんとこが御案内の番だ。相子さんにもよろしく頼む」

欣吾が前の日に案内に来た。

当日は一片の雲影も無く澄み渡った空に、潑剌とした若人の競技が続けられていった。

午前中はほとんど競技に終わったが、午後からは、主に仮装演技が行われた。

この頃、久しく学校を休んでいた矢吹が、突然顔を出した。

「おい！　来てくれたか。助かったぞ‼」

今日の呼び物である、彼の得意の古典ダンスがものになるというので係りの朝田が小躍りして喜んだ。

「しかし、何んだか、顔色が悪いな。それで踊れるか」

「踊りますよ！」

彼は語尾に力を入れて言った。

「どんなに悪かったのだ」

「心の病で、体とは関係がありません」

「ラブ・シックか」

「まあ、そんなことでしょう」

彼は笑いに紛らして、乱暴な人たちから姿を消した。

そのとき、外では、どっと一斉に、観衆の笑い声が起こっていた。

「達磨のリレー」

大きな達磨を上半身に冠《かむ》った生徒が、二人三脚をする。

足をつないでいる上、盲《ママ》だから調子が合わない。転んだ上へ、又転がって、中には勢いのはずみを喰って、山のような屍を越えて二、三間も跳ね飛ばされる者もある。

先刻から幾組もの下敷になって、ばたばたもがいていた達磨が、ようやく起き上がったときには、見るかげもなく圧し潰されている。全く危篤の状態である。

「そっちだ」

「こっちだ」

「こっちだ」

「そっちだ」

達磨は手を引張って、屍山の上を下りたり上がったり。

下では、負傷達磨がヒイヒイ言っている。

「いよいよ、今度は矢吹君の番だ」

朝田が楽屋の中に飛び込んで来た。

「ああ、旨く化けたぜ、一間離れればぼくだってふらふらさ」

矢吹はいつの間にか洋装して、どこから見ても男と見られない、たおやかな物腰で歩を運ぶ。

観衆が一斉にどっと拍手を送った。

頭は鬘であろう。少し赤味を帯びた髪にウェーブして生え際を隠しているので全然分からない。透き透る程白く化粧した地肌に、桜色にぼかした頬のあたりが、凄いまでの美を見せていた。服は薄淡紅色の軟らかいのをひきずる程長く身に着けていた。胸の左につけた白い薔薇の花が調和して、どこから見ても、美しい上品な良家の乙女である。

観衆はそのあまりにも臈たけた姿に驚嘆の声を発した。

やがて、彼の得意とする典雅な古典舞踊が静かに始められた。

余りにも優雅！　余りにも典雅！　時代を離れた古典の国へ！　観衆はその一挙一動に引きずられて行くのであった。

（三〇）

栄子は数日茫然としてなすところを知らなかった。彼女は自分でもわけの分からない複雑な感情の中に数日を過ごした。

悲しみ、憧れ、悩み、絶望、そうした感情がこんがらがったような気持の中に、ただ、はっきり彼の正体を摑みたいという心の動きのみが自覚された。彼女は学校に行ってもすっかり無口になって、相子と口をきくのさえ物憂いような日が多くなった。それでいて、一人でいるのががたまらなく淋しい空虚なものに覚えた。彼女はやるせない、涙の出るような日を、どこに行くあてもなく相子の家で過ごした。

そんなとき、桂治と三人の間にかもされる話題が、ともすると矢吹のことに落ちて行くのをどうすることも出来なかった。

「栄子さん、ひどく矢吹君のダンスが気になるとみえますね」

「だって、平生あの方、そんなことをなさろうように見えませんもの」

「ええ、しませんよ。酔興や道楽では」

「じゃ、何んでなさるんですの」

「なんか、意味があるんでしょう」

「どんな意味が？」

「ひどく追及ですね、ハ、、」

「私、聞きたいんですわ」

「解りませんよ、ぼくにも、そんなことは」

桂治は、何か意味ありげな口吻を洩らしかけてやめた。

それから二、三日してであった。

相子は、いつものように夜に入るまで遊んでいた栄子を送って、女中と二人で相子の家の門口まで帰った。そのとき、彼女らとほとんど同時に、門を入った一人の学生があった。彼は大股に彼女らを追い越すと、玄関に立って訪れた。

「ごめんください」

女中が後から返事をして、慌てて勝手口から廻って玄関に出た。

「東條先生はいらっしゃるでしょうか」

「はあ、失礼でございますが、どなた様でいらっしゃいましょう」

彼女はまだ見たことのない学生の名をたずねた。

「ぼく、矢吹というものですが、先生が御在宅でしたらちょっとおめにかからせていただきたいと存じます」

女中はそのことを桂治に告げて、彼の室に案内した。

その夜、矢吹は明け方近くまで話して帰った。

翌朝、睡眠不足の憔悴し切った桂治の姿が食卓に目立った。

「まあ、兄様。どうしてそんなに憔悴なさったの、とっても疲れていらっしゃるわ」

「ハ、、睡眠不足だよ」

桂治は憔悴している割に、元気な朗らかな笑い声を出した。

「あの方、矢吹さんとおっしゃるんですか」

「ああ、そう」

「ほんとに、栄子さんのおっしゃる通り、ダンスなんかなさろう方のようには見えませんわ」

「端正な方だよ。平生は冗談一つ口にしない」

「どんな御用でいらっしゃしたんですの」

「ちょっと、学校の用事で」

矢吹はその後、たびたび相子の家に出入した。

その頃から、栄子がときどき学校を休むようになった。

（三一）

「お母様、私どうしても上級学校に進みたいの、だからお父様にお願いしてくださいな」

しばらく止んでいた栄子の強請《せがみ》が始まったので、母は又憂いに顔を曇らせた。

「学校へ行って、どうするというの」

「それだけ、人間としての教養を高めるではありませんか」

「だったら、家庭で勉強なさい」

「厭ですわ、私、そんな歪《いびつ》なこと」

「お父様が、許してくださらなければ仕方がないではありませんか」

「だから、お母様にお願いしているのですわ、お父様に、お奨《すす》めしてくださいって」

「いくら、お奨めしても、お父様は聴いてくださいません」

「だったら私、自由にするわ」

栄子はいつもの癖で、優しい母の前では二た言目にぷんと拗《す》ねた。

「そんなにお前学校に行きたいの」

母はこの頃余り顔色の勝れない娘の上を案じていた。

「ええ、お母様。私、一生のお願いですわ」

「だったら、どこへ行こうというの」

「女子大」

「女子大の何科へ？」

「社会学科へ」

「社会学科？　それはお父様の許してくださろうはずがありません」

「だったら英文科でもいいわ」

「だったら、なんて」

母は又、深い深い暗さの中へ引きずられて行くような思いがした。

「栄子や」

「なんですの」

「お前、お母様に心配をかけるようなことはあるまいだろうね」

「なんですの」

「もしも、お父様の心配しているような主義の道に走るようなことは」

「社会主義ですか」

「まあ、そんな、恐ろしいこと、大きな声でお言いでありません」

「私、まだ一冊も、そんな本、読んだことありませんわ」

「だったら、大丈夫だけれど」

母は、ちょっと安堵したらしく、

「お前の兄様を中学一年で亡くしてお母様はこんなに弱ったのだから、お前でもしっかり、北見家の戸主として、お母様に孝行してくださらなければ……」

「ええ私、北見家の戸主ということは忘れませんの、それに、お母様は、気難しいお父様のために随分ご苦労なさったんですもの、私、お母様に孝行しない男子とは絶対結婚いたしません」

母はそっと目頭をなでた。

強いようでも、情に深い栄子の性格が頼もしかった。

「お母様、なんでそんなに御心配なさるの」

「先日、お前の書いた軸の文字が、一部の父兄間で問題にされたと聞いていたから」

「お父様もそんなことを気にしていらっしゃるの」

「多分気にしていらっしゃるだろう。お母様に色々お尋ねになったから」

「私、先生に言ってやりました。マルクスって、どこの人ですか、って。

そしたら、先生も『知らない』っておっしゃったわ。二人とも、知らなくってことがすんだの」

（三一）

「理想・友情・同志・結合・闘志」

何思わず見た、書籍の一頁の文字が、気に入ったというのみで、栄子の書いた掛軸の文字が、問題になったのは、一部の父兄たちの間のみではなかった。

ようやく、桃色がかろうとする、高等学校の生徒たちや、その、地方地方に結成された○○の団体、さては、心中幾分でもそうした傾向を帯びる、あらゆる階級の人たちの間に彼女の名は宣伝されて行った。

あるいは賞賛、あるいは共鳴、中には、即刻交際を求めようとする青年からの手紙や、ときに国粋主義的立場から悲憤慷慨に燃えながら、若き女性の生涯を誤らすまいとする、説諭の言葉を羅列した一丈に余る墨筆の手紙など、汲子はそのいちいちを栄子に隠しながら、そっと彼女の身辺を注意しはじめたが、別に変わったこともないのみか、彼女の書斎のどこにも、教科書以外の、科外の書物を見出すことが出来なかった。

汲子はほっと安心した。

その後、彼女はたびたび、栄子に対して忠告の言葉を発したが、そのたびに、彼女の答えはいつも朗らかで快活だった。

「女子大の社会学科へ行きたいのは、社会問題を一通り究めたいためよ。人間としての、常識を高める意味で」

汲子のそこに対する杞憂もようやく薄らいでいったが、それと共に彼女は次第に元気なく顔色の蒼ざめて行く、娘のこの頃の健康状態に気を止めずにはいられなかった。

「栄子や、お前どこか悪いの」

「お母様、なんで?」

「だって、この頃ちょっとも元気がないじゃないの」

「……」

「それに学校もたびたび休むし」

栄子はそっと涙ぐんで来るような気持を抑えながらうつむいた。

この頃ともすると、何かにつけて涙の滲み出るような弱々しい自分の気持を、彼女は自分自身どう説明していいのか分からなかった。

母はそっと娘の面を見やりながら、

「お前、お父様に学校に行かしていただけないことが、そんなに悲しいの」

「いいえ」

栄子はそっと頭《かぶり》を振った。

「じゃ、何か外に理由でもあるの」

「私、お母様、この頃なんだか淋しいの」

「学校でお友だちの方と工合でも悪いのかい」

母はこの頃ちょっとも相子の家に出入しない娘のことを思った。

それでも栄子はやはり頭を振った。

汲子はその夜おそくまで、それが乙女時代の愁傷であることを言い聞かせて栄子を慰めた。

そして、あんなに厳格な父親が、相子の家にだけは安心して自由に出入を許しているのだから、なるだけそんなときには、友人と親しく往き来して淋しい魂の慰めを得るように言いきかせた。

しかし栄子は相変わらず相子の家にも出入しようとしなかった。

彼女は毎日一人ぼんやりと淋しい日を送っていた。

（二三）

「社会主義」の社の字を口にするさえ、天皇に不敬・国家に不徳と考えている大介にとって、たとえそれが事実無根のことであるとはいえ、栄子の起こした問題は、彼にとって大きい痛手でなくてはならなかった。

彼はこの頃ようやく考え直していた栄子の上級学校への入学問題を思い切ると共に、更に彼女を一日も早く結婚させなければならないという不安に焦り出した。

彼は、栄子が女学校を卒《す》むと共に、一日も早く婚礼の式を挙げて、彼女を現在の不名誉から救うと共にそのために作られた周囲の悪友だちから護ろうとした。

そのために、夫婦の間には毎日のように、適当な配偶者の選択が相談された。

大介は勿論、部下の士官をその適当な候補者として挙げたが、母の汲子は、娘の気持を知っているだけ、なるだけなら軍人以外の中にその配偶者を見出そうとした。しかし、一人娘の栄子が結婚する以上、養子はともかくとして、たとえ嫁にやっても、栄子の子どもの一人に北見家の姓を継がそうというのが夫婦の気持である以上、そこにややこしい条件が伴わねばならなかった。

そうした条件付きでも是非栄子をと、希んでくれる適者があればと、汲子は自分の知れる限りの知人をあれこれと詮衡してみた。

そのとき、彼女の脳裡にふと浮かんだのは相子の兄であった。

汲子は桂治には一度しか会ったことがなかった。しかし、日頃欣吾を通して聞く彼の噂は、真面目で秀才で性格が良いばかりでなく、ひそかに栄子に好意を持っていてくれるらしいというのが、汲子の希望を深くした。

彼女は機会《おり》を見てそれとなく大介に話した。

「桂治さんだったら俺も考えている」

いつになく素直に承諾してくれた夫の言葉に、汲子はほっと一安心した。

それから数日、大介はそのことについてはなんにも言わなかった。

栄子はそうした話が、両親の間に進められていることは夢にも知らなかった。

十二月に入って寒い日が続いた。

舗道に一面霜が置いて、寒い木枯のような風が枯木をゆすぶっている朝であった。

栄子はショールに寒さを除けながら急いだ。

「北見さん！」

不意に、鋭く呼び止められて彼女は振り向いた。

「ああ！」

彼女は思わず立ち竦んでしまった。

そこには、いつになく鋭い顔をした矢吹が立っていた。

栄子は、一種の怖れに似た感情をもって彼を見つめた。

だが、次の瞬間、彼の顔は限りない親しみと愛恋の情をもって微笑んだ。

栄子は自分の魂が、彼の魂の奥底までも魅《ひ》きつけられてゆくのを感じた。

強い、強い、何ものをもっても、断ち切ることの出来ない、神秘な力が、そのとき二人の魂を結びつけてしまった。

（三四）

栄子はその日学校に行っても、どうして一日を過ごしたのか分からなかった。

ただ、茫然とした歓喜と、夢見るような気持の中にあって、最後に残していった矢吹の言葉をくり返した。

「許されることなら、同志としての契りを通して、永遠の友情に生かしていただきたい」

栄子はこのとき、今まで眠っていた魂を一度に呼び覚まされたような驚異を感じた。

彼女は今まで、思ってもみなかった世界に、じっと凝視と憬れの眼を向けようとする心の動きを感じた。

その日、一時間目の国語の時間がすんだとき、相子がいそいそと彼女の許へやって来た。

「まあ、栄子さん、お元気ですわね、久し振り、昔の元気な栄子さんになったようだわ」

相子は、この頃になく血色のいい栄子の顔を美しく眺めた。

「随分長く淋しくしていらっしゃったわね、それに、ちょっとも家にも来てくださらないですもの、宅の兄も言っていましたわ、栄子さんはこの頃ちょっともいらっしゃらないが御病気ではないかって。もうすぐ卒業だから今の内に精々いらっしてくださいな、卒業なさったらどこへお嫁にいらっしゃるかも知れないし」

いつもなら嬉しく聞く相子の言葉も、この日は栄子は夢中の中に聞き流した。

その日五時間目の幾何の時間に、栄子はたびたび先生からお小言を喰った。

「北見さん、何をぼんやりしているんです。平生《ふだん》のあなたに似合わんではありませんか」

栄子はぼっかりしていては、頓馬な返事ばかりして、短気で名高い先生の癇癪を破裂させた。

それでも彼女は、さほど悲しいと思わない程、魂が深い愉悦と歓喜の中に浸っていた。

放課後になっても、彼女はそのまま家に帰る心の虚しさにたえられなかった。

彼女は相子に勧められるままに久し振り相子の家に寄った。

避暑に続いて避寒のために、ずっと海岸に逗留するはずになっていた父親が突然家に帰っていた。

見違える程健康そうな、生き生きした血色をして、不自由な半身を杖にもたせながら引きずるようにして庭を散歩していた。

もうすっかり、裸になった木立の中に暖い冬の午後の日光が降り注いでいた。金柑が一本冬知らずの青々とした葉をつけて、真黄な実を群がらせているのが、冬にいじけようとする病人の心にも懐しい愉びを与えている。

桂治は裏の庭で、素足《はだし》のままで畑をしていた。粗末なズボンの裾を巻き上げて、古びたメリヤスシャツを上衣に着て鍬を持った彼の姿は、平生の学徒としての彼の一面には想像も難しい野人の一面であった。

栄子は、そうした彼の一面を心から好ましく思った。

「栄子さんにも、相さんにも、手伝ってもらいましょうか」

彼は鍬の柄を器用に動かしながら本物《ほんもの》の百姓とちょっともかわらない程見事に畑を作って行った。

向こうの方には、もう一〇坪程の畑が作られて、葱や春菊や蕪菜《かぶな》、ほうれん草などが、青々とした成長を見せていた。

「私、お手伝いしますわ」

相子が、校服のままで靴下を脱ぐと、そのまま素足で地面に飛び下りた。

「まあ、相子さん、寒くないの」

「ええ、私、ちょっとも寒くないのよ。もう幼《ちいさ》いときからの癖だから、今でも私毎朝素足で土の上を散歩するの、どんなに寒い雪の降った日でも。一日でも土の上を踏まないと、土が恋しくてしようがなくなるの、『土と日光を遠ざかるとき、人は心身の健康を失う』というのが私の信条よ」

「栄子さんも下りていらっしゃい」

「とっても私にはそんな元気がないわ」

「弱りですな」

栄子はふとその時矢吹のことを思った。

もしこれが矢吹であったなら！　自分は彼のために水火をも辞さない情熱と誠意を持っている!!

（三五）

「ごめんください」

つい、田舎では見かけたことのないような華やかな服装をした女性が玄関へ立ったので、宿の内儀はちょっと狼狽《うろた》えながら来意を聞いた。

「私、井澤と申す者でございますが、坂本さんは御在宅でございましょうか」

その態度に比例して、言葉遣いまで、鷹揚に高慢に人を眼中におかない素振りが、頑固で一徹な内儀の気を悪くした。

欣吾は今朝から日曜であるのにどこかへ出て行っていない。

内儀はつんけんどんに返事をした。

「坂本さんですか。坂本さんは今朝からどこかへ出て行かれましたよ」

「どちらの方へまいりましたでしょうか」

「さあ、知りませんよ」

多津子はこの邪慳な内儀の言葉にむっとしたが、

「なんにも、行先を申さなかったでしょうか」

「あなたはいったいどなたです」

「私は東京の方からまいった者ですが、今日訪ねることは、かねて坂本の方へも知らせてございましたが」

多津子はなるたけ言葉を和らげて、この片意地な相手の心を反発させまいとした。

内儀は案外低くなほった相手の態度に気を取り直して、

「そうですね、坂本さんはこの頃日曜日もほとんど家におられません。お親しい仲だったら、おさしつかえないでしょうから、ゆっくり上でお待ちください」

内儀は多津子を二階に通すと茶菓子を出して歓待《もてな》した。

昼食の時間が来ても、欣吾は帰って来なかった。

多津子は物憂そうに、煙草のケースを取り出した。

マッチを捜そうとして、彼女が何気なく机の引出しに手をかけたとき、中から開《ひら》いたままになった欣吾の日記がはみ出していた。

その二寸程覗いている紙面に記された、「相子」という文字が、電閃のように彼女の脳裡を走って通った。

多津子は無意識に引出しを開けた。

次の瞬間、彼女の視線は、われにもなく紙面を走っていた。

「相子、相子、相子、相子、いつまで呼んでも呼び足りない。愛着と尊敬と、更に憧憬の念をもって、自分の日夜を充たしているこの言葉が、万一、自分から遠ざかる日のあることを思うとき、自分の心は苦悩に狂う。

堪え難き、その絶望、暗黒、苦痛、神よ！　希わくば、かかる試練をわれに与え給うな。

×月×日
本日、先生の家にて、矢吹君に会う。

いつもながら端正にして、真面目なる人物、尊敬に値する人柄である。彼の心境は彼の容貌が最もその実《じつ》を語っている」

多津子は怯えるように、引出しをしめた。

彼女は烈しい、複雑な感情の混乱に眩暈を覚えた。

じっと、固く眼を閉じて肘を突いたまま、彼女はいつまでも机の前を動こうとしなかった。

烈しい矢吹に対する思慕の念が彼女の全身を苦痛に充たした。

（三六）

夕方の四時近くなってようやく欣吾が帰って来た。

「やあ、失敬」

彼は他愛なくきさくであった。

この人のどこに、ああした深刻な恋愛の悩みがあるであろう。

多津子はむしろ呆気《あっけ》にとられてその面を眺めていた。

しかし、思いなしか、そういえば元気な面のどこかに少し力無い窶《やつ》れを見せていた。

「あなたは相変わらず暢気ね」

「暢気はぼくの生まれつきです。しかしこの頃あまり暢気でもありませんよ」

「何か問題でも起こっているの」

「東大の医科に落第《すべ》ると、親爺《おやじ》に叱られますからね」

「そんな問題だったら、たいしたことでもないわ」

「それはそうと、あなたの問題って何？」

「結婚問題よ」

「結婚問題？　それをぼくがどうするというの」

「助力していただきたいの」

「どんなに」

「それはこれから話すわ」

「相手は誰？」

「あなたのよく御存じの方」

「ぼくの知っている……誰だいいったい」

「矢吹さんよ」

「矢吹⁉」

欣吾は余り意外なのにびっくりした。そういえば、いつか避暑地で矢吹に会ったときの、わけの分からない多津子のしょげ方が、そうした方面にうとい欣吾の頭にも甦って来た。

「恋愛かい」

「磯の鮑よ」

「片想いかい」

「ええ、私矢吹さんに結婚を申し込んで刎ねつけられたのよ」

「嫌われたかい」

「そうだわ」

「だったらもうお仕舞いじゃないか」

「だからあなたに力になってくださいって言うのよ」

「嫌われたものを好かれるようにはぼくだってようしないさ」

「あなたは薄情ね」自分の恋愛経験もあるのに。多津子は言いかけて止めた。何事によらず自分に会うと、すぐ茶化してかかるか、冗談に流そうとする昔からの欣吾の態度が、腹立たしくもあり恨めしかった。

「もっと、真面目に聴いてくださいな」

多津子は怒りに語気を荒らげた。

「だったらぼくも真面目に言おうか。多津子さん、矢吹君はあなたのような人を好きませんよ」

「どうしてですの」

「第一、矢吹君とあなたとは人生を渡る生活態度がだいぶ違いますからね」

「どんなに？」

「そこまではぼくはよう説明しないんです。矢吹君の思想に深く立ち入って触れてゆくことをぼくは遠慮します。しかし、所詮、あの人はブルジョアーの娘を妻にする人ではありませんよ」

多津子は急に両手を顔に当てて咽び泣いた。

（三七）

欣吾はさすがに気の毒になった。

驕慢で勝気で虚栄的で何一つ取り柄のないと思っていた彼女の中にも、やはりこうした女性的な純情としおらしさがあったのかと思うと、彼は今までの自分の態度が少し冷酷だったと悔いられてきた。

しかしそれに応対して、飽くまでも率直に快活に強く自分を告白してかかって来た彼女の態度に、日頃の負けず嫌いの性格の表れを見るのみか、そんなにまで惨めな立場にありながら、なお矢吹を恋うて止まない多津子の心情もいとしかった。

「多津さん、それで君はいったいこれからどうしようというの」

「私、矢吹さんにお会いしたいと思いますの」

「会って、あなたの気持を受け入れてもらえる希望でもあるというの」

「そこまでは考えていませんの」

「結婚を申し込んだのはいつです」

「もう、一月も前ですのよ」

「そのとき、どんな返事でした」

「まだ本人も若いから、結婚問題はしばらく後のことにしたいって申されましたの」

「多分矢吹君の意志を通じてのことだろうと思うが」

欣吾はその日とにかく、多津子を矢吹に紹介してやることにした。

「まあ二、三日待ち給え。その内ぼくが適当な機会を見て、紹介するだけのことはするから」

所詮駄目だとは知りながら、欣吾には目下の場合そうするより外に道がなかった。

その夜、多津子は自分の用意してあった旅館に帰って行った。

「ぼくんとこは、多津さんに泊ってもらいたくっても、寝てもらう所もなければ蒲団もないからな」

「そう思ってもうちゃんと用意してあるのよ。荷物もすっかりそこに置いて来たの」

欣吾は、多津子を送って旅館まで行った。

身の硬ばるような寒風が吹いていていた。

往来《ゆきき》の人たちが、この二人の対照を異様な眼を持って注視した。

「田舎は人目がうるさいのね」

「あなたが余り目立つ派手な恰好をしているから見るんですよ。田舎は東京と違ってそんな人が沢山いませんからね」

いつになく、欣吾の言葉が皮肉を含んで多津子には聞こえた。

欣吾は帰る道々、恋愛というものについて深く考えてみた。

淋しい淋しい、やるせない気持が多津子と別れて歩く彼の魂を蝕んできた。

彼は天涯に帰る家のないような孤独な虚しさに襲われて来た。

彼の足はいつしか相子の家の方へ向いていた。

空には凍るような星影が耀めいていた。

一一時近い家の中は、寂然《ひっそり》して物音一つ聞こえなかった。

夜が更けているというばかりでなく、彼はなんだか入ることが躊躇された。

高い木立を囲む塀の外に彼はいつまでも立ちつくした。

（三八）

欣吾が眼を醒ましたときは、もう十時近かかった。

「昨夜、大変遅くお帰りでしたし、それに、ひどく咳いていらっしたから、御病気ではないかと思って、お起こししないでおきましたよ」

いつも七時前には必ず起きて来る欣吾が、今日に限って遅くまで起きて来ないので内儀は心配して二階に上がったが、快く熟睡しているらしい彼の寝息をきいて、そのまま起こさず降りて来たことを告げた。

昨夜寝苦しい夢現の中で激しく咳いたことは彼も覚えているが、そのためか喉が張り裂けるように痛かった。

「風邪《かぜ》をお引きになったのですか」

「そうかも知れません、少し頭も痛いから」

内儀は下に降りて風邪薬を持って来て飲ましてくれた。

「ああ、そうそう、昨夜あなたのお留守に、北見さんという方がお見えになりましたよ」

内儀は、にわかに思い出して言った。

「北見、誰です」

「お名前はお伺いしませんでした。なんでも、お若い、お美しい女学生風の方でした」

栄子であろうか、欣吾は、栄子がなんのために自分を訪ねて来たのかと思った。

「どんな用向きらしかったでしょう」

「さあ、そこもお伺いしませんでした。でもお留守だと聞いて大変御残念の様子でしたよ」

「すぐ、帰りましたでしょうか」

「一時間くらいなら、待ってもよいとおっしゃっていられました」

「元気な女でしたでしょう」

「お見かけは、元気なように見えて、ちょっと、お顔色がお悪くっていらっしゃいました」

欣吾は、ちょっと、不思議に思った。数日前、叔父の大介が彼の許へ来て、色々桂治のことについてきいて帰ったが、それに何か、関したことではなかろうか」

欣吾は少し気になりながら、昼から学校に行った。

午後の二時間の授業を終えて、校門を出ようとすると、

「おい、坂本」

後ろから五味が呼びかけた。

「何だ」

彼は無雑作に答えた。

「君、昨夜は、彼女《ありや》一体何だ、素晴しいぞ」

「親戚の者だよ」

彼はこの不良に関わっていることの煩しさから脱れようとした。

「それより君、矢吹君を見ないのか」

「見ないよ」

欣吾と同じクラスの理科であったが、酒とカフェーがたたって、一年落第した五味は、いつ、誰に会っても、こうした野次ばかり飛ばしていた。

「あ、矢吹君か。知っている。先刻帰っていたよ」

「ああ、そうか」

欣吾は岐れ道で五味と別れた。

「少し喉を痛めたようだな、余り晩くまで歩いていると風邪《かぜ》を引くよ」

彼は最後まで野次を飛ばしていった。

欣吾は一人になると、矢吹の下宿に寄ってみようかと考えた。

しかし、どう言って、多津子を紹介していいのか解らなかった。

彼はあっさり、多津子の意を伝えてみようかと思った。

「坂本君」

そのとき、後から桂治が急ぎ足に近づいて来た。

（三九）

矢吹は暗澹とした気持の中にあって、再び母親からの手紙を受け取った。

「父上がこの頃自暴自棄の御容態にて、日毎に遊里

の巷に出入され、家運挽回のため御奔走なさる御様子も無いのみか、この頃胃癌の兆候を認めるという、係りの医師の忠言も耳にせられず、日夜を暴飲と不節制の生活の中に過ごされ居り候」

　矢吹はそれから先を見るのが苦しかった。

　彼は、この手紙がこのままどこかへ消え失せてくればいいと思う程、烈しい心の苦悩を感じた。

「破産宣告！　華族待遇剝奪!!」

　そこに悩む養父久彌の、暗黒と絶望の生活が、わが身の苦悩に正比例して彼の魂にのしかかってきた。

　自ら爵位を棄て、自ら名門を捨てて、唯一途、真理のために闘おうとする彼の信念の下には、世のあらゆる障碍も迫害も物の数ではなかったが、唯一つ、義理ある父母に対する孝養と、幼い頃から育てられた者に対する肉親恩愛の情は、断つに断たれない煩悩の絆に彼の心身を千々に砕いた。

　矢吹は生まれて初めて知る、深い魂の苦酷を感じた。

「生まれ来ざりせば」

彼は心から死を希った。
その夕方、彼は突然東京に発《た》った。
アソビスゴシテ
ヒガクレテ
エリマキ　ホシイナ
サムイカゼ
クライ　ヨコチョウヲ
シタムイテ
ヒトリデ　セッセト
オオイソギ
カアサン　ドンナニ
ゴシンパイ
オカオガ　チラチラ
ミエテクル
バンノ　ゴハンモ
モウスンデ
オツユモ　スッカリ
サメタロウ

ヨウヤク　ゴモンニ
ツイタトキ
カアサン　タダイマ
イッタナラ
ジョンガ　イキナリ
トビツイタ
マッテ　クレタノ
アリガトウ

下宿の子どもがいつ覚えて来たのか、偶然、彼の懐しむ歌をおぼえてきて、毎日彼の留守の書斎で遊び廻った。

欣吾は、その夜遅く訪ねて来たが、会うことが出来なかった。

それから毎夜のように、彼の下宿の近くを彷う美しい女性の姿を内儀は不思議の眼をもって眺めていた。

（四〇）

東京駅に立った矢吹の顔色は、蒼白と苦悩に凝固していた。

彼はそのまま、そこから、自動車を飛ばすと、牛込の邸《いえ》の玄関に立った。

母が、突然の帰家に驚いて、彼をまず自分の部屋に案内した。

「しばらくでございました。お母様」

彼は少し見ない内に、見違える程、憔悴している母の面を、痛々しく眺めた。

父の久彌は、もう二、三日家を外にして留守であった。

彼は母の絹子から、ひとわたり話を聞かされた。

久彌が、株やその他の事業に失敗してこしらえた借財は一〇万円近くあるが、その内、三万円程の現金があれば、現在の苦境を凌げるのみか、それに依って、一〇年以内に、現在の借財を返済することが出来る見通しがつくというのであった。

久彌は、その金を作るために一時狂奔したが、全部それが思わしくなく、最後に希みをかけていた、義兄

（矢吹の実家）の方からも、せいぜい五〇〇〇円足らずの調達しか出来なかった。

友人、知己は勿論、少しでも親しい間柄という間柄は、全部訪ねて頼んでみたが、何分不景気の現在、まとまった金の所持者もなかった。

その矢先、親戚の戸田男爵を通じて多津子が結婚を申し込んで来た。

矢吹家の現在の苦境を知る男爵は、それとなく先方の持参金のことについて調べてみた。

多津子には一〇万円の持参金があった。

それに、本人の多津子が一無尽に矢吹を愛しているということが、先方の両親から切なる希望と共に伝えられた。

久彌は死地に一生を見出したように思った。

彼は早速、息の尊《たかし》に手紙を書いた。

しかし、その返事は余りに意外であった。

彼はすべてに絶望した。

たとえ、いかなる理由の許にも、不本意な結婚を強いて、わが子の生涯を誤らすのは彼の意でなかった。

彼は家運挽回の努力を放擲すると共に、堪え難きその苦悩を酒によって紛らそうとした。

彼のそうした生活は、もう一月も続いた。

母の絹子は、日夜夫のために憂慮煩悶した。

矢吹は、現在、一家を救い、両親を助ける唯一の鍵が、自分の双肩に懸っていることを感じた。

それだけ、彼の心は、苦悩に鎖《と》ざされ、悲痛にさいなまれた。

彼は、今、どうしても、起たなければならない破目に追い詰められた。

彼は無言の内に、じっと、母親の言葉を聴き終わった。

父の久彌は、その晩おそく、べとべとになって帰ってきた。

「お父様！」

「あっ、尊か――、どうして帰った？」

幼いときから、実父にも増して深く自分を愛してくれた、父の姿の、余りにも、悲しく、余りにも痛ましく、矢吹は溢れ落ちようとする涙を袖に抑えて唇を嚙んだ。

(四一)

矢吹は、その朝、深く決するところがあって家を出た。

本郷から麹町行の電車に乗った彼の様子は決意と緊張のために硬化していた。

××停留場で電車を捨てると、彼は聞き覚えた井澤の家を訪ねた。

さすが、日本に聞こえる大実業家の邸宅だけあって、豪壮と華美を誇る門構えが周囲を圧して、鳥集《ママ》の反感と、賤奴の羨望を嘲笑するものの如く控えていた。

彼は正門を入って、敷石伝いにしばらく歩いた。

馥郁とした、木犀の匂いが、どこからともなく伝って来た。

彼は玄関に立って静かに訪れた。

五十余りの、ちょっと意外に感ずる程、落ち着いた地味な女中が、彼に、丁寧に頭を下げた。

矢吹は名刺を差し出して来意を告げた。

「井澤多津子様にお眼にかかりたいと存じますが」

「はあ」

女中は多津子が留守であることを知りながら、ひとまず丁重に名刺を受け取って入って行った。

しばらくして、彼女は再び玄関に現れると、

「お嬢様はお留守でございますけれど、奥様が是非お眼にかかりたいと申されますからどうぞこちらへ」

矢吹はちょっと躊躇した。

しかし、今更帰るのもはしたなかった。

彼は招ぜられるままに、応接室に通った。

母の多美子が派手な訪問着で入って来た。

「ようこそ、――」

彼女は矢吹の顔を見るなり華やかな笑いをその面に浮かべた。

「よく、いらっしてくださいました」

人をそらさない社交界の花形は、今こそ自分の腕の振るい時と、懸命の努力と周到な注意をもって、矢吹の顔色の一微一動だも見逃すまいとした。

彼はこうした女性と長く対坐する煩しさを感じた。多津子がいなければ用のない母親と、彼はいつまでも話しているのも物憂かった。

いつ訪ねて来たら、多津子に会えるのか、彼は何よりもそれが聞きたかった。

多美子は一様の挨拶が終わると、多津子が数日前、鹿児島に旅行したことを話した。

「あちらには、従兄の欣吾がおりますので、それに、あちらの方は余程こちらから見ますとお暖かで景色もよく、まるで避寒地のようだなどと、欣吾が羨ましがらせを言ってまいりますものですから」

矢吹はこの能弁な女性の言葉を無意識の内に聞き流しながら、眼前に控えた暗い困難な問題の遂行に思い悩んだ。

「しばらくお帰りになられませんでしょうか」

「どうした御用事かは存じませんが、万一、急な御用件でございましたら、至急、電報をもって呼び寄せることに致しましょう」

多美子は深く思い沈んでいるらしい矢吹の態度に、鋭い観察の眼を配りながら、万全の好意と誠実をその面に表して言った。

「いいえ、それには及びません。ぼくが明日帰ることに致しましょう。いずれ彼方《あちら》で」

矢吹は早々と井澤家を去った。

（四二）

栄子は、思いがけない桂治との結婚問題を、突然大介の口から聞かされたとき、驚きのため卒倒せんばかりになった。

「お父様。それはもう決まりましたことでしょうか」

彼女は、死人のように蒼ざめた面に、微かな慄えを帯びた声でたずねた。

「まだ決まってはおらん。こちらの気持をしっかり決めておかんことには、万一先方で承諾してくださったときに不躾じゃ」

栄子はわずかに、一縷の望みを得たように思った。

「勿論お前にも異存はあるまい。先方は立派な人格のある方であるし、お若いに似合わん、真面目な落着いためずらしい人柄じゃ。俺は一度会って話したが、その思想方面人物方面、共に秀れた立派な方で、お前の生涯を託するに足りる方じゃ。ふつつかなお前でも貰ってくれれば、父は幸甚の至りと考えている」

栄子はすでに返す言葉もなかった。

一度言い出したら、いかなることでも後へ引かない、父の日頃の性格を知っているだけ、彼女はいかんともする術を失った。

「栄子」

「はい」

「勿論、異存はあるまいな」

「……」

栄子は答える術を知らなかった。

厭だと言えば父の激怒を買うことは分かっている。それかと言って、承諾すれば、事件は今日の日でも進む。幼いときから、母に対しても自分に対しても、一家の暴君として、絶対権力を振りかざして来た父の態度が、娘の一生の結婚問題にまで、容赦遠慮なく振り廻されるのかと思うと、栄子は悲しくもあり、腹立しくもあった。

「お父様、あなたは自分のおっしゃることが、絶対正しいと思っていられますか。子を危ぶむ、親の情として何かにつけ、父の言う如くあれ、という、親の気持は私にもよく解ります。

しかしお父様、人間には自分の知らない世界、違った性格があるものではないでしょうか。個々の人間の生まれ持った、狭い世界と違った心境では、覗くことの出来ない広い広いものが人生でございますもの、お父様のもっていない世界を私がもっているのかも知れません。お父様の理解出来ない種類の人生を、歓びを私が恵まれているのかも知れません。

私は、今何も理屈を知りません。理屈を知らない私が、理屈を言おうとするとき、こんなわけの分からないむずかしいものになってしまいます。けれどもお父様、私は判然《はっきり》知っています。

桂治様に私の魂は動きません。私の魂を、心から動かし得た、唯一人の異性は矢吹様です。私はあの方と最初会ったその日から、何かしら、深い悦びと、魂の因縁を感じました。あの方の魂のどこかに、私の魂を引きつける何かの力があったはずです。私はその力に引かれて、一生を生きて行きたいと思います。

万一、それによって、私の生涯が不幸に沈むとき、それは取りも直さず、私の持った魂の宿命でしょう。そう歩まなければならぬ性格を持って生まれ出た、私の魂の歩むべき道、『一つの生命の宿命《すがた》』としてあきらめます。

私は遂に、そうして歩まなければならない生命を持って生まれ出たに違いありません」

栄子は父に言おうとする言葉をかたく胸の中で繰り返した。

（四三）

大介は無言でうつむいている娘の姿を不承知と見た。

「栄子、お前不承知か」

大介の言葉ははや気難しい不機嫌さを帯びた。

「お父様――」

栄子は言おうとして、気難しい父の面に勇気を挫かれた。

しかし、いつまでも黙っているのは大介を焦立たせる外の何ものでもなかった。

「お父様、私、まだ結婚問題について考えたことがありません」

栄子は、満身の力と、勇気をもって言った。

「それで、どうと言うのか」

「私はまだ、桂治様のことについても、何も存じません」

「桂治君の人物だったら、父が十分調べてある」

栄子は又も行き詰った。

自分のする事を絶対的に考えている父の前に、これ以上の主張は無駄であった。ことに、矢吹に心を動かされている自分の気持など、許してくれようはずがなかった。

栄子はなんとかして、この一時たりとも身を外す道を考えなければならなかった。彼女はしばらく無言の内に考え沈んだ。

「お父様」

やがて彼女は面を上げた。

「しばらく考えさせていただけませんでしょうか」

「急ぐことはない」

父は大きく深くうなずいた。

栄子は、その夜床に入っても、一睡もすることが出来なかった。

夜明けの光が、ほのぼのと、窓の隙間を洩れる頃、彼女は心に一葦《いちい》の光を見出したように思った。

彼女はいつもより早く床を出た。

五時間の授業を、彼女はほとんど夢中の中に過ごした。

放課後、思いがけない自治講座があったとき、彼女は何か理由を作って早退しようかと思った。

その日、彼女が校門を出たのはもう六時近かった。

栄子は、欣吾の下宿に寄ろうと思ったが止めた。

翌日、日曜日の晩、父の大介は隊用で上京した。

栄子は、母に黙って家を出た。

「許されることなら、同志としての契りを通して、永遠の友情に生かしていただきたい」

最後、この言葉を残したまま、下宿も教えないで去った矢吹の姿を、栄子は一無尽に慕わしく思った。

栄子が欣吾の下宿に着いたのは十一時近かった。

「昼間、東京からお客様がお見えになりまして、先刻、御一緒にお出掛けになりました」

栄子は聞いている内に、それが多津子である事を知った。

故の分からない憂愁と名状し難い不安が彼女の全心

を真暗にした。

栄子は絶望のため、くずおれそうな体を鋪道に運んだ。

（四四）

翌日、栄子は再び欣吾の下宿に寄った。

「昨夜、大変遅くお帰りでございまして、今朝お風邪《かぜ》の工合がお悪いように申されておりましたが、お昼から学校にお出掛けになりました」

栄子は二時間も待ったが欣吾は帰って来なかった。

内儀は、死人のように蒼ざめた栄子の顔色を病気ではないかといぶかった。

「御気分がお悪くはございませんか。万一急な御用事でしたら、お帰り次第その事を申しましょうか」

「ありがとうございます。ちょっと、急な用事でお会いしたいと思いまして」

欣吾はその日もついに帰って来なかった。

栄子は立ち上がる力のない体を座布団から起こした。

「申し兼ねますが、もし今夜帰りましたら、栄子が明日学校から帰りに寄ると申していたとお伝えくださいませ」

「承知致しました」

内儀は、何か知ら同情の念にかられながら栄子を門口まで送り出した。

空はどんよりと曇って、今にも雨が降り出しそうであった。

十一時過ぎた冬の街路は、あまり人通りもなかった。

栄子はとぼとぼと、あてもなく歩いた。

父の大介が不在であることは、彼女の心を幾分開きのあるゆったりした気持にしてくれた。

栄子はこんなとき、何よりも相子のことを思った。相子にさえ相談すれば、必ず力になってくれる事は知りながら、事件が事件だけ彼女には出来なかった。

唯一人の、頼みにする欣吾には二日も会えない。

母の汲子に無理を言うのは、父と自分の間に立って、彼女を苦しめるだけのことである。

栄子は取りつく島のないような、淋しい心細い気持に蝕ばまれながら、もうこの数日、日の光も見たことのないような、暗い魂に閉じ込められていった。

栄子はなおもあてどなく歩いた。

自分の家に近づいている事は意識しながら、彼女はどの道をどんなに歩んでいるのか知らなかった。

やがて、電車道をすぎて暗い露地に曲ろうとした角の本屋に燈が赤々とついて、店員がじっとこちらを見つめているのがふと彼女の眼に止まった。

出口の看板に大きな新刊書の広告が出ていた。

「社会主義的思想の発生と其の経路」

栄子は今まで別世界のように考えていたその言葉に不思議な魂のおののきを感じた。

彼女は引き入れられるようにその中に入った。

「いらっしゃい」

店員がいそいそと彼女の所にやって来た。

「これを――」

栄子は出口の看板に指をさした。

（四五）

栄子は書籍を脇に抱えたまま店を出た。

門口まで来ると、家の空気が異様にざわついていた。

母が蒼白の面を緊張させて女中を指図していた。

「お嬢様」

竹が飛んで来て彼女に知らした。

「お父様が御奇禍でございます」

栄子は瞬間、その意味が分からなかった。

「旦那様の乗っていらっしゃるお汽車が脱線なさいました」

竹やはそそくさと声がもつれた。

栄子ははっとした。

「生命は？」

彼女は思わずそれを尋ねた。

「お生命《いのち》に御別状はございませんけれど、余程の御重態でございます」

栄子はそのまま母の室に行った。

「栄子、どこへ行っていたの」

母は混乱と不安におののく瞳に栄子を見つめて言った。

「欣吾さんのお宿へ行っていました」

「どうして?」

いつになくきつい母の言葉に栄子ははっとして瞳をそらした。

「なんでお母様に黙って行きます。竹やに問うと相子さんのお宅へ行くと言って出たそうではありませんか」

汲子はじっと娘の顔色を見つめた。

栄子は返す言葉も無くうつむいた。

「先程竹やを迎えにやると、今日はお見えになりませんとの事です」

栄子はいつまでも黙りつづけた。

「欣吾さんのお宿へ何しに行かれました」

「ちょっと、御相談したいことがあって」

「どんな?」

「学校の事で」

「ではなんで、竹やに相子さんの家へ行くと言って出られます」

「最初相子さんのお宅へお伺いしようと思っていましたけれど、途中で欣吾さんのお宿へお伺いしました」

「欣吾さんがおられましたか」

「いらっしゃいませんでした」

汲子は栄子の言うことが真実だと思った。それは、先程欣吾がここに寄っていたからである。厳格な夫の留守中に万一の事があってはと、彼女は夫の負傷に重ねて娘の行先を気に病んでいた。

「お父様が御負傷です。早く外出の用意をなさい」

栄子は書斎に帰って校服と着更えた。

その夜、栄子は母につれられて父の負傷地である熊本駅に急いだ。

母は車中常に祈念するものの如く眼を閉じて、頭を垂れた。

日頃優しいように見えて、危急の場合に取り乱さない母の態度に、栄子は生まれて初めて感ずる、力強い母の魂への尊敬の念に打たれた。

こうした魂の持ち主なればこそ、二〇年に余る父との生活にも耐え得たのではあるまいか。

栄子は共に、祈念を凝らした。

翌朝、栄子は母と共に父の入院している金山病院へ急いだ。

白いベッドに横たわっている父の顔色は、割に元気であった。

負傷は頭部であるが、一時人事不省におちいったのみで、傷は浅かった。

医師は、退院までに三週間だと言った。

(四六)

二、三日すると、大介はすっかり元気になった。
医師の注意で当分はベッドから動く事が出来なかったが、それでも、いつもと同じように元気に話した。

今、熊本で問題にされている、全鉄道従業員罷業同盟員の仕業であるのか、それとも、何か外に、個人的の怨恨関係によるものか、真夜中の鉄路に敷かれた妨害装置の犠牲者は五〇人にも余ったが、幸い死者は一人も出さなかった。

大介は、前方に近い二等車に乗っていたので、案外負傷が大きかったが、後部の三等車の方には、さしての異状も無かった。

その日、一等車に乗っているはずの、事件の立物である、佐賀鉄道局長に対する反感からである、というのが、もっぱらの評判であるが、いまだに犯人は捕まらなかった。

大介は、遭難当時の模様を、細々と話して、栄子に聴かした。

しかし、当の佐賀局長が、その日ちょうど用事の都合で乗っていなかったのは、奇倖であった。

その代わり、その日一等車に乗っていた榊原伯爵が重態であるのが、新聞で報ぜられた。

「お気の毒な事じゃ」

大介は、まだ士官学校時代に彼と同期生であった。

その頃の伯爵は、華族に似合わぬ剛健な気性と、進取な思想の持主で、常にその持論として、口癖のように、一代華族を高唱して止まない、民主青年であった。

「運命の神はなんと皮肉であろう」

大介は、病床の中に、もう二〇年この方会わない、旧友の奇禍を悼みやった。

「俺も、もう少しよくなれば、お見舞いに出ようと思っている」

大介は取り敢えず汲子を見舞わした。

「御負傷は、胸部の方でして、発熱すると、肋膜の炎症を起こすから、非常に危険だと申されておられます」

汲子が、帰って来て告げた。

「榊原君に会ったのか」

「ちょうどおやすみ中でお会いしませんでした」

「知ったら、さぞ、会いたがるだろう」

「奥様が、大変お喜びになりまして、こう申しては、場所柄、失礼ながら、偶然、お会い出来ましたことを、さぞ喜びますでしょう、と申されておられました」

「もう、二〇年も会わないからな」

翌日、伯爵の許から、見舞いかたがた夫人がやって来た。

「北見君に会いたいと、主人が大変、喜んでおります。一日も早く御全快の日をお祈りいたします」

夫人は淑やかに、見舞いの言葉を残して去った。

栄子は、その夫人の面に、どこにか見覚えがあるようで思い出せなかった。

翌日、欣吾が見舞いに来るという電報が届いた。

(四七)

欣吾は、矢吹の下宿へ訪れたが留守であったので、そのまま帰りに、多津子の宿に寄ってその事を伝えると、帰りに、先日末から気に病んでいた栄子の許へ寄ってみた。

しかし、肝腎の栄子は留守で、叔母が大介の奇禍に色を青くして、出発の準備をしていた。

相子の家へ行くと言って出て行った栄子が、相子の家におらないので、叔母は更に色を青くしてあわて出した。

「もしや、欣吾さんのお宿へ行っておりはしないでしょうか」

時節柄、特に夫の留守に、まだ黙って家を出た事のない栄子が、十二時近くまで帰って来ないことは、鋭く尖った汲子の心を余計に鋭く尖らしていった。

「もしや、社会主義団体にでも」

汲子は瞬間そう思った。

彼女は至急に、欣吾を宿まで見に行ってもらった。

欣吾は急いで宿に帰った。

内儀は栄子の来ていた事を告げた。

欣吾は至急、最寄りの郵便局で電話をかけた。

そのときはもう、栄子も汲子も、出発して留守であった。

女中が出て来て、彼の労をねぎらうと、栄子が帰って来て、二人で出発した事を告げた。

欣吾は、一度《ひとたび》下宿に帰った。彼は下宿で、叔父の安否を案じていた。

病院からはなんとも言って来なかった。彼は翌日、両親に手紙を書くと共に、自分で一度、病院を訪れようと思った。

彼は、汲子に宛てて電報を打った。

それと行き違いに、汲子の方から電報が着いた。

「ダイジナイシンパイスルナ」

彼は、出発を見合わせようかと思った。

しかし、切角構えたものだから一度見て来よう。

彼は出足に受け取った電報を懐にしたまま家を出た。

熊本行きの汽車に乗った中で、彼はふと多津子の事を思った。

矢吹が突然東京に帰ったと聞いたとき、彼女の驚きは予想外であった。

家に病人でも出来たのであろうか、それとも他に理由でもあるのであろうか、もしや、自分より以外の誰かと結婚問題でも起こったのではあるまいか、常識では馬鹿馬鹿しいと思われる事まで大きい杞憂となって案じられて来た。

　彼女は即刻、矢吹の後を追って帰りたい程いらいらしい気持をじっと堪《こ》らえて彼の帰りを待っているのであった。

「寄ってきてやればよかった」

　欣吾の来ることをただ一つの力に毎日を待ち侘びている多津子の事を思うとき、欣吾は今日もちょっと多津子の所へ寄ってやればよかったと思った。

　矢吹は勿論まだ帰っていないだろうとは思ったが。

（四八）

　矢吹は、その日、昼近く帰った。

　久邇は、朝から家を出て留守であった。

　母の絹子は、心痛が堪えたものか、持病の胃痙攣のため臥っていた。

　彼はもう、ながらく入った事のない、自分の書斎に入った。

　広い黒檀の机を前にして、椅子に坐ると、彼が昔愛した、美しい、モナ・リザの微笑が、高い気品と落ち着きをもって、彼を見下ろした。

　彼は、今会ってきた、余りに俗悪な、女性の微笑を、思い浮べた。そして、そうした人の娘と、今後交渉を続けなければならない事を苦痛に思った。

　しかし、現在の父母の苦難に比ぶれば、そんな事は物の数でもない。

　彼は、弱ろうとする心を引き立てて、その夜、夜汽車で東京を発《た》とうと思い決めた。

　母の絹子は、病気のため気が弱っている故か、彼を引き止めて帰そうとしなかった。

「お父様が、あれだし、お前でも、今少し家にいておくれ」

「お母様、数日中には、東京へ帰ってまいります。ぼくが、このまま今家にいたって、矢吹家再興にはなんのお力にもなりません。それより、ぼくは一日も早く、鹿児島に帰って、ただ一つ、ぼくに残された、最後の手段に頼んでみる心算《つもり》です」

彼は、深い決意に満たされて、母を説き伏せると、翌朝早く、鹿児島へ発つことに決した。

矢吹は、その夜遅く床に入った。

彼は、一時がきても、二時がきても、眠ることが出来なかった。

冴えた神経の中に、三時の音を聞いたとき、廊下に慌しく人の来る足音がした。

「若様！」

執事が、上ずれた声を緊張させて彼を呼んだ。

「お目覚めでございますか」

「なんです」

「唯今、お電話がありまして、榊原の旦那様が、台湾から、お帰りの途中、熊本で、汽車の脱線で、御負傷なさいました。御重態かのようにお聞き致します」

「お父様は？」

「昨夜、お帰りになられませんでした」

「お母様は？」

「奥様は、御持病の胃痙攣の起きておられますときですから、お聞かせ申してございません」

「千代を呼んで……」

彼は即刻飛び起きた。

身の回りのものを一通りトランクに詰めると、執事を呼んで、

「至急、お父様の居所を調べて、お報せするように。ぼくがあちらに着き次第、詳しい電報を打ちましょう。それまで、母には言わないように」

彼は要件のだいたいを執事に言い残すと、母には、友だちの急病として、暗い、未明の舗道を、自動車で急いだ。

榊原伯爵は絹子の兄で、父親を持たない絹子には、唯一人の力強い兄であった。

矢吹は、広い東京駅で四時四〇分の汽車の発車を待った。

そのとき、伯爵の長女の満子が、祖母の寿子と共に、

駅に駆けつけた。

（四九）

しかし、三等待合室にいる矢吹とは出合わさなかった。

やがて、東海道線の下り列車が来て、鈍い声で行先を告げた。

矢吹は、急いで改札口に出た。

彼が切符を見せて出ようとすると、

「尊さん」

人混みの中から、満子が彼の名を呼んだ。

「ああ」

彼は思わず振り向いた。

地味な、鬱金お召の縦縞の柄に、落ち着いた茄子色の無地の羽織を重ねている満子の姿は、美しくウェーブをかけた若々しい彼女のおもざしを、余計に美しく気品のあるものにしていた。

「あなたもいらっしてくださるのですか」

祖母が、人混みの中を掻き分けるようにして、彼を呼びかけた。

「ええ、行っています」

矢吹は立って、二人の来るのを待っていた。

「伯母さんは？」

彼は、母親の湛子《きよこ》が来ていないのを、不思議に思った。

「お母様は、昨日、お迎えに、礼子を連れて熊本まで行かれていましたの」

熊本は、湛子の実家の笹沼子爵の故郷であった。

「それでは、叔母さんは、あちらの方にもういらっしゃるんですか」

「ええ、行っております」

「伯父さんの御容態はいかがです」

「目下、生命《いのち》に別条はないように申してまいりましたけれど――」

満子は憂いに瞳を落とした。

祖母の寿子は、居ても立ってもいられないように、そわそわした。

「早く汽車に乗らなければ――」

矢吹は一礼して立ち去ろうとした。

「どこへいらっしゃるの」

「ぼく、三等車ですから」

「まあ、尊さん、あなた三等車にお乗りになるの」

「ええ、ぼくいつもそうです」

満子は矢吹と祖母の会話を聞いていたが、

「お祖母様、私たちも御一緒にしましょう」

彼女は祖母を促して矢吹の方へ歩こうとした。

「いいや、どうぞそちらへ。いずれ駅でお目にかかりますから」

満子はもう先に立って、三等車の方へ歩いていた。

赤帽がこの臈たけた令嬢の方へ、ちらと一瞥の視線を投げかけて、重い荷物を運搬して行った。

三人は、混雑する三等車の中に並んで席をとった。

熊本までの長い時間が、寿子にとっても満子にとっても苦痛でたまらなかった。

不安な焦燥を、じっと堪えながら、三人はほとんど無言の中に向かい合った。

「母が突然、一昨夜から胃痙攣を起こしていますし、父が――」

彼は言い淀もうとする口調を引き立てて、

「二、三日前から伊豆の方へ旅行していますし、電報ですぐ呼び寄せることにしてありますから、後からすぐ来るだろうと思います」

彼は苦しき弁解を、車中にしなければならなかった。


（五〇）


熊本駅に着いたのは、もう夜明け近かった。

ほのぼのした朝の空気が、構内一面を満たして、都会と雑沓の東京駅に比べて、閑寂と静安の気が、物忘れしたような虚ろさとなって、人びとに感ぜられた。

まだ、夜明前の構内には、人影も少なかった。

見るから地方らしい、素朴な感じの青年が、彼らと共に汽車を下りた。

「失礼ですが、金山病院というのはどちらでしょうか」

青年は詳しく親切に教えてくれた。

矢吹は教えられた通りの道を急いだ。

駅から二丁も東へ下がって、更に二丁程も南へ行った所に、大きい門札が「金山病院」とかかっていた。

三人は、一種の安堵と不安をもってその門をくぐった。

受付の看護婦に案内されて通された伯爵の病室は、広い廊下を中に距てた右側の突き当たりで、六畳の日本間に大きなベッドが据えられてあった。

母の湛子と妹の礼子が、青白い顔を憔悴させて、父の枕頭に付き切っていた。

「お父様!」

満子は、ベッドの傍らに寄って、父の名を呼んだ。

「おお」

伯爵は割に元気な声を出して返事をすると、側の寿子や矢吹に会釈した。

「敦夫!」

寿子の眼には、早くも老いの涙がにじんだ。

「伯父様、大変な御災難でございました」

見るかげもなく、憔悴した伯父の面を、矢吹は深い悲しみをもって眺めた。

「だが、心配してくれるな、もうすっかり快《よ》くなったよ」

伯爵は、軽い微笑を浮かべて彼に答えた。

その日医師は、もう二、三日も発熱しなければ大丈夫だと答えた。

矢吹はしばらく、伯父の容態を見定めるまで、逗留することにした。

翌日夕方、敦夫は少し発熱したが、翌朝、又元の平温に復していた。

東京の方から、父の久邇が来ると言う電報が届いた。

父に会うと思うと、矢吹は又現実の暗礁にぶっつかって行った。

じっとしていられないような気分が、彼をいらいらさせた。

その日満子は、礼子を連れて久邇を迎えに行った。熊本駅着の、下りの列車が着くまでにまだ二〇分もあった。

僅か数日の間ではあるが、死に瀕した父の看病をした疲れと、薄暗い病室の中に閉じ込めていた気持が、ようやく安堵と、東京の空に見られない、澄み切った南国の深い空に恵まれて、礼子の心を蘇らせてくれた。

「お父様は、もう大丈夫ですわね、お姉様」

「ええ、大丈夫よ、礼ちゃんもう心配しないでね」

姉妹は、久し振り朗らかな気持で、澄み渡った十二月の空に囀る雀の声に聞き入った。

「ああお姉様！」

そのとき、礼子が驚きの声を上げて姉を呼んだ。

窓にもたれて外を眺めていた彼女らの視線に、美しい女学生と連れだった学生の姿が眼に映った。

「あの方、いつかボートで救って下すった方よ！」

礼子は百年の知己に会ったような歓びで姉に紹介した。

（五一）

その声が聞こえたのか、欣吾はそっと微笑んだ。

栄子は、礼子の顔を見てはっと思った。

思い出そうとして、思い出し得なかった、伯爵夫人の顔が礼子そっくりである。伊豆の避暑地から帰りに汽車の中で見た礼子の顔に母親の顔を錯想していたのであろう。

栄子は親しみ深い微笑をかけた。

可愛らしいお河童頭が、彼女に向かって丁寧にお辞儀をした。

やがて、淑やかに満子が歩んで来て、彼女たちに向かって、頭を下げた。

「榊原と申す者でございます。せんだっては、祖母が大変お世話様になりまして」

言葉は少ないが、誠意の溢れている態度が矢吹に似ていた。

栄子は、その女性の口元が、矢吹そっくりであるのに心を魅かれた。

「何か、矢吹と因縁があるのではなかろうか……」

栄子は瞬間そう思った。

しかし、通り掛かりの未知の女性にそうしたことの問える術もなかった。

何かしら、深い因縁を感じながら、栄子は、その女性の面を眺めた。

そういえば、目付や額際のどこかにも、矢吹そっくりの面影が偲ばれた。

「矢吹君と、御親戚のように御伺いしておりましたが」

欣吾が、例の率直さで話しかけたとき、栄子は思わず、はっとした
「はあ、従兄にあたります」

つつましやかに返事をする満子の頬が、さっと桜色に染んだ。

彼女はもう、数カ月前、祖母から聴かされた、恩ある青年の顔を、まともに見ることが出来なかった。

わけの分からない羞恥に、全身のおののくのを感じた。

欣吾は、なおも屈託なく話していった。

「御旅行ですか」

「いいえ、父が負傷を致しまして」

欣吾は、そのときふと気が付いた。

いつか新聞で見た、榊原伯の負傷していたことを。

「その人の娘なのか」そういえば、写真に出ていた伯爵の面影によく似ている。

欣吾はしばらくして満子と別れた。

礼子が、又丁寧に二人にお辞儀をした。

もしや、矢吹が来ているのではなかろうか。

瞬間、栄子はそう思ったが、馬鹿馬鹿しい妄想だと払い除けた。

（五二）

心配していた、父の負傷が案外軽かったので、栄子

も欣吾も安心して家に帰った。

汲子が一人大介の看病に残った。

栄子は、毎日学校に通いながら、矢吹の事を思いつづけた。

いつかの夜、店で買ってきた本を彼女はほとんど貪るように読みつづけた。

読んでいくうちに、彼女には朧げながら、社会思想のだいたいが摑み得た。そして、その一言一行が強い刺戟となって、彼女の魂に食い入った。

彼女はほとんど、若い生命と情熱の全部を傾け尽くして、その方向に突き進んでいった。

彼女は毎日、読書をした。

一日に、二〇枚も三〇枚も、ときには夜の明けるのも知らないで読み明かす事もあった。

そうした生活の中に、彼女はしばらく、桂治の事も、結婚問題の事も忘れていた。

それと共に、矢吹の魂に近づいて行く、深い自分の魂の悦びを感じていった。

彼女は瞬く間に、数冊の書物を読み破った。

父の大介が、ほどなく帰る頃になって、彼女は又も、桂治との結婚問題に悩まされていった。

その頃はもう、欣吾が休暇になっていた。

欣吾は休暇になってからも、いつまでも親許へ帰ることが出来なかった。

彼はほんど毎日、矢吹の下宿へ訪れた。

だが、矢吹はなかなか帰らなかった。

ある日曜日の午後、彼は昼食をすまして家を出た。

空が水のように晴れて、冬にめずらしい暖い日であった。

彼は毎日通い慣れた道を、同じような事を考えながら歩いた。

第一、矢吹に会ってどう言うか。それに対して、彼がどういう返事をするのか。

いくら相手を純一に思いつめているとは言え、一度断わられた相手の許に、再びこうして出掛けなければならない事を、単なる他人事の友人関係と違って、多津子を従妹として持つ欣吾の身にはつらかった。

「しかし、これも恋愛なればこそ」

欣吾は、相子を想うわが気に比べて、深い同情と理解の念に閉ざされながら、八丁近くある彼の下宿まで夢中で歩いた。

潜りなれた門を潜ろうとしたとき、彼はさすがに全身のこわばるのを感じた。

「矢吹君は御在宅でしょうか」

つい見慣れない一七、八の娘が出て来て、彼が今朝東京から帰った事を告げた。

「ぼく、坂本という者ですが、ちょっと、矢吹君にお目にかかりたいと申し伝えてください」

娘が引っ込むと、矢吹がすぐ階段を下りて来た。

欣吾は一目見て驚いた。

一月見ない内に、あまりに変わった彼の姿が、別人のような印象を彼に与えた。

「御病気なさったのですか」

欣吾は思わずたづねずにはおられなかった。

「いいえ」

矢吹は低いがいつに変わらない凛とした調子で彼に答えた。

いつも油気はないがきちんと掻きつけられた髪が乱れて、高い鼻筋の通った鼻が余計に高く、引き締った口元が更に強く引き締められて、黒い、端麗な眉の下に、深い落ちつきと力を宿した瞳が、思いなしか、疲労と憔悴にやつれているように見えた。

常には血色のいい生き生きした顔色が、蒼白と暗色を掻きまぜたような濁った色に澱んでいた。

「何か、悩みごとでもあるだろうか」

欣吾は何かしら心をひかれながら、彼の面を見つめた。そのとき、先日熊本で会った満子の事がふと彼の頭に浮かんで来た。

「榊原伯爵が負傷していたのだ」

彼はとっさにそう思った。

そのとき、矢吹が口を開いて、

「どうぞ、お上がりください」

彼は先に立って階段を上がった。

「先日、熊本で榊原さんにお目にかかりましたが、叔父さんが御負傷なさったようですが……」

欣吾は坐に着くと、柄にあわない挨拶をした。

「はあ、ありがとうございます。お蔭様でずっとよくなりました」

矢吹は先日満子から聞かされた事を思った。

「とてもお元気な、きびきびした方でいらっしゃいましたわ。お連れの女学生の方は、おきれいな明るい感じの一目で南国の女性だということが分かるような、明知と情熱に溢れた美しいお顔をしていらっしした方ですわ」

矢吹はそれが栄子ではないかと思った。

しかしなんのために栄子が熊本に来たのであろう。

彼のこうした疑いは、翌日栄子の父が伯爵の病室を訪れたときに解けた。

矢吹は改めて挨拶をした。

「親戚といっても、ごく遠いのですが、ちいさいときから、小学時代、中学時代を通じて親しく往来して育ったものですから」

欣吾は矢吹の挨拶に答えながら、それとなく、矢吹が知ろうとしている栄子の噂にまで入っていった。

矢吹は、じっと目を伏せながら、激しい感情の動揺を圧し隠すように、両手を握った。

欣吾はいつまでも、多津子の問題に触れないわけにゆかなかった。

彼は思い切って口を切った。

「矢吹君！」

その声があまりに鋭く突飛だったので矢吹は驚いて瞳を上げた。

「ぼく、今日はお願いがあって上がったのですが」

「何事であろう？」

矢吹は不審に面を審《いぶ》かした。

（五三）

欣吾は、さすがに後が出なかった。

余程の固い決心と、覚悟をもって当たっているが、今矢吹を前にすると、彼の心はさすがに怯んだ。

故知らない羞恥、屈辱——一度断わられた者へ対して、更に押しつけた、厚かましい愛の強請。そう思うと彼の魂は消え入りたいように思った。

今も、彼は又気を取り直した。

「多津子のために。ただ、彼女の矢吹に対する純情のために」

常には強い女が、恋のためには、いやただ彼の前にのみ、かくも弱く脆く一切の誇りとわれを投げ捨てて顧みないのみか、更に、彼のためには、いかなる辛苦をも厭うまじとする覚悟の中に、彼は、いかなる虚栄と自我の女の中にも一様に見られる、底深い女性の性格の中を流れる純情というものに触れたように思った。

彼は力を出して矢吹に話した。

「御存じかも知れませんが、ぼくと井澤多津子とは従妹になります。そうした関係でぼくをたよって来たのだろうと思いますが……」

彼は一様、多津子に聞かされた事を話すと、

「とにかく、本人としては、あなたに一様会わしてくれよというが、たっての願いなんです。ぼくとしても、そうした事が、お互いによい結果を招くかどうかを憂えたのですが、とにかく本人としては、あらゆる屈辱と不真面目を犯しても、なお一様あなたにお目にかかって、あなた自身の口から判然《はっきり》したお返事に接したいと希っているらしいです」

矢吹は深く俯いたまま、一語をも発しない。

欣吾はなおも語りつづけた。

「御存じの通り、我儘と虚栄の強い女で、ときどき会っても嘔吐を催すような取り柄のない女でしたが、しかしあなたに会って彼女の心は、急に尊い愛と心霊の世界に目覚めたようです。今まで貴いと思っていた物質と名門の世界、そこに驕り昂《たか》ぶっていた自我と驕慢、そうした殻をようやく脱しようとして、踠《もが》き苦しんでいる彼女の近頃をぼくは判然《はっきり》と観察する事が出来ます。

そして、そうした激しい心の変化が何に依って起こされ、自分は何に頼って今後の自分の魂の成長を導かれて行くべきか。その尊い魂の鍵がただあなたに対する彼女の愛情によって見出され、あなたから報いられる彼女への愛情に依って保たれることを彼女自身判然《はっきり》知ったとき、彼女の魂の死活がかけられているあなたの一言を、せめて、あなた自身の口を通して判然《はっきり》聞かせていただきたいというのが、彼女の持つ果敢《はか》ない希望らしいです」

矢吹はなおも動かず、俯いたままである。

欣吾はようやく口を噤んだ。

苦悩と憔悴。暗澹と絶望。苦難・困憊・迷路・苦痛・悲嘆、あらゆる感情がこんがらがった、苦悩の絶頂が彼の全身を激しく痙攣させた。

矢吹は前に人さえおらなければ、くずおれたい気持をじっと堪えて、苦痛の瞳をじっと上げた。

「お会い致しましょう。お願いしなければならないこともあります」

（五四）

「相子、美しい夕焼だね」

ベランダの上で、桂治は、紅色に染んだ西の空を仰ぎながら、感慨深い瞳を相子に向けた。

「きれいですこと。まるで乙女の恋のようですわ」

「乙女の恋、ハ、、よく言ったね。乙女はあんな恋をするだろうか」

「しますわ、ほんとの乙女だったら」

「相子は恋をしたことがあるの」

「あら、なんでそんなことをお尋ねになるの」

「ただちょっと聞いてみただけ、参考に」

「なんの参考に？」

「恋をすると人間は、人生の無常と哀れが解ってくるらしい」

「お兄様、どなたか恋していらっしゃるの」

「相子！」

桂治はこのとき、傷み深い感慨の眼を落とすと、

「栄子さんは、この頃ちょっともいらっしゃらない

な」

「学校へは、毎日お元気に出ていられます」

「もうじき卒業だね」

「卒業したら、すぐお嫁にいらっしゃるでしょうか」

「上級学校へは進まないの」

「お父様がお許しにならないように言っていましたわ」

「やはり軍人を、世継ぎに貰うだろうか」

「お嫁にいらっしゃるように言っていられましたわ、養子はお父様が可哀想だから勘弁してくださるんですって」

「なかなか理《こと》の解ったお父さんだね」

「でも、栄子さんに言わせると、ちょっとも理の解らないお父様ですわ」

「上級学校へ進ませてくれないからだろう」

「社会主義と俳優《やくしゃ》が、死ぬ程嫌いですって」

桂治はそれ以上、言葉をつづけなかった。

彼はいつまでも西の空を眺めたまま感慨深い思いに耽った。

「お兄様！」

黙って振り向いた桂治の瞳が微かに潤んでいるように相子には思えた。

「お兄様！　栄子さんがお好きでいらっしゃるの」

「相子！」

桂治は深く頷《うなず》いた。

そのとき、相子の頬を溢れ落ちるように涙が伝った。

（五五）

相子はどう答えていいのか解らなかった。

彼女は昨日栄子に会ったのである。

そのとき、栄子から聞かされた愛の秘密！　彼女はそれを桂治に話さなければならない破目になったのである。

「お兄様！」

溢れ落ちようとする涙を拭おうともせず、彼女は兄の名を呼んだ。

「栄子さんにはもう恋愛がおありなさるのですわ」

桂治ははっとして、相子の面を見つめた。

「相子！　本当か」

いつになく彼の声が震えを帯びた。

「ええ。相手の方のお名前は存じませんけれど、高等学校の学生のようにお聞きしました」

桂治の顔が蒼白に変わった。

彼はいつまでも俯いたまま、動かなかった。

やがて、静かに面を上げると、

「相子、栄子さんの愛人が誰であるのか知らないの」

「存じませんわ、お名前を聞かせてくださらないから。でも、その恋愛が、父母にも運命にも呪われたものだということを言っておられました」

桂治は黙って深くうなだれた。

その瞳を、いつしか苦い苦い涙が溢れ出した。

父母にも運命にも呪われた恋愛というのはなんであろう。

桂治は書斎に帰ってから、打ちのめされたような体を仰けに倒すと、

「伸や、伸や」

女中の名を呼んだ。

「ビールを一本おくれ」

「はあ?」

女中はいぶかしげに、仰けに倒れたまま両袖で顔を覆うように腕を組んでいる桂治の姿を眺めた。

「ここへ持ってまいるのでございますか」

「はあ、そうしておくれ」

彼はその夜したたか酔ったまま、家を出た。

どこをどう歩いているのか自分でも気付かずにいる間に、彼はいつしか欣吾の下宿の前へ出ていた。

中は寂然《しん》として人声もなく、道路に面した彼の書斎である二階は燈が消えて真暗であった。

「もう寝たのか」

まだ寝る時間には早かった。

「もしや外出したのであろうか」

彼はしばらく立ち止まって考えていたが、思い返し

たように踵を返した。

その夜彼はどこをどう歩いていたのか、自分でも分らなかった。

蒼白の顔をして十二時近く帰ったとき、相子の部屋にはまだ燈が赤く点いていた。

「相さん、起きているの」

「ええ」

彼は相子の部屋に入るなり仰向けに寝転んだ。

何も言わないで眼を閉じている桂治の姿を眺めながら、相子は出すべき言葉もなかった。

二人は黙ったまま、夜更けの寒い室の中に時を過ごした。

「相さん！」

ようやく桂治が言葉を出した。

「失恋って、苦しいものだね！」

相子の瞳を溢れるように涙が伝った。

（五六）

父の帰宅を前に控えて、栄子の心はもつれにもつれた。

彼女はようやくその一端を、相子に打ち明けて悩みを軽くしたが、まだこの上父に対する返事に窮した。

彼女が相子にその悩みを打ち明けたのは、桂治に対する自分の立場を、せめて相子を通してなりと知ってもらいたいという願いと、今一つは、どこにもやりどころのない自分の苦痛を、せめて相子にでも打ち明けて、心の力と慰めを与えてほしかったからであった。

しかし、桂治の自分に対する気持を知っている以上、たとえそれが相子自身ちょっとも気付いていない事であるにせよ、栄子の心は暗かった。

彼女は欣吾の許へ相談に行こうかと、幾度か決心しながらためらった。

栄子は、最初二回も彼の下宿を訪れたが、留守のため会えなかったばかりか、その後父の負傷地である熊本からの帰り、汽車の中で欣吾に尋ねられたときもうっかり言いそびれてしまったのである。

そうした中に、彼女は次第に欣吾に相談しようという一途な気持から遠ざかって行った。

「欣吾に相談したってどうなるだろう」

結局は父に相談してもらうか、桂治に話してもらうか、外に道がないではないか。

いくら父に相談したって、矢吹に対する自分の気持を、彼との結婚をどうして父が聞いてくれよう。欣吾自身でさえ賛成してくれないかも知れない。だったらそれは駄目である。

桂治に話すと言ったって何を話そう。栄子には他に恋人がある。だからそのつもりで栄子に対する気持を諦めて貰いたい。

欣吾がそれとなくそういう外に道がないではないか。だったら欣吾をわざわざ使わなくっても、それだけの事は自分で出来る。

相子を通して幾分でも自分の愛を告白することに依って、桂治に通じるであろうそれだけの事に、わざわざ欣吾を通してまで、今まで親密な師弟の間を少しでも気拙い感情に距《へだ》てる事があってはならない。

栄子は色々考えあぐんだ後、思い切って相子に自分の気持を打ち明けたのである。

彼女が矢吹とはっきり指名しなかったのは、まだかつて一度も彼から愛の言葉を聞かされていないのみか、そうしたことを軽々に口にする事に依って彼の被らなければならない迷惑があってはと思ったからである。

栄子は相子に告白して幾分心の負担を軽うしたものの、更にこれから大介を相手にしなければならない自分の行動に思い迷ったのである。

たとえ自分が承知しても、もうすでに自分の恋愛を知っている桂治が、父親からの申し出を受け入れる道理もないが、それを知りながら単なる父親への申し訳にのみ桂治との結婚を承諾するというのは、自分の桂治に対する気持が許さないし、第二には、桂治への冒瀆のみでなく父親の大介へ対してもすまないと思った。

母の汲子が欣吾の口を通して自分に対する桂治の愛

を知っているから、十分成功の可能性があると信じて父親を説き伏せている手前、もしもそれで断わられるようなことがあったとき、一徹頑固な父親の不面目より、更にそうした立場に夫を置かしたという我儘な大介の叱責にあわなければならない母親の立場を気の毒に思った。

しかし、栄子にはもう、桂治との結婚問題を断わる、いかなる方便も方法も見出すことが出来なかったのである。

「結婚が早い。桂治を愛することが出来ない」

そうした理由で娘の主張を通してくれるような大介ではなかったからである。

（五七）

翌日から栄子の学校が休みになる。

その夜栄子はまんじりともしないで考えあかした結果、遂に固い決心をして朝早く家を出た。

いつもより一時間余り早く家を出たので、学校に着いたのはまだ七時前だった。

誰もいない教室の中にただ一人、彼女はなおも深く考え沈んで行くのであった。

今日の時を逸してはもう永久に相子に相談する機会はない。

学校が休みになればお互いにもう相会う機会もながらくないだろう。たとえいかに自分が困ったとはいえ、桂治に対してああした態度を明らかにした以上、自分としては桂治の立場を考えて相子の家に出入することは出来ない。ことに矢吹との結婚問題に悩んでいるなどと、どうして相談に行けよう。ただ、今日、相子の友情に頼って相談すれば、なんとか力になってくれよう。すまない事だが、言い難い事だが、思い切って相談しよう。自分にはもうそれ以外に道がない。

栄子はここまで考え詰めると、急いで鉛筆で次のように認《したた》めた。

「相子様、是非御相談したいことがございますので、なにとぞ放課後お待ちくださいませ」

彼女はそれを相子の机に入れた。

「栄子さん、お早いのね」

そのとき、彼女と小学時代から一緒の和子が、寒さに赤くほてった頬を、手袋の手でおさえながら入って来た。

外は、ひどく霜柱が立って、冬とは言え蒼く澄み渡った南国の空に一点の雲影もなかった。

「いいお天気ね」

眩しいように朝日に反射する硝子戸を眺めながら、栄子は憂鬱な自分の心を思った。

「とっても外は寒いのよ。風があるわ」

そういえば、いつの間に風が出たのか窓近く植えられた桜の木立がからからと鳴った。

「ひどい風ね、私が来た時はそんなでもなかったのよ——」

「南国は暖いけれど、冬の風が烈《きつ》いのね」

栄子はこの前、相子の言った言葉を思い出した。

「相子さんまだ？」

「ええ」

「一緒に出て行かない？」

「風があるのに」

「お花畑の中だったら風がないわ、それにお日様があたってくれてポカポカよ」

栄子は和子と共に外に出た。校門を入って来る生徒の数がにわかに増して、元気な下級生が熱心にバレーボールをやっていた。

冬枯れてにわかに淋しくなった花畑に、わずかに時候を賑わすように菊と水仙のみが咲き誇っていた。

白い山茶花の花の咲き乱れた木の根本に立つと、周囲にめぐらした高い塀との間に風を囲って、春のように暖かであった。

降り注ぐ、一二月の太陽をまともにうけながら、栄子は今日相子に会うときの事を考えていた。

「栄子さん、何を考えているの」

和子はいつになく黙っている栄子の面を眺めながら、

「この頃、あなたはすっかり変わっちゃったのね」

（五八）

栄子は淋しく微笑したのみであった。

二月前まで、クラスの人気者として、その才気の煥発と美貌の明朗さをうたわれた栄子が、この頃妙に沈みがちであるのみか、ときどき学校を休んだりすぐれない顔色をしているのが、ちいさいときから栄子の性格と健康さを知っている和子にとっては不思議であった。

「何かわけがあるのだろう」

和子は明るい方に話題を転じた。

「栄子さん、あなた今年の高等学校の運動会へ行ったの」

「ええ行ったわ」

「欣吾さんの作った戯画（スポーツ狂時代）が、とっても人気を得ていたのね」

和子は欣吾と幼な友だちである。

「そう」

栄子は物憂い返事をした。

「それと、矢吹さんのダンスが傑作だったわ」

栄子ははっとして、面を上げた。

「あなた、御覧になったの。矢吹さんの古典ダンスを」

「ええ」栄子は微かに頷いた。

「とってもお上手ね。まるで女の方のようだわ、本式の舞踊家の域に達しているわ。宅《うち》の父なんかもとっても賞めていたわ、芸術の域へ達しているって」

今を時めく野間氏がまだ若い頃、共に〇〇座を背負って立ったという舞踊家の父を持つ和子は、その日矢吹の舞踊に魅せられた観衆の一人であった。

栄子は黙って友の言葉に耳を傾けた。

「あのダンスで、随分矢吹さん崇拝者が増えたのよ。

――

でも主義と芸術は一致しません、って。

あの方にとって芸術は芸術のための芸術でなくって、主義貫徹のための単なる方便になっていますわ」

栄子にはその言葉の意味が解らなかった。

「主義貫徹のための単なる方便」それがいったいどうした意味の事であるのか、彼女は聞こうとして心が咎めて聞かれなかった。

その日相子とともに門を出たのは四時過ぎであった。栄子は父母のいない自分の家に相子を誘って来て貰うことにした。

冬の四時過ぎといえばもう街路に電燈がついていた。相子は途中郵便局に立寄って、家に電話をかけておいた。

栄子はほとんど黙って道を歩いた。

「栄子さん」

突然相子が声をかけた。

「あなた、私に何か遠慮なさっていらっしゃるじゃないの」

栄子ははっとして面を上げた。心の奥底までも見抜かれたような羞恥に顔のほてるのを覚えた。

「つまらない事を御心配なさらないで、何でもおっしゃってくださいな。出来るだけお力になりますわ」

しんみりした中にも力強い相子の言葉であった。

栄子は感謝に瞳の潤むのを覚えた。

「お願い致しますわ」

そう言った栄子の声が涙にふるえていた。

二人は黙ったままいつまでも歩いた。

（五九）

「では何もかもお話しいたしますわ！」

栄子は苦しい躊躇の中にすべてを語った。

相子はいつまでも俯いた面を上げようとしなかった。

彼女の心には、桂治に対する栄子の遠慮なんか問題でなかった。

ただ余りに思いがけない深淵、恐ろしい人生の岐路に立っている友の運命を前にして、彼女の心はおそれにおののいた。

「栄子さん！」

相子は思い切って口を切った。

「あなた、心からマルクス主義を信じることが出来ますの？　それとも矢吹さんに対する愛の気持からそうした世界をのぞかれたのですか」

栄子は黙ったまま答えなかった。

「あなた自身の魂にお聞きなさったのですか、栄子さん！」

相子の瞳は情熱に震えた。

「私は、あなたが、あなた御自身の道をお歩きになるのだったらおとめしません。それは又、とめても詮ないことです。でもあなたが、あなた御自身の意志からでなく、単なる愛人への愛を通してそうした道をお選びになるとき、あなたの生涯は誤られるではないでしょうか。栄子さん！　真理は深い奥にもなお深いものだと私は思っています。結局は、人生を救うものが芸術であり、芸術はその究極に於いて宗教と一致するものであると信じている私にとって、現在のマルクス主義が余りにも皮相に、余りにも時代的に考えられます。

一時代過ぎ去ったとき、それは単なる常識として人びとの頭に残される以外に、何の深い根底も持たないのが、現在の人びとを狂騒させているマルクス主義ではないでしょうか。

たとえそれは、一階段常識を高める意味に役立っても、人間の深い性情、深い意味に於ける人格的修練、道徳的完成へは何らの、否わずかの役立にしかならないのが、マルクスその人の口を通して説かれてある経済常識ではないでしょうか。

私はマルクスの書物を読んでいません。だからマルクスという人を知りません。

けれども、人間は生まれて来た以上、誰でも生きて行く恩恵《めぐみ》と義務を自然から賦与されているように思います。

朝に啀《いが》み、夕に奪う、原始と畜生の世界だったらいざ知らず、少くとも人間がここまで進化してきた以上、そうした常識に目覚められないことはありません。それが目覚められないがために、飢える人びとがいる同じ世の中に、一方に栄耀に飽くない生活者もいる。

『人生は不公平だ。ブルジョアーは怪しからん。闘い取れ！　正当なる権利を主張せよ!!』

そうおっしゃるのは無理からぬことです。

しかし、冬寒い場末のカフェーに楽師を志望して歎願したトルコの王子が、その数年前まで、路傍に食を乞う憐れなる病人の生活を思い巡らしたことがあるでしょうか。

現在栄耀をする者の祖先が、無一物から志を起こして、食わず、飲まず、娶らず、守銭奴の悪鬼と化し果てて蓄財した悲惨な生涯を知っていると共に、現在飢えている者の前半生が、血も涙もない利己の権化であった事をも知っている私です。

飢えては栄華者を羨み、驕っては貧者を考えることの出来ないのが人間なら、その道徳的自覚を人間はいったいどこに求めたらいいのか」


（六〇）


「貧者の主張、富者の貪婪、その中に立って、政治的野心と人間的事業欲に生きんとするイヽヽカモノ主義者――それはたとえ無意識的であれ、意識的であれ、本当に美しい純情と愛の気持からではなくして、自己の生道《いきみち》を他に見出し得ない人びとが、自己の事業欲の排《は》け口としてマルクス主義を信奉しているような人びと――勿論こうした種類の者ばかりではないが――の中に人類は果たして、永久に物質のバランスと安定を保ち得るだろうか。

『他人に同情のある者は生まれながらにしてある。人は智識と真理の悦びの中に生きるとき、物質の栄華と誘惑から脱し得る』

究極はこの二つの中にのみ、永久の物質の安定と、そこに醸される醜い争闘から脱し得るのではなかろうか。

愛に達する人格の修練！

限りない知識の中に生きんとする人間の高き生活!!

愛（道徳）と事業（知識欲）その中に人間の最後《ほんとう》の生活は見出される。それに向かって人間は生涯を、否、幾代幾世をも永久に努力しつづけてゆくのが、本当の生活ではなかろうか」

相子はおぼろげながら感じている。自分の人生に対する気持を披瀝した。

彼女自身の眼から見ると、余りにも皮相的に、余りにも簡単に、人生を、否、人間を考えているように思われる、こうした時代の闘者。そして、自身悲壮なる犠牲者であると共に、時には世をも人をも、より以上の不幸と悲惨に陥れかねない、狭く誤られた思想の実行に走らんとする、栄子の上を思い患った。

しかし、栄子の矢吹に対する愛は固かった。彼の愛を通して、まっしぐらに覗き見た、マルクス主義への情熱・無産と有産に対する、不公平に対する叛逆・飢えたる者・貧しき者・虐げられたる者へ対する若やかな純情が、彼女の身内に火と燃えた。

相子は恋と思想の情炎の中をまっしぐらに歩もうとする友の魂を、どうする事もできなかった。

「ただ一人の偉《すぐ》れた政治家さえ出れば、すべては解決することだ」

世に偉れた政治家が出て、その大いなる愛と人格のもとに施政する五〇年の事業以上に、果たして彼らによってなされた事業に、どれだけの永遠さがあり、どれだけの成果があろう。まして、そこには悲劇があり、争闘がある。あらゆる民衆の秩序安寧を犯してまでも、主義のためには方便を選ばず、個人の幸福と自由を蹂躙してまでも、なお、彼らの求めようとする世界が、果たして人類を永久に幸福にしてくれる理想郷とでも思っているだろうか。

それはただ、主義としてのみ、常識を高める一学問、道徳的論理としてのみ受け入れられる。人間の生命を無視した血腥さき争闘や国家を無視するが如き暴逆は許されない。

現在の如き個人の自覚程度の低い社会に於いては、即ち人格の未完成なる社会に、国家を無視する事は、国家を滅亡させ、人民を亡国と奴隷の悲境に泣かすだけのことである。

人はまず、こうした実行に走るよりも、一人のよき政治家を政壇に送り、そしてこの道徳的施政を執らしめると共に、更にその人自ら起って、人間をそうした常識と道徳に導き自覚さす事に努力しなければならない。

単なる権利義務観や、闘い奪った一時の生活のバランスに、何の永遠性と確実性があろう。

愛に対する人格の修練。

高き知識生活への探究。

その調和とその悦びの中に、個人の生命が目覚めるとき、全《すべ》ての解決されるときが来るのである。

相子は、自分自身説明することの出来ないような深い思想に沈没して、微かながら自分の前途に明るみを見出してはいるものの、その一端をも十分説明することが出来なかったのである。

（六一）

栄子はその日、大きい絶望と苦悩の中に一夜を明かした。

ただ一人の、力にしていた相子が、余りに自分とかけ離れた人生の道を歩もうとしているのが淋しかった。

しかし、親しみ始めてから一年、その間、かつて一度もそうしたことを口にしたことのなかった相子が、たとえ自分と人生の道を異にしているとはいえ、かくも深い芸術への道に突き進んでいる事をたのもしく思った。

栄子は翌日、蒼白と緊張の中に、じっと自分を見つめているような深い相子の魂を感じた。

彼女はその夜、相子に宛てて手紙を書いた。

「相子さん、いろいろ御心配していただいてすみません。でも、私自身私の気持を今更翻すことの絶対不可能な事を知っています。限られた時代の闘者としてでも、私は私の道を勇敢に歩んで行きます。

あなたの尊い芸術への道を祝福すると共に、自分に与えられた運命と信仰の中に殉ずる覚悟でおります。

信ずる者にのみ、与えられた強さの中に生涯を貫いてまいります」

相子は栄子の手紙を見たとき、しばらく茫然として苦難な彼女の将来を思いやった。

桂治はその後栄子のことについては何も口にしなかった。

彼は学校から帰ると書斎の中に閉じ籠ったまま、ほとんど外に出なかった。

ときどき食事の時間などに話すことがあっても、なるだけ彼女に関する話題からは遠ざかるようにした。

相子は目に見えて、桂治が衰弱してきたように思った。

例年ならもう正月の準備に忙しい年の暮れであるのに、父の敬三が職を引いてから訪れるものもない東條の家には、母が女中を相手に門飾りから屠蘇の用意を一通りすますと、後は静かな常に変わらない日が過ぎて行った。

来る年々の送り迎えを、余りに目まぐるしい忙しさの中に過ごし慣れた桂子には、この初めての正月がむしろ寂寥を感ずる程の静かさであった。

「相子、この頃ちょっとも栄子さんはいらっしゃらないのね、お正月こそはお連れしていらっしゃいな」

何も知らない桂子は、桂治の前でも平気で栄子の噂をした。

相子はそんなとき、傍にいる桂治の気持を慮って、有耶無耶《うやむや》の返事の中になるたけそうした話題を切り上げることにした。

毎年早咲の庭の紅梅が今年も開いて、日当たりのよい南向きの縁側近くに新しい匂を放っていた。

敬三は毎日縁側に座布団を持ち出すと、不自由な身体《からだ》を柱に凭せながら、禅書や論語に読みふけった。ときどきは相子を呼んで、「徒然草」、「平家物語」、「十六夜日記」、「太平記」、「古今」、「万葉」の類まで声を出して読ませた。ポカポカと暖い日射しを浴びながら、幸福そうに聞き入る彼の姿は、現世の希望を中途にして失った廃人というよりは、むしろ劇しい世俗の争闘から解放されて、魂の安住を老後に見出し得た安らかさがあった。

「相子、古文学はいいだろう。余り思想ものにのみに没頭しないで、たまにはこういうものも読んでごらん」

相子には父がいつの間に自分の読書範囲を知っているのか不思議であった。

極端に子煩悩な父は、その教育の上には絶対の自由と放任を主張しながら、忙しい生活の合間々々にも常に子どもの情操と愛の教育方面には注意を払ってきた程である、それが職を辞して、暇な時間の中に自己修養の生活を取り返した今、子どもの生活位見つめているのは当然のようにも思えた。

(六二)

相子はその夜遅く、桂治に呼ばれて、彼の書斎の中に入っていった。

「相子か」

桂治は机に凭れて何か考えていた様子であったが、彼女を見ると、

「そこへお坐り」

赤い炭火のおこった火鉢を距てて、机の横に敷かれた座蒲団をあごで示した。

彼は両腕を固く組んだまま、しばらく考え沈んでいるように無言で一点を見つめていたが、

「相子、この頃栄子さんにお会いしたのかい」

「ええ、一度だけ」

「いつ?」

「学校が休みになる日に」

「そのとき、栄子さんは何も言っていなかったのかい」

「言っていました」

「どんなことを」

相子は栄子に会った日から、話そう話そうと思っていて桂治に話す機会を見出せないでいた、栄子からの話を全部語った。

「やはり矢吹君だったのかい、栄子さんの愛人は」

桂治はかつて栄子を送って彼女の家まで行った夜の事を思い出した。そのとき途中で矢吹に会って、偶然彼から自動車を譲ってもらったとき、まさか彼を二月後には栄子の愛人として見出さなければならない事を想像し得ただろうか、あのときは自分は若やかな幸福の絶頂にあった。栄子一人を得たことによって、全世界を征服したような満たされた幸福と欠けることの無い愉悦の中にひたり切っていた。

世の中に自分程幸福な者があり、瞬間人生は歓喜の源《いずみ》のように思ったのもあの夜のことであった。

しかし、すべては自分の独りよがりの喜びであり、相手の心を考えない独りよがりな得意さであった。

いったい自分は何を根底にして、こうまで彼女に対する愛に安心した悦びを感じていただろう。まだ一度の愛の言葉をさえ交わしたことのない彼女の心を摑み得たと信じていただろう。栄子に対する自分の心が絶対的であるように彼女の自分に対する愛が絶対的なものなどということを無意識の中にも信じて疑わなかったということは何という頓馬な事であっただろう。

すべては自分の不明、不徳。

たとえお互いの間がどれだけ自然な感情の中に結ばれていっている事を感じていたとはいえ、たとえ自分の栄子に対する愛がそうした疑いの寸隙を入れるに許さない程深い濃やかなものであったにせよ、そこに一抹の思慮と理性さえ働いていたら、そこに一点の疑いと不安とさえ残していたら、かくも大きい絶望と悲しみの中に沈まないですんだだろう。

しかしそれにしても、栄子と矢吹との交際が果たしていつから始まったものであろう。二人の家には何か親しい関係でもあるのか、それとも欣吾を通して親しく合い知ったのであろうか。

いつかの夜、栄子を送る途中に会ったときの二人の会釈にはさして親しい感じも見出せなかった。だったら交際はそれ以後のことであろうか。

もしや！

彼はいつか栄子の起こした掛軸問題のことを思い出

した。

もしかしたらそうした事件が二人を結びつける動機となったのかも知れない。

桂治は一人心の中に思いを馳せながら、ここ数日、激しい苦悶と絶望の中に戦いつづけて、ようやく起き上がろうとする僅かばかりの力を感じながら、更に今後を暗澹とした生活と悲哀の中に戦い続けてゆかなければならない自分と、万一そうではないかと考えていた不幸？　不幸な運命を栄子の上に見出さなければならないことの悲しみに心を閉ざした。

しかし、信ずる者の強さと安心の中に、一意理想に向かって邁進しようとする教え子と、そこに向かって、敢然、家を捨て父母を捨ててまで走ろうとする恋人のために、せめては生涯変わらない愛の祝福を祈らずにはいられなかった。

（六三）

空は一面時雨模様に曇って、滲み入るような寒さが栄子の全身を硬ばらした。

彼女は昨夜から一睡もしないで読みあかした書物から眼を放すと、机の上の置時計を見た。

「八時」短い針が八の字の所を指すと、長い針が真っすぐに上を向いている。

「もう朝食の用意は出来たのか知ら」

彼女は火の気のない室の中から硝子越しに外を眺めた。

空は一面灰色に曇って、今にも時雨が降り出しそうである。

彼女はほとんど三日も寝ずに読みつづけた書物を、漸《ようや》く読み上げた安心と疲れの中に、更に襲うような寒さを感じた。

「お嬢様、お食事でございます」

そのとき竹やが十能に炭火を盛って入って来た。

栄子は朝食をすますと、再び自分の書斎に入った。

机の上には、今読み終わった書物の外に、まだ数冊の社会問題に関する書籍が載せられてあった。

彼女は、その一冊一冊を手にとって、一様パラパラと頁を繰ると、赤くアンダーラインを引いた個所々々を熱心に読み返していたが、やがてそれをひとまとめにして風呂敷に包んだ。

母の汲子が二、三日の内に、父の大介を伴って帰宅するので、彼女はその間にこの本の始末をつけなければならなかった。

始末と言っても別に持って行く先もないので古本屋の手にでも渡そうか、彼女はそう思って日の暮れるのを待った。昼間大ぴらに来る本屋の門を潜って本を買ってくれということは、社会問題の書籍を十数冊読み破った今の彼女にも出来なかった。

「これを買ってくださ――」――「これをとってください」

どう言って持って行こうか。

余りにブルジョア的な自己の生活態度を恥じながらも、栄子は色々考えずにはいられなかった。

その日昼過ぎ相子が訪ねて来た。

栄子はなんだか生き返ったような悦びを感じた。相子の訪れは勿論栄子に関することであった。

「兄にも詳しく話しましたの」

相子は来るなりただちに栄子に関する問題に移った。

「栄子さんのお父さんに、そんなに迄お見込みにあずかって、光栄の至りだって、感謝していましたよ」

相子は真面目とも冗談ともつかず笑った。

栄子は深くうなだれた。

「でも、幾らお父様にお気に入っていただいても、栄子さんに愛人のありなさる以上、勿論お断わりするまでだ。しかしそれまでに、栄子さん自身の手で破談出来る事だったら、自分に関するいかなる方便を使ってもらっても差し支えない。――」

相子は桂治の言づけを栄子に伝えた。

自分に関するいかなる方便を使ってもらっても差し支えないというのは、桂治の許に申し込んで来て後に縁談を断わるよりも、その前に、栄子自身の手で塞《せ》き止めるのが、先方の感情も傷めないですむし、向こうに対する礼だという桂治の心遣《こころや》りからであった。そのためには桂治に許婚者があるとしてもよいし、急に結婚問題が持ち上がったと言ってもよいし、その他いかなる事情と方便を使って貰ってもよいというのである。

「ありがとうございます」

栄子はさすがに涙ぐんだ。

相子はその他にも色々詳しく話し合って家を辞した。

彼女が、途中まで送って来た栄子と別れて、ちいさい横町から本道に出ようとしたとき、ふと向こうからやって来る矢吹を認めた。緊張した足どりで何か深く思い決しているらしく、まっすぐに正面を向いて歩む彼の視界には相子は入らなかったらしい。

一間と離れない道の両側を二人は黙ってすれちがった。

（六四）

欣吾は矢吹を二階に通すと、そのまま友人の宅に出かけて行った。

多津子はいつになく、地味な黒地の縦縞の袷に、おとなしい紺色の花模様の羽織を着て、机の前に坐っていた。

二人は簡単に久し振りの挨拶をすますと、いつまで経っても口が利けなかった。

矢吹は一目見て、余りに変わった多津子の姿に驚かされずにはいられなかった。常には暑苦しくウェーブのかかった髪の毛が、無難作に真ん中から割られて後ろで束ねられているのみか、顔には紅や眉墨の跡が断たれて、ただうっすらとした化粧の跡がうかがわれた。着物も羽織も黒っぽい地味ずくめの中に、清らかな羽二重の白衿が重ねられているところは、平生の多津子の生活からは想像も出来ない姿であると共に、今まで思いも及ばなかった、若々しい初々しい、清純な処女《おとめ》らしさを表しているからであった。

「この人にも、こうした清らかな一面もあったのか」

矢吹はさすがに驚かされながら、絢爛な華美な服装の中よりも更に地味な落ちついた着物の中に、若返る不思議な女性の美を見出しながら、先日欣吾の言った一言一言を胸に浮かべていった。

二人は黙ったままいつまでも向かい合った。

やがて多津子の方から先に口を開いた。

「わがままな事を申し上げてすみません」

「いいや」

矢吹は全部まで言わせなかった。

「坂本君からお聞きいたしました、御真情は万々感謝いたします。

しかし、御存じかどうかは存じませんが、特殊の道を歩んで、特殊の事業《しごと》を持つぼくには結婚というものが許されないのです。万一結婚するとして、それはぼくと同一の人生の道を歩んでくれ、同一軌道に働いてくれる女性でなければならないのは勿論のことですが、しかし、ぼく自身、結婚はぼくの仕事を防げても決して、援けてくれる方便とはならないことを知っています。

だからぼくの持論として、結婚は社会運動家に不必要なものだと信じています。

ぼくは勿論あなただけでなく、外のいかなる女性とも結婚しない覚悟でいます。

生涯ぼくは独身を押し通すでしょう。

多分、ぼくの生命――理想と事業――がこの地上に存在する限り。――

どうかあしからず御了解ください。ぼくは決して他のいかなる女性とも結婚しません」

矢吹はつよく言い切った。

多津子は黙ったまま一語をも答えなかった。

やがて、固く噛みしめた彼女の唇から嗚咽が洩れた。

彼女はそれを噛み殺そうとして更に強く唇を噛んだ。

彼女の唇に微かに血潮さえにじんだ。

矢吹は黙って俯いたままいつまでも動かなかった。

やがて彼は面を上げた。

「井澤さん、ぼく、お願いがございますが。――」

多津子は濡れた瞳を上げた。

（六五）

「お恥ずかしいお話ですが、社会運動をしていてなお絶ち切れない肉親の恩愛に絡んで、恥を忍んであなたにお願いするのです。卑怯な奴だとお蔑みでしょうが、これが人間的な世俗的な自分の行為の最後だとして、――」

矢吹は言わんとして余りに苦しい自分の心境を言い得ずして声を呑んだ。

多津子はすべてを了解した。

「おっしゃらないでくださいませ。承知いたしました。本当に人類に対して愛を感ずる人だったら、肉親に対する愛も又深かろうと存じます」

多津子は溢れ落ちる涙をはじめて袖でおさえた。

彼女は俯いたまま微かな嗚咽をなおもつづけた。

そのとき、故知らない涙が矢吹の瞳に惨んだ。

「本当に人類に対する愛が深ければ、更に肉親に対する愛も深い――」

今まで、慚愧と羞恥と卑屈と侮蔑と、あらゆる自己嫌悪と痛苦の感情に閉ざされていた心が、一道の光明を見出したように感じられたのである。

矢吹は無言の中にじっと多津子の面を見つめた。

今までどの同志からも聞いたことのなかった、更にいかなる書物からも読んだことのなかったこの言葉を、余りに思いがけない多津子の口から聞かされたことを、そしてその言葉によって自分の暗黒と苦痛がかくも軽くされたことを、矢吹はむしろ自分ながら不思議な程に感ずるのであった。

多津子はようやく半巾《ハンカチ》を出して面を拭うと、

「矢吹さん、あなたは私に対して御遠慮なさっていらっしゃるのではございませんか。勿論そのようなことはございませんでしょうけれど、あなた御自身のお口から判然《はっきり》こうして宣告をいただきました以上、たとえその理由がいかなるものでございましょうとも、私はきっぱり断念《あきら》めます。

どうぞ今後、あなた御自身の道を自由に、勇敢に、御幸福にお歩みくださいませ。

あなたの御幸福な御結婚を祝福すると共に、将来少しでもお力になる事でもございましたらおっしゃってくださいませ」

多津子はようやく平静と強さを取り返してきた。たとえいかなる苦悩に出会おうとも、犠牲を払おうとも、ただ彼の愛一つさえあれば身一つで彼の懐に飛び込んで行こうとまで思いつめた、ここ十数日の緊張と希望から破れて、彼女の心は一時暗澹と絶望の深淵に突き落とされたが、生まれ持った強さと、更に彼に対する深い純情はある意味に於いて彼女を救ってくれたのであった。

ただ恋人のために尽くそうとする心と、飛躍しようとした魂の力を失った身を、再び元の生活に返してなりとなお生きようとする強さの中に、多津子はようやく魂の支えを保ちながら、最後に別れの言葉を矢吹に残した。「御幸福をお祈りいたします。

僅かばかりお力にならせていただきました事に、快してお心の束縛をお感じなさいませんように。

今後ともお力にならせていただくことがございましたらなんなりとおっしゃられてくださいませ」

（六六）

数日して多津子の許から、厚い封筒に入れられた彼女の預金帳と水晶の印《はん》が届けられた。

封筒の中には、ただそれだけで、別に彼女の手紙というようなものもなかった。

矢吹は、書留にされた封筒の裏を返してみた。

東京市麴町区――

多津子はもう家に帰っているのである。

矢吹は生まれて初めて、金の有難味を知ると共に、心から多津子の深情に感謝した。それは多分多津子の持つ財産の全部であろう。三〇万という巨額の金を前にして、彼の心は感謝にしめった。

彼は早速その日東京に向かって出発した。

父の久彌は意外の喜びに息の前に頭《かしら》を垂れた。

母は一家の名誉と夫の生涯を救い得た喜びに涙を流

した。

矢吹はそうした中にあって、余りに不孝な自分の将来と、更により以上の悲しみと暗さの中に両親を突き落とすであろう日のことを思って心を暗くした。

彼はなるだけ両親の顔を見る事の苦痛から逃れるため帰校を早くした。

彼は一家の整理のために費した一〇万円近い金の残りを多津子に送り返すと、一〇年以内には必ず返済出来る心算《つもり》でいる父の伝言を添えてねんごろに感謝の手紙を出した。

帰京して五日目に彼は再び鹿児島に発った。

松飾りの美しい東京の空は抜けるように晴れ渡っていた。

××停留所で電車に乗って、人込みの中に立っているとき、彼の後から呼びかけた者があった。

「矢吹君！」

低いが底力の籠った鋭い声が彼の後へ四、五人乗客を隔てた後の方から発せられた。

矢吹は思わず振り向いた。

青白い面長の顔に、度の強い近眼鏡をかけた四十余りの品のよいインテリ紳士が、乗客の肩越しに伸び上がるようにしてこちらを見ていた。

「ああ！」

矢吹は思わず久闊の情を籠めた驚きの声を発すると丁寧に頭を下げた。

「いつお帰りでしたか」

紳士は親しみ深くにこやかに挨拶するが、瞳は常人になく鋭くあたりに気を配っていた。

「数日前に、ちょっと私用で帰ってきました。今、あちらの方に帰っているところです」

「ああ、そうですか」

彼はちょっと、何か思い決めるように眼をつぶっていたが、

「ちょっと、つきあっていただけないでしょうか」

「はあ」

矢吹は早速、承諾の会釈をした。

彼は次の停留所で紳士と共に電車を下りると、二人はそれから真っすぐに車道をつけて賑やかな通りを歩いた。

（六七）

ほとんど四、五町もそのまま歩いてくると、紳士はやがて小さい横道に入った。そこから右に折れ左に折れてしばらく歩くと、やがて小さい酒場《カフェー》の前に出た。

紳士は立止まって矢吹を顧みた。

真昼のカフェーの中は寂然《ひっそり》して客影だになかった。まだ化粧もしない女給が、起きたままの恰好にエプロンを掛けたまま飛び出してきた。

「まあ」

女は紳士を見ると、大仰な驚きの声をあげた。

「この頃ちょっともお見えにならないのね、どうしていらっして」

甘えつくような瞳に、しつこい愛嬌の色を湛えて流し目に見ると、

「お二階？」

「ああ」

二人は女に導かれて二階に上がった。

真中に卓子《テーブル》を据えた六畳の日本間に通ると、

「何か運びましょうか」

「そうだね」「まだお食事前でしょう」紳士は矢吹を見て尋ねた。

「いいえ、すまして来ました」

「そうですか。だったら飲み物にしようか」

紳士は酒を嗜まない矢吹の平生を知っているので、

「紅茶二つ」

それに今日は、酒など飲んでいられない厳粛な気持の中に彼を伴ったのである。

やがて女が、紅茶を二つ盆に載せて上がって来た。

「御繁盛かね」

「いいえ、だめですわ不景気で」

「そんな事もあるまい。栄ちゃんがいるから」

矢吹はドキンとした。

「いやだわ、そんな事。揶揄ってばかり」

年恰好も一八、九か、栄子と同じ年頃で、そう言えばどこか栄子に似た大きい目元をしている女の顔を、矢吹は懐しげに眺めた。

「ありがとう、用があったら呼ぶから」

紳士は紅茶を受け取ると、女を下に下ろした。

二人はそこで、二時間余り話した。

声が小さいので聞こえないが、階下では女給たちが身支度をしながら囁き合った。

「久し振りだったわね、どこに隠れていたんでしょう」

「この前の検挙のとき、甘く逃げられたものね」

「生徒の家へ隠れていたって、評判だわ」

「古賀さんの宅《うち》でしょうか」

「さあ」

「今日の方、初めてね」

「とっても好男子じゃないの」

「まあ」

そのとき、隣の帳場の方で大きい咳払いがした。不用意な女給たちの噂を止めるための主人の注意である。

「叱られちゃった」

一同はそうした表情を顔に表して互いに目を見交わした。

そのとき、階上《うえ》から呼び鈴の音がした。

「よろしい！」

主人が女給を止めて自ら立って二階に上がった。

（六八）

社会主義に共鳴したというのではないが、生来の侠気と親分肌が禍《わざわい》して、引くに引かれない立引きから、今を時めく××党の首領を二月位庇《かば》ってやったのが因《もと》で、それから全くその方面の人びとの会合所のようになって仕舞ったカフェー「一の家」の主人は、もう二ヵ月この方絶えて音沙汰のなかった公路が、突然訪ねて来た喜びとも驚きともつかない感情の中に階段を昇った。

「やあ！」

「しばらくでござんした」

「御壮健で」

「あんたさんも」

「危いところでした」

「ほう」

大兵二〇貫もありそうな体を褞袍《どてら》に包んで、彼は公路の傍に坐ると、初対面の矢吹に向かって頭を下げた。

公路はこの家に出入する××党の巨頭で、某私立大学の講師をしていたが、この秋の検挙に難を脱がれて隠れていたのを、この頃ようやく東京に舞い戻っているのである。

矢吹はもう一年程前、今東大の独文科に籍を置いている、岩田という友人に紹介されて、彼に会ったのであるが、その後二、三度会っている内に、彼の非凡な才能と強固な意志に敬意を払わされているのである。

三人はそれから又しばらく話し合っていたが、やがて主人が一時間ばかりして下に下りて来た。

下では女給がもう夕方の仕度をすまして、美しく化粧をしていた。

冬の日は四時過ぎになると、もうボツボツ客足がありだした。

急に電燈が明るくつけられて、ストーブが焚かれた。寒さに凍えていた女給たちの頬が、にわかに暖くなって冷たい紅の下に血の色を表してきた。

主人は先刻《さっき》から帳場にあって、この秋に検挙された人たちの中に知人の名を読み上げていた。

××大学の助教授、尾崎健之助氏

××中央委員長、辻本嚴氏

××地方オルグ、斉藤龍夫氏

日本プロレタリア作家同盟員、日下部至氏

それに、ときどきこの家に出入した数人の学生と、二、三人の女闘士、——主人はそれらの人びとが検挙された場所と模様をいちいち心に浮かべていた。

そして、そうした仲間に入りそうにもない自家の女給たちを思ってホッとした。

事の善悪は別問題として、一度そうした運動に入った者の捕えられたときの、殊に悲惨な女性の身の上を十分知り尽くしていたからである。

矢吹は四時頃公路と連れ立って二階から下りて来た。首巻を深く顎の所まで巻きつけて、ソフトを目深に冠り、先刻《さつき》と違って色眼鏡をかけた公路の人相は、一見誰とも見当がつかなかった。

矢吹は門前で公路と別れると、そのまま、帰校のために東京駅に急いだ。

（六九）

怖ろしい悪夢から醒めた栄子の全身はびっしょり汗に濡れていた。

まだまざまざと現実の意識の伴わない、その夢の跡を栄子は恐ろしい不安に脅かされながら辿っていった。

彼女は険しい山道を歩いていた。夕暮れ時だったろう。森の寂漠と夕暮れの悲しみがひしひしと身に迫ってみなぎるような孤独感が彼女の魂を蝕んでいた。泣き出したい愁いの気持をじっと押し堪《こら》えて前方を見たとき、ふと彼女の眼に映ったのは矢吹の姿であった。愁い悲しみ力なくうなだれた自分の姿に引きかえて、何と勇ましく力強く雄々しい彼の足取りであっただろう。栄子は瞬間、物に憑かれた人のように、自分の体に不思議な力と情熱の湧き起こってくるのをどうすることも出来なかった。

薄暗く憂愁に閉ざされた心に、急に烈しい強い光が射し込んできたように彼女の魂は光被に充された。

栄子は何物かはげしい憧憬と幸福の力に導かれて駆け出す炎のような自分の魂を感じた。

矢吹の大きく力強い足取りはいつまでも続いて傍目も振らない。それを追おうとする彼女の足取りは、常におぼつかなくよろけてたゆみ勝ちである。彼女はなおも一無尽に歩んだ。か細くおぼつかなくよろけ勝ちながらも、崖を飛び坂を越え谷を渡って、彼女はいつまでも矢吹の跡を追った。

やがて荊羅《いばら》の山路がすんで、行き詰った絶壁の断崖に千丈の淵を見下した嶮所に路が究《きわま》ったとき、矢吹は初めて立ち止まった。

「矢吹さーん！」

栄子は声を限りに彼の名を呼んだ。

振り返った彼の顔が蒼白と悲愁の中に死人のような寂しみを帯びていた。

「どうなさったのです！　矢吹さん」

懐しさに声をかけて取りすがろうとしたとき、矢吹の体が深淵に落ちた。

「あっ‼」

続いて栄子が夢中で飛び込もうとしたとき、

「栄子さん‼」

桂治が後から彼女の体を抱きしめて放さなかった。

「放して下《くだ》さい‼」

彼女が必死の力で振り解こうとしたとき、

「栄子や」

母親が岸壁のかたわらに立った。

立ったと思った姿は眼が醒めると枕元に自分を呼びさましている母親の姿であった。

「栄子や、お前何を唸っているの」

「夢を見たのですわ、ああ怖ろしい！」

「よく目をさましてごらん、余程苦しそうだったよ」

母が出て行った後で、栄子はいつまでもその夢の恐怖から逃れることが出来なかった。

「少し風邪《かぜ》気味だから、微熱の故だろう。だからこんな怖ろしい夢を見る（の）だろう」

父の大介が負傷後だから、例年のように賑かな宴会騒ぎもなく、型にはまった名刺客の外に、二、三の親しい士官が遊び傍々訪ねて来たに過ぎないが、それでも挨拶に出されてはうるさいというので、少しの風邪を理由《しほ》にして正月の二日も三日も床の中に過ごした栄子は、四日目の朝母に呼びさまされて悪夢から眼をさましたのである。


（七〇）

一月の八日から栄子らの学校が始まった。

その日、欣吾は郷里《くに》から土産物を持って彼女の家を訪ねて来た。

栄子が欣吾に会うのは、父の負傷地である熊本からの帰り以来である。

「随分久しく見えなかったわね、どうしていらっして」

栄子は始業の式場から帰って来ると、突然訪ねて来ている欣吾を見て、懐しく声をかけた。

「いろいろ学校の仕事が忙しくって、取り紛れていたから。叔父さんももうすっかりよくなったのね」

「ええありがとう。すっかりよくなったわ。――そしてもう多津子さんはお帰り?」

「帰ったです。しばらく前に」

「何か御用事だったの」

「いや別に。旅行かたがた来ていたんでしょう」

欣吾は矢吹と多津子の問題については何一つ栄子に語らなかった。

勿論、多津子が矢吹に金の融通をしている事は知らなかったが。

栄子は、それ以上聞かなかった。

元より彼女は、多津子と矢吹がそうした係《かかわ》りにあることなどは夢にも想像し得なかった事である。

ただ一時、伊豆に於ける多津子の態度と言葉の端《はし》から、それとなく二人の間を想像してみたことはあったが、それも矢吹のいつか自分に対して残して行った言葉と態度の中に、二人の間を特殊の親しさに想像する心も失せて、今では全面的に彼を信じて疑わない彼女であった。

栄子は今では、多津子が矢吹に会っただろうかという心の憂いさえ感じ得ない程、彼を愛し彼を信じ切っているのである。

そうした栄子の心持は、勿論欣吾の知ろうはずがなかった。

彼はその日いろいろと栄子と話しているうちに、もう久しく会わない桂治の噂に入って行った。

「先生、あなたが大好きですよ」

欣吾は今日は直截に言った。

「私、相子さんのお兄さんのような方は、いい方だとは思いますけれど、夫としては好みませんわ」

欣吾は意外というように瞳を見はった。

「何で？」

「私には、余り穏やか過ぎるように思いますわ、私、ああした高い学識的な人格の持ち主よりも、情熱的革命的な異性の力にひかされますわ」

「と、言うと？」

「矢吹さんのような！」

栄子は心で叫んだが口では言わなかった。

「どんな人物です」

「もっと激しい力の持ち主。理想と情熱に生きているような。力強い力強い男子の魂にでなければひかれませんわ」

欣吾は瞬間、栄子の顔をまともに見つめた。

「たとえば、どんな人物です」

「私、まだそうした人を知りません」

栄子は心を包むように答えた。

欣吾の瞳が柔らかく落ちた。

「現代の女性は、みんなそんな男子を恋するんですか」

「わかりませんわ、それは。人によるから」

相子は？

欣吾はそのときふと、矢吹のことを思った。

（七一）

「お嬢様、旦那様がお呼びでございます」

竹やが廊下に膝をついて室内《こちら》へ呼びかけた。

栄子は欣吾の帰った後で、父に呼ばれて彼の書斎へ急いだ。

「お父様」

廊下にかしこまって障子の外から伺うと、

「栄子か」

「はい」

「お入り」

栄子は障子を開けて中に入った。

八畳の室の真中に火鉢を前にして坐っていた大介は、栄子の来るのを待っていた如く、ちょっと膝を正して気分を更めた。

火鉢の前には、父と向かい合わせに座蒲団が敷いてあった。

「お坐り」

栄子は黙ってその上に坐った。

いつもながら、父の前に出たときの窮屈さに加えて、今日は思いがけない所を呼びつけられて、まだしっかりした心の用意も出来ていないうちに、問題にぶつからなければならない不安に、彼女の心は狼狽していた。

昨夜、それとなく母に話して、何とか問題を未然に防ごうと思っていた矢先、突然来客があって、おそくまで汲子が手が離せなかったので、遂に言う機会を失い、今夜こそと思っていた矢先、彼女は父に呼びつけられたのである。

栄子は黙ってうなだれたまま、父の言葉を待った。

「栄子」

柔《やさ》しく発せられた父の言葉も、彼女にとっては裁判長を前にした被告のような、不安と怖れを呼び起こした。

彼女はなおもうなだれたまま、不安と緊張に硬張ってゆく体を臆病におののく心と共に支えながら、父の言い出す言葉の後を待った。

「先日話した、桂治さんとの結婚問題じゃが、その後、考えがついたのかい」

栄子はしばらく黙っていたが思い切って口を開いた。

「お父様！」

彼女は言おうとして後が出なかった。怯みかけた心を励ますと、彼女は更に語をついだ。

「相子さんのお兄様には、この頃結婚問題が起きているようにお聞きしましたわ」

「何？」

大介は思わず驚きの声を発した。

栄子は全身がぎくっとした。

「誰から聞いた?」

「相子さんから――」

栄子はともすると怯えようとする心を励ますように両手を握った。

「いつ、――誰と」

栄子は今日ほど、慌てた父の様子を見た事がなかった。

「御親戚の方で、深い義理合から御承諾なさったとかお聞きいたしました」

栄子はもう幾晩も考えてあれやこれやと迷った方法の中から一番適当だと思う事を、咄嗟の内に考え決めて言ってしまった。

「そうか」

失望と決断の中に大介はようやく返事をすると、

「残念なことじゃ、まれに見る人物じゃが。しかし、栄子、失望する事はない。今にお父さんが、桂治さん以上、立派な人を見立てるからな、ハ、、、」

失望と落胆の中に軽い断念《あきらめ》を含めながら、娘の心を察して笑う大介の笑いに、栄子は深い親の情を味わった。

そのとき、栄子の書斎へ女中が手紙を持って入っていった。

（七二）

手紙の主は矢吹であった。

栄子は震える手つきで開封した。

「突然手紙を差し上げます失礼をお許しくださいませ。

もしお願いして許されることでしたら、一度是非お目にかかりたいと存じます。

先日の失礼を、深くお詫び申し上げます。

時節柄、御身御自愛の程祈り上げます」

栄子は轟く胸の鼓動をおさえようとして、呼吸《いき》をつめた。

彼女はこの手紙が母に見つかっていやしないかと心を痛めた。

早鐘のような、激しい心の鼓動を感じながら、彼女はその手紙を何回も読み返すと、やがて丁寧に収《しま》って机の中に入れた。

しばらく茫然と坐り続けていた彼女は、ふと立って外に出た。

長い廊下を真っすぐに西に行きつめると、そこから小さい渡り廊下があって、女中部屋に通じていた。

「竹や」

彼女は外から声をかけた。だが返事がなかった。彼女はそれから真っすぐに台所に行った。女中が二人何か話し合っていた。

「竹やは?」

彼女は誰にともなく尋ねた。

「奥様のお部屋でございます。ただ今お呼びでございまして」

栄子は何だか不安を感じた。

「もしや?」そうした疑いがふと彼女の心を横切《よぎ》った。

栄子は書斎に帰ってからも居ても立ってもいられない気分の中に外を眺めた。

昨日の泌み入るような時雨模様の寒さに引き替えて、今日は小春日和のように暖い一日であった。

薄水色の美しい空に、ほんのりした淡紅色《とき》の雲が浮かんで、夕焼空のような景色の中に、緑と紫の光線が浮いていた。

「なんと美しい自然の色彩であろう」

栄子は瞬間その景色に見惚《みと》れていたが、やがて廊下を近づいて来る人の足音を聞いた。

「母?」栄子はすぐに直観した。

足音は予想の通り彼女の室の前で止まった。

「栄子、いますか」

母の声であった。

「はい」

栄子はなるたけ心をしずめて、元気な声で返事をした。

母は静かに障子を開けて入って来た。

机の前に坐った栄子の前に、母は座蒲団もなく坐ると、

「栄子」

優しく呼びかけた言葉の中にも、娘の心を見透かそうとする鋭い瞳の光があった。

栄子は黙って母の面を眺めた。

「今日、どなたからかお手紙がありましたか」

「ええ」

栄子はそう答えるから外に仕方がなかった。

「どなたから」

——栄子はしばらく返事が出来なかった。

（七三）

汲子はじっと娘の面を眺めた。

深くうなだれたまま黙っている栄子の姿を前にして、汲子は一種の不安と危惧を感じた。

「栄子、どなたからお便りがありました」

栄子はようやく面を上げた。

「矢吹さんとおっしゃる方で、欣吾さんのお友だちでございます。

この前避暑に行っているとき、欣吾さんと御一緒にお目にかかりました。

その後学校に行く途中で一度お目にかかりましたけれど——」

栄子は何だか言いよどんだ。

汲子は瞬きもしないで娘の言葉を聞いた。

「別にお手紙をいただくほどの御用事でもございませんけれど」

「何か言ってこられましたか」

「いいえ、別に。——ただ時候の御挨拶だけを」

汲子はようやく安心したように、栄子の面から瞳を放した。

「だったらいいのですが、お母様に黙って男子の方と文通なさってはいけません。もしお返事を差し上げるのだったら、欣吾さんを通しておことづけなさい。

欣吾さんと御一緒にお遊びにいらっしってくださいっ

て」

栄子はようやくホッとした。

汲子はしばらくして室を出て行った。

栄子はその夜、矢吹の手紙を取り出して再び読んだ。二回、三回、四回。彼女はいつまで読んでもはてしがなかった。

そのうちに、彼女は激しい歓びの中に、わけのわからない深い憂愁を感じだしてきた。

それが両親の前途にかかっていると気づいたとき、彼女の心は谷底に堕《お》ちた。

栄子は今まで考えてもみなかった、暗い絶望に直面している自分の姿を見出した。

「今に始まったことではないではないか。すでに三月前、自分にこの自覚のあるべきはずだ」

ただ、一無尽な矢吹への思慕と、急に拓かれた新しき世界への、知識と情熱の中に、すべてを考える心の余裕を失っていた彼女の心にも、今、矢吹の手紙を前にすることによって、やがて彼と会見後に確定されるべき自分の運命を前にして、にわかに慌しく両親の上が、切実な問題となって、彼女の魂に蘇ってきたのである。

「栄子、お前、北見家の後継ではありませんか。兄様のなくなって後は、母様はお前一人を頼りとして生きてきました。お前でも、しっかりしてくれなくては、母様は生きている力だにありません」

深い憂いと悲しみを帯びた母の瞳が、いつかこう言ったことを思い出した。

「お母様、大丈夫ですわ。私決してお母様に御心配をおかけするような事は致しませんわ。私お母様に不孝なような男子とも、絶対結婚いたしません」

強く言い切って三月たたない今、自分は最大の不幸と苦痛の中に、両親を突き落とす運命の首途《かどで》に立っている。

栄子はついに頭脳の錯乱するのをおぼえた。

（七四）

二月も半ばになると、寒さの絶頂である。

朝から霏々と降り続いていた時雨交じりの粉雪が止んで、午後からは暖い青空が顔を見せだした。

栄子は固い決心を胸に秘めたまま、まだ乾き切らない夕暮の舗道を踏んだ。

彼女の面はひどく憔悴して、血の気のない頰が蒼白く透きとおって見えた。

頭髪《かみ》を真中から二つに割ると、いつも両肩に垂らしているのを、今日は無雑作に後で束ねて、長い着物にショールを羽織っている彼女の姿は、一月の苦悩と闘いに、堪え抜いたもののやつれと落着きを見せていた。

彼女は大きい瞳を舗道に落とすと伏目勝ちに深く考えながら歩んでいたが、やがて思い切ったように、ちょっと立ちどまるとあたりをうかがって、そのまま横町を左へ曲がった。そこから二丁も行くと矢吹の下宿の前に出た。

栄子はさすがに全身のおののくのを覚えた。もしや不在ではないかといぶかっていた矢吹が、玄関に立ったとき、栄子は瞬間、世のあらゆる不幸と悲しみの影を忘れて、泣き出したい感激と歓びの中にじっと彼の面を見つめた。

「よくいらっしてくださいました」

言葉は少ないが、深い誠意のこもった瞳が涙に潤んだとき、栄子はさすがに溢れ落ちる涙を隠すことが出来なかった。

「どうぞこちらへ」

矢吹はやがて先に立って階段を登った。

広い黒檀の机を中に挟んで坐ったとき、栄子はどうしても初対面の矢吹に会っている気がしなかった。彼女はもう何千年も昔の許婚者《いいなずけ》か、あるいはそれ以上前世から神の取りなした摂理の下に約束されている二人の恋人が、互いに相会うた歓びにも似た深い歓びに身を委ねつつ、絶対の信頼と敬愛との親しさの中に、一言も無くうなだれつづけた。うなだれた彼女の顎が微かに震えて、頰を熱い涙がとめどなく伝わった。

彼女は、過ぎし一月間の苦悩を思い、やがて相会うた深い歓びを思った。

無量の感慨と、限りない幸福が、彼女の魂をはてしない夢のような世界に追いやった。

矢吹はいつまでも無言で栄子の姿を眺めていた。彼の瞳にも微かな露の玉が宿った。

二人はいつまでも無言で相対した。

ただこの一瞬、この一瞬こそ永遠であれ！　栄子は心からそう希った。

そのとき、矢吹の全身が異常な情熱にふるえた。彼はそれを強く堪えると、固く眼を閉じたまま動かなかった。

わけのわからない涙が二人の瞳を滂沱と流れた。

二人はいつまでたっても一言も口をきこうとしなかった。

（七五）

「北見さん、そんなに言っていただくのはありがたいのです。そんなに言ってくださるあなたのお気持に比して、ぼくの気持が決して浅いとは思いません。正直に告白いたしましょう。ぼくはかつて、あなた以外の女性に愛を感じたことのない人間です。そして将来も又、あなた以外の女性に愛を感ずることがないでしょう。

しかしぼくには、結婚というものが許されていないのです。

特殊の事業を持って、特殊の道を歩むぼくにとって、結婚は一《い》つの障碍でこそあれ、決して事業を助けてくれる方便ではありません。

一死もって、新しき時代への捨石となり、自己の生涯を浮浪に托する自分に取って、家庭は無意義な虚構の場所であり、妻子は苦しき手足纏いである。生死も測られぬ運命の中に、暗い生命を培うこともあるまい。恋愛は自己と志を同じくする同志の闘者の中にのみ見出すべきである。

こうした信念に生きるぼくに取って、恋愛は単なる精神的愛に止まり、産児は回避することこそ道徳的責務だと考えています。

一つの不幸なる生命をこの世の中に送り出し、父性の務めを果たし得ない悲しみと、階級線上に活躍する有為の女性を、単なる一家の主婦とすることは、ぼくの道徳的並びに、社会的気持が許しません。

肉を否定し、産児を拒否し、自然に叛く孤独の生涯を、苦難と浮浪に終わることこそ、現世に使《つかい》された主義者の背負うべき十字架であり、それを背負って生き切る情熱と力の中にのみ、選ばれた者にのみ与えられた生命があるのではないでしょうか。

肉の悩みも、孤独の寂寥も、ただこの選ばれた者にのみという、自負と正義と信念の中に、大きい生命完成のために超克さるべき人間的悩みであって、その超克こそ、われわれをして真に社会実行家たる事を証明する人格的烙印ではないでしょうか」

黙って一言もなく聞いていた栄子がこのとき初めて口を開いた。

「わかりました。よくわかりました。

あなたの愛と正義のために生涯を捧げます。

どうか最も近いあなたの同志として生涯をお導きくださいませ」

彼女の面にはもう涙がなかった。輝くような悦びと、固い決心の色が彼女の全身を焔のように包んでいた。

栄子は今日程自分を尊く幸福に感じた事はなかった。

何ものをもっても引き離す事の出来ない力と何ものをもっても堰き止める事の出来ない力が彼と正義の二語に懸かって離れなかった。

「ぼくを愛するよりも正義を愛してください。××を捨ててマルクスにつきましょう。その境域に於いて二人の魂は完全に一致するのです」

そのとき初めて矢吹の手が力強く栄子の両腕を把った。

激しい情熱におののく瞳をじっと見据えたままいつまでも放さない矢吹の瞳を除《さ》けるように栄子は深く俯いた。

（七六）

東大医科の入学試験に見事欣吾の合格した日、桂治は突然、転任の辞令を受け取った。彼は今日まで、鹿児島高校に講師として勤めていたのであったが、四月から水戸高校に教授として栄転することになったのである。そこは彼の母校であるばかりでなく、高等学校時代から東大時代を通じて親しい友人である柴田が教鞭を執っているということが、彼の心を嬉しくした。それに、柴田の父親が校長であることも彼にとっては都合がよかった。そうした実際上の問題ばかりでなく、彼はこの転任を、よい心転上の機会だとして喜んだのである。

栄子に離れてこの方、彼は全く生命のない屍のような生活を続けて来たのであった。夜が昼とも、他人自分の区別さえ判然しないような生活の中にあって、蝕むような寂寥の中に生命を滅していた矢先、その苦しい思い出の地を去って、せめては新しい境涯の中に自己の生命を培いたい。そこで親しい友だちの慰撫でも受けたら、あるいは自分の気持にも今少しのゆとりと思い拓きを得るのかも知れない。そこで傷ついた魂の保養に努めたい。

彼はそう思ったので早速承諾の返事をした。

平生から若い生徒たちの間に人気があっただけ、彼の送別会は賑やかに行われた。

中にはひどく別れを惜しんで、毎日のように彼の処へ訪ねて来る生徒たちもあった。

そうした中に春の休みは忙しく慌しく過ぎて行った。四月に入ると桜の蕾が余程ふくらんで、早咲の彼岸桜はもうヒラヒラと散っていた。例年より半月も遅れた相子の家の桜も、梢の方から開き始めた。

翌日は桂治が旅立ちというので、その日は一同が朝から忙しかった。母の桂子も父の敬三も、息の出世を心から喜んだ。その中に桂治の心は一人深い悲しみを鎖ざしていた。夜に入って一同で晩餐会が催された。日頃余り酒を嗜まない桂治が、その夜はしたたか酔って早くから床に入った。

もう一〇時過ぎた頃であっただろうか。玄関に訪う人があったので出て行って見ると、矢吹が立っていた。

「先生はもうお寝みになられましたか」

女中の言葉に引き返そうとするのを一様止めて、彼女はそれを桂子の処へ尋ねに来た。

「何か急な用事であろうか。それとも単なる送別の意味であろうか。とにかく明日発つのであるから一様取次がなければならないだろう」

桂子はそう思ったので、自分が立って玄関に出た。

「どちら様でいらっしゃいましょう」

「ぼくは矢吹と申す者ですが」

何思わず聞いたその言葉に、彼女の神経は一時に集中した。

「矢吹！」桂子ははっとして彼の顔を見た。

その端正な面に輝く美しい眼差し、刻んだように見事な鼻すじ、――そのままである。

桂子はさすがに隠すことの出来ない激しい驚きの情を秘めたまま室に入った。

（七七）

桂子が室に帰ってまだ激しい驚きの情から醒め切らないとき、書斎では桂治が矢吹を相手に話していた。

「実は明後日発つはずだったのですが、突然向こうの方の都合で明朝発つ事に決まりました。最後の晩です。どうかごゆっくり話していってください」

二年間独逸語を教授されたというのみで、個人的にはなんの親しい間柄でもなかったが、矢吹は日頃から桂治を敬愛していた。その熱心な独逸文学の講義よりも、すべての生徒の中に個性と特長を見出して尊敬しようとする、寛やかな親切な態度よりも、今時の若い学徒には稀《めずら》しい自然と野《や》を愛する一面よりも、更に彼自身の人格を通して、人生を見究《みきわ》めようとする「真」に対する熱心な態度が、彼の心境と一味相通ずる所があったのである。

しかし矢吹はいまだかつて、彼に対して自分の思想の一端をも披瀝したことがなかった。それは単に、彼に話して自分の思想の相容れられないのを怖れるからでもなく、少しでもそうした思想的傾向を隠そうとする気持でもないが、生来余り交際を好まない彼の性格が、桂治に接近する機会を得させなかった事と、今一つはかなり深い処まで突き進んでいる自分の境遇が、万一恩師に迷惑をかけるようなことがあってはという遠慮からでもあった。

しかしこの夏街道で（自動車を譲ってやった折）会って以来お互いの気持がにわかに親しさを増し、その後数回訪れている内に理屈抜きの師弟の情がお互いの気持をピッタリ融和させてしまったのである。

桂治も何かしらこの端正な華族出の社会運動家というよりは、品格ある人物のどこかに魅きつけられて、その真面目な熱意の籠った論説の一片だに聞かないまでも、この人物を通してのこの主義、更にその歩むべき道を考え至ったとき、何かしら好もしく親しまれる処があるように思えてきた矢先、突然起こった栄子との問題は、不思議に桂治の心をますます深く矢吹の許に親しませて行ったのである。

彼は今でも栄子を愛しているのと、ほとんど同様の心持ちで矢吹をも愛しているのであった。

その矢吹の突然の訪れは、出発が翌朝に迫った今夜、淋しく栄子の訪れもなく発つ彼の心に、ある一種の慰めを与えてくれるのであった。

「今夜は心ゆくばかり矢吹と話して別れたい。そして彼の前途を祝福して」

妙に感傷めいた気持が彼の心を湿っぽくした。

庭の桜の若葉を通して朧《おぼろ》に霞んだ春の月がほのかな光を投げていた。

若い二人は今夜はいつになく無口であった。話そうとして話し得ない万斗の情緒が二人の心を支配していた。

二人はいついつまでも黙ったまま戸外を眺めた。

「いい月ですね」

そのとき桂治の瞳が微かな泪にうるんだ。

聞こえたのか聞こえないのか矢吹は黙ったまま答えなかった。

「先生、ぼくも近いうち学校を退校するのです」

しばらくして矢吹はまるで人事のように冷たい口調で言った。

（七八）

「どうしてです」

桂治は意外というふうに面を向けた。

「いつまで、学校生活を続けて行っても仕方がないと思いますから」

矢吹はこの頃、自分の身辺に危険の迫ったことを知っていた。

桂治は黙ったまま答えなかった。

彼はそのときふと、栄子の事を思った。何かしら不幸な暗い予感が彼の全身をさっと流れた。それと共に、彼は矢吹の前途をも痛ましく思った。せめて肉親であれば、縦が横でも説得して見せるものを、いくら師弟の間とはいえ、その根本に於いて思想的見解を異にしている矢吹の上をどうする事も出来なかった。殊《こと》に栄子については、彼の立場が立場であるだけに嘴《くちばし》を入れることが出来なかった。妹の相子を通じて一様それとなく忠告するように話してみたこともあったが、熱烈な矢吹に対する愛慕と執着に生きている彼女の心を翻《ひるがえ》す術《すべ》もなかった。年若い乙女の陥り勝ちな、恋愛の迷いと断じてしまうのには余りに栄子の心は確固《しっかり》していた。更に両親を説いて、娘の教導を奨《すす》めるべく助力するのには、桂治は矢吹に対して師という情実的立場に置かされていた。

「それが運命だろう。何事も自然に委《まか》せるまでだ」

桂治がそう思い決めるまでには、相当長い苦索と反省を要したのであった。

桂治は今矢吹を前にしてそうした暗い思いに鎖ざされていると、「先生、ぼくお願いがございますが。——」

矢吹がしんみりした依頼の口調で言った。

「なんです」

桂治は更《あらたま》った矢吹の態度に眼を見張った。

「ぼく、折り入ってお願いがございますが、お妹様が御同窓だったようにお聞きいたしますが、表記の者にこの手紙を渡していただく故《わけ》にはまいりませんでしょうか」

矢吹はポケットから一通の封書を取り出して桂治の前に置いた。

桂治はそれをチラッと見た。

「北見栄子」

彼はずしんと頭から鉄鎚を浴せかけられたように思った。

「承知いたしました」

くずおれそうな魂をジッと取り繕いながら、彼は力強く返事をした。

「お急ぎになりますか」

「いいえ、数日中に渡していただいたら結構だと存じます」

「そうですか、明日中には確かにお渡しするように申しつけましょう」

「あいすみません」

「いいや」

「御出発は明朝の何時頃になられますか」

「八時半の汽車で発《た》とうと思っています」

「お送りさせていただきましょう」

矢吹はその夜固い握手を残して桂治の室を去った。

（七九）

卒業式に引続いて、同窓会、送別会と、めまぐるしい忙しさの中に春の休みを終えてしまうと、それに引続いて桂治の転任騒ぎに取り紛れて、相子はここしばらく夢中の中に送っていたが、桂治を見送ってすむとようやく心に一落着《ひとおちつき》が出来た。

多勢の見送り人の中に栄子の姿の交じっていなかった事は、彼女の心を淋しくしたが、それでも元気に発《た》って行った桂治の上を安心して、彼女は兄に托せられた手紙を持って、栄子の家を訪れた。

相子が栄子の家を訪れるのは久し振りである。

一年前栄子に連れられて初めて訪ねたとき、母親が手入れをしていた庭の花壇に、今日も汲子は水を撒いていたが、相子の姿を眺めると、

「まあ、ようこそ。――」

麗かな陽春の光を浴びて立った汲子の面は、一際和やかであった。

「栄子は今ちょっと、出て行っていますけれど、もうすぐ帰ってまいります。どうぞごゆっくり」

汲子は先に立って室に入った。

美しい桜の木立を見渡した洋室の応接間で、汲子は栄子の帰って来る間を相子と話した。

「お兄様はもうすぐ御結婚なさいますそうで、おめでとうございますわね」

相子ははっとして汲子の面を眺めた。

「はあ」

彼女は苦しい中にどちらつかずの返事をした。

「皆様御機嫌よくっていらっしゃいますか」

「お陰様で」

汲子はまだ桂治の転任した事を知らなかった。欣吾が試験後すぐ故郷《くに》へ帰って、まだ出て来ないので、誰も彼女に伝える者がなかった。当の欣吾自身すら受験中の事とてまだ知らない事であった。

「兄が今度、水戸の方へ転任いたしまして」

相子は話のついでに付け加えた。

「まあ、お兄様が?!」

汲子は驚いたように瞳を見張った。

「いつでございますの」

「今日、出発いたしました」

「まあ、ちょっとも存じませで。だったら栄子もお見送り致しますのでございましたのに」

「ありがとうございます。思いがけない所を突然転任だと決まりましたものですから、皆様に失礼ばかりいたしまして」

「いつお決まりになられましたのですか」

「休暇になって後でございました」

「では欣吾なんかも」

「多分御存じないだろうと存じます」

「お見送りも出来なかったことを、どんなに残念がるだろうと思います」

　相子は話している内に心が苦しくなって来た。こんなに優しい善良な母親を、今に不幸と暗黒の中に突き落とす運命の援助者として自分が立っているのかと思うとたまらなかった。

　そのとき栄子が帰って来た。


（八〇）


「まあ」

　栄子は相子の姿を見て驚いたように声を発《た》てた。

「しばらく」

　相子は椅子から立って彼女を迎えた。

「栄子、相子様のお兄様は水戸へ御転任なさったそうですよ」

「まあ！　いつ？」

　栄子は大きい目をみはって母の面を眺めた。

「今朝発ちましたの」

　その声が聞こえたのか、栄子はいつまでも黙ったまま母の顔を眺めていたが、

「なんでお報《しら》せくださいませんでしたの」

　微かに言った栄子の声が心持ふるえているように相子には思えた。

「かえって御迷惑をおかけするといけないからと思いまして」

　栄子は黙って答えなかった。彼女は伏目になったまましばらく何か考えていたが、

「随分長い間お目にかからないままでございましたわね」

　彼女の瞳にはさすがに懐しい色が表れた。

「是非一度お目にかかりたいと申しておりましたけれど……何分急な出発でしたものですから」

　相子はそれとなく桂治の気持を伝えた。

「やはり水戸の高等学校の方に――」

「ええ」

不思議に沈んで行く栄子の姿を母は不審そうに眺めていたが、ふと気がついたように、

「栄子や、今日は相子様とゆっくりお話しなさいな、お母様が何かめずらしいご馳走をこしらえましょう」

汲子は娘の気持を汲んで胸が痛んだ。自分たちの不用意から十分先方の事情を調べもしないで、慌てて栄子に結婚談を持ち出してやぶれたのが、感じやすい乙女の胸にどれだけ深い傷手を与えたのであろう。もしやそんな事《こと》ではないかと心配していた杞憂が、今この栄子の様子を前にして、汲子の心に動かすべからざる事実となって暗い陰影を投げかけたのである。それにしても相子は何んで桂治の出発を知らせてくれなかったであろう。

汲子はそんなことを考えながら二人に挨拶して出て行った。

二人になると栄子はにわかにうなだれたまま、

「私も是非お目にかかりたいと存じていました。至らない者をそんなにまでお思いくださった御真情に対しても感謝の一言をなりと……」

「いいえ栄子さん、兄はとっても元気に発ちましたわ、あなたにお目にかからない方がお互いのためだって申しておりましたの。くれぐれもよろしくっていうことは発つ間際まで申しておりましたけれど」

「ありがとうございます」

栄子はそっと泪をふいた。

「そして私、兄から頼まれものを持参して参りましたの」

栄子は何事であろうと面を上げた。

（八一）

「昨夜十時頃矢吹さんがお訪ねくださいまして、これをあなたに差し上げていただくようにって、兄が頼まれたそうです」

相子は風呂敷の中から矢吹の手紙を取り出して栄子の前に置いた。

「ああ」

栄子は微かな驚きの声を上げて表記を見つめていたが、やがてそれを手に取って裏返すと、肉太の墨字で「矢吹尊」と認《したた》めた筆跡を眺めていたが、

「ごめんなさいね」

彼女はその場で開封した。最初彼女が矢吹から貰ったときと同じ大型の純白のレターペーパーに二、三枚、ペン字で走り書きがしてあった。

栄子はその一字一句をも見逃すまいとする注意と熱意の中に行を辿って行った。

「近くに学校を退校しようと思っています。住所不定の生活が、これからしばらく続くだろうと思います。もうお目にかかれないかも知れません。御訪問はしばらく御遠慮くださいませ。

又お会いするまで、あなたの御健康と御健在を御祈りして止みません」

栄子は読み終わるとそれを畳んで封筒の中に納めた。

彼女の顔色は蒼白と悲愁の中に緊張していた。

相子はなるだけ視線を外《そ》らして、窓越しに庭の桜の散るのを眺めていた。

「相子さん」

そのとき栄子が口を開いた。

「色々御心配をおかけしてすみません」

彼女はそれ以上手紙の内容については何も言わなかった。

汲子が外が暖いから、ベランダに来るように迎えに来た。

相子は重く圧しつけられていた気持を、ようやく軽くされたような喜びを感じた。

栄子はともするとおちいって行こうとする心を、強いて引立てるように座を立った。

南国の四月の陽春は麗かにベランダ一面に降り注いでいた。

そこから見渡す広い木立の中に泉水池があって、緋鯉が一匹勢いよくポンと跳ねた。

栄子はふとその音に耳を傾けたが、瞬間彼女の身内をある何かしら明るい輝しい気持がサッと流れた。

相子はなるだけ栄子から遠ざかって、そこから一目に見える周囲の連山を眺めていた。煙るような春の霞が濃く全山をこめて、南国の春は冬に反して空が朦朧としていた。

汲子は女中を相手にベランダに食卓を構えた。

栄子は又しても深い憂愁に沈んで行こうとする心を、取り止めるかのように日頃愛誦の詩の一節を口ずさんだ。

行けどはてなし君とわが途、
いずれの日にか、又、相会わん、
されど、されど、
ああ
いつの日や、又その時あらんか

（八二）

日頃から気難しい大介がこの頃余計に気難しくなって、連隊からの帰りも毎日遅いが、汲子は夫の機嫌に触れる事を恐れて黙っていた。

卒業して三月にもなるのに栄子は毎日なす事も無く過ごしていた。

四月の末、矢吹が突然学校を止して帰った事は、欣吾からの手紙によって知っていたが、その後どこにいるのか全く音沙汰もなかった。

それに反して欣吾からは毎月必ず二、三度の音信があった。それには決まって相子への言付けが加えてあった。

栄子は思い切って欣吾の許に矢吹の住所を尋ねてみたが、学校を止して帰ってすぐ、欣吾の許へ一度訪ねて来ただけで、その後全く音沙汰がないというのであった。

栄子はもう半ば諦めて、その後はほとんど読書の中に、心の遣り場を見出していたが、それも母に隠れての夜更から夜中を選んで、床の中ですることにした。昼間は母を手伝って家事の手助けから、女中を相手の洗濯物まで一緒にしたので、汲子を初めみなの女中が、今時の若い者に似合わない彼女の態度を賞賛した。

　そうした中に、栄子の結婚問題が再び芽を吹き出してきた。

　今度は平生から父の希望である部下の士官の中で、一番前途有望だと見られている、今年陸軍大学に入った青年で、故郷は彼女と同じ鹿児島県、齢は彼女より六つ上の二六というので、大介は理想的な好縁だとして、ほとんど絶対的に自分一人の意志で順序を運ばして行った。

　栄子はそうした中にあって次第に強く自分自身の意志を固めていった。

　やがてその縁談が進展して、型通り栄子の家から彼女の写真が送られると、先方からもそれと引替えに本人の写真を送って来た。

　栄子はいつか一度見たことがあるように思うが、人並すぐれて秀でて黒い眉と高い鼻と引き締まった口元をした、いかにも軍人らしい男性的な青年の上半身が軍服のままで写し出されていた。

「栄子、しっかりした方だろう」

　父はその写真を前に、いかにも満足そうな微笑をもって栄子に対した。

　栄子は黙ったまま答えなかった。

　そうした栄子の気持の中に、恐ろしい決意と覚悟の念が固められていっていることを大介は夢だにも知らなかった。

　その日も大介はいつもと同じようにひどく気難しい不機嫌さで帰って来たが、帰るといきなり軍服も脱がないで、栄子の室に入って行った。

　栄子は朝から相子の家に出掛けて留守であった。

　大介は入るなり栄子の書棚を開けた。

　そしてその一冊一冊の書物を丹念に検査していたが、やがて何を思ったのか、机の引出しから押入れまでを綿密に調べはじめた。

　最後に彼が押入れの蒲団の一番下敷になっているのを取ったとき、下から数冊の書物と小箱が出た。

（八三）

大介はそれを手に取るが早いか隼のような早さで書物の題字に眼を通していった。

書物はすべて社会問題に関するものばかりであった。彼は次に小箱を開けた。美しい朱塗の木箱の中に矢吹から来た二通の手紙が細かく畳んで入れてあった。彼はそれをも読んだ。激しい感情の動揺と隠すことの出来ない絶望の色が彼の顔面を蒼白とした。

彼はしばらく眼を閉じたまま畳に坐って考えあぐんだ。深い深い死のような吐息が彼の唇を長く洩れた。

「栄子」

彼は心に叫んだがそこには誰もいなかった。

「お前は不孝者じゃぞ」

彼の怒りは涙にふるえた。

そのとき誰かが廊下を近づいて来る足音がした。

「誰じゃ」

彼は内から声をかけた。

「はあ」

立ち止まったのは汲子であった。

「何か用か」

「栄子に何か御用でございますか」

「至急竹やに迎えて来るように言ってあったが、まだ行かないのか」

「いえ、ただ今まいりましたのですけれど」

汲子はただならぬ夫の様子に不安の胸を轟かせながら立ち去りかねていた。

「汲子」

「はい」

彼は何か言おうとして思いかえして止めた。

「栄子が帰ったらすぐここへ連れておいで」

汲子が去った後で大介は今日の連隊での出来事を思い返した。

彼の頭に憤怒と憎念の血が逆上した。

「不孝者！」

怒りに猛る心を制えて彼は栄子の帰りを待った。

「お父様。何か御用でございますか」

汲子に連れられて栄子が入口に立ったとき彼の怒りは一時に爆発した。

「栄子！」

汲子が驚いて慓え上がるほど大きい声で大介は叫んだ。

「お前、これは何事じゃ！」

栄子の顔面が一時に蒼白となった。

父に突きつけられた書物と手紙を前にして、彼女は一言もなく頭を垂れた。

「誰に教わってこんなものを読んだ。この手紙は誰から来たのじゃ」

栄子は黙ったまま身動きだにしなかった。

「返事をしないか！」

彼の声は更に逆上した。

栄子は全身彫像のように硬まった体をじっと保っていたが、やがて血の気を失った唇を開いた。

彼女の声は氷のように冷たかった。

「お父様、お赦しくださいませ。私はマルクスを尊奉いたします」

「何⁉」

父の怒号が雷のように響いた。

「もう一度言って見ろ、栄子」

「お父様、お赦しくださいませ。私はマルクスを尊奉いたします」

その声が終わらないうちに、大介は腰の軍刀を握るが早いか栄子を追った。

（八四）

母が狂気のようになってそれを止めた。

広い庭の片隅にまで追い詰められた栄子は、逃げ場を失って、そこから街路を横切ると、足袋跣足《はだし》のまま裏の小川をつけて下《しも》に下った。

深い葦の繁みにようやく身を埋めて屈《こご》んだとき、なんとも言えない不覚の涙が潸然《さんぜん》と彼女の頬を流れた。

栄子は袂を顔におし当てたまま泣いた。

「お嬢様、こちらでございますか」

女中の加代が草履を持って彼女の後をたずねて来た。

「お嬢様、どうぞこれをお履きくださいませ」

加代は湿っぽい泥土の上に草履を揃えると、栄子の手を取るようにしてすすめた。

「ありがとう」

栄子は泣き顔を見せまいとして、顔をそむけると、後ろ向いて足袋を脱いで草履を履いた。

「旦那様がひどうお気立てでございますから、お嬢様はしばらくお家へお帰りにならない方がよろしうございます。加代がお供をいたしますから、どうか相子様のお宅へでもおいでくださいませ」

「ありがとう、加代、心配しないでおくれ、私は一人で相子さんのお宅へ行きますから、お母様にその事を言って安心させておくれ」

「それではお嬢様、加代がそのことを奥様の処へ申してまいりますから、それまでここでお待ちくださいませ。加代がすぐ戻ってお供をいたします」

「いいのよ加代、そんなに心配しなくても。私はすぐこれから行くから」

栄子は強いて元気に立ち上がった。

「それではお嬢様、お気をつけて」

加代は汚れた栄子の足袋を持って家に帰った。

栄子は又しばらくそこに蹲ったまま考えていたが、次第に夕暮れの気が迫って、あたりが淋しくなってきたので、そこからしばらく葦の繁みを下《しも》に下がると、町に出る抜け道があるので、それを通って往来に出た。

栄子はそこから一〇丁もある相子の家まで歩いた。

女中が急用だと言って連れて帰った様子が再び訪れて来たただならぬ様子に、相子は故知らない胸の動悸を感じた。

「どうなさったの」

眼も口も死人のように元気がなく蒼ざめた栄子の面を相子は只事ならず心配した。

「今晩一晩泊《と》めてくださいな」

「どうして?」

相子は突然な栄子の言草に思わず問い返した。

「もしかしたら、今夜遅く母が迎えに来るかも知れませんの、そしたら御迷惑をお掛けしないですむかも知れませんけれど、万一今夜来なかったときは、すみませんが一晩泊めてくださいな」

「まあ、栄子さん、あなたはなんでそんなことばかりおっしゃるの、私の聞いているのはそんなことではありませんわ」

（八五）

大介は一月程前から隊内に不祥事件を引き起こして、そのため毎日苛々した日を送っている矢先であった。問題は彼の部下の××隊の隊長の小杉中尉の許に起こった事で、彼が病気のため数日間欠勤している留守中の出来事である。

隊の入口に不穏文書を撒いた者があるというので、隊内一時にざわめき立って厳重なる検査が毎日に渡って続けられていった。犯人が隊内の者であるか、それとも外来の赤色分子であるかは、ある意味で連隊の名誉を決する重大の一線であった。

隊長は元より連隊長の責任問題は当然問われるべきものであって、大介はその事件《こと》が起こって以来、食事も十分摂り得ない程、深い心痛に毎日を過ごしていた。

ようやく挙った犯人は、直接隊には関係のない、営門脇の裏長屋に住む浮浪人だということが解ったが、それでもそうした者の忍び入る隙を与えただけでも、監督者の落度であった。

家庭では人一倍難しい大介も、部下に取っては稀《まれ》に見る人情的な優しい上官であった。

そうした歩哨の落度を格別咎《とが》めもしないで、優しく言って聞かせると、自分で直接浮浪人を呼んで、色々懇々と諭してみた。しかし、この浮浪人というのが、生まれながらにして浮浪人の子どもとして生まれた浮浪人で、両親が誰であるのか、どこにいるのか、生きているのか死んでいるのか分からないのみか、八つのときまで自分でも自分の名前を知らなかったという程の不幸な生い立ちで「その後どうして名前が出来たか」と問えば、八つのとき大阪の貧民窟で乞食の仲間に投じているとき、そこの乞食組合の取締りをしているような親分が、一日彼を手許に呼んで「お前は年がちいさいのになかなか稼ぎがいいし、それに毎日の納め金――乞食組合長に納める税金――もきちんと決まりよく持って来るから、その気立てを見込んでわしが養子分にしてやる。ついてはこれからわしをお父《つと》うと呼んで、嬶をお袋と呼んでよろしい。お前にも名がなくては不便であるから吉三という名を附けてやる。

こうして彼はしばらく乞食の親分の所に養われていたが、その夫婦が世にもまれな冷酷漢で、毎日彼に喰べる物も十分喰べさせないのみか、昼夜《ひるよる》の区別なく街に立たせて稼がすと、それを一文残らず引き取ってしまい、おまけに買い喰い、怠け、と難くせをつけて虐待するので、いたたまれず、そこから脱れて、二月の霙の降る夜、家を出て、そこから歩いて食べたり食べなかったりして下関まで辿り着いたのを、土方の親分に拾われて、その親分の情けで今まで成長《ふと》らしてもらったのを、親分がトンネル工事で石崩の下敷になって死んでからは、職を失ってこれという職も見当たらずブラブラしているが、そのとき会社の方で親方の遺族に対して取った態度が余り冷酷を極めているので、憤慨していた矢先、ふとした事から知り合った人から奨められて××党に関係しだしたのであった。「可哀想に。親方は正直な侠気のある、情け深いいい人でしたが、六人も子どもがあったのに、普段から人の世話ばかりして蓄えがなかったものですから、お内儀さんは六人の子どもを連れて身寄りを頼って行きましたわ、その身寄りも食うや食わずと聞きましたが」

大介は聞いて暗然とした。しかし彼はそれを顔には出さなかった。

「適当な職を世話しよう。改心するがよい」

「私が改心して職を得さして貰ってもありがたいですが、職を得ずに苦しんでいる他の者のことを思うとじっとしていられません。

不幸なルンペンよ、親無し子よ、後先も分らない六人の子どもを背負って生きる親方の内儀さんよ。親方が死んで職を失ってバラバラになった子分は今どうしているだろう」

彼は自分の通って来た辛い切ない境遇に見聞きした不幸な人たちのことを思った。

（八六）

大介はその後吉三の世話をしようと思ったが、彼は間もなく姿を消して行方不明になった。その後連隊内で又ちょっとした問題が起こったが、それは全然吉三と関係のないものである事が分かった。

こうした中にあって大介は突然、無名の差出人からの手紙を受け取ったのであった。宛名は歴々と墨字で、北見連隊長殿として、傍に必親展の文字を大きく添えてあった。

何思わず開いた大介の面がみるみる内に狼狽と危惧の念に色どられていった。

「まさか」

彼はそうは思ったが、なお一様と、念のためにその手紙を五回も六回も繰り返して読んだ。

「あなたの御令嬢のこの頃の思想的傾向を御注意ありたし、更にその交友関係に於いて、監督不行届の事、相成からず候や。

予は貴下及び貴下の御令嬢の将来を杞憂する余り、敢てこの一文を草する次第なり。

一国粋主義者より」

読むに従って、次第に波立ってくる不安と疑いの念をおさえながら、大介はその日いつもより早く隊を引き上げた。

途中を夢中の中に急いで家に帰ると、栄子は相子の宅に行って留守であった。

妻の汲子にも黙ったまま、いきなり栄子の室に入って調べると、思いがけないと思っていた杞憂は事実となって現れたのである。

突然暗黒の淵に突き落とされたというのか、取り返しのつかない罪禍の沼に娘を溺らしたというのか、彼は汲もうとして汲み返すことの出来ない死致の境地に自分を見出したのである。

万一を期した教導の希みにも破れて、栄子のいない室の中に、彼は軍服のままいつまでも考え沈んで行くのであった。

「栄子、ああいっそ子は産まずでよかった」

力ない彼の瞳の奥に、いつしか白い露の玉が宿った。憎もうとして憎み得ず、憤って捨て得ない恩愛の絆に、彼はいつまでも酷《さいな》まれながら、結局は弱い親の情けの涙に落ちて行くのであった。

「汲子」

彼は瞳を拭うと妻を呼んだ。

「栄子はどうした」

汲子は夫の顔色を窺いながらその心中を読みかねていたが、

「相子様のお宅へ、しばらく御厄介になるように申してございます」

汲子は恐る恐る夫の面を見た。

大介はしばらく無言のままうなだれていたが、

「自分の子どもじゃ、誰に訴える事もない。自分で教育しよう。わしにその責任があるのかも知れない」

彼はうなずくように言うと眼を閉じていたが、

「汲子、栄子を呼んでおいで、父はもう決して怒らないからと言って」

（八七）

十月の末、庭のひぐらしの声が次第に細り、軒のホロビン草が淋しく咲き更《あらたま》る頃、栄子は思い切って家出の決心をした。

大介は事件後、例の結婚問題を断わると、生れ更った程の優しさで栄子に対するのみか、いつもに似合わず、この問題については汲子に一言の叱言をも言わなかった。

それだけ、彼の毎日は、落ちついた反省と修養の中に過ごされて行った。

そうした父の態度を見るにつけて、栄子は尚更深い呵責と苦痛の念にさいなまれていった。

矢吹からは相変らずなんとも言って来なかったが、その後欣吾の手紙によって、彼が東京にいる事だけは事実であった。

「ぼくの友人がいつか電車の中で会ったとか言っていました。丁度電車が混んでいたので、話をする機会はなかったが、確か矢吹君だと思う。入口に近い処に立っていたが、友人が見つけてはっとする間もなく次の停留所で下りてしまった。大きな声で呼んでやろうと思ったが、余り電車が混んでいるので聞こえないかも知れないと思って止めた。

もう余程涼しくなっていたのに、白絣を着ていた」

こうした友だちを通しての矢吹の近況が、欣吾の手紙で栄子の許へ報ぜられたとき、栄子は堪え忍んでいた思慕の情に、寸刻もじっとしていられないようなもどかしさを感じたのである。

栄子がいよいよ家出をしようとまで決心するまでには、その幾夜が寝ずに考えられ、泣き明かされたのであった。

十月も終わりに迫ったある夜、栄子は思い切って家を出た。

元より行先きの目的も無ければ、これといって知人を頼って行く先もないので、彼女は固い決心のもとに、東京で自活の道を樹てる覚悟で家を出たのである。

それまでの生活費にと、彼女は僅かばかりの金を懐にしていたが、衣類といっては着のみ着のままで、それもなるだけ家人にめだたないために、平生着《ふだんぎ》のさっぱりした銘仙を着けている切りであった。

相子の家には数日前に訪れて、それとなく別れの挨拶をして来たが、元より彼女がそれを知ろう筈がなかった。

彼女はその日誰にも黙って裏門から家を出た。

父の大介は夕方でなければ帰らないし、母の汲子は親戚に祝事があって行っていたので、彼女は夕方までに門司を越えればよいと思ったのである。

門司を越えたらしばらく滞在して、時機をうかがって東京にたとう。

東京に行ったら必ず矢吹に会えるときが来る。

栄子は眼に見えぬ情熱の糸にあやつられるように、唯一無尽に東京に向かった。

（八八）

栄子が家出したと知ったとき、父の大介は暗然として一言《ごん》もなかった。

彼は勿論、極力捜査に努めたが、遂に手懸りを得る事が出来なかった。

相子は数日前栄子の訪ねて来た事が、それとなく自分に対する別れのつもりであったかと思うと、涙が流れた。

世間の狭い田舎の新聞も、大介がその編集長と昵懇《じっこん》な間柄であることによって、ようやくジャーナリズムの波に乗ることだけは免れたが、大介はその後鬱々として一室に閉じ籠ったまま、食事も摂らず、数日間を病人のように床の中に過ごした。

ようやく起き上がったときの彼の面は、悲痛な決心と覚悟の色に彩られていた。

その後一月経《た》たないうちに、「北見連隊長辞職」の報が、歴々しく新聞に初号活字で報ぜられた。理由は、この頃の身体不健康の故《せい》であるとしてあったが、一部の人びとには真相が言い伝えられていた。

大介は辞職するとすぐ、郷里の田舎に帰った。

広壮な市内の邸は売り払われて、彼の威厳を誇った濃い髭は剃り落とされ、地味な綿服に小倉の袴を着けた彼の姿が、二〇年来空き捨てにしてあった故郷のわが家に落ち着いたとき、村民は土地出身の成功者を迎え得た喜びと、彼の質素な飾らない服装に感嘆の声を放った。

数日して村長を初め、村の有志たちの懇望によって、彼は土地の小学校で講演することになった。

二〇〇に足らない小さい子どもたちや、数人の先生、それに羽織袴で威儀を正した村長を初め村会議員、村の有志たちを前にして、彼はだいたい次のような事を言った。

「皆さん、私が日本国民として、ことに軍人として、少しでもお国のために尽くそうと思っていた、ここ二〇年末の心願も、悲しいかな、身の不徳に依《よ》るこの頃の身体虚弱のため思うに任せず、遂に思い切って、故郷に帰ってまいりました。これは日本国民として、ことに軍人として、一生をお国のために捧げようと思っていた私にとっては、実に思いあきらめようとして、あきらめられないほどの悲しみでございます。

そのために、私はもしや病人になるのではないかと思う程《ほど》悲しみました。しかし私は考えました。

病人になって、今ここで死んで仕舞っては、余計に君に対しては不忠な臣になり、国家にとっては不尽な民となるも、今死んだ覚悟で、命を捨ててなんでもやれば、必ず何かはやれない事はない。『よし！　今死ぬるので死んだつもりでやろう。死んだつもりでやればなんでも出来る。命を捨ててお国のために尽そう！』

こう思って私は故郷に帰ってまいりました。これから段々大きくなって、世の中に出て、お国のために尽くそうとする皆さんと一緒になって、この美しい自然を相手に、死ぬるまで自分に残された時間を、なるだけ有意義に、人に喜ばれ、お国のためになり、天皇陛下に忠義が出来るように、送ることが出来ると思うと、今まで死んだように思っていた私の心にも、今までに劣らない、大きい力強い光と希みが甦ってきました。

その仕事というのが、どんな仕事であるのか、今に皆さんに、段々分かっていただく事が出来るだろうと思います。

お互いに日本国民として生まれた皆さんと私です。大いに力を尽くして、将来日本国民として恥ずかしくないだけの人間となってください。私も大いに力を出して、これから先を、お国のために尽くそうと思います」

（八九）

欣吾は、叔父からの電報に依って栄子の出奔を知ったとき、それが矢吹の後を追ったものであるとは夢にも知らなかった。

彼はただ、日頃から栄子の向学心を知っているので、上級学校に進ましてくれないための鬱憤と、乙女にありがちな都会憧憬心が手伝って家を出たものであろう、そのうち自分の家にでも訪ねて来るだろうくらいに楽観していた。

しかし栄子はいつまで経《た》っても訪ねて来ないのみか、その後大介の上京によって、彼女が矢吹の後を慕って家出したと知ったとき、事の意外に愕然とした。

そう言えば、彼女がときどき、友人の言伝《ことづ》けとして尋ねて来た矢吹の消息は、その実彼女自身の質問であったのか、今にして思えば幾分気の付く節々はあるが、しかし欣吾は決してそのような事を大介には話さなかった。

それでも、その後栄子が訪ねて来やせぬかという予感の中に数日を過ごしたが、相変わらず栄子は訪ねて来ないのみか、八方手を尽くしてきて諦めた大介の許からは、長い悲しみの手紙が届いた。何にも替え難い一人の子どもを失った父親の悲しみが、彼の凝り固まった正義と祖国愛の情熱と一緒になって、血の惨むような言々句々が綴られてあった。

欣吾はそれを見てさすがに泣かされた。

「しかしすべては運命です。

やがて本人が悔い改めて帰って来る時を待つから外に致し方がありません。

ただこの上は、叔父上様、叔母上様、いっそう御身御自愛遊ばして、御病気に罹らないよう御注意なさいませ。

不肖ながら欣吾が生きております間は、決してお二人様への御孝養は怠らないつもりでおります。

栄子さんに替わって十分御孝養申し上げます」

こうした手紙をもって欣吾は二人を慰めるから外に道がなかった。

その後大介からはしばらく便りがなかったが、栄子が出奔して三月が近い二月の初め、突然長い手紙が届いた。

欣吾は何事であろうと急いで封を切った。が、それには思いがけない大介の抱負が語られてあった。

自分が軍人として一国のために尽くす抱負に破れ、一人の子どもを大逆人として出す身の不徳を恥じ、せめてこの罪の懺悔にもと色々考えた末、ようやく考え出した余生の事業が、鹿児島の暖い海岸地方に広大な肺病の療養院を設け、全国に渉って、無産の肺病人を集めて来て無料で加養する傍ら、肺病菌の研究に一生を托そうという青年学徒を養いたいというのであった。

そのためには自分の私財である八〇万円の現金をそれに宛て、自分は日頃信じている現代に於ける最も有効な強壮剤である大蒜《にんにく》の栽培に当たり、それを加養する肺病人に試みると共に、更に事業を拡大してその栽培を拡げ全国に販売、その収益をもって無料療養院の費用、その他拡張に宛てるというのであった。

欣吾は読んでいくうちに、動悸の高鳴るのを覚えた。日頃自分の抱負としていた肺病菌の研究、それによって、一人の肺病者をも絶滅させようと思っていた、若やかな輝かしい希望が、今現実の鹵獲《はえ》となって実現されようとしているような生命の悦びに狂喜した。

「そうだ！　自分の歩むべき道に、神が一つの使命と方便とを賜わったのだ。

進もう！　勇敢に。全人類のために！　真理のために!!」

彼は勇躍として心に叫んだ。

（九〇）

喜び勇んだ欣吾からの手紙を見ると、大介は直ちに事業に着手し始めた。

彼はまず海岸に近い荒地を二〇町歩買うと、それを耕して大蒜畑にした。

使用人はすべて村の青年と、失業の老人をこれにあて、一村に一人の失業者も困窮者も出すまいというのが彼の理想であった。更に将来は事業を拡大して、婦女子に内職を与え一家の生計を楽にしてやろう。貧乏人の子沢山でなやむ人びとのために小学校長と協議の上学費を村費にしてやろう。

彼の理想はそれからそれへ翼を拡げて行った。

村費の病院と学校。

かねて彼の抱いていた一国の上に築き上げげんとする理想を一村の上に実現しようというのが彼の余生の事業であった。

彼は自ら先に立って鍬を取った。肥料《こやし》を担いだ。

南国とはいえさすがに寒い二月の末である。

見渡す限り植え尽くした大蒜畑に、毎朝真白い霜が置いた。

厚い霜除けの藁を通して青い新芽の覗き出したとき、大介は生まれて初めて感ずる大きい創造の悦びに狂喜した。

「来年は又二〇町歩程の土地を買おう、そして欣吾の卒業するまでには、少なくとも一〇〇町歩位の土地と、相当広い病院とを造ろう、今でも貧民の子どもは自分で学校にやって、卒業後は自分の畑で使うとしよう。身体の虚弱な児童のために大蒜の食用を奨励しよう。貧しい家の女の子は、将来拡張されて行く病院の看護婦として養成しよう、その養成には汲子を当たらそう。

ここ二〇年たたない内に、自分は必ず完全に、村費の学校と病院の理想村を実現して見せる！

大介の抱負は理想に燃えた。

こうした中に、汲子は家庭にあって夫の事業を助けて行った。彼女は夫の命に従って、綿服主義で押し通すと、女中も使わないで、朝は四時から起きる夫のために食事の用意をし、夜は十一時に寝る夫のために、入浴の支度をした。

その間、すすぎ洗濯から食事の用意、家の掃除、整頓、大介の身の回り、夜の風呂焚き、労働に慣れない彼女にとっては過重に過ぎる仕事の合間合間にも、なお畑の方まで手伝って夫の手助けをした。

そうした中にあって、汲子の身体は次第に強健さを増し、日頃虚弱だった彼女の身体が見違えるほどの健康を取り戻したのみか、大介は毎日自然と創造の中にあって、土に親しむ悦びの生活をしていたが、こうした夫妻の生活の中にも、時にはどうする事も出来ない暗い陰影が附き纏って離れないことがあった。

それは出奔して半年、なんの音沙汰もない栄子の上を案ずる心であった。

（九一）

相子が卒業して、いつしか一年の月日が流れ、栄子が出奔して、すでに半歳の年を経るのに、彼女の許からはなんの音信もないのみか、相子も別に変わった事もなく一年の月日を送って来た。

ただ、父の敬三がこの頃、だいぶ体の具合を害めているので、病床に臥せり勝ちなのを、彼女は一日中母と共に看護に努めた。

一度倒れたら回復の見込みのない脳溢血ではあるが、その半身が不自由というのみで、幸い意識に関係のないのが何よりの幸せと思っていた敬三も、この頃とかく物忘れして、固苦しい読書の労に堪えられないのみか、ちょっとの心配も脳にこたえて、烈しい頭痛を起こすというので、桂子を初め相子も心配していたが、そのうえこの頃、自由な方の左半身まで痺れかけて来たので、今では本人も余り余命の長くないのを自覚しているらしかった。

しかし敬三は元気であった。

彼は決してそのような事は口に出さないのみか、死期が迫った病人のような暗さは、彼の顔色のどこを捜しても見当らなかった。

彼は烈しい嘔吐と頭痛のために読書を廃し、運動のために起こる四肢の疼痛に寝床を出る事が出来なかったが、それでも日当りのよい日は縁側に出て、蒲団にもたれると、庭の草葉に降り注ぐ太陽の光を楽しんだり、次第に柔らかく莟《ふくら》んでくる桜の蕾を眺めながら、春の半日を過ごすことがあった。

こうした彼に取って、新聞は唯一の楽しみであった。まだ夜の明け切らないうちに配達される新聞を、相子が持って室に入って来ることが、一晩中不眠と退屈の中に悩まされ通している彼の神経を救ってくれる唯一つの力であった。

相子はそうして父の枕元に坐ったまま、毎朝新聞を読むのを日課とした。

彼女はまず第一に政治面に目を通した。そしてその一句をも逃がさず詳しく読みおろしていった。次に社会面、文芸欄、宗教欄、時には薬の広告の隅々までも、退屈な敬三の欲するままに、気長く面白く読んで行った。それが病む敬三の身に、どれほど大きい愉《よろこ》びであり、慰めであるのか分からなかった。彼は優しい娘の一語一語に耳を傾けながら、長くもない己が余生を思い、やがて桂子に二人の兄妹《こども》を残して行く日の事を考えていた。

そうした彼の気持の中には、さすがに止め難い哀惜の涙が湧いたが、それでも久しい病床の中での死に対する覚悟と、日頃から嗜む禅についての修養が、彼の心を平静に取り戻してくれるのであった。

もうすでに遺書《かきおき》をさえすまし、一家の財政の整理もほぼ調《ととの》え尽くして、静かな死を待つ彼の心の中には、兄妹《ふたり》の将来を幸福なれと祈る気持の外には何物もなかった。

こうした夫の気持を知っているだけ、桂子はなおさら二人の結婚を急いだが、いまだにこれという配偶者を見つけることが出来なかった。それはやがて敬三に取っても大きい悩みであり、唯一の心残りであった。

（九二）

相子はその日も朝早くから新聞を持って父の枕元へ入って行った。

敬三は目を瞑っていたが眠ってはいなかった。

「お父様」

彼女はいつものように小さく呼ぶと父の枕元に坐った。

「お眼ざめでございますか」

「ああ、相子か」

敬三は小さく眼を見開くと、今日はいつになく元気のない調子で、

「相子、お母様はいるのか」

「はあ」

「ちょっと、呼んでおいで」

敬三は起ちかけた相子の後から呼び止めると、

「よろしい、もう――格別の用事ではないから」

彼は思い返したように、うなずくと、

「相子、お父様は昨夜大変妙な夢を見たがね」

父の面はまだ、不安な憔悴のために曇って、

「桂治はもう帰る時期ではないのかね」

「兄様は、三月の一五日に帰るように言ってこられましたけれど」

「今日は何日《いくか》じゃ」

「二二日ですの」

「なんでそんなに遅れるだろう」

「その後、お便りがありません」

「問い合わしてみたのか」

「昨日手紙を出しましたけれど」

「そうか」

父はそれ以上何も言わなかった。

「お父様、どんな夢を御覧になりましたの」

「いや、心配する事はない、病気の故《せい》だろう」

彼は強いて打ち消すように頭《かしら》を振ると、

「相子、わしはこの頃桂治のことが気になって仕様がない、お母様は何も言っていないのか」

「いえ、なんにも」

「やっぱりわしの病気の故だろうか」

「お父様、お心が弱っていらっしゃるから、色々お気にかかるでしょう」

「そうかも知れない」

「まあとにかく読んで貰おう」

相子は静かに新聞を拡げた。

第一面はいつものように支那問題に関する記事と、

政党記事で埋められていた。

「相子、寒くはないのか」

まだ夜の明け切らない室は、ほのぼのとした浅春の寒さが漂っていた。

庭の柿の木で、雀の囀りがようやく聞こえ始めた。

「いいえ、ちっとも寒くありません」

明るい電燈の下《もと》に、相子はその一行一行に目を運んで行った。

「ちょっと、待った」

父はときどき、要所々々で相子の読むのをしばらく止めて、目を瞑って考え耽った。

相子はようやく第一面を読み終わると、今度はいつものように社会面に移った。

相子が何気なくその面を開いたとき、彼女の瞳ははっとその一番上の欄に掲げられた一号活字に吸いつけられて行った。

次の瞬間、彼女の面が蒼白に固結した。

（九三）

「水戸高等学校教授、東條桂治氏検挙さる」

相子は胸も潰れんばかりに驚愕した。

彼女は次第に手の震え全身のおののくのを覚えた。

紙面が霧に包まれたようにぼやけている中を、心も空《くう》に読んで行った彼女の頭に入った大体は、桂治が××主義者としての疑惑のもとに検挙されたというのであった。

相子は読んで行くうちに次第に心を平静に度胸を取り返した。

彼女は敬三に黙ったまま、素知らぬ風で次の題目を読み始めた。

「父と子の心中、不況時代の描き出す人生悲劇」

相子の声が幾分震えているのを、敬三はいつものように、こうした事に涙もろい彼女の同情の念からであろうと思っていた。

相子は声を励ましてなおも読み続けた。

「昨二一日午後三時、大阪市外××郡××町外れの竹藪に、五、六歳の男児が絞殺され、父親と覚える三〇歳余りの紳士風の男が洋服姿のままで側《そば》の樫の木で縊死していた。男は一見品のあるサラリーマン風のインテリで、別に遺書らしいものを所持していないが、ひどく衰弱している肉体からして、病気のための失業の結果と見られている。子どもは富士絹の着物に同じ袖なし半纏《でんち》を着て、黒のメリンスの帯を絞めている。傍らに捨てられた玩具の日本刀が係官の涙を誘った。住所氏名不明」

敬三は心の暗く陥って行くのを覚えた。

妻と別れたか、妻に先立たれたか、若い男が子どもを持って、病気に失業ときたとき、頼るべきは父母か兄弟、そのとき、父母のなかったとき、兄弟のなかったとき、固定財産を持たぬ彼らの進路は、ただ死あるのみである。そうした場合、親戚知人の当てにならない事を、敬三は不遇の晩年によく心得ていた。

「頼りにならないは、政界の友である。遠き親戚である」

彼は日頃から身に沁みて感ずる人の心の頼りなさを、己が亡き後の子どもの運命に引き比べて考えて見た。

「兄妹仲良く助け合って、真面目な正しい人生の道を生きよう」

彼は自分の遺書《かきおき》の一節に二人に残した言葉を思い出した。

「相子」

敬三は淋しく娘の名を呼んだ。

読み終わって次の題目へ掛かろうとしていた相子は、父に呼ばれて振り返った。

「お父さまが没《な》くなっても――」

彼は言おうとしたが、思い返して心に畳み込んだまま止めた。

「可哀想な事じゃのう」

相子は心に深い憂いを秘めているので、新聞の記事も父の言葉も夢中の中に聞き流した。

「人間が物質の規約から脱しない限り、物質の悲劇は人生から後を絶つものではない」

彼は自分の歩んで来た五〇年の生涯を思い、そこに織りなされた、浅ましい人間物欲の争闘を省みた。

「相子、もう今日はこれでよそう。お父様は少し考えたいことがあるから」

（九四）

父の室から帰った相子は、そのまま新聞を持って母の居間に行った。

桂子はもうちゃんと朝の身仕度をすまして、これから敬三の朝の食事の仕度をするために、部屋を出ようとしていた。

「お母様」

相子は思わずはずんでくる言葉を圧しつけるように、

「兄様が――」

彼女は新聞を出して母の前に示した。

ただならぬ相子の様子に、緊張した瞳をじっと紙面に注いでいた桂子の顔色がサッと変わった。

彼女は新聞を持ったまま部屋の中に入った。

そして二回、三回といつまでも繰り返して読んでいたが、急に何を思ったのか面を上げて、

「相子、これはきっと嫌疑でしょうね」

その瞳には、息の思想を信ずる母親の自信が籠っていた。

「お母様、きっと何かの間違いでしょう。兄様に限ってそんなことはありません」

桂子は深く頷いた。

彼女は深くうなだれたまま一人考え沈んでいたが、

「相子、お父様はご存じないでしょうね」

「何も申しあげませんでした」

彼女は深くうなだれたまま考え沈んでいたが、

「相子、常やと一緒に水戸へお立ちなさい。そして兄様の様子を詳しく調べて常やに言伝けなさい」

桂子は言い終わったまま立ち上がったが、

「至急、身仕度なさい。そして着物はお召の山吹模様のに、羽二重の帯をしめて、お納戸の羽織を着ていらっしゃい」

彼女はそのまま敬三の室に急いだ。

相子は自分の室に帰ると、常やを呼んで身仕度をした。

八時近い汽車に乗ると、水戸へ着くのは翌日の□□近かった。

桂治は学校に程近い、静かな町に婆やを相手に二階だての家に住んでいた。

同じ学校に勤めている、柴田という教授が東大時代からの桂治の親友で、その父親が校長というので、万事につけて力になって貰えるだろうと、相子はただそれのみを力に汽車の中を過ごした。

教えられた通りの道を辿って家に着くと、周囲が杉の生垣で巡らされた小さい構えに、東條桂治の門札が懸かっていた。

相子は玄関に立って静かに訪《おとの》うた。

「はい」

嗄れたような声がして、もう七〇近い白髪の老婆が、それでも色黒々と元気な顔をして出て来た。

「どなたさんでございますかい」

相子は自分が桂治の妹であることを告げて来意を述べた。

（九五）

「ああ、あんたさんが、それはそれは」

老婆は素朴な善良そうな顔に、深い親しみを表すと、

「どうぞお上がりくだされ」

座蒲団を出してすすめた。それから茶を汲み、一通りの挨拶をすますと、桂治が拘引された夜のことを詳しく物語った。

「旦那さんは、その夜お湯に入ってお留守でしたぞよ、いつもより遅くまで勉強なされましてな、それで、私が一人で留守番をしておりますとな、出し抜けに一人の男ががらっと格子を開けて入ってきましてな、頼むとも言わないで障子を開けて、

『主人はいるか』って尋ねましてな、『お湯に行きましたぞな』と言いますとな、黙って先生のお二階の室

へ入りましてな、押込みや机の中を捜しますよってな、私があんまりじゃと思いましてな、
『あんたは一体誰です』と言いますとな、『警察の者じゃ』と言いますよってな、
『先生が何か悪い事をしたんですかいな』と尋ねますとな、
『うん』と言いますよって、
『それは違います、宅《うち》の先生に限ってそんな事はありません、それは何かの間違いですじゃろ』と言いますとな、
『お前なんかの知ったことではない、静かにしていろ』
と、えらい険相な顔をして言われましてな、そこへ先生がお湯からお帰りになりましてな、
『何か御用ですか』と警察さんに言われますとな、
『ちょっと、署まで』って言われましてな、
『どんな御用ですか』って聞かれますとな、
『向こうへ行って尋ねて貰いましょう』って、ひどう素もぎな事を言いましてな、それで先生が、
『一緒に参りましょう』って申されますよってな、私はびっくりしましてな、
『先生、あんた何か悪い事をなされましたかいな』って聞きますとな、
『婆や心配することはない、すぐ帰ってくるから留守番をしていておくれ』って、ひどう元気に出掛けて行かっしゃいましたよってな、もう帰るか帰るかと思いましてな、夜の明けるまで待っていましたけどな、一向帰りなさらんよってな、私もひどう心配になりましてな、夜が明けるとすぐ校長さんの所へ飛んで行って、実は昨夜《ゆうべ》かようしかじかでございましたと申し上げますとな、校長さんもびっくりなされましてな、
『それではすぐ警察へ行って見るから、婆さんは心配しないでお帰っておいでなさい』
と言われましてな、私はそのまま帰っていますとな、昼頃校長さんがお見えになって、
『東條君はちょっとした嫌疑で調べられているから

心配しないで待っていらっしゃい。もうすぐ帰ってきますよ』と申されましたよってな、

『それでは先生、やっぱり無実の罪でしたか』とお尋ねしますとな、

『勿論ですよ』と申されますよってな、私もやっと安心しましたよ、なんでもその疑いというのが、せんだって尋ねて来られた矢吹さんとおっしゃる方の関り合いとかで、なかなか難しい取り調べで、まだ先生はお帰りになれんですが」

矢吹と聞いて、相子は初めて腑に落ちたように思った。

多分に田舎なまりのある、朴訥そのものの老婆の言葉の中に、相子はすべてを察することが出来た。

（九六）

相子はそれから常やを残して、一人で柴田校長の家を訪れた。

校長が不在で、代わりに出て来たのが、桂治の親友の廣一郎であった。

「父がちょっと外出しておりますので、――ぼくが息子の廣一郎と申す者です」

色の浅黒い、きざんだような容貌の凛々しい青年が、彼女の前に現れた。

相子は丁寧に頭を下げた。

「私は東條の妹でございまして、相子と申します。この度は色々御配慮に与りまして、お礼の申しようもございません。母がまいるはずでございましたけれど、父の容態が思わしくございませんので、私が代わってまいりましたが、母に代わりまして厚く厚くお礼申しあげます」

「いいや、なんのお力にもなれませんで」

彼は謙虚に辞を低うすると、

「お父様が御病気だという事をお聞きいたしておりましたが、その後御容態がおよろしくございませんか」

「ありがとうございます。はかばかしくなくて困り

ます」

「それはいけません」

彼はちょっと眉根を寄せると、

「しかし次第に気候もよくなりますから、その内には御快方に向かわれるだろうと思います」

相子は黙って感謝の意を示した。彼はしばらくして口を開いた。

「今度のお兄さんの問題につきまして、すぐおしらせしようと思いましたけれど、お父様が御病気だという事をお聞き致しておりましたから、とうから躊躇いたしまして、その後東條君とも相談の上、しばらくおしらせしない事にしてございましたが、新聞の方で御存じになられましたか」

「はあ、新聞の記事で初めて存じたようなわけでございます」

「内容はちょっとも心配するにあたらない事ですが、とにかくジャーナリズムの波に乗りますと、賑々しく宣伝されましてね」

「本人にはちょっとも覚えのない、全くの嫌疑でございましょうか」

相子は信じながらも、なお一抹心に残る内心の不安を取り除くかのように、相手の面を見つめた。

「勿論です。東條君に限ってそのような事はありません。御存じかも知れませんが、矢吹君とおっしゃる、鹿児島高等学校時代の教え子のために嫌疑を受けたので、その事実ははっきり分かり過ぎるくらい分かっているのですが、何分時機が時機だけに、当局の神経が鋭敏になっているものですから」

「面会は許されていないのでございましょうか」

「それがなかなか許されないのです。ぼくも父もなんとかと思いまして、色々手を尽くしてみるのですが、今検挙最中の大事な時だというので、絶対面会を許さないのです。それでも、必要な要件だけは、署員を通じてどうにか運んで貰いました」

相子は心の暗澹たるを覚えた。

彼女はそれからしばらくすると、厚い感謝の辞を述べて柴田家を去った。

（九七）

ただ一人力とする廣一郎は、親身《しんみ》も及ばぬ真情を尽くしてくれるけれど、相子はいつまでたっても桂治に会うことが出来なかった。

常やを帰して三日目の晩、彼女は一人桂治の机の前で、暗い思いに鎖《と》ざされていた。

彼女は故郷の母を思った。病む父を思った。思いもかけない嫌疑のために、獄舎に取り調べを受ける兄の上を案じた。それに矢吹の事や、栄子のその後の身の上までも、激しい運命のからくりとなって、彼女の心を駆け巡って止まなかった。

彼女はこの頃見聞きする一切の事の、余りの暗さに心を覆いたかった。

たとえようのない不安と焦燥の中に身をさいなまれながら、孤独の寂寥をじっと堪え忍んでいるとき、

「お嬢さん、柴田先生がおいでになりましたよ」

婆やが階段を上がって来た。

溺れる者は藁でも摑むというたとえがあるように、どこにも持って行き場のない、ここ数日の苦悩を、せめて婆やによってなりと慰められたいと思っていた矢先、相子は生き返ったような喜びで階段を下りて行った。

そこには学校の帰りと見えて、洋服姿の廣一郎が片手に帽子を持ったまま立っていた。

「格別、変わったことはありませんか」

彼は相子に会釈をして言った。

「はあ、まだなんの通知にも接しません。色々御親切にありがとう存じます」

相子は心細い弱々しい気持を、なるだけ隠すように返事をすると、

「どうぞお上がりくださいませ」

故郷を離れ父母を離れて、年若い女性の身には重荷に過ぎる問題を前に控えて、日夜心痛する彼女にとっては、廣一郎がただ一人の頼りであり力であった。

その廣一郎に、たとえ五分でも一〇分でも共にいてもらうことが、今の彼女にとっては何よりありがたかった。

相子は懸命の心持ちで引き止めようとしたが、廣一郎は却って遠慮して、そのまま玄関から引き返した。

一人になると、相子は又淋しい心細い気持に把われながら、夜の白むまで書斎で坐り通した。

一晩中寝もやらず坐り通している彼女の様子を知ってか、老婆がそのとき茶を沸かして彼女の書斎に持って来た。

「婆やさん、あなたお生まれはどちらですの」

相子は一人でじっとしていられない気持を、せめてこの老婆になりと慰めて貰いたかった。

「私ですかいな」

老婆は茶を汲む手を止めると、無邪気に笑って、

「私は山の遠国生まれですよ」

彼女は自分の生まれた飛驒山中の寒い雪の国のことを思った。

（九八）

そのとき、はげしく玄関を叩く音がした。

「電報！」

相子は激しい不安に全身のおののくのを覚えた。

老婆が持って上がった電文を夢中に読んだ彼女の顔色が蒼白に変わった。

「チチキトクスグカエレ」

相子はしばらく呆然として、無言のまま電面を見つめた。

「お嬢さん、どちらからですぞい」

婆やの尋ねる声も、相子には耳に入らなかった。

彼女はそれからしばらくすると、柴田の家に寄る暇もなく、事の委細を老婆に言い残して、故郷《くに》に発った。

翌日の九時、玄関に立った彼女は、恐ろしい予感のため硬直した。

不気味に静まった空気の中に、あわただしい人のざわめきが感ぜられた。

彼女は馳けるように父の病室へ急いだ。

入口の障子をいきなり開けると、大きい屏風が逆さに立てられてあった。彼女はそのままくずおれた。

「相子」

桂子が深い悲しみとやつれを見せて彼女のそばに歩んできた。

「兄様は?」

「お母様!」相子はそれ以上言葉を出すことが出来なかった。

激しい嗚咽と慟哭の中に彼女はいつまでも亡き父の面を見つめた。

それはほとんど、死人とは思えぬ程安らかな美しい寝顔であった。

彼女が毎朝新聞を読むのに入って来たとき、静かに眼を閉じている父の面であった。

「今にもものを言いだすのではあるまいか」

そう思うと、彼女の悲しみは胸をついてほとばしった。

「せめてもう二時間早かったなら」

今更くり返しても詮ない繰言《くりごと》を相子はいつまでも涙と共にくり返した。

その夜桂子の語るところによると、敬三は予感のように桂治の拘引された事を知ったのであった。最初の内は桂子も極力打ち消していたが、彼が毎夜のように呻《うな》される悪夢と、死を前にひかえた者に特有な鋭い霊感で、家人が自分に隠している秘密を探索するので、いっそすべてを打ち明けて、事実が全く無根の嫌疑であることを知らしてやる方が、病人のためにも良い結果をもたらすかも知れない。

桂子はそう思うと、思い切って一切を打ち明けたのであった。

しかし結果は予想に反して、全く予期しなかった程の、激しい痛苦を敬三にもたらしたのであった。

その原因がどこにあるのか、いまだに彼女自身にも分からないことであったが、長く知事生活をしてきた彼は、今、息子の受けている苛酷な取り調べがいかなるものであるかを十分知っていたからである。

敬三はそのためから劇しい嘔吐と頭痛を訴えた。もう駄目だと思った最後の晩、彼は震える手で筆を握って白紙に歴々と認めた。

「兄妹仲よく助け合って、真面目な正しい人生の道を生きよ。母への孝養を怠るな」

そこまで話したとき、相子は堪え兼ねて畳に打っ伏した。

（九九）

敬三は書き終わると、すぐに相子に電報を打つように言った。桂治に会えない事は、元より覚悟をしていたが、せめて相子に会って死にたいというのが、彼の最後の希みであった。

しかし二時間後には彼は全く意識を失っていた。

相子の帰る一時間余り前、枕頭の医師が臨終を宣告する間際まで、彼は全くウトウトと眠り続けたのであった。

やがて突然、

「桂治！」

悲痛な声が彼の口から発せられたと思うと、

「相子！」

彼はかすかに眼を開けてあたりを見廻した。

桂子がまだ帰らないことを告げて、意識を確かに持つように励ますと、彼は深くうなずいて、

「もう、多分会えないだろう、桂子、二人の将来を頼んだよ」

彼は再び眠るがごとく、意識を失いかけていった。

それから半時間後、静かな死が彼の上に見舞ったのであった。

庭の桜が風もないのに散る、暖い春の午後、戸主のいない葬式が相子の家で行なわれた。

白無垢姿の相子が位牌を持って棺の直後に立ったとき、心ある参列者の涙を誘った。

相子はくずおれそうな体を強く支えて、ともすると乱れ勝ちな歩調を運んだ。

七日の点燈も母子してすまして、集まっていた親戚もひとまず帰ると、大きい空虚が二人の心に襲って来た。

　敬三の従兄の正之進に頼んである桂治の問題も、その後なんの音沙汰もないので、桂子は自分で水戸に発つ事にした。相子も共に行きたいと思ったが、兄妹がその死目にも間に合わず、淋しく逝った敬三の霊が、五〇日間止まるという神壇を捨てて、桂子は相子を共に連れるに忍びなかった。

　その夜、桂子の発った後で、桂治が突然家に帰った。

　一月近い逗留生活から釈放されて、初めて正之進から父の死を聞いた彼は、取るものも取りあえず家に急いだのである。

　玄関に立った彼の姿を見たとき、相子はあまりの事に声をたてんばかりであった。

　荒い顎髭が五分近く伸びて、痩せた頰骨が目立って高く、死人のような顔色が底暗く澱んで、陰惨と惨虐の生活の中に、長く慣らされた人のように、彼の瞳は異様な光を帯びていた。

　彼はいきなり父の室に入ると、その神前に額ずいたまま、いつまでたっても出て来なかった。

　激しい嗚咽を堪え忍ぶような、微かな音が彼の室から洩れて来た。

　彼はそれから父の墓前に詣でた。

　相子が案内しようというのを、強いて断って一人で出掛けたのは、人気ない所に心行くまで父と語ろうとする彼の心持からであろうと、相子は強いて気にも止めなかったが、その夜一時が来ても二時が来ても彼は帰らなかった。

（一〇〇）

　明け方の四時頃、彼は飄然と家に帰った。

　相子が心配して出迎えに行こうとしていた矢先、びっしょりと夜露に濡れた髪を乱して、苦悶と悲嘆に憔悴し切った面を、深くうなだれたまま、トボトボと歩んで来た彼の姿は、なかば魂を失いかけた人のように、物凄くあわれであった。

「兄様！」

相子は何か知ら不安な恐怖に襲われながら、走り寄って兄の袂をとった。

「ああ」

彼は初めて気が付いた人のように、妹の面を眺めると、

「遅くなってすまなかったね、心配をかけただろう」

明るい門燈の火に照らし出された兄の姿が、初めて日頃の優しさと情愛とを取り返したとき、相子は何か知ら込み上げてくる熱いものを止める事が出来なかった。

桂治はそれから書斎に入ると、疲れ切った身を床に横たえた。

帰って以来まだゆっくり相子と口を利《き》く事も出来なかった彼は、初めて落ちついた気持の中に語り始めた。

桂治の嫌疑を受けた原因は、矢吹の訪れであった。

二月に入って間のない頃、彼は突然矢吹の訪れを受けたのである。それは寒い雪の烈しい夜であった。外では吹雪の猛り狂う音以外に何も聞こえなかった。夜の十二時頃、もう婆やも寝静まって、彼が一人で書斎で勉強しているとき、突然烈しく、玄関の戸を叩く音がした。彼はしばらく聞耳をたてていたが、いつまでたってもその音が止まないので、自分でたって玄関を開けた。

「どなたです」

黒いマントにソフトを目深に冠って、濃い茶色の眼鏡をかけた、異様な感じの男が、いつまでも黙って、彼の様子を眺めていた。

やがて突然、

「先生！」

異様に叫ぶと、

「かくまってください。追われています」

その声で、桂治は初めて矢吹であることを知った。

「お入りなさい！」

その声が終わらない内に、彼は飛び込むように内に

入った。

その夜矢吹は自分の境遇については何一つ話さなかった。

桂治も又なるだけそれに触れないようにした。

翌朝彼は婆やに言い含めて、彼のいる事を絶対誰にも洩らさないように警告すると、まだ寝ている彼を残して、学校に行った。

その日彼は学校から戻りに、数本のビールと果物と、それに肉類の缶詰を持って家に帰った。

ひどく、憔悴している矢吹の肉体が、病人のように弱り切っていることを知っていたからである。

しかしもうそのとき、彼は家にはいなかった。

「今朝がた早くおたちになりました。先生がお出掛けになって間もなく」

彼は婆やの言葉を聞いたとき、失望と淋しさに呆然となった。


（一〇一）


それから一月して、鋭い検挙の手が彼に伸びたのである。

桂治はその一月間の逗留生活については何一つ語らなかった。

彼はただ一つ矢吹に尋ねてみようと思った、栄子のその後のことについても、尋ねる機会を失ったのである。

彼は一通り語り終わると、烈しい疲労を覚えて、そのまま深い眠りにおちてしまった。

それから数時間して、彼が眼をさましたとき、桂治は自分の全身が火のように燃えていることを意識した。

相子が急いで医師に電話をかけたときには、四〇度近い高熱が、彼の弱った肉体を蝕んでいた。

医師は早速インフルエンザであると診断した。それに肋膜をひどく弱めていること、肺の方を少しいためているから注意を要すると、相子にそっと言い置いて行った。

相子はその夜、一睡もしないで枕頭に侍《はべ》って看病に尽くした。

翌々日桂子の帰ったときには、幾分熱も下りかけていたが、その翌日あたりから、彼は又劇しい発熱に襲われだした。

数日して、彼は全く肺炎菌に冒されてしまった。

桂治は弱り切った自分の肉体が全然病気に対する抵抗力を失っているのみか、身体内の五臓六腑が、滅茶々々に崩されたような、激しい全身痛苦にうなされずにはいられなかった。

それでも数日すると、周囲の必死の看護が効を奏したものか、さしも頑悪な高熱も次第々々に下がっていって、四月の終わりにはもう寝床の上に起き上がることが出来た。

しかしその間に、彼の肋膜と肺炎は次第に悪化していった。医師は遂に絶対安静をその養生法として奨めたのである。

桂治は遂に休職の止むなきに至った。

暖い景色のよい海岸地方が彼の療養地として選ばれた。

六月の初め、彼は女中を連れて、鹿児島でも最も南に当たる湯原の海岸に転地した。

後には淋しい暗い空気の中に、桂子と相子の苦労のみが残った。

父の敬三の書置きによってつまびらかに報ぜられた所によると、相子の家にはもう全く財産というものがないのであった。

敬三の生前はまだ恩給で生活していたので、物質には何不自由なく暮らす事が出来たが、敬三はその死と共に、自分が生前義侠的に世話になっている借金の返済に、死後の恩給の全てを当てるように遺言しているのであった。

そのためには極力生活を引き締めて、自分の死後は桂治の給料と、郵便局に残された二〇〇〇円近い現金で生活して行くように、桂治に懇々と言い含めているのであった。

しかし桂子はそれを桂治に言うことが出来なかった。彼が帰ってすぐ病気したのみか、その後転地に行こうとする彼の前に、そうした心配をかけるに忍びなかったからである。

相子は初めて聞く家庭の内情に、深い谷底へ突き落とされたような眩暈《めまい》を感じた。

貧苦や不自由は今更彼女の問題とする所ではなかったが、桂治の失業と、病人を連れた今後の生活を思うとき、彼女の心は闇に沈んだ。

それから幾度か、彼女の上に眠られない夜が続いた。

そして最後に得た結果は、

「働こう！」

この一語であった。

働こう、たとえいかなることをしてでも働こう。僅かに残された郵便貯金は、桂治の療養費として大切に保管しなければならない。

そのためには、今後の自分と母との生活費をなんとでもして働かねばならない。

相子は遂にそこまで思い詰めたのであった。


（一〇二）


働こうと決心した翌日から、相子は毎日のように職を探し求めて歩いた。

彼女はまず第一に職業紹介所へ行った。女中、女給、ゲーム取り、酌婦、多くの職業が用意されていたが、どれも彼女には目下出来ないものばかりであった。狭い土地で知事の娘としての彼女が、こうした職業についたとき、世を喜ばす新聞記事の宣伝が煩わしいのみか、目下の所そうしたことを桂治の耳に入れるを除《さ》けなければならなかったからである。

それかといって、不況時代の今日、女性がどしどし職業戦線に立っている今、事務員、教師、交換手はおろか、店員に近いような堅気の職業さえ見付からなかった。

相子は一日暗い失望に鎖ざされて帰った。

それでももしやと思って、彼女は又翌日紹介所へ出掛けた。

三日目に行ったとき、静かな家庭の上女中というのが、彼女に残された唯一つの堅気の職であった。相子は思い切って出掛けて見た。しかし遠縁に当たる娘を使うことになったとかで、彼女はあいにく断られてしまった。

後には普通の女中のみが、彼女に与えられた職業として残ったが、卒業して後をほとんど父の看病に付き切っていた彼女には、炊事というものに自信がなかった。

それでもまさかのときは、飯の炊き方やかずの調《こしら》え方くらい、どうにか習って女中でもしよう。人のすることぐらい自分でも出来ないことはない。

そこまで考え詰めると、相子の心にも幾分余裕が出来てきた。

彼女は毎日紹介所へ通った。

しかしなかなか思わしい職に見当たらなかった。

彼女が通い始めて二週間目であった。その日も彼女は朝早くから出掛けて行って、十二時近くまで紹介所の腰掛けで待っていた。

女の事務員が気の毒に思ってか、

「いつまで待っていらっしてもなかなかでしょう、適当な職が見付かったら取っておきますから、お帰りください」

相子はその好意に感謝して、礼をして帰ろうとすると、

「もし、もし」

奥の方から四〇近い半白の頭髪をした、品のよい紳士が出て来て彼女を手招くようにした。

女事務員がそれを見ると、ふと立って彼女を奥の方に案内した。

そこは特別、所長の室として取り切られている一〇畳位の洋室で、大きい卓子を中にはさんで数脚の椅子が並べられてあった。

彼はそれを相子に奨めると、自分も向かい合わせに坐っておもむろに口を開いた。

「どうした種類の職業をお求めですか」

その満面に表れた慈父のような優しさと、親切な態度に相子はついつり込まれるような気持になって、

「どんな職業でもよろしうございます、真面目な職業でございましたら」

相子は心置きなく答えてしまった。


（一〇三）


「ほう、真面目な職業でしたら」

彼は好ましく微笑むと、彼女の出身学校や卒業年度を調べた上で、更に彼女の住所や所を詳しく聞いていたが、ふと思い当たることがあるように、

「東條さんとおっしゃるんですが、あなたは東條敬三さんのお嬢さんではありませんか」

相子ははっとして面を変えた。なるだけ分からないようにと思っていたことが分かった苦しさと、急に父の名まで指摘された狼狽に彼女の心はちょっと乱れた。

しかし彼女は咄嗟に心を取り戻すと、思い切って、

「はあ、さようでございます」

はっきり答えた。

所長はちょっと意外という風に彼女の面を見つめていたが、

「どういうおつもりで、就職なさる決心をなさったのですか」

その面はあくまで真面目に相子を見つめていた。

「働かねばなりませんので」

相子は経済上からという意味を含めて言った。しかし所長にはそれが通じないらしかった。

「と、言われますと、あなたの持っていらっしゃる主義としてですか」

「いいえ、経済上でございます」

相子は強く、はっきりと言った。

そのとき、初めて彼は腑に落ちたように、

「ああ、そうですか」

彼はちょっと瞳を外らすと、そこから一目に見渡される内庭の緑の茂みを眺めていたが、つと立って女事

務員の所へ行った。そこでしばらくカードを繰って調べていた彼が帰ったとき、手には彼女がもう半月も前書いたカードを持っていた。

彼はそこで又しばらく読みながら考えていたが、急に決心したように、

「御紹介いたしましょう」

強く言った。

彼は女事務員に命じて、筆と墨とを持って来させた。そして罫紙に鮮やかな達筆で二、三行認めると、

「これを持って古賀視学の所へ行ってご覧なさい。何かお力になってくれるでしょう」

彼はそう言って封筒を認め終わると、

「毎日欠かさず見えられるので、熱心な方だと思っておりました。お父様がお亡くなりになって、さぞお淋しいでしょう」

相子にはこれがどうした人であるのか分からなかった。

しかし思いもかけない親切を尽くしてくれる所から、父の名を知っている所など、どうせ父の知人ではあろうと思った。

「お父様がお亡くなりになって、もうどのくらいになりますかね」

「三月近くなります」

「はあ、早いものですね」

渡された封筒の裏を見れば分かると思ったが、相子はあらためて相手の名を問うた。

「私ですか、吉岡という者です。お父様には、生前たびたびお目にかかったことがあります」

相子は厚い感謝の辞を残して、それからしばらくしてそこを去った。


（一〇四）


ひとまず家へ帰ってからと思ったが、彼女はそのまま県庁へ行った。

一日でも早く職につきたいというのが燃ゆるような彼女の念願となって、半日の余裕さえ彼女の気持に持

たせなかったのである。

教えられた通りの道を運んで案内を乞うと、

「私が古賀ですが」

出て来たのは四五、六の色の浅黒い痩せ形の紳士であった。

相子は初対面の挨拶をすると、吉岡から貰った紹介状を出して、事の経緯《いきさつ》を一通り話した。

彼は黙って聞いていたが、やがて手紙を開封して一渡り読むと、

「あなたが東條さんとおっしゃるのですか、なんとかお世話いたしましょう」

言葉は少なかったが、誠意と親切に充たされているようで、相子は頼もしく嬉しく思った。

「お給料は？　格別お望みはありませんか」

「幾らでも結構でございます」

相子は案外早くはかどった就職の希望に勇躍として、給料どころでなかった。

「正式に師範を出ているのでしたら、かなり高く望めますけれど、代用教員としてでは、よほど田舎へ行っていただかないと、思わしい給料をさしあげる事が出来ません」

その言葉によって、相子は初めて自分が教員としての職業を得ることが出来ることを知った。彼女はホッと生き返ったように思った。紹介されたとき、視学だと言われたのでもしやと思っていた希望も、そうした資格をもたない自分には到底のぞみ得ないことだと思っていたにも関わらず、たとえ代用とはいえ、そうした職を得たことは、この不況時代に女中や交換手の職まで探して、疲れていた彼女にとって、生き返ったような喜びであった。

彼女は丁重に頭を下げた。

そして、どのような田舎でも、小さい学校でも結構だから、どこでも職さえあれば行きたい希望を熱心に述べた。

彼は深くうなずきながら聞いていたが、

「これが年度代わりでしたら、すぐでもありますし、

又そんなに田舎へ行っていただかなくってもよろしかったのですが、ちょうど今は学期半ばですから、思わしい所もありませんが、□□郡の奥の津野小学校に二、三日前から出産のため欠勤する職員が一人出来ていますので、その後へしばらく行っていただきましょうか。どうせそこも二た月間の欠勤予定ですから、そのうち八月の学期代わりになんとか致しましょう。もう少し近くの便利な所へ」

寡黙な彼は必要なことのみを言うと、簡単に座を立った。

そして、二、三日中に辞令を発送することと、すぐ履歴書を差し出しておくように、辞令の着き次第学校に奉職するように、事務的にではあるが、親切に言い残して去った。

相子は帰る道々喜びのため夢中で歩いた。

これでどうにか生活の方針が立った。これから極力生活状態を引き締めて、自活の方針を取らなければならない。

彼女が希望と計画に燃えながら、道々こんなことを考えながら帰ってみると、思いがけない欣吾からの手紙が届いていた。

（一〇五）

初めて受け取る欣吾からの手紙を、相子はなんだか不思議な胸の鼓動を感じながら開いた。

中には一別以来久しい久闊の情が、簡潔な彼の筆の中にも溢れるように述べられてあった。

相子はさすがに懐しく思った。

栄子のいるうちは、ほとんど一週間に一度位ずつ、よこしてくる手紙の中に、必ず相子に対するよろしくとの言伝てが伝えてあったので、その度に栄子が、あるいは手紙で又は自身でやって来て伝えたものであるが、栄子が去って一年余り、もう誰も彼の様子を伝える者もなければ、彼自身手紙もよこさずに今日に至ったのを、突然、ことにこうした不遇時代に手紙を貰ったのは、常にも増して相子の心を喜ばした。

相子はその、一言一句を懐しく、ありがたく、千年の知己に会ったような気持で読み下して行ったのであった。

ことにもしや、栄子の消息でも分かりはすまいかという希望のもとに、最後まで読み終わった彼女の瞳には、いつか熱い熱い涙が宿っていた。

欣吾は桂治の拘引されたことを、ほんの近くまで知らないのであった。

「先日北見の叔父が上京致し、事の仔細を承知し驚き入りました。

先生にはその後学校をお退きなされたとの事、今はいかがお暮らしなされていられます事か。先日学校宛手紙を差し上げました際、そうした理由のもとに返信されてまいりました。

栄子が家出いたしましてもう一年余りになりますが、いまだに彼女の様子も分からず、お父上様にはその後御訃報に接し、先生には又思わぬ御災難に遇われ、欣吾が鹿児島を去りましてより僅か一年余り、打ち続く周囲の不幸と、余りに慌しくかき乱されていった平和の事を思うと、ただただ感慨に堪えません。

その間お手紙を差し上げようと常に心に念じながらも、心にわだかまりを持つ者の常として、葉書一枚書くことの勇気にも恵まれず、僅に先生宛差し上げる年始の返書に、御一同様の御健全をお偲び致しておりました。

それを先日叔父の上京によりまして、思いがけないお父上様の御訃報と、先生の御近状に接し、ただただ意外と驚きの感以外にありません。

相子様にもさぞ御心痛の御事とお察し申し上げます。

上京して一年余り、色々取り紛れたとは申しながら、一度の帰郷もせず故郷の土に足踏みしない自分のここ一年余りの生活を思いますにつけて、一年前の楽しく美しく平和な生活を思います。

あの頃はまだ栄子も家におりましたし、お父様も御存命なら、先生もお元気で御幸福そうでした。祖母山や市房山の山岳をよく二人して踏破したものです。

叔父も叔母もその頃はまだ今のような淋しさと心に傷を持つ人間でもありませんでした。
みんな平和で、楽しかったように思います」

（一〇六）

相子は読んでゆくうちに涙で曇って紙面が分からなくなった。

欣吾は最後に、今年の八月にはぜひ鹿児島に帰って、心ゆくまで桂治と話したい旨を述べてあった。

相子はその手紙を大切にしまうと、早速欣吾に宛てて返事を書いた。

「兄の桂治が今病気で津野海岸に転地している事、久し振りの御手紙に接して嬉しい事、栄子さんを離れて孤独の今、昔の楽しさをひとしお思う事」彼女の筆もいつしか涙に曇って行った。

相子はその日から、深く暗黒に鎖ざされた自分の周囲に、微かながら一道の光明を見出したように思った。

相子はその夜床についてから、ふと、欣吾の手紙の一節を思い出した。

「手紙を差し上げようようと思いながら、心に傷持つ者の臆病さで――」

相子には、その言葉の意味が分からなかった。彼女はそれを深く考えようともせず眠りについた。

翌朝彼女は桂治に宛てて手紙を書くと、桂子と相談して女中を帰す事にした。

ひとまず一家の整理が着くと、相子は桂子に連れられて赴任地に向かった。

鹿児島でも最も北端の辺鄙に当たる、山間の僻村で、人家一〇〇を数えるに満たないという、遠地に娘をやる桂子の心は、さすがに憂いに沈んでいた。

海抜一〇〇〇尺という山の中腹に建てられた小学校である。麓の道路までは、バスが通っているが、そこから山の麓をつけて爪先上がりに二里近くも歩かねばならない。片方が谷間で、片方が崖に沿った小さい山路をいつまでも歩きながら、桂子はしみじみと越し方の憂き苦労を思った。

二〇歳足らずで夫に嫁づいて来てこの方、政界に身を投じようとする夫に連れ添った数々の苦労、借金の断わり、運動費の調達、債鬼に取り巻かれた大晦日の夜の難儀、一〇円の質草にも事欠いて親戚知友を馳けずり廻った選挙前の苦境、続いて落選、生活のどん底、官界の畑から一度は野に下ったものの、再び生活のために職を探そうとする敗惨の夫の血みどろの姿、そこに対する矢文の如き攻撃、身は政界に泳ぎながらも、政治屋になり切れない夫の潔癖と清廉の醸し出す苦難な生活道程、壮士の闖入、脅迫文、そうした半生の歴史を経て、遂に今、夫には先立たれ、子どもには病まれ、更に娘を送ってこうした僻地に旅をする彼女の心は痛みと暗さに沈んだ。

足許の谷間には美しく一面に卯の花が咲いていていた。チロチロという鳥の鳴き声に彼女の心はふとわれに返った。

「相子や」

桂子は気を取り直すように元気に言った。

「兄様が早く快くなればいいのにね、それまでは、母様も何かして働きましょう」

相子は思いがけない母の言葉に瞳をみはった。

「お母様はお働きにならなくってもよろしうございますわ、私、お母様一人くらいの事は、どうにかして養えないことはありません」

相子は生まれて初めて、働く者の強さと、責任ある立場にある者の力強い重味を感じた。

（一〇七）

山の中腹に建てられた小学校は、川一つ中に隔てて、両側から迫った山の麓を、ようやく切り開いて造られた小さい建物であった。僅かに作られた形ばかりの校庭に、二本大きな桜の木が、今青々と葉を繁らしていた。電柱大の大木が、二本無雑作に打ち立てられた校門の中に、廊下に沿って設けられた三つの部屋が、校舎の全部であった。

生徒は全部で七〇人足らずであるので、自然、教育は複式法で、相子は、四、五、六年の三組を、一室に集めて教えなければならなかった。

その隣の室では、もう六〇近い温篤そのものの老校長が、古びた絣の着物に、木綿の小倉の袴を着けて、足袋もはかない素足に藁作りの草履をひっかけて、毎日熱心に、一、二、三年生を教育していた。その短く刈られたゴマ塩頭と、草履の鼻緒を巻いた白木綿が、何かしら好ましい素朴な感じを起こさせると共に、こうした先生の観念に慣らされていない相子の心に、一時は妙に別世界にでも来たような不思議な感じを抱かせたのである。

その次が教員室になっていて、狭苦しい室の中に、二つの高机と二脚の椅子が並べられてあった。そこから奥に向かって硝子戸一重隔てた所に、老校長の宿直室があって、毎朝香わしい煎茶の匂いが洩れて来た。山一つ隔てた二里近くも遠方の村に住んでいる校長は、土曜、日曜の外は、たいがいこの部屋に起居して、校舎の留守番に当たっていた。

一週間に一度、又は二度、二里の道を歩いて裁縫を教えに来る校長の妻が、相子にとってただ一人の女友だちであった。

相子は校長に世話をして貰った宿から、毎日熱心に学校に通った。山の麓に沿った小路を川につけて、半里も歩いて学校に来る間、ほとんど家というものがなかった。途中にただ一つある炭小屋から、毎朝早くから白い煙の出ているのを眺めながら、相子はこの静かな登校のときを何より楽しんだ。ときには、一里余りも隔てた遠方から来る生徒と一緒になることもあったが、たいがい一人であった。

「先生、途中でお猿が四、五匹も連れだって遊んでいましたよ。枝から枝へ飛び廻って」

ときに生徒がこうした報告をしたり、自分で歩んでいる足許の叢から、雉子が驚いて飛び立ったりするときなどは、相子はしみじみと深い自然の愉びにひたることが出来た。

生徒はたいがい藁草履を履いて、下駄を履いている者は殆どなかった。中にはまれに麻裏の草履を履いている者もあったが、冬でも袷を着る子どもが数える程しかないという貧村で、だいたい単衣《ひとえ》を三枚も重ねて袷の代用にしていた。それは単に貧乏というばかりでなく、袷を縫うことの出来る母親がめずらしかったのである。ほとんど二里余りも隔てた所から通っている一年生が、毎日昼近くやって来て、弁当を食べたまま、帰って行くのが、相子の心を微笑ましくした。

（一〇八）

学校から半里も東へ入った所に、わりに山間の展けた、平野の見渡される広い土地があった。

その中に十数軒の人家が点在して、一部落をなしている中に、相子の下宿している家もあった。

代々村長をしている家で、五〇近い夫婦の間に、今、中学五年に通っている息子が一人だけの静かな家庭であった。学期代わりの休みでなければ息子が帰らないので、平生は主人夫婦が、朝早くから野良に出て、晩遅く帰って来るまで、家はほとんど空の巣であった。

そこの母屋に続く離れを借りて、相子は自炊の生活をしていた。

ペン一つ買うのにさえ三里に近い道を下りて、麓の文房具店に行かなければならない程不便な土地である。二週間に一度か、ときには一月に一度、魚屋が思い出したように魚を持って登《あが》って来る外には、そこから一〇里近く隔った佐世野という蜜柑の産地から、冬貯めの蜜柑を荷なって来て、米に代えて帰って行く老爺《としより》の姿と、毎日欠かさずやって来る郵便配達の姿の外には、村人以外の者の顔をめったに見る事もない人たちの生活である。食物はたいがい、芋と黍《きび》が主食で、昼食の弁当にも米だけの飯を持って来る子どもは一人もなかった。大きい芋の丸煮か、さもなければ真黄な黍飯の中に、申し訳ばかりの米粒を混ぜた弁当であった。副食といっては、豆腐か野菜か、それにときたま捕れる川魚を籠に入れて売りに来るのを買わなければ、鰯の干物以外には手に入れることの出来ない山村の生活にも、相子はいつの間にか慣れていった。

　相子が就職して二度目の給料日が廻って来た。温篤な校長がいつものように、丁重な手つきで、茶色の封筒から、三枚の紙幣を取り出すと、一枚一枚丁寧に数えて、相子の前に並べた。

　相子の心は、働く者の愉びと、ここ二月の労働生活を思う感激に満たされた。

　故郷の方からは度々便りがあった。桂子が今家をしまって、桂治の許に行っていることが知らされた。

　海岸ではあるが、南を受けて北を見渡しているので、南北に吹き通す風に、真夏といってもほとんど暑さを知らないという、絶好の避暑地に、母と女中を相手の桂治の生活は、平和によどみなく流れて行った。ときどきよこす相子への手紙にも、心身の快さと、生活の安易さがしみじみと偲ばれて、薄紙を剝ぐように快くなっていく兄の病状を偲びながら、相子はようやく愁眉を開く事が出来た。

　その内に、やがて夏休みも近づいて来て、学校ではいつものように一年生の習字の稽古が始まった。

　初めて筆を持って書いた字を、帖に綴じて夏休み中家庭を廻して父兄に見せようというのである。

　キミ　ボク
　センセイ
　校長はその下書を相子に示して、六年生の歴史を教える一方で習わせてくれるように言った。


（一〇九）


「さあ、皆さんお目をお瞑りなさい」

　一教室の中に、三列に並べられた机には、右の端に六年生が坐っていて、中に二年、左の端に一年生が坐っている。

　いつもなら、四、五、六年生が相子の受持ちであるが、特別に、理科と地理とを校長が受持っているので、自然とその時間には、相子が一、二年生の習字の時間を受持つのである。

　いつものように、相子はみんなに瞑黙させた。

「先生」

しばらくすると、又いつものように、一年の席の後ろの方から声が起こった。

「富野君が、眼を開けております」

「違います、先生、相良君が先、眼を開けておりました」

「いや、違う。君が先に眼を開けていたじゃないか」

「ぼくが小さい眼で、誰か眼を開けておりはせんかと思って覗いたら、相良君が大きな眼を開けて後を向いていました」

「ぼくが見たときには、君が大きな眼を開けていた」

「喧しい！」

六年生が、生意気に大きな声をたてた。

「先生、二人とも悪いんです。一人が眼を開けていても、一人が眼を瞑っておれば分かるはずがありませんん」

相子はいつものように起こる出来事に、いつものような裁断を下した。

「みんな、お黙りなさい！　口々に言《もの》を言ってはいけません」

放って置けば、蜂の巣を叩き壊したような騒ぎになるが、最初に頭からガンと叱りつけてしまうと静まって来る。しかし騒ぎはなかなかこればかりではなかった。

六年生の歴史の話が面白くなると、誰一人としておとなしく習字の稽古をしている者がなかった。みんなボカンと筆を持ったまま、こっちを向いて話に聞きとれている。中には筆も置いたまま、机の上に両肱を突いている者もある。

何回となく叱りつけて向きを直しておいても、すぐ又こっちを向いてしまう。その内どうやら歴史の話題が進んで、下級生に興味のない範囲になって来ると、ボツボツおとなしく稽古もしだすが、静かに習っていると思うのも束の間、少し注意を怠っていると、又々騒ぎが始まりだす。

「先生、ぼくの草紙に亀岡君が落書しました」

前の子どもが後向いて、後の子どもの草子に落書する。隣同士が机の領分で喧嘩を始める。墨の取り合い、筆のなすり合い、終いには机の外に飛び出して大立廻りまで始めだす。

野獅子（猪）とお猿の中に育った野生の子どもには、訓練も馴致もあったものでなかった。

こうした中に、七月もすんで八月の休みが来た。梢の若葉がいつしか濃くなって、全村全く緑の刷毛に包まれたような、山村の生活を後に、相子は一人桂治の許に発《た》った。

（一一〇）

欣吾は夏休みになると、何は置いても桂治の許へ帰りたかった。

それは久し振り、桂治に会って話の出来る喜びもあるが、それよりも、もう一年余り会わない相子に会える喜びに、彼の心は一杯であった。

しかし彼は、入学してからまだ一度も帰らない熊本の父から、今年こそは待っているから、休暇になり次第帰って来るように、ひどい厳命を受けているので、帰らない故にはゆかなかった。

七月の初めに休みになると、彼はまず取るものも取り敢えず郷里に帰った。

父は相変わらず謹厳ではあったが、優しくて人が好かった。母はいつものように、落ちついた物静けさの中に、彼の帰郷を心から喜んだ。まだ小学校に通っている二人の妹が、駅まで彼を迎えに来ていた。僅か二年近く会わないうちに、もうすっかり成長している彼女らの様子を見ると、欣吾はひとしお相子の上を思った。まだ女学生時代の袴を着けた彼女の姿しか印象に残っていない彼の心には、その後の相子の成長と、変わり方がひとしお懐しく慕わしいものになってくるのであった。

「その後どんなに変わっているのであろう」

小学校に勤めているということを聞かされているので、彼の頭に浮かんで来る彼女の姿は、帯というより、やはり女学生時代に近い袴の姿であった。

欣吾は燃ゆるような焦燥と懐しさの中に、ようやく数日を家の中に過ごすことが出来た。

父が晩餐の席で冗談半分に語る幾つかの結婚問題も、彼にはなんの関係もない風馬牛であった。

「お父さん、まだ早いですよ。自分で喰って行くだけの地盤もないうちに、妻の事なんか考えていられません。約束なんて、そんな事で待って貰うのは真っ平です。持参金付きの妻なんか、死んでも貰う気になれません」

彼はこの一言で、よい加減に父の言葉をあしらった。それでも何枚かの写真が、機を見て母の手で示された。一四のときから育てられた母親であるが、彼には矢っ張り遠慮があった。自分の子どもは二人まであるが、それがみんな女なので、継子の欣吾をわが子のように頼っている。母の真意をよく知っている欣吾は、母の親戚で、いつか父の言って来ていた鶴子の写真を見せられたとき、さすがに率直に断わりかねた。

「いい方でしょうけれど、ぼくはまだ結婚のことなんか考えている場合じゃありません。それより、ここ四、五年みっしり勉強したいと思っています。妻や子に煩わされては、研究も出来ませんから、第一喰わして行く事すら、まだまだぼくには出来ないんです」

欣吾はそれとなく断わりの予備線を張った。しかし母の追及はなかなか熱心であった。

「今すぐ結婚しなくっても、鶴子はまだ若いんですから、あなたに結婚しようという気持さえあれば、二、三年待たしてもいいんです。それに、あの子には相当の分財があるんですから、結婚してあなたの生活が困るような事はありません」

「ぼくは、妻の持参金で生活しようなんて、夢にも考えておりません。とにかくこうした問題からは、こしばらく離れて勉強したいと思っています」

欣吾はそれもどうにか断わった。しかし彼の前に待ち伏せている結婚問題は、これのみではなかった。

（一一）

輝かしい南国の太陽が、広い畑一面に降り注いでいた。キカキカと耀《ひか》る八月の陽を全面に浴びながら、大介は汗に光る額を仰向けて、そこから一面に見渡される青々とした大蒜畑が、紺青の空と合致している地平の彼方を仰いだ。

そのとき向こうの方から、畑中を一条に通った道を、こちらへ急いで来る人の姿が見えた。

大介はしばらく見つめていたが、それが段々近づいて来るにつれて、欣吾であることが知れた。

「やあ！」

懐しい久闊の情が、思わず彼の口をついてほとばしった。

「ああ！」

その声が聞こえたのか、向こうの方でも声をかけた。

「叔父さん！」

彼は小走りに近づいて、大介の前に立った。

真黒に焦《や》けた額に、灼けつくような真夏の陽をまともに受けて立った彼の面は、二年前の青白い、鼻下に髭を蓄えた大介の顔とは似ても似つかないものであった。

粗末な労働服にゴム裏の足袋を履いて、右手に鍬を杖についた大介の姿を、欣吾は懐しくマジマジと眺めた。

「叔父さん、随分変わりましたね」

「君も随分変わったね、なかなか立派に大人らしくなった」

大介は堪え切れない悦びを、全面に溢らせながら、角帽に制服の欣吾の姿を愛《いと》おしく見守った。

「叔母さんは？」

「ああ、家《うち》にいるよ、思いがけない来客にさぞ喜ぶだろう」

大介は先に立って畑の中を歩いた。そこからほとんど二町もの間、畑の中の道は一条に通っていた。

「随分、広いですね」

「ああ、全部でどれくらいあると思う」

「一〇町くらいありますか」

「いや、二〇町だ。君が卒業するまでには、ぜひ一〇〇町歩に殖やしときたいと思って」

「病院の方はどうなりました」

「それもボツボツ計画している。それも、君の卒業するまでには完成する筈だ」

「ぼくの前途も大飛躍ですね」

「大いに。大いに奮発してもらわんでは困る」

「さしずめぼくがそこの院長ですか」

「そうさ、そして叔母さんが看護婦長だ」

「は、、、そして叔父さんが何になるんです」

「まず経営者だね、それよりも大蒜栽培所長か」

退職して生活が変わったためか、ずっとくだけてやわらかくなっている大介と肩を並べながら、欣吾はいつまでも、畑の中の道を歩いた。

輝やかしい南国の夏の陽《ひ》が、二人の背中を痛い程照らした。

（一一二）

僅か会わないうちに、思いがけない程変わっていた叔父に劣らず、叔母も又ひどく変わっていた。

都会に住んでいては見慣れない綿服の上に、黒い盲縞の仕事着を引っかけた汲子の姿は、齢よりも六つも七つも老けて見えた。両手の指が節立って、顔が真黒に日に焦けて荒れているのが、第一欣吾の心をひいた。美しくオールバックに結ばれていた上品な束髪が、いつの間にか老婆のように坊主結びになって、あり余る頭髪も無雑作に首すじで束ねられていた。

「叔母さん」

欣吾が感極まった懐しさの声を発したとき、汲子の眼になんとなしの涙が溢れた。栄子が家出して二年近く、彼女の頭に浮かんでくるのは、不幸な娘の上と、折にふれ時にふれ彼女を慰めてくれる優しい欣吾の姿であった。

「立派になられましたね、欣吾さん」

彼女の前には、栄子の姿が浮かんだ。今頃はどんなになっているんだろう。どんなに変わっているんだろう。どこで何をしているだろう。彼女の前には、一瞬、種々の不幸な妄想と、暗い影が、彼女の心を真暗にして通りすぎた。しかし汲子は気を取り直した。もう二年間、悩み悩み疲れ、悲しみ悲しみ倦《う》んだ彼女の心には、ようやく人の世の運命《さだめ》と、深い不幸に対する強い忍耐力が養われているのであった。

欣吾はその夜、大介が床についてから、そっと汲子の室に呼ばれたのであった。

「欣吾さん、その後栄子の消息をお聞きになりませんか」

汲子はあたりを憚るように低い声で言った。

「ぼく、ちょっとも聞きませんけれど」

欣吾はこう言う外になかった。勿論彼ははっきりした栄子の消息を聞いたのではなかったが、どこからともなく聞こえる風の便りで、彼女がいつか浅草のレヴューに出ていたとか、支那そばの屋台をひいて通っていた彼女の姿を見たことがあるとか、噂はすべて彼女の母を悲しますものばかりであったが、それも嘘か真かその辺の確かささえはっきりしないので、彼自身にも分からないことであった。

「矢吹さんとおっしゃる方と一緒でしょうか」

「それもはっきりぼくには分からないですが、多分一緒ではないでしょうか」

「夫は栄子が出て行ってからこっち一言も栄子のことを口にしませんし、私がときどき話しても機嫌が悪いし、その後栄子の消息はさっぱり分からないし――」

汲子は先を言おうとしたが、涙に遮られて声が続かなかった。

欣吾はなんと受け返答してよいのか分からなかった。

「それでも無事にいてくれればいいがと、それのみを祈っています」

汲子は言おうとして、ふと気が付いて止めた。軍人の妻としての日頃の素養と、夫の思想で鍛え上げられた、帝国主義的信仰が、そうした言葉を彼女に口にするさえも控えさせたのである。

「今にきっと後悔して帰って来ますよ、栄子さんも」

欣吾はうつろな自分の言葉の無責任さに、はっとして口を噤んだ。

外ではずしんと、熟《う》れた水蜜の落ちる音がした。

（一一三）

海岸に近い田舎では朝食から生き生きした鰹の刺身が食卓にのっていた。まだ水につけたら泳ぎそうに見える弾力のある魚の身が、新しい白金色の光を放って皿に盛られているのを見たとき、欣吾はさすがに忘れられていた自然と新鮮の美しい生活を思い出した。

「これは、今朝ここの浜で獲れたんですよ。漁夫《りょうし》が持って来たときには、まだ生きていました」

汲子は今朝方漁夫が持って来たとき、深い海色の縞の鰹が、小砂に塗れて跳《おど》っている元気な状《さま》を、欣吾に見せてやりたいと思ったが、いなかったことを残念に思った。

「早網が上がったんですか、こんなに早く」

「いいえ、これは網ではありませんよ、昨夜沖へ釣りに行っていた船が特別生かして持って帰ってくれたのです」

汲子は山盛にしたイクリ《ママ》の鉢を、食卓の上に置きながら言った。

「ああ甘そうだな、真白に粉がふいているわ」

「今庭からちぎって来たばかりです」

「そうですか、都に二年も住んでいると、すっかり自然に見放されている。東京に行った頃は、魚と野草がまずくって困ったものだが」

欣吾は懐しそうに、故郷の自然の味を心から味わった。

大介はその日食事がすんでも、いつものように畑に出ないで、欣吾と共に書斎で話した。

青葉に匂う庭に面した八畳の室は、梢を渡る微風《そよかぜ》が南北に吹き通して、夏でも暑さを知らない程涼しかった。

真瓜、西瓜、西洋イチゴ、大介が仕事の合間に、野菜と共に作る果物が、後から後から汲子の手によって運ばれた。庭の粗末なベンチの上に、日除け代わりに作られた葡萄棚の下に、房々とした紫色の実が見事な成果を見せていた。

欣吾は話しているうちに、思いがけない満子の噂にぶつかったのである。

「欣吾君、君は東京でときどき満子さんに会いましたか」

「満子?」

欣吾は咄嗟にその言葉の主を思い出すことが出来なかった。

「満子」彼は再び呟くように頭をもたげた。

「榊原君の娘さんです」

榊原、その言葉を聞いたとき、彼の頭に初めて満子の姿が浮かんできた。

「ああ、あの榊原中将の娘さんですか」

「そうさ」

「そうですね」彼は過去の記憶を辿るように、眉を片寄せていたが、

「二、三度会ったかも知れません、それも途中で」

「一度目は確かに省線の中で会ったと思っていますし、二度目は代々木の原で会ったか、その外にも会ったことがあるかも知れませんが忘れました」

彼は叔父がなんのためにそんなことを尋ねるのか理《わ》由《け》が分からなかった。

「榊原君にも会っただろう」

「そうですね、代々木で会ったときは、確かお父さんと一緒だったと思います」

「そのとき何か話したかね」

「格別、いつかの礼を言っていました」

欣吾はそのとき、赤い熟柿のような顔をして、中将の後に小さくこぼんでいた満子の姿を思い出した。

（一一四）

「実は……」

大介は徐《おもむ》ろに口を開いた。

「その榊原君から、君を養子にしてくれないかという相談があったんだが。勿論自分はそんなことに取り合いはしなかったけれども。欣吾は長男で、一人の男の子だから御希望に添い兼ねるという返事を出しておいたが。それが近頃又、養子がいかなければ、嫁でも結構だから是非満子を貰ってくれまいかという手紙なんだ。君も知っている通り、榊原君はひどい民主主義者で、士官学校在学中からすでに、一代華族を高唱するくらいの人間で、家名や血統なんかを全然問題にしていない所があるんだ。それで今度の縁談なども、満子は長女で外に男の子がないから普通をいえば養子が当たり前だが、なんなら妹の礼子に養子をしてもよいし、まさか違えば養子なんかは全然要《い》らない。家系はそのまま断絶してもいい。それよりも一人の秀れた婿を持つ方が、自分の為にも娘の為にも喜ばしい事くらいに考えているんだ。そうした榊原君の人物を知っているので、わしも嫁となると、この縁談には満更反対する気にもなれないがね。……勿論それは本人同士の好き嫌いが第一で、それに先方の娘さんの人物もよく調べた上の事でなければならんが、榊原君の手紙によると、「満子は性温順で、生まれつき同情深く、現代の女性にありがちな、虚栄軽薄の風はないが、古の烈婦賢女に見るような力強さは持っていない。平凡な淑徳な妻として、優しい温い母として、夫に仕え子どもを育てていくのが関の山であろうが、しかしこれだけは断言出来る。いかなる苦境にあっても夫に純情であることと、貞女二夫にまみえずという観念の許に、たとえその結婚生活が死別であろうと、生別に終わろうと、必ず独身を立て通す女であること、それは幼時からの家庭の教育によって育まれたものであるというよりも、むしろ彼女自身の持って生まれた天性のしからしめるものであると思う。

趣味と言っては、活花、琴、三味線、長唄、ピアノ、なんでもわりに広く興味の持てる方であるが、茶の湯とヴァイオリンが最も得意で、又その道は相当の蘊奥《うんのう》を究めているらしい。学校の成績は数学とフランス語が群を抜いていたのでその方面でも馬鹿でないことだけは保証が出来る」

大介は榊原伯爵のよこした手紙を持って来て欣吾に見せた。

欣吾は黙ってそれを読み終わった。

庭の桜の梢を渡って来る風が二人の面を軽くなでた。

欣吾はそのとき面を上げた。

「叔父さん」

緊張した彼の面に固い決心の色がさっと流れた。

「ぼくは今、心に思っている女性があるんです」

彼は敢然と言い放った。

（一一五）

「心に思っている女性?」

大介は意外という風に欣吾の面を見つめた。

欣吾はすかさず第二の言葉を出した。

「ぼくは、東條の相子さんを貰おうと思っているんです」

「相子さん⁉」

大介は驚きと、何かしら予感の的中したような気持の中に複雑な表情をした。しかしそれも咄嗟の間で、すぐ元の平静と穏かさの中に還って、

「そうだね、相子さんか、それもよかろう。しかし相子さんにはもう決まった人でもあることはないか」

大介はそのとき、桂治のことを思った。せっかく栄子を嫁《や》ろうと思っていた念願も、遂に向こうに婚約者があるという理由のもとに断わられた、いつかの日の、苦い悲しい失望の気持を思い浮かべた。もしやあのとき桂治に貰ってもらっていたら万一栄子もああした道に入りこんでいなかったのではなかろうか、大介は今でもときどき、そんなことを思うことがあった。

そうした悲しみを再び欣吾に見せまいとして、大介は今度も第一そうした方面に注意の神経を働かせたのである。

「まだ、そうした話は聞きませんけれど」

「それは聞いた上からでなくっちゃあ、まさかの時の失望が大きいよ、ハ、、、」

大介は豪快にさも屈託なく笑った。

欣吾はホッと安心した。今まで二年近く、誰にも言わないでただ自分の胸一つに納めて来た心の切なさを、せめて大介になりと打ち明けて、心の捌け口を見出した喜びに彼の心は躍った。

「相子さんだったら、わしが貰いに行ってやってもいい。だがまず第一に学校を卒業することだね」

無邪気に笑う大介の面を眺めたとき、欣吾は今更はっとして顔を赤くした。

大介はその後満子のことについては何も口にしなかった。しかし彼は、伯爵が一目見て欣吾にそんなにまで執心する彼の洞察の鋭さに今更驚いた。

しかし伯爵が欣吾にそんなにまで執心したのは、決して彼を一目見た上のみではなかった。いつかの夏、海岸で母と娘が助けて貰った感謝の情や、その後母が汽車中で会ったときの彼の態度、矢吹から聞かされていた彼の人物の批評、それにこの頃目に見えて深く欣吾を慕っていくらしい満子の態度や、そうしたものが彼の心を動かしていた所へ、まず何よりも大きく彼の心を揺り動かしたものは、欣吾がいつか係りの教授に科外として出した「余の抱負」と題する一論文であった。

それには日頃の欣吾の抱負や、この頃の勇躍した彼の気持がつまびらかに述べられていたのである。

ほんのちょっとした偶然の機会に、その論文に目を通した伯爵の心は、若き理想と生涯の抱負に燃ゆる学徒の魂に魅《ひ》きつけられた。

そしてそれが欣吾であると知ったとき、彼の心は喜びにふるえた。

「ともかくもそれでは断わるとしようか」

大介は万一相子が駄目だったときの用意にと思ったが、欣吾はてんで問題にしなかった。

「相子さんが駄目だったら、しばらく独身します」

欣吾は心から、相子が駄目だったら生涯独身してもよいと思った。

（一一六）

欣吾はそれから半月程を大介の家で過ごした。叔父がせっかく止めるのを振り切って帰る心苦しさと、今一つは、小学の休みが八月一日からであることを知っていたからである。

彼は毎日大介と共に朝早く起きると、一緒に一日中を畑の中で過ごした。

たまには海岸に出て、漁夫《りょうし》を手伝って地引網を引く事もあったが、そんなとき、帰りには必ず彼の右手に、大きい鰹の尻尾か、真黒に墨を吐く烏賊の長足がぶら下がっているのが常であった。そして夕飯の食卓に、汲子の手で料理をして上げられた。親切な漁夫たちは、この気さくな心置きない手伝人のために、帰りには必ず好意の土産物を忘れなかったからである。

欣吾はこうした生活の中にあっても、一日として相子の上を忘れることが出来なかった。

激しい焦燥と苦痛の中にも、彼は遂に八月に入るまで滞在した。

八月に入って三日目の朝、彼は大介夫婦の止《と》めるのもきかず桂治の許へ出発した。

そこから二時間も汽車に乗って南に下ると、桂治のいる海岸の駅に着いた。

一面に見渡される紺青の海、風がないので霞のようにボンヤリと澱んだ山、静かな波の音、ここばかりは浪風荒い南国の風景から、一画取り除かれたような感じのする、穏かな自然の景色であった。別荘や避暑客用の旅館のぎっしりと建ち詰った海岸通りを四、五丁目も行くと、飄然向こうからやって来る桂治の姿が眼に止まった。

「ああ」

驚きの声を発しながら歩いて来る彼の姿は、痩せてはいるが元気であった。しかし目立って顔色の悪いのが第一欣吾の眼に止まった。

「ようこそ――」

親しみ深い微笑《ほほえみ》の色を湛えて彼は固く欣吾の手を握った。

「先生」

何かしら込み上げて来る感激の情が、痩せた桂治の手を握りしめた瞬間、欣吾の胸に涙となって上《のぼ》って来た。

二人はそれから引き返すと桂治の家に行った。

桂子と相子が驚きと喜びの中に二人を迎えた。

「まあ、御立派になられましたこと」

どこへ行っても同じように聴く言葉を、欣吾は相子の前で、海老のように赤くなって聞いた。

「欣吾君、君は大変老《ふ》けましたね、高等学校時代よりも四、五年も老けて見えている」

桂治は自分の老けたことは言わないで、相手の老けたことにのみ気を止めた。しかし欣吾の見た桂治は、一〇年も齢を増していた。病気のせいでひどく憔悴している為もあろうが、昔のような若やかな、生き生きした青春の姿はもう彼のどこにも見出せなかった。

「一年の生活がこんなにまで彼を変えたのであろうか」

失恋と病気の苦痛がその髄《ずい》までも彼の生命を蝕んだことを、欣吾は深く考えることが出来なかった。

（一一七）

しかし、欣吾が来てからの桂治の生活は、にわかに明るく愉快に拓けてきた。

彼は毎日ボートを漕いで沖へ出た。

夜は月見草の咲いた松林を散歩した。

美しい月明りが松影に懸って、寄せては返す浪の音が、彼らの話し声を妨げないぐらいに静かに響いて来る浪打ち際を、三人はいつまでも話しながら歩いた。

そうしたとき、期せずして三人の心に浮かんでくるのは、楽しく平和だった過去《むかし》の生活の思い出であった。

「あの頃は、栄子さんも元気で、よくぼくの所へ遊びに来てくれたものでしたが」

桂治はよく、それとなく栄子を偲ぶ言葉の端々に、無限の哀愁を湛えた。

相子はそうした桂治の気持を察すると共に、今はどこにいるのかその消息さえもわからない友の上を懐しみ患った。

「随分苦労をしていることでしょう」

欣吾の心は憂いに鎖ざされた。

三人はそうした思い思いの悲しみを抱いて、遠くへ去った栄子の上を思い患うのであった。

十五夜の満月もいつしかすぎて、ようやく月が下弦に欠け始める頃になった。

欣吾はある夜、相子を伴って、そこから一里近くもある岬の方に的《あて》どなく歩いた。

空には美しい星影がまばらで、汀に砕くる月影が、淡い詩のような光を放っていた。

二人は黙ったまま、いつまでも歩いていた。

ときどき行き違う若い男女の連れが、言い合わしたように二人を振り返る程、相子たちは長く波打際を歩いていた。

「相子さん、草履が濡れはしないですか」

欣吾は初めて、口を切る機会を見出したように声をかけた。

「いいえ、私、波打際を歩くのが好きですの」

彼女はもう、ずっぷりと濡れた草履の裏を重たげに引きずりながら、なおも小波の寄せる濡れた砂の上を歩き続けた。

欣吾は笑いながら、そこから二、三歩離れた所を、彼女とほぼ肩を並行させる程度に歩いた。

遥か遠くに見える、赤い岬の磯の灯を眺めながら、相子は色々のことを思い浮かべていた。

去った栄子の事を、病む桂治の事を、年老いて、あまりにも予期しなかった不幸な運命に逢遇する母親のことを。将来自分の歩まねばならない、孤独と独立の、荊《いばら》の道を。――彼女の胸にこの頃ようやく目覚めかけた、深き芸術に対する思慕と憧憬を。

相子の胸は、悩みと憧れの混合した切なさと苦悶に狭《せば》められてきた。

理由《わけ》のわからない心の疼きが、彼女の全身を締木にかけたように術なくした。

相子は黙っていつまでも歩いた。

欣吾がそのとき、再び声をかけた。

「相子さん」

不意に呼びかけた彼の面は、斜めに受ける月の光に照らし出されて青白く澄み切っていた。

（一一八）

相子は黙って彼の面を見つめた。

緊張した沈黙が、一分、二分と二人の間に続いた。

やがて欣吾が再び口を開いた。

「相子さん――あなたは結婚というものをお考えになったことがありますか」

その問いが余りに突飛で思い掛けなかったので、相子は瞬間、ハッとして面を伏せた。

しかし欣吾はすかさず追及した。

「相子さん、恋愛というものを、お考えになったことがありますか」

相子は咄嗟に返事が出来なかった。彼女は黙ったままにしばらく歩いていたが、

「この頃、少しは考えてみますの」

「どのように、お考えになります」

相子は再び返事に困った。

彼女は言わんとする自分の思想を纏めるかのように、しばらく立ち止まって汀の方を見つめていたが、

「坂本さん、私は恋愛というものを、この世の中で実現出来ない程、高所に夢見ている人間なんですの、だから私の生涯には、恋愛が恵まれないままですむのかも知れません。その満たされない憧れの気持を、芸術によって満たそうとするのが、私の生涯ではないのか。

私はよく、このようなことを考えるようになりました」

欣吾はじっとその声に耳を傾けていたが、みるみる彼の顔色が蒼白に変わった。

「と、申されますと――」

彼は思わず力を入れて問い返した。

「結局、恋愛の出来ない人間かも知れません」

相子は自分の言おうとする所を、到底、相手に解ってもらえないようなさびしさに口を閉じた。

欣吾は黙ったまましばらく歩いた。

彼は幾度《いくたび》か何か言おうとして、口を開こうとしたが、そのまま黙って歩きつづけた。

彼の面に、救われ難い深い淋しさと暗さが、蔭のように淀んで動かなかった。

こうした欣吾の態度を見たとき、相子は初めて予期しなかった、大きい驚きと心の痛みに逢遇した。

平生から、欣吾を桂治の親しい教え子として、又栄子の遠縁に当たるものとして、その気さくで親切な気性を兄のように慕っていた彼女にとっては、欣吾が自分に抱いてくれる、そうした特殊の感情や、好意など考えてみたこともなかったのである。ことに、自分の欣吾に対する気持の中に、そうしたものを想像さえ出来なかった彼女であった。

相子は自分の迂闊さを恥じると共に、これまで自分の前に、そうした行動の破片さえ示さなかった彼の心の奥に、深く刻まれていた自分の姿を想うと、深い感謝の念に把われた。

しかし彼女は、欣吾に対する自分の気持はどうすることも出来なかった。

ただ、兄のように慕わしい人。親切な気さくな男らしく、好ましい人。真面目な人。

彼女の前に現れる欣吾の姿は、恋憧れる異性のそれではなくて、むしろ距てなく頼りすがろうとする肉親のそれであった。

相子は、苦しい自分の立場の逃れ道でも見つけるかのようにして、なるだけ欣吾から離れ、小刻みにゆっくりと歩いた。

静かな波の音が、深い二人の中の沈黙を破るかのように響いた。

「相子さん!」

不意に欣吾の悲痛な声がした。

「ぼくは！　あなたを愛していたのです。それも三年この方、死ぬる程！」

率直な彼の言葉が、絶望と悲哀の中にふるえた。

相子は黙ったままいつまでも立ちすくんだ。

（二一九）

深い深い死のような沈黙の中に、波の音がいつまでも響き続けた。

二人の影が身動きだにしないで、折から西に傾きかけた下弦の月の中に照らしだされた。

青白い死のような寂寥と、名状することの出来ない深い悲哀が、欣吾の身辺を蝕むように覆いかぶさっていた。

深くうなだれた彼の姿が、絶望の化身のように不幸に痛々しくやつれて見えた。

相手は身動きするだに憚られる、息塞りそうな森粛《ママ》と苦痛の中にあって、ともすると弱ろうとする自分の心に鞭打ちながら、更に発すべき言葉もなく立ち続ける外に道がなかった。

そのとき欣吾の白い姿が影のように砂の上に蹲《うずくま》った。

立っている勇気と力さえ今の彼にはなかったのである。

「死！」

瞬間、彼の脳裏を横切った意識はただこれのみであった。

欣吾は世界がただ自分の周囲三尺の暗黒にとざされたような気がした。

彼は蹲ったままいつまでたっても動かなかった。

そのとき近づいてくる人の足音がして、彼の心は初めてわれに還った。

欣吾はようやく立ち上がった。

「相子さん」

消え滅《い》るような淋しい言葉が、血の気の失せた彼の蒼白い唇を洩れて聞こえた。

「あなたは生涯結婚を否定なさろうというのですか。

それともぼくの愛を受けいれていただけないというのですか」

相子は発すべき言葉もなかった。勿論彼女は、生涯独身などいうことはまだ考えてもみなかったのである。といって、今まで自分の心を魅いた異性の姿に接したこともなければ、又将来どうした異性が自分の心を魅きつけるのか、それさえ考え得ない彼女であった。ただ、いつか矢吹を見た瞬間の感じに、どことなく好もしい、男らしい彼の姿の中に、ようやく憧れというには余りに淡い不思議な感情を抱いたことがあるが、それさえも、矢吹を知り、深く矢吹の思想を検討してゆくにつれて、いつしか彼女の心から消え失せて、今では真面目で真摯な一友人の姿としてのみ、彼女の心の一隅に懐しみ蔵せられているのであった。

ことに欣吾に対しては、最初から桂治の親しい友人として、栄子の親戚に当たる者として、その率直な男らしい親切な性格を、兄にも見まほしき好もしさで親しみ懐しんできた以外に、なんの特殊な感情をも抱き得なかったのである。

更に欣吾の自分に対する態度のどこにも、いまだかつてそうした感じを微塵だに受けとることのできなかった彼女には、今夜の欣吾の告白は余りに思いがけなく意外なものであると共に、更にこうした深い愛を三年近くの長い年月自分の胸深く秘めつづけてくれた彼の真意に対する深い感謝の動くのをどうすることも出来なかったのである。

栄子によって傷つけられた兄の魂の痛手を想うにつけ、世の真面目な恋愛の失われた場合の苦悩のいかに大きいかを知る相子に取って、欣吾の愛が深ければ深い程、又彼の人物が真面目で誠実であればある程、そこに対する思い遣《や》りと感謝の念に、彼女の心は傷められてゆくのであった。

相子は黙ったまままいつまでも立ち尽くした。

欣吾はくずおれそうな体をようやく全身の力に托しながら、いつまでも黙って立ちつくす相子の口の開かれるのを待った。

相子は思い切って口を開いた。

「坂本さん、御好意は感謝いたします。私のような者をそんなにまで深く想ってくださるあなたの御真情に私はどう言って感謝していいのか分かりません。でも私は、生涯結婚できないような気がいたします、妻として、母として、立ってゆくよりも、むしろ人生の真を少しでも見究めようとして生きてゆく芸術家の生活が、私の生涯に課せられた宿命ではないのか、そこに自然が自分に与えてくれた最も自由な自然な生き道があるのではないか。私はこの頃このようなことを考えるようになりました。生涯このまま結婚しないとか、あるいはするとか、そのようなことは今はっきりとお答え出来ないような気が致します。

でも、これだけは申し上げられます。たとえ生涯独身で通しても、自分に与えられたこの宿命だけは、愛し育ててゆきたいと。そこに又自分の免がれることの出来ない生命の宿命があるのではないかと」

今しも月は西の山端に傾いて、淡いバラ色の月明りが仄かに青空を染めていた。

欣吾は身動きだにしないで硬く立ちつくした。

やがておもむろに面を上げた彼の瞳が、慚愧と絶望に傷みきずついていた。

「相子さん、お別れいたしましょう」

かすかに呟くように言うと、彼は一目散に姿を消した。

遥か彼方に見える岩屋の元に身を投げた彼の面は、激しい慟哭のためいつまでも濡れていった。


（一二〇）


九月に入って避暑客の姿も消え、十月に入って朝晩の寒さが身に沁みる頃、桂治の容態はにわかに悪い方面へ傾いていった。

例年になく不順な気候のために、海岸にめずらしい寒さが一月《つき》も前に訪れて、乾燥した地冷えのする空気が桂治の身体を悩ました。

久しく忘れていた夕方の発熱が、毎日のように彼の心を憂鬱に把えた。少しの運動にも思考にも、堪え難い疲労感が伴った。

読書と散歩のない一日の生活が、彼の心を暗鬱そのものにした。

桂治は毎日床の中にあって、ただぼんやりと自分に面した死について考えることが多かった。

「今一度起ち上がらなければ、もう一度なおりたい」

そうした希望が次第に彼の心から遠ざかって行って、冷たい澄み切ったあきらめの中に、死と人生を考えることが多くなった。

欣吾からはその後ほとんど便りがなかった。

十二月に入ったある日、桂治は突然劇しい喀血をした。

それから釣瓶落としのように彼の全身が衰弱していった。

医師は次第に彼の危険状態の近づいたことを告げた。

相子は学校を休んで家に帰ったが、一月二月と彼の病状は次第に悪化していった。

三月が来ると、さすがの寒さも和んで、日当たりのよい海岸通りにははや彼岸桜が綻び始めた。

桂治の毎日散歩していた松林に沿った土手際に、紫色の菫が暖い陽を浴びて咲きだした。

見渡す限り黄金色をした菜種畑が、疲れた相子の神経を透して眼に沁むように感じた。

波の音がのっとりと春らしくなって、牡蠣取りの乙女の姿が春の陽に一日中照らし出された。

日増しに陽気を増す自然の推移が相子の心をたまらない憂鬱と悲しみの中に鎖ざした。

ほとんど幽霊のように痩せ衰えた桂子の面が、毎日死人のように色褪せていった。

四月も半ばになると山桜も散って、青葉を渡る風が初夏のおとずれを伝えた。

ほとんど身動きだにならない激しい衰弱の中を、桂治は毎日床の中に過ごした。

「ああもう初夏になったの、早いものだね自然の推移は」

枕元に活けられた花瓶の葉桜を愛しむように、彼はしみじみと自然を懐しんだ。

五月に入って彼は突然死の近づいたことを知った。冷徹と諦観の中に彼は静かに死の用意をした。

震える手で彼の日記の最後の一頁が記された。ただ一通欣吾に宛てての遺書《かきおき》が記された。

「相子！」

ある夜異様な彼の呼び声に、相子は不安に轟く胸をおののかせながら彼の枕許に走った。

（一二二）

ほとんど半眠に近い昏睡状態が数日続いて、眠るように桂治が逝いたのは、池の燕子花《かきつばた》が毎日雨に濡れながら咲き代わる、五月も末に近い五月雨の午後であった。

しめやかな通夜が親戚の者たちの間で行なわれた。

桂治の死をしらせて打った欣吾への電報も、その後なんの返事もないのみか、もしや葬儀に列席でもしてくれるのではないかという桂子ののぞみも空しく破れて、初七日の祀りもすんでにわかに親戚の者たちも帰った後の淋しさを、母子の侘しい心に嘆く頃になっても、欣吾からは遂になんの音沙汰もなかった。

もしや病気ではないのか、家に帰っているのではなかろうか。色々に案じ思いながらも、桂子はとにかく桂治の遺書を携えて一度上京することにした。

相子は一人家に残って、終日思いわずらった。

桂治の久しい看病に続いて死の打撃に、ほとんど思考する気力さえ失った痛み傷ついた心の中にも、相子は更に欣吾のことについて思い悩まねばならなかった。

一年前に欣吾と別れて後、桂治に対する音信もほとんど絶えた彼のその後を思うにつけ、相子の心は深く痛んだ。

「その後どうしているのであろう」

何はともあれ電報の返事の来ないのが相子には不思議であった。

たとえいかなる理由の許にも桂治の死報に接して黙っている欣吾でもなければ、それかといって万一欣吾の手に電報が届いていないとすれば必ず返信されるはずである。もしも病気であるとしても返電くらいは打てないことはない。

万一郷里《くに》に帰っているであろうか。しかし休暇以外の帰郷とは何事であろう、それにしても宿から本人に伝えてくれそうなものである。

相子は色々と思い迷った。

そのとき、ふと彼女の心に浮かんだのは柴田の姿であった。

桂治の危篤の報を受け取ると共に飛んで来て、一週間に近い昼夜を自らその枕頭に侍して看病に尽くしてくれた彼の姿が、今しみじみ懐しい感謝の情と共に彼女の頭に浮かんできた。

「東條君、赦してくれ給え、八月にぼくが盲腸をしていなかったら、ゆっくり君と話せるのだったのに」

今はほとんど意識を失った桂治の耳許に、涙と共に囁いた彼の言葉が、やるせなく頼りなくさびしい相子の心に、たまらないあたたかみをもって甦ってきた。

親切な人だ。友情に厚い人だ。そうした感じはやがて、いつかの夏水戸で桂治が拘引されたとき、行った相子に対して尽くしてくれた彼の厚い真情の好意まで相子に甦らせてきた。

この春盲腸の手術をしたとかで、まだ十分快復していない彼の身体は、最初会ったときより遥かに痩せて弱々しく見えた。

「お身体に障《さわ》るといけません、どうぞお寝みくださいませ」

桂子が止めるのも聞かず、一週間に近い長い看護を徹夜で通した彼の体はみるみる痛々しくやつれていった。

相子はそうした彼の真情の一つひとつを深い感謝の情と共に想い出すのであった。

（一二二）

死がこのまま永き眠りであればそれでよし、生が万一永遠なるものとすればそれは現世の生活の延長である。たとえ肉体がこの世の中に生まれ還るとしても、あるいは又何らかの形態に於けるあの世の生活を予想しても。

生きんとする生命、現世の生活の延長である、再びそれを受け入れよう。

遂に永遠の消滅か

永遠の生命か

いずれにてもよし

桂治の日記の最後の一頁に書かれた文字が、相子の心を揺り動かした。相子はそこにはっきりと自分の生くべき道を黙示されたような気がした。

芸術。永遠に向かって生きる生命。――そこに向かっての思索、努力。

相子は今はっきりと自分の歩むべき道を暗示させられたような気がした。そしてそれは彼女が二〇年間探し求めた魂の故郷であり、遂に人類のつかなければならない最後の高貴なる生命の宿命ではあるまいか、相子はそう考えつめるとき故知らない憂愁と深い愉《よろこ》びのため全身のわななくのを覚えた。

相子はほとんど数日間を夢中の中にこの新しい思想の開展と自分の歩むべき未来の生活に対する憧憬と憂愁の中に過ごした。

相子の人生に対する信仰はその後、日毎に彼女の魂をこうした深い芸術と生命への思索に導いた。

相子はほとんど全生命をもってそこに突き進んでいった。

そこにこそ父の死も桂治の死もその他生死に関するあらゆる悩みが解決されるのではなかろうか。

はげしい興奮と涙の中に更に相子は数日を過ごした。

世はいつしか青葉が濃くなって梢を渡る風に南国の輝かしい陽の光が降り注いだ。

上京して二週間目に桂子から詳しい手紙が届いた。

それによると欣吾は今東京にはいないのであった。

四月の初め北海道に旅行すると言って出たまま彼はまだ下宿には帰らないのである。

勿論家人にもそのことを告げてなかったので、下宿からの電報の廻送によってそのことを知った両親が心あたりの知人友人の許を調べてみたが、てんで彼の居所は分からなかった。

北海道には親戚といってはないし、別にこれという友人の名前も思い出せなかった。

元来が旅行好きの欣吾であるが、それも休暇以外の、特に長い無断の旅行などは考え得られないことであった。次第に両親の不安は募ってゆくが、彼の行方はいまだに杳として分からないのである。

相子は不安に胸が潰れた。

（一一三）

「汲子、今年はなかなか成績がいいらしい」

大介は今朝も早くから大蒜畑を巡って、夜明け前の朝露に湿った畑の中で一時間余も過ごした。

「まあ、左様でございますか」

汲子は、畑から帰った夫のために朝飯の仕度をしながら、いそいそと答えた。

「これで今年は上首尾だ。来年はこれを二倍に殖やそう、それで四〇町歩になるわけか、来々年《さらいねん》が八〇町歩、その次が一六〇町歩、いよいよわしの理想完成の日も近づいたらしい」

大介は独り微笑んだ。

「汲子、わしはこの世の中から、病人と不具者の苦労の跡を絶ちたい。そして養う者のない老人と、育てる者のない子どもの不幸を取り去ることが出来たら、わしのこの世に於ける勤めはすむ」

大介は今日も朝から考えていることを口にした。

「一〇年したら」

彼の前途は輝かしい希望と未来のため塗りつぶされていた。

「必ず実現してみせる」

彼は毎日考えていた。

一〇年すれば二〇〇〇町歩の土地に大蒜を作る、そして一万人を収容する肺療養院を作る。

病人の滋養が主に大蒜であるのは勿論である。それに、病人自身で飼った鶏の卵、肉、新鮮なる野菜、魚肉、オゾンに富んだ海岸の空気、強烈なる日光、それにて足る。

彼は固くこの信念の下に突き進んだ。

二〇年後には一人も残らず、日本全国の無産肺病患者を収容してしまおう。

それにはなんとかして、経費の方をうまくやらなければならない。

欣吾と相談して、なんとか大蒜の臭気を止める工夫は考えられないものだろうか、それも絶対に栄養効果の方を傷つけない範囲に於いて。

万一それが実現出来れば外国と交渉を始めよう。

そうして、拡張されて行く事業と共に、自分は全国の不具者《ママ》、身体虚弱者を一人残らず自分の許に集めて来る。

そして、その人たちに相応しい仕事を与えよう。

大蒜栽培、取入れ、耕作、大蒜の皮剝ぎ、擦り潰す機械の中への大蒜投入れ、箱作り、縄縛り、レッテル貼等、こうした不具者《ママ》や身体虚弱者に最も相応しい多くの仕事が、最初の植付けから、丸薬売出しに至るまでの長い過程に待っている。

たとえ両足両手のない人たちのためにでも、自分は何らかの仕事と労働を見出して見せる。

自然と平和の中にはぐくまれるこれらの人たちの生活は必ず幸福である。

そうして、養老院と村費の学校と慈善病院。

彼の空想は、それから、それへと飛んで行った。

そのとき、ふと彼の眼の前に現れたのは欣吾の姿であった。

（一二四）

「叔父さん」

「やあ」

思いがけない欣吾の来訪に、大介は一時自分自身の眼《まなこ》を疑った。

「どうした?」

彼は思わず驚きの声を上げた。

見れば、欣吾は見違える程痩せて、病人のような弱々しい顔をしていた。

「病気をしたのか」

大介はいぶかって問い返した。

「いいえ」

「学校の方は」

「去年の八月から休んでいます、少し頭の方を悪くしたものですから」

「それはいかん、もう癒ったのか」

「少しはよくなりました。これから学校へ行こうと思っています」

「去年の試験はどうなった」

「受けませんでした」

欣吾は無雑作に言った。

彼は目下のところ、試験どころではなかった。去年の八月に相子と別れて以来、彼は全く半病人のような生活をして来たのである。

大介はしみじみと欣吾の面を眺めた。

「ひどく痩せたようじゃないか」

「そうでしょうか、自分では余り分かりませんけれど」

「去年の九月から一日も学校へ行かないのか」

「九月にちょっと出ましたけれど、どうも頭の工合が悪いものですから、そのまま下宿で十二月までぶらついていました。三月の学年試験はどうにかして受けようと頑張ってみましたけれど、やっぱり駄目でした。四月になって余り頭の工合が悪いものですから旅行に出ました」

「ああ、そうそう」

大介は思い出したように口を切った。

「もう一週間程前、家から君が来ていないだろうかって、問い合わせがあったよ。その後どうなっただろうと心配していた」

「ちょっと旅行に出ていたものですから」

「もう長いことかい」

「四月から今まで歩いていました」

「ああ、随分長いな、どこを歩いていた」

「北海道から奥羽地方を歩いていました」

「まだ北海道は寒いだろう」

「ぼくがいたときは、まだ北海道《あちら》には雪がありました。地面も山も真白です。ことに田舎の僻地を歩きましたから」

「その雪の中を歩いたか」

「ええ平野ばかりでなしに、雪の山岳を踏破しましたよ。もう死んでもいいという決心だったものですから、しかし、叔父さん、人間というものはおかしいものですね、死んでもいいという決心がついたら、わりに死なないものですね、今度だって随分死ぬ程の危険にたびたび逢いましたが、どうにか死なずに生きて帰りました」

「あまり冒険をしないがいいよ！　万一のことがあっては困るから。それで頭の方はよくなったのかい」

「北海道を過ぎて、奥羽地方を歩いている間に、少し気分がひらけて来ました。このむきなら、どうにか死なずに生きて行けそうです。元気を出して学校へも行きます」

「それなら、いいが、神経衰弱は困るな、わしの士官学校時代にも、同級生に一人自殺したのがある。わけの分からない死神憑きの病気だから困る。まあ、精々元気を出して、頭をなおし勉強するさ」

何も知らない叔父の言葉を聴きながら、欣吾はふとハイネの詩を思った。

女がお前を瞞したら
急いで他に女を愛するか
その土地を離れたら、もっとよい
荷物からげて旅に出ろ！

やがてお前は柳の垂れさがる青々とした湖水の前に立つだろう
そこでお前のささやかな悲しみと
お前の小さい苦しみを嘆くがいい
…………

彼が詩集の言葉など想い出したのは、これが初めてである。

翌日、欣吾は東京に立った。

（一二五）

思い掛けない桂子の来訪と、桂治の死報に、ただ呆然とした、欣吾の前に開かれた桂治の書置きは簡単であった。

「坂本君！

貴方の人格と誠実を信頼して御願い致します。

頼り少ない妹のために、何とぞ、生涯の力となってやってくださることを。

死に臨んで桂治より」

欣吾はその手紙を見てハラハラと涙をこぼした。

彼は涙の中に桂子に誓った。

「不肖ながら欣吾の生きております間は、たとえいかなることでも、お力にならせていただきたいと存じます。欣吾の身に叶う限りのことは何なりと致します。たとえ身命を賭しましても。お帰りになられましたら、どうかくれぐれもそのことを相子さんにお伝えくださいませ」

桂子は涙と共に、その言葉を受けた。

数日して、欣吾は鹿児島の桂治の墓に詣でたが、遂に相子の家には立寄らなかった。

相子は涙と共に欣吾の言葉に感謝した。

そして、ここ一年近くの欣吾の苦衷を想って暗然とした。

相子の芸術に対する憧憬と、生涯独身の覚悟は、更にこのときから深く彼女の魂に根ざしていった。

桂治が逝いてから、すでに半歳の時日が流れた。

南国にも秋が来て、梢を渡る風がいつしか凋落の悲哀を訴え、庭に散り敷く落葉の数がかさばむ頃、相子は更に新しい生活への門出の用意をしなければならなかった。

桂治が逝って、ほとんど貯えというものを余《あま》さない家庭の中にあって、相子は毎日、桂子と二人で今後の生活の方針をたて悩んだ。

その内、秋も深くなって、庭の畑に置く霜の厚くなる頃、相子は思い切って上京の仕度をした。

田舎にいては、今後の生活の安定を容易に見出し得ないのみか、なまなか今までの名誉と境遇にわずらわされて、思い切った働きの出来ないのが何より不便であった。

それればかりでなく、彼女自身、自分の一生を賭した芸術のためにも、ここしばらく、刺戟と研究の便利に恵まれた都会の生活に、身を置きたいと思ったのである。

出発の前日、相子はもう久しく会わない、汲子に会いたい気持から大介の家を訪れた。

桂治の死を桂子から聞いて、わざわざ墓参に来たときも、栄子のことを一口も口にしなかった大介は、相変わらず栄子のことについては何一つ触れなかった。

汲子は、夫の前をさけて、そっと相子にささやいた。

「相子さん、もし東京で栄子にお会いになりましたら、どうかおしらせくださいませ」

（一二六）

赤い寒椿の花が、庭一面に散り敷いている朝であった。

その日は朝からどんよりと曇って、南国にはめずらしい憂鬱な日であった。

相子は、深い哀愁と、孤独の寂寥を秘めたまま、殊更に元気よく旅立って行った。

桂子は一人家に残ったまま、深い物思いに沈んでいった。

「ちょうど、こんな日であった。志影子さんが修道院に行かれたのは」

そう思うと彼女の心には、何かしら不安に娘の前途が気遣われるのであった。

あの日もちょうどこのように寒椿が散っていた。

いつになく憂鬱な曇った日であった。

それは、もう二〇年余り昔のことである。

一家の悲しみも、親戚の諫《いさ》めも振り切って、彼女が一途《いちず》に修道院の生活に入ったのは。——その悲しみを知る者は桂子ばかりであった。

桂子は、もう三年も昔に見た矢吹の姿を思い出した。そして、その美しい面ざしのすべてに志影子の姿を思い浮かべずにはいられなかった。

あの頃は志影子の父が札幌で裁判長をしていた。結婚して一〇年もたたないうちに妻を亡くした彼は、その後は後妻を貰おうともせず、妻の忘れ形見である志影子と、弟の忠明を何より可愛がって、乳母を相手の生活をしていた。

志影子は桂子の母の妹の子であるから桂子に取っては従妹の間柄であった。

札幌の女学校に在学中から、評判を立てられた彼女の美貌は、単に美しいというばかりでなく、気高い気品と優しさに恵まれていた。

多くの求婚者の中で、特に彼女の父の気に入ったのは、彼の知人を通して求婚して来た矢吹伯爵であった。伯爵の一家が旅行かたがた北海道に避暑したとき、まだ女学生姿の美しい志影子の姿が目に止まったのである。

伯爵の望みと、父の快諾によって取り決められた志影子の結婚は、そのときからすでに不幸であった。というのは、志影子にはすでに、切ない夢のような恋の秘密があったからである。

瞳の鋭い、鼻の高い、透き通るように色の白い痩せた青年の姿が、彼女の朝夕を見守っている、懐しい夢の人であり、幻の像《すがた》であった。青年は画家であった。

東京の美術学校を出て間もない彼は、親戚に滞在して、北海道の自然に画想を養っていたのである。

美しい志影子の姿が、この若い芸術家の画想に上るようになって、いつしか二人の間には、口にしない深い愛の契りが結ばれていったのである。

志影子の家とは、ほとんど一〇町も離れない近くに住む青年の瞳は、常に朝夕志影子の姿を見守って離れないのみか、彼女自身又、片時も離れることの出来ない魂の思慕を、青年の身辺に感じていたのである。

しかし、運命は皮肉であった。

（一二七）

自由恋愛を「野合」と蔑み、芸術家の真価を認め得ない父の兼行に、画家との恋が許されるはずもなかった。

志影子は数日を泣き明かし、嘆き明かした末、遂に伯爵との結婚を承諾したのである。弱い彼女には、父の嘆きと怒りをよそにしてまで、家出の決心がつかなかったのである。と言って、そうした死に等しい宣告をたずさえて、恋人と別離を告げる勇気も更に彼女にはなかったのである。

華やかな形骸に、屍のような身体を包んで、自分の生に最後の別れを告げるような弔いの気持で、彼女が結婚式に臨む前夜、切々に綴られた青年への手紙が、彼の手許に届いたときは、彼女はもう矢吹家の人であったのである。

青年の打撃と苦悩のいかに大きかったかは、言うまでもない。

人一倍繊細な神経と鋭い感情を持った青年の魂は、その苦悩に打ち克つだけの力と勇気に恵まれていなかったのである。

青年は一年たたないうち、自らその生を断ち苦悩を断った。

それに続いて志影子の劇しい苦悶の生活が始まった。狂乱と自殺が彼女の前に残されたただ二つの道となった。

そうした生活が一年余も続いた後、彼女は遂に夫と離婚を決行したのであった。

しかし思いがけない不幸が、更に彼女の上にのしかかって来たのである。新しい生命の芽生えを、彼女が体内に意識したとき、彼女の不幸は、もはや救われ難いものとなったのである。

「死」

そこにのみ、彼女は亡き青年への罪の亡ぼしを感じていたからであった。しかし時は流れた。

その後二〇年間、志影子は遂に死にもせず、あるときは修道院に、あるときは定めない巡礼に、自己の苦悩を慰めながら、生きて来た。

一方伯爵の許に残された尊は、何も知らないままに、伯父夫婦の養子となって、つつがなく育ってきたのであった。

桂子は再び矢吹の姿を思い出した。そして、その容貌のどこにも偲ばれる、若き日の志影子の姿を思い浮かべた。

もう二〇年も会わない。

どうしているだろう。

桂子は、もう数年この方音信不通になっている志影子の住所を思い出すことが出来なかった。

北海道で牧師のような生活をしているとか聞いていたが。

桂子はその夜、まんじりともすることが出来なかった。

（一一八）

東京駅に着いた相子は、騒然たる大都会の雑音と、雑踏に微かな眩暈《めまい》を感じた。

久しく都会を離れて、閑散な田舎に自然を相手にした生活に慣らされた彼女の神経は、激しい人いきれと目まぐるしい生活の波に圧倒されて、憂鬱に沈んだ。

相子はそれから直ちに宿に着くと、ひとまず旅装を解いて、激しい都会の生活の中に飛び込む準備と心の用意をした。

彼女は、その日一日中、宿にあって、まず東京市の地図を開いて、その概念を頭に入れた。

翌朝、彼女は朝早くから宿を出た。

どこに行くという的《あて》もないが、忙しい電車の飛び乗りと、激しい生活雰囲気に身心を慣らすためにも、数日をそうして出歩いてみなければならないと思ったからである。

彼女は毎日を朝早くから夜おそくまで出歩いた。

こうした中にあっても、彼女は自分の職業についても色々と考えた。

新聞には多くの求人の広告が出ていた。

女中、女給、事務員、ゲーム取り、ダンサー、家庭教師、女秘書、相子はどれを見ても行く気になれなかった。

東京の生活に慣れない彼女に、二、三〇円の事務員の収入では、たとえ間借でも、生活していくことが出来ないことは分かり切っているし、それかといって、家庭教師になるのには、専門学校卒業の肩書が必要であった。

ちょっと出歩けばすぐ目につく「女給募集」の広告が、次第に彼女の脳裡に深く刻み込まれていった。というのは、東京で職業を持とうとする彼女にとって、ただ一つ、それのみが、保証人を必要としない職業であったからである。

出発の際、桂子から渡された幾つかの依頼状を、相子はなるだけ使わないようにした。それはおちぶれた自分の姿を、父の知人にさらす淋しさというよりも、むしろ自分自身、誰の力にもあずからないで、自由に思う存分生きて行きたいと思ったからである。

市立職業紹介所、派出婦会、どこに行っても、保証人を必要としない職業を見つけることが出来なかった。

相子は思い切って桂庵の門をくぐった。

しかしそこでも駄目であった。

「女給になられたらどうです。ここだったら別に保証人を必要としないし、住み込みでなくとも、通っても相当収入があるから、やってゆけますよ」

相子にはその決断がつきかねた。彼女としては、なるだけなら女中として働きたいと思った。

東京に慣れない彼女にとって、それが最も安全な職業であるばかりでなく、相当の収入に恵まれているので、将来の生活の方針も樹て得ると思ったからである。

相子の当惑し切った様子を眺めていた主人が、急に思い切ったように口を開いた。

「だったら、私が保証人になってあげてもいいが、一様そのことを郷里《くに》へ通知して置いてもいいですか」

相子は勿論通知してくれるように言った。

「だったら、あなたに最も適当な口があるが、――」

主人はそう言って帳簿を開いた。

（一一九）

「井澤」

相子はなんだか聞いたことのある姓のように思ったが、はっきり思い出すことが出来なかった。

「こちらへ行ってごらんなさい、なかなか大きい実業家の家庭で、今年二三になるお嬢さんのお付き女中というのだから」

主人は、そう言って所書《ところがき》を相子に渡すと、

「もし、ここが工合が悪いようでしたら、帰っていらっしゃい。又別の所へお世話しますから」

相子は教えられた通りの道を運んでその家を訪れた。女中が出て来て一様の用件を聴くと、裏門に廻ってくれるように言った。

狭い台所の板間を通って、廊下伝いに案内された室は、広い中庭の植え込みに面した二階の洋室で、華美を凝らした装飾の中に、ソファに埋っている女性の姿が向こうむいたまま身動きもしなかった。

「お嬢様、お連れ申しました」

女中が丁重に頭を下げて、声をかけると、彼女は初めて気がついたように、

「ああ」

大儀そうに身を起こすと、

「そう」

瞬間、相子を見た彼女の表情が、ちょっと意外そうに動いたが、

「あなたが」

そう言った声が、案外優しく響いた。

相子はすすめられるままに、椅子に腰をかけた。

「お郷里《くに》はどちらでいらっしゃるの」

「鹿児島でございます」

「――鹿児島――」

多津子は呟くように反問すると、

「お名前は？」

「東條相子と申します」

「……相子さん？……」

彼女は思わず声に出そうとして、口を噤んだ。

瞬間、射すくめるような鋭い視線が、相子の面に見据えられた。

相子は思わず面を伏せた。

「まあ、東條相子さんて、私の知人にそっくりのお名前よ。驚いちゃったわ、ホ、、」

多津子は咄嗟にこともなげに笑った。

そのとき、彼女の脳裡には、いつかの日、欣吾の下宿で見た「相子」という日誌の文字が、激しく旋風のように甦って来て、現実の彼女の姿の前に、不思議な因縁と、謎に閉ざされてゆくのであった。

「東條相子」

いつか避暑地に栄子宛に来た手紙の文字もたしか東條相子と記してあった。

多津子はそうした記憶の糸を辿りながらも、強いて平静を装うように軽く言った。

「結構ですわ、今日からいらっしゃってくださいな、そしてお齢はお幾つになられますの」

「二一歳になります」

「学校は？」

「鹿児島高女を出ました」

多津子は更に相子の面を見つめた。


（一三〇）

多津子は矢吹と別れて後、相変わらず虚栄と驕慢の生活に身を委ねていた。

もう一月も前、彼女の専用女中が、結婚のため郷里《くに》へ帰ったので、その代わりにと口入屋へ頼んであったが、はからず尋ねて来たのが相子であると分かってくると、彼女の心は、不可解な謎と好奇に閉ざされていった。そしてもう一年もこの方、ほとんど顔を見せたことのない欣吾の上を想った。

「その後、どうしているだろう」

彼女は突然、ある日欣吾の下宿を訪ねた。

小石川の静かな所にある欣吾の下宿は、日曜の故かひっそりしていた。

欣吾は、朝から外出もしないで、机に向かって書物をひもといていた。

「まあ、お久しいわね、この頃なんでいらっしゃらないの」

多津子は顔を見るが早いか気さくな挨拶をした。

「この頃忙しくって行かれない、叔父さんも叔母さんもお元気?」

「ええでも余り御無沙汰が長すぎるじゃあないの」

「御無沙汰はお互いさ」

「まあ、でもいいわ、私今日は面白い話を持ってきたのよ」

いつもながら無愛想な綾のない欣吾の挨拶を気に止めようともせず、多津子は自分で机の前に坐ると、

「あなた、東條相子さんて方御存じ?」

欣吾ははっとして瞳を見据えた。

「その方が、私の所へいらっしゃったのよ」

「どうして?」

欣吾は聴こうとしてようやく口をおさえた。早鐘のような激しい感情の動きが、彼の全身を緊張にふるわした。

「その方を御存じだったら、お話するわ――」

多津子は一面、からかうようないたずらな微笑を口元に浮かべて、欣吾を見守ると、

「矢吹さんのときのお礼に、私、力になってあげるわ、すっかり白状なさいな」

欣吾は、まるで霧中に閉ざされたような気持の中に、

多津子の心意を読み取ろうと焦った。

しかし多津子はなかなか口を開かなかった。

ようやく話した彼女の言葉によって、初めて全ての事情を解することの出来た欣吾の瞳は、悲傷と痛愁の中に沈んでいった。

「あの方の兄さんですよ、水戸で矢吹君を庇って検挙されたのは」

最初に欣吾の口を洩れた一言はそれであった。

多津子の気持が、急に真面目と厳粛の中に返っていった。

「今年の春、胸の病で亡くなられましたよ」

多津子は一言も言わないで、じっと黙ったまま机の一隅を眺めていた。

（一三二）

多津子は欣吾から相子の身の上を聴かされると、女中として使う心苦しさを感じた。

しかし、何も知らない立場でいてくれ、という欣吾の言葉をそのまま、彼女は何も知らないふりをして、相子と朝夕を共に送っていた。

彼女は、朝目が覚《さ》めると、相子に言いつけて室内の掃除をさせた。

そして、朝夕の着物の脱ぎ畳みと、外出のときの着物の出し入れの手伝い以外には、別にこれといってまとまった仕事のない相子の生活は、自然と多津子に従《つ》いての外出の供や、家にあっての話相手としての生活になっていった。

しかし、こうした中にあっても、多津子は決して相子の身の上にふれようとはしなかった。

欣吾との恋愛問題が事実であるとは信じながら、堅く閉ざした欣吾の口から、遂にそうした方面の消息を聞き知ることの出来なかった多津子は、単に相子が不遇零落の果て、働かなければならない境遇に落ちていることだけは知ることが出来ても、その後の欣吾との関係や、現在の欣吾の気持については、てんでうかがい知ることが出来なかった。

「ともかくも、優しくいたわって置いてやらなければ――」

多津子はそうした気持の中に、なるだけ自我と高慢を控えて、普通の女中とは別な待遇を、彼女になるだけ与えていた。

こうした中に二月が来た。

例年にない激しい酷寒がやって来て、寒暖計が毎日、底知れぬ地獄のように、下へ下へと降りていった。

二月の末には、五〇年来ない寒さだと伝えられて、政界や文芸界の知名の士が、バタバタと斃れていった。

寒さに強い多津子もさすがにこたえてきたと見えて、愛する東京の冬の生活を見限って、一時、須磨に避寒することになった。

その前夜、多津子は一人で欣吾の下宿を訪ねた。

二月会わないうちに、見違える程やつれている欣吾の面に、多津子は病気をしたのではないかと驚いた。

「いいや、寒さがちょっとこたえたかも知れない」

欣吾は薄暗い顔に、淋しい微笑を浮かべたまま、あまり多津子と話そうともしなかった。

「卒業したら、どちらへいらっしゃるの」

「鹿児島の叔父の許へ帰ります」

そう言った欣吾の瞳に、故知らない涙が浮かんだ。

（一三二）

「相子さん、須磨へ行きましょうね、熱海には父がいるから煙ったいのよ」

いつになく朝早くから起きた多津子が、急に須磨行きの準備を始めたので、相子も一緒になって手伝った。

熱海には、父の豪蔵がもう一月も前から避寒しているので、多津子は、わざわざ須磨を選んだのである。

その日はめずらしく朝から空が晴れて、東京に名高い乾風《からっかぜ》も凪いでいた。

多津子は黒い毛皮のオーバに身を包んで一等車におさまると、始終葉巻を吹かし続けた。

そして、時折り思い出したように、傍らの相子に話しかけた。

「相子さん、あなた旅行お好き?」

「はあ」

相子は軽く返事をした。

「だったら私と同じね、私一生旅行ばかりして終わろうかと思っているのよ、なまなかつまらない夫を持って苦労するよりも、一生旅から旅へ巡って暮らす方が、自由で面白くていいわね」

多津子は、こう言って笑うと、

「私の人生に対する享楽も、とうとうそこまで追いつめられてしまったような気がするわ」

相子は不思議な気持で多津子の面を眺めた。いつになく一抹の寂しさが、多津子の面を掠めていた。

「相子さん、昔西行法師という人は、旅から旅へ巡《めぐ》り巡って、人生を終わったというけれど、私その気持がこの頃やっと解りだしたわ、人間も、もうこうなると、おしまいね、せめて本物の西行法師になれないのだったら、今様モダン西行法師になって、旅から旅へお金のある旅行を続けて、客死してしまっても本望だわ、ホ、、、」

多津子は又勝気な笑いを洩らした。

「今度外国へ行くときは、あなたをお連れしましょうか。

外国だったらどこがお好き? フランス? イタリー? 私これでもアメリカだけは嫌いよ。イタリーのミラノで長く滞在しましょうか、あそこは古典芸術の本場だし、気候も日本に似ていて気持がいいから、相子さんと二人だったら淋しくないわね、私これでも外国で客死してしまった方がいいと、この頃つくづく思いだしたのよ」

多津子が、そう言って憂鬱な瞳を窓外に放ったとき、東海道線の上がり列車が擦れ違いに通りすぎた。

何思わず眺めていた彼女の唇から突然大きな驚きの声が洩れた。

「あ――」

(一二三二)

多津子は思わず叫ぶと、

「栄子さんだわ」

その声につられて、相子もはっとして外を眺めた。汽車は名古屋駅に着いて、行違いの列車の最後の客車が微かに眺められた。

「確かに栄子さんだわ！」

多津子は再び叫んだ。

栄子！　その言葉に相子の神経は一時に集中されていった。

栄子⁉　深い疑問と驚きの中に、相子はじっと多津子の面を見つめた。

多津子はしばらく口を開かなかった。

複雑な感情の流れが交錯して、彼女の面を悲傷と憂愁の影が深く隈取った。

相子はなおも多津子の面を見つめた。

と、そのときふと、彼女の頭に浮かんだのは「井澤」という姓の記憶であった。

「あ！」

相子は思わず微かな驚きの声を心中に発した。

伊豆――栄子――欣吾――

稲妻のように浮かび上がってくる記憶の連鎖に、相子の面はみるみる緊張していった。

「栄子さんとおっしゃられますのは、北見栄子さんとは違いますのか知ら？」

相子は思い切って尋ねた。

「御存じですの」

多津子は微かに答えると、探るような瞳を相子にむけた。

「はあ、鹿児島高女で同級生でございましたから」

「まあ」

多津子は今更に驚くと、

「鹿児島高女を出ていらっしゃるとお聞きしましたから、もしや御存じかと思いましたけれど……栄子さんは私の親戚の遠縁にあたる者ですの」

相子はすべてが了解できた。

あまりに偶然な運命の悪戯に、彼女の心は暗く沈んだ。

　しかし、それにしても栄子はどうしたであろう。

　家を出て二年、全く音信を断っている栄子の上を、一日として忘れることの出来ない相子にとって、今こうした偶然の機会にあって、あい見ず別れなければならないことは、死別にも等しい悲しみであった。

「もう永久に彼女に会えないのではなかろうか」、瞬間、こうした深い悲しみが彼女の心を横切って通った。

　死別！

　暗い運命の妄想を払いのけるように、彼女は強いて首を振った。

　別れて二年！　ああ一目でも見たかった。随分変わったことであろう。やつれていただろうか。どんな面をして、どんな風《ふう》をして――。

　叶うことなら、その一動一微に至るまで知りつくしたい懐しさの中に、相子はじっと瞳を閉じた。

（一三四）

「随分、変わっていられましたでしょう。もうしばらくお目にかかりませんから」

　相子はそっと多津子の面を見た。

「ええ随分変わっておられました。私も、もう三年もお目にかかりませんのよ。でもわりに元気でいらっしゃるようでしたわ」

　多津子は、もう三〇近いような年齢に見える程老けた、陰惨な栄子の面を思い出した。

　随分、苦労が多いのか、顔の陰《くら》さに応じて、服装《なり》も見すぼらしく惨めであった。

　それは昔に変わらない沢山の髪を、真中で分けもしないで、坊主ぐくりに後で束ね、黒く日焼けのした顔に、白粉気もなく、目立って美しく生き生きしていた唇の色が褪せて蒼白く、四〇近い人の着るような、地味な縦縞の木綿の着物に包んだ肩先が、目立って痩せて細って見えた。

　何を考え沈んでいたのか、焦慮と憂悶にやつれたような顔を、心持左に向けて、思いに耽っていた栄子の姿は、不幸と陰《くら》さの化身のようにしか見えなかった。

それでも、持って生まれた勝気さと、信仰に生きるものの落着きが、その身辺を支配して、どことなく犯すことの出来ない威厳が漂っているのを、多津子は瞬間ではあったが、見のがすことが出来なかった。

相子はなおも尋ねた。

「随分、朗らかな快活な方でいらっしゃいましたが、相変わらずお元気でいらっしゃいましたか」

多津子には、相子と栄子がどの程度に親しい間柄であるのかわからなかった。それでも、栄子と同級生であり、矢吹を隠まったのが相子の兄であり、欣吾と相子との間を想像することの出来る彼女には、いずれ並々ならぬ親しさであろうということは推測出来た。

「随分、お親しい間柄でしたの」

「はあ」

「だったら、お会いになりたいでしょうね」

「一目でもいいから、お会いしたかったと思います。もう二年もお目にかかりませんから――」

こう言った相子の瞳が、淋しく涙に濡れた。

多津子は黙って外を眺めていた。

深い憂愁に閉ざされた多津子の面が、次第次第に暗く淀んでいって遂には救われることの出来ない、悲傷の中に陥ちていった。

彼女は、そのとき、ふと今ドイツにいる貞一のことを思ったのである。

「もしや、栄子を恋していたのではあるまいか」

ときどき起こってくる、そうした心の悩みが彼女の脳裡を掠めて通った。

相子はただならぬ多津子の様子に、遠慮して口を閉じた。

汽車はその夜おそく須磨の駅に着いた。

（一三五）

別荘には五〇余りの家政婦が、一人留守番をしていた。

多津子は須磨へ来てから、ほとんど別人のように無口になった。

そして、一日中家の中へ閉じ籠ったまま、考え沈んでいることが多かった。

ときたま散歩に出掛けることがあっても、相子もつれないで一人で行った。

相子は、こうした多津子の激しい心の変化が、なんのために起こったのであるか知ることが出来なかったが、なるだけ遠ざかってふれないようにしていた。

そして、それと共に、自分の今後について考えなければならなかった。

欣吾と多津子が親戚である以上、いつどうして欣吾に会わなければならないか分からない。

そう思うと、相子は一日も早くこの家を出たかった。と言って理由もなく突然に暇を貰うわけにもゆかなかった。

こうした気持の中に、相子は一日一日を送っていった。


三月になるとさすがの酷寒も、穂先が折れて、中旬には暖い日が長く続くようになった。

四月に入って間もない日であった。

相子は久し振りに母の桂子から手紙を受け取った。

それには懐しく近況が記されてあった。

――北海道の志影子叔母様からこの頃たびたびお便りいただきます。

父上や兄上の死をお報せしました。

淋しいだろうから、ぜひ、北海道に来るように言ってくれますけれど、どうしようかと迷っています。

事によれば北海道で適当な職を探してもいいと思っていますけれど……勿論、半永久的の気持で。

それから、あなたの結婚問題が一つ起こっております。

これもお会いして詳しくお話ししなければなりませんので、もし北海道行を決行することになれば、その途中で、万一、行かないことになりましても、近々のうち東京でお目にかかることに致しましょう。

志影子叔母様のおられる多渡志という所は、北海道でもごくごく田舎の淋しい農村だそうですが、そこで小さい教会の牧師をしていられる叔母様の御生活は、平和に淀みなく流れています。

母様も、この頃しみじみそうした生活への憧れを感じるようになりました。――

相子は読んでゆくうちに、淋しい母のこの頃の気持が察せられた。

結婚問題？　それが果たして何人との間にかもされているのか知れないが、もはや、こうした問題に対して、なんの興味も感興も呼び起こすことの出来ない彼女であった。

芸術。

彼女の心は、ただ、ひたむきにそこに向かって進んだ。

（一三六）

五月に入ると間もなく桂子が上京した。

相子は東京駅まで出迎えた。

北海道に行く途中であった。

駅近くの旅館に落ち着くと、桂子は何よりも先に相子の結婚問題について話した。

柴田廣一郎

相子はそのとき初めて彼の名を聞かされたのであった。

さすがに相子の心は懐しさにふるえた。

幾年か前の親切な彼の態度が思い出された。兄の桂治が死亡するとき、深い友情に富んだ彼の看護振りは、今でも強く相子の胸を打った。

相子は、そうした懐しい追憶《おもいで》の人を、求婚者として聞く悦びを微かに感じた。

しかしそうした感情も、相子の心を遂に結婚にまで引きつける強い力とはならなかった。

相子は思慮するまでもなく桂子に断わった。

「独身、生涯芸術に生きる覚悟」

そうした決心のほの見える娘の言葉を前に、桂子は暗然と頭を垂れた。

そのとき彼女の前には、苦難に満ちた自分の生涯と、淋しい現在の境遇が走馬燈のように、長い五〇年の運命の絵巻物となって繰り展げられていった。

夫の死、桂治の死、今又異った人生の道を辿ろうとする娘の運命を前に、彼女の心は悲愁に沈んだ。

「相子」

桂子は低く娘の名を呼んだ。

「あなたは、独身という道が、いかに苦難な人生の荊路だということを知っていますか」

相子は深くうなずいた。

「お母様、私は三年この方、そのことについて考えてまいりました。そして自分に最も適当だと思う道を選んだのです。

どうか御心配なさらないでくださいませ。

私は自分の芸術に闘い倒れるだけの決心を持っております。

そこにこよない悦びと幸福を感じ得る人間なのでございます」

母は黙然と娘の面を見た。

その瞳は涙に濡れていた。

相子は黙って瞳を伏せた。

「お母様、結婚があながち幸福だとは思われません。私は多くの結婚者の不幸を自分の周囲に知っています」

桂子はそのとき、志影子のことを思った。そして矢吹のことを。栄子、汲子、その他多くの結婚者の不幸を彼女とても自分の周囲に知っていた。そしてその運命の一つでもが、娘の上に降りかかることを恐れないではいられなかった。

彼女自身、自分の不幸な現在の境遇をも思ったのである。

（一三七）

といって、人一倍体の弱い相子が、今後独身で、男子にしてすら難しい、生活の安定は勿論、なおその上に深刻な孤独の寂寥や、母性の悩み、その他あらゆる人間的悩みを超越して、なおその上に強く芸術に生き得る力が果たしてあり得るかどうか。彼女の目指す芸術の目標がどの程度のものであり得るのかは知り得ないが、ともあれ不自然な人生の道を辿って、なおその上に強く人生に凱歌をあげ得るものは、とまれ偉れた天分に恵まれた特殊の者にのみ限られたことでなければならない。女がその母性を無視し、人間がその性を無視してまで、強く人生に生きようとするには、更にそれ以上の深い生命の根ざしを持つ魂の成長を宿命づけられた、ある特殊の天才にのみ限られたことではなかろうか。そうでない限り、必ずその道には破綻を生じ、不幸を生ずる。神は更によりよき生命の成長にのみ、そうした不自然を赦し、人間は更により大なる生命への闘いにのみ、そうした苦悩多い不幸なる生活をも、自然と幸福の中に活かすことが出来る。

彼女に果たしてそうした力があり得るかどうか。

桂子は暗然と娘の前途を考えた。

しかし彼女のそうした目的を拒否する力も更に桂子にはなかった。

「歩みゆくままに。——やがてそのうちには、彼女に相応しい結婚生活の恵まれ得ないこともあるまい」

桂子は淋しく心に決めた。

「相子、お母様はせっかくあなたの歩もうとする道を頭から止めようとはしません。

それに今、あなたの気持が結婚にまで動いていないものを、強いて奨めて結婚させようとも思いません。不自然な結婚が多くの不幸の因《もと》となっていることを知っていますから。

しかし女の独立ということがほとんど不可能に近い程難しいものであり、——ことに芸術に生きようとする者にとって至難なパンの道を考えなければなりません。——結局女性は母性に還らなければならないものだとお母様は思います」

「お母様」

相子はそのとき口を切った。

「お母様。何もかも承知の上で相子はこの道を選びました」

母はそれ以上口を開かなかった。

「相子！　疲れたらいつでもお母様の許へ帰っていらっしゃい」

母は慈愛と情熱に富んだ瞳を、じっと娘の面に据えた。

その夜相子はおそく桂子を東京駅に送った。

（一三八）

さすがに淋しい心であった。

相子は桂子を送って後、ただちに須磨行の列車に乗った。

翌朝、〇〇駅に差しかかったとき、急に喧しい新聞売子の声が耳に止まった。

「号外！　号外！」

相子ははっとして車外を眺めた。

第三次共産党大検挙――。

赤色テロ、ギャングの大陰謀。

流血の中に敢然、女闘士の活躍。

北見栄子、警官をピストルにて斃す。

相子の眼は夢中に紙面を走った。

そこには紛う方ない栄子の写真が、二カ月前多津子が会ったときとは似てもつかない、まだ女学校卒業当時の、明るい美しい栄子の写真が、特に大枠入りに切り離して写し出されてあった。

相子の胸は悲痛に潰れた。

おののく全身をじっと抑えながら彼女はなおも活字の文字を辿った。

それには興津の隠れ家に密議中を踏み込まれ、警官をピストルにて斃した後、自らを殺した栄子の最期が、悲愴に相子の眼を覆わしめた。

相子にはもはや、泣くべき涙もなく、歎ずべき言葉もなかった。

ただ呆然と一角の紙面を見つめたまま、なお捜さなければならない矢吹の消息に思いを馳せた。

しかし彼女の全身は硬ばり彼女の心は崩れて、ただ一角を見つめる視線は力もなく、靄のように乱れた活字の文字を通して、栄子の幻に馳せてゆくのであった。

相子は崩れるように両腕に面を覆った。

そのとき烈しくなった車内のざわめきが、彼女の耳に世一つ距てた別の世の囁きのように微かに響いてくるのであった。

相子は何かはげしい眩暈《めまい》を感じながら、強く自分を取り返さなければならないと思いながらも、眠るがように谷底へ落ちて行くような自分の気持をどうすることも出来なかった。

彼女がようやく眼を覚したのは、それから数十分後であった。

「しっかりなさい。御気分がお悪いのですか」

そこには思いがけなく欣吾の瞳が、彼女の面を見つめていた。

（一三九）

相子はいつしか自分が寝台の上に横たわっているのに気がついた。

おぼろによみがえってくる記憶を通して、号外を見ている間に失神した自分であることまでは分かったが、なんのために欣吾がここに立っているのか、彼女にはまるで夢のような不思議であった。いくら記憶を取り返そうと焦っても、そうした記憶の糸をどこにも手繰り寄せることが出来なかった。

なお朦朧とした意識の中にあって、相子は更にそうした連絡を摑もうと焦った。

欣吾はそうした相子の焦慮を見て取って、自分から口を開いた。

「相子さん、御気分が快くなりましたか。なんにも御心配なさらないで、ゆったりした気分でいらっしてください。

昨夜、須磨の多津子さんの許から、病気だからすぐ来てくれるように、東京の叔母の許に電報が来たのですが、ちょうど叔母夫婦が旅行中なので、ぼくが替わりに行きます。

ちょうど、同じ列車に乗り合わしていて都合がよかったのです。

どうなさったのですか。

御気分の方は、もうすっかりよろしいのですか」

相子には、初めて全てが了解出来た。

しかし、それにしても、多津子が病気とは何事であろう。一昨夜自分が発つまでは、いつものように元気であって、散歩かたがた自分を須磨駅にまで送ってくれた彼女ではないか。

相子には不思議で見当がつかなかった。

「どんな御病気でしょう。朝までは大変御元気でしたが。――」

「たいしたことはないでしょう。何か、脳貧血を起こして卒倒したようです」

相子はふと、号外のことを思った。しかしそれにしても、昨日の朝では当たらないことである。

何が原因で?

そうした疑問を抱いたまま、相子は更に栄子のことを考えないではいられなかった。

「欣吾はそれを知っているのであろうか。まさか知らないことはあるまい」

相子はそっと彼の面を仰いだ。

（一四〇）

「坂本さん、あなたは栄子さんのことを、ご存じでいらっしゃいますか」

欣吾は黙って深くうなずいた。

「只今、号外で見たところです。

事件はもう、二月前のことですが、叔父からもなんとも言って来ませんし、今見るのが初めてです。

しかし、栄子さんも、ああした宿命を持って生まれた方だったでしょう。ああなるのが、あの人の持って生まれた運命だったかも知れません」

欣吾はすべてをあきらめたかのように、悲傷の顔に、深い憂愁の痕をとどめて、口をとじた。

相子はそっと瞳を伏せた。

汽車はそれから昼近く須磨の駅に着いた。

相子は元気を出して家に帰った。

「どうしたのです」

欣吾は多津子の病室に入るが早いか尋ねた。

多津子は元気のない蒼白い顔を、ベッドに横たえたまま二人を迎えた。

「卒倒したのよ」

「どうしてです」

「だって、私の生命が切れたんですもの」

欣吾にはその言葉の意味が分からなかった。

多津子は淋しい微笑を口元に浮かべたまま、そっと枕元の小机を顎で指した。

「欣吾さん、あなたへのお手紙よ。矢吹さんから」

欣吾ははっとしてそれを見た。

ほとんど、小包とも思われる程大きい、大型の封筒に詰った手紙が彼女の枕許の小型の机の上に置かれてあった。

欣吾はそれを取り上げた。

田宮高
封筒の裏の差出人の名前には、そうしるされてあった。

井澤多津子様。

欣吾は見るのを躊躇した。

「中を開けて」

多津子は眼で知らした。

欣吾が中を開けると、二つに分けられた封筒の表に、一つには、東條相子様、一つには、井澤多津子様と記《しる》してあった。

差出人は矢吹尊で、ベルリンの宿舎にてとしてある。

（一四二）

多津子様
生前は随分御無理な御依頼を申し上げまして、今更お詫びの申しようもございません。

生前の御厚情を厚く厚く感謝致します。
死に臨みまして、今一度御依頼申し上げます。
別封の手紙を坂本欣吾君のお手を通して、何とぞ東條相子様にお渡しくださいませ。
最後に生前の御厚情に感謝いたしますと共に、あなた様の御幸福を御祈り申し上げます。

矢吹　尊

井澤多津子様

欣吾は緊張におののく面をかたわらの相子の方に向けた。まだ卒倒後の疲れのとれない相子の面は、蒼白に憔悴していた。

欣吾は今、相子にこうしたものを見せていいのか分からなかった。多津子は虚ろな瞳に魂の抜けた人に見るような、力ない視線を欣吾の面に据えていた。欣吾は思い切って、それを相子に手渡した。

「相子さん、矢吹君からの手紙です。ぼくの手を通してあなたに渡してくれるように、多津子さんに依頼されて来たそうです」

相子は驚愕に胸を轟かせながらそれを開いた。

相子様

突然手紙を差し上げますことの失礼を御許しくださいませ。

死に臨みまして、お伝えしなければならない、義務と呵責に酷《さい》なまれながら、この筆を執らせていただきます。

そうした書き出しの下に綴られてあった矢吹の手紙は、レターペーパー四〇枚に余る程のもので、そこにはここ一年来、矢吹の胸に巣喰うて来た、マルクス的人生観に対する懐疑の苦悶が述べられてあった。そして、そうした思想を奉持しながら、実行方面に闘う人びとへの人格的不満、そのために起こる内部の軋轢、醜き葛藤、そうした空気の中に相容れない自分の魂の苦悶。さては物質的人生観そのものに対する懐疑不安の深刻化、前途に摑み得ない新しい生命の進路、厭世、苦悶、絶望。それをさえ闘い貫き生きようとする根強い生命の本能。

矢吹の心はここ数カ月そうした苦悶と暗黒の中に塗り潰されていたのであった。

しかしそうした中にあって、彼の魂に常に救われ難い道徳の呵責となって襲って来るのは、自分のために死に至った、恩師東條桂治への罪の懺悔であった。

自分のために、誤られた主義のために、自分とはなんの関係もない、自分の主義とはなんの関わりもない異った人生の道を歩もうとする、恩師の生涯を死に至らしめ、更に栄子を死に至らした罪の懺悔は、いかなる理由をもっても赦さるべきでない。

彼の前には厳粛な道徳の鉄壁が聳立《しょうりつ》し、その前に血みどろな良心の苦吟があった。

ただ一道に進んできた唯物的人生観に対する信仰の瓦解。

新しき生命への方向？

そのために犯した罪の懺悔。

彼は、そのために吐血し、悩乱した。

そして最後に彼の選び得た唯一の道、

死！

彼はその中に、生きる一切の希望と、苦悩を断絶したのである。

遂に来るべき所に来た。

（一四二）

六月の満月は空高くインド洋上の彼方を照らしていた。

それはいかなる旅人をしても、一種不可解な誘惑と神秘の世界に吸い込まずにはおかないといわれる海洋の満月であった。

船の端近く佇んだ青年の姿が、硬く凝固したままいつまでも動かなかった。

やがて吸い入れられるように二、三歩あゆむと、身を翻して海底に沈んだ。

船中に残された青年の遺書とも見るべきものは、無罫の白洋箋にただ一行。

死、死、死によって罪を謝す。

の一言《ひとこと》のみであった。

翌日、日本の新聞はいっせいに、華族出の若い闘士、矢吹尊の死を報じた。

船中に残された、短い謎の言葉が、憶測されて、ある者は、同志を裏切った罪の懺悔だと言い、ある者は又、恋人栄子を死に至らしめた悲しみからだと言った。

九月に入って、ツクツクボウシの声が、ようやく淋しく秋を報じる頃、ささやかな近親のみの集いの中に栄子の葬式が行なわれた。

多津子も欣吾も、相子は勿論その集いの中に一夜を明かした。

十月に入ると、多津子は突然外国に発った。

相子は横浜埠頭まで送った。

「さよーなら、相子さん、御機嫌よろしく」

「再会の日をお待ちいたしております」

再会、ああ、再びそうしたことがあろうか。

ねがわくば、自分はもう一生日本の土は踏むまい。

いや、ねがわくば、この船にて、この航路にて、あのインド洋上の月の中に、恋人矢吹の逝いた海の彼方に、自分も永久にこの魂を埋めてしまいたい。

遣瀬ない涙が多津子の頬を滂然と伝った。

「御機嫌よく――相子さん」

多津子は涙の中に、最後に力一杯叫んだ。

相子にはもう、その声は聞こえなかった。

相子はそれからただちに、北海道行の列車に乗った。

彼女の心は悲痛と別離の中に、いたみ傷つけられていた。

彼女は死んだ栄子のことを思い、矢吹のことを思った。

空には美しく月が輝いていた。

ああ、すべては運命だ。闘う者の運命だ。

今更歎くにも当たるまい。

道の誤っていたことを知って死んで逝った矢吹、更にそれさえ自覚なしに帰って逝った栄子。

共に、新しく生まれ還る生命に幸あれ。

やがて自分も、新しい生命への闘出《かどで》に立とうとしているではないか。

自然は一つの芸術を完成さすかそれとも惜しき失敗に終わらすか、運命拙なければ是非もない。

人生は五〇年を賭けた冒険である。

相子は雄々しく闘出の叫びを挙げた。


〈了〉

V　解題と解説

高良留美子

解題

不当追放をただすための協力のアピール――市川房枝の公職追放解除のために

市川房枝の公職追放の解除を海外の女性諸団体に訴えた一九四九年七月一八日付のアピール。副題は編者がつけた。婦人団体協議会に「市川房枝の公職追放解除のための特別委員会」を設け、その議長を浜田糸衛が務めていたと思われる。英語の原文は、本著作集上巻の編集が終わった頃、市川房枝記念館からいただいた。市川氏は四七年三月、戦争中、大日本言論報国会の理事であったことを理由に公職追放となり、新日本婦人同盟の会長を辞任、五〇年追放解除となった（「私のかかわった戦後初期の婦人運動」Ⅱ章、本著作集上巻所収参照）。

一つの出発

『美術ジャーナル』一九七三年一月号所収。浜田の遺稿の中にあった。浜田と高良とみ、また高良真木との初対面の時期がここから推察できる。

高良とみ自伝について

浜田の一九八三年四月の日記からの抜粋。浜田は『非戦を生きる――高良とみ自伝』（ドメス出版、一九八三年三月）の出版記念会（五月）にも出席した。高良興生院近くの中井の寿司屋二階で開いた相談会にも参加したことが、日記にも書かれている。老齢のとみの姿はなかったが、高良武久、真木、留美子、鹿島光代（ドメス出版）と共に、当日の司会者や式次第について相談した。

当日は大盛会で、ビザなしでソ連・中国に行ったことについて、とみは「おとがめもなく」といって出席者を笑わせた。当時の外相は旅券法違反で逮捕すると息巻いていたのだ。

浜田と高良とみの初対面は、一九五三年四月の参議院選挙に二度目の立候補をした高良が、初春に関西を訪れた時だった（「一つの出発」および「「晩年の浜田糸衛を囲む座談会」より」最終章、本巻所収参照）。婦人団体連合会（略称婦団連）準備会の推薦を受けた高良を、西宮にいた浜田が支援したのである。それ以来、六〇年から七三年夏まで真鶴の母屋に住んで八九年には浜田の勧めもあって真木が真鶴に引きとった晩年の高良とみと、浜田は独特な関係をもつことになる。

平塚らいてうの手紙

らいてうの手紙類は、一九五三年四月に婦団連が結成された数ヵ月後の五三年一一月七日から、七一年五月二四日に享年八五で死去する二ヵ月ほど前の三月一三日まで、一七年四ヵ月余にわたっている。六〇歳代末からのらいてうの活動と思想と立ち位置がわかる貴重な記録である。

本巻には、浜田糸衛が遺した平塚らいてうの四五通の手紙類から、著作権者の承諾を得て四四通を収録した。四五通のうち、五三通は浜田と高良真木の二人宛て、五通は高良真木宛である。四五通のうち、五六年三月九日の消印のある一通は二〇一八年に「ＮＰＯ法人らいてうの家」に寄贈した。ほかに浜田の判断で真木が焼却した手紙が一通あった。

高群逸枝の手紙

高群逸枝の手紙と葉書は、一九五六年三月一六日から六四年六月七日に死去する四〇日ほど前の六四年四月二六日までの、八年余りにわたっている。代筆を含めて、全部で六一通である。その中から著作権者の承諾を得て、一六通を選んだ。浜田宛三通、浜田・高良宛一〇通、高良宛三通である。「1」は西宮市宛、「2」からは東京の中野区沼袋町宛になっている。

全六一通の内分けは、浜田糸衛宛一二通、浜田・高良宛三〇通、高良宛一八通、浜田槙尾宛一通である。ほかに橋本憲三のものが五通ある。これらは高群の書と共に、二〇一五年九月に目黒の日本近代文学館に寄贈した。

浜田槙尾の手紙

浜田糸衛の姉・槙尾の手紙四通。三通は『野に帰ったバラ』（理論社、一九六〇）への感想である。四通目は、編注で推察したように、「みどりむしのかなしみ」についての意見だと思う。自身も二冊の詩文集を出しているだけに、豊かで深い感性と表現力、妹の将来への思いやりが感じられる。

高良真木の手紙

『野に帰ったバラ』への高良真木の感想である。「東洋的な思想」、「巨大な虚無に支えられた、肯定の世界」というところに、高良の浜田観が表れている。

浜田糸衛から高良真木への手紙

浜田から高良真木への、六〇年代の手紙五通。「1」と「2」は、浜田家を継いだ正信の家政をみていた姉・槙尾が病気になったため西宮に行っていた浜田が、沼袋の高良に宛てたもの。〈高良真木の手紙〉は浜田の手紙の裏に書かれていた。自動車の運転を習い始めた頃の記述が珍しく、のちにあちこちにぶつけながらも自在に運転するようになる真木の一面がうかがえる。

「3」〜「5」は沼袋の浜田から真鶴の高良に宛てたもの。「5」の朝鮮大学校への訪問記からは、朝鮮とその文化に対する浜田の深い想いを感じることができる。

黙殺

「読売新聞」の懸賞短編小説当選作として、一九三〇年二月一〇日付の同紙に掲載された。筆名は井元直樹、住所は「京都市東山三条託児所内井上気付」となっている。テーマは大酒飲みでばくち打ちの源蔵と妻のお霜、お霜の連れ子お由の、救いのない関係である。

「原作はもっとはっきりしたものであったが、発表出来ないので可なり手を入れたので稍《やや》変なものになった」と編者が書いている。省略されたのは、「学校裏の共同墓地に行ってごらん、戦争であんなに沢山の若者が死んでいるじゃないか」というような結語の部分だった（「「晩年の浜田糸衛を囲む座談会」より」Ⅲ章、本巻所収参照）。長者村での小学校の代用教員時代に得たモチーフである。「黙殺」とは、女や若者が黙殺されていることも含意する多義的なタイトルである。

双道の彼方

四〇〇字詰め原稿用紙に書かれ、六二六枚が綴じないまま「横浜名物亀楽せんべい」の缶に収められていた。缶に入れるまでが長かったらしく、紙はかなり劣化している。ケイ線は薄い緑色だったようだ。

原稿の第一頁に「双道の彼方　第三巻　嶺一二三」と記され、缶の蓋にもそれに（原稿）を加えた橙色の紙が貼られていた。嶺一二三がペンネームだろう。書かれた時期は、テーマからみて最初の長編『雌伏』（春秋社、一九三一・一〇・一〇）の前後から、「満州」へ渡る三八年までの間ではないかと推測する。

登場人物の出入りはかなり激しいが、改行の多い乾いた文体で、最後まで読者を引っ張っていく筆力と構成力をもっている。「双道」とは、友人の北見栄子が選んだ共産党員としての社会変革の道と、主人公の東條相子が「その母性を無視し」「その性を無視してまで、強く」生きようとする芸術への孤独な道を暗示している。その「彼方」は未知である。ただし栄子が起こす「赤色テロ」事件は、実際の「第三次共産党検挙」とは異なるフィクションである。

解説

平塚らいてう晩年の活動

――婦団連結成・国際民婦連の副会長として・原水爆反対・母親大会・中国婦人代表団の歓迎・大衆団体と政党の関係・ベトナム戦争反対・らいてうの最晩年と死

Ⅰ　婦団連結成をめぐる経緯――らいてうと高良とみ、浜田糸衛

1　透明感と動的な印象が残る――宇宙的な自然観

平塚らいてうの手紙類を読んで心に残るのは、透明感である。名利や体裁に捉われず、常に自分自身であろうとするらいてうの心の透明感が、文面に光を放っている。

また老齢で体調がよくなかったにもかかわらず、らいてうは常に動いているという印象を与える。休養のため

の旅行や転地だけでなく、高村智恵子のふるさとを訪れ、一九五八年には新居への引っ越しもしている。封筒や便箋も、インクやボールペンの色もしばしば変わる。変化を好み、旺盛な好奇心をもつ人だったと思う。45節に書いたが、最後の入院先ではベティ・フリーダンの本を読んでいる。高群逸枝の手紙と比較しても、らいてうの動きが印象に残る。

最晩年の手紙からは、食養的な関心も交えたらいてうの自然への愛が感じられる。「37」では石にも関心を示していて、生命的だけでなく宇宙的な自然観が感じられる。らいてうは、「存在するものは、すなわち自然は、生物、無生物を含めて、ひと続きをなしているという認識」をもっていたのである（奥村直史「らいてうの自己認識・世界認識」『平塚らいてうの会紀要』第12号、二〇一九・八・一〇）。

2　高群逸枝の母系制研究への支援と心遣い——最後の研究が完成したら心ゆくまで語り合おう

一九六〇年代からの手紙には、らいてうの高群に対する心遣いが色濃く表れている。二人は東京の同じ世田谷区に住み、郵便の配達局は同じ千歳郵便局だが、住居はかなり離れている。文通を通じて、らいてうは高群の最後の研究「続招婿婚の研究」が筆をおろす直前まできていたことを知り、それが完成したららいてうの家で心ゆくまで語り合おうというかたい約束が生まれていた（『元始、女性は太陽であった——平塚らいてう自伝』、大月書店、一九七三、以下『元始』と略記）。しかし学究生活を尊重して、らいてうは森の家に籠った高群とは会わなかった。最後の対面は病院の霊安室においてであった。

しかし二人が深い信頼関係で結ばれていたこと、らいてうが高群のためにできる限りの尽力をしたことは、浜田の『野に帰ったバラ』出版や高群の「望郷子守唄の碑」建立における寄与、浜田・高良が始めた高群への「栄養補給の会」への協力などに、みることができる。

六二年の「24」に同封された小新聞「人類更生」で、今成覚禅は父系時代になって男性の積極性があまりに伸びすぎたため生じたのが現代の原子武器時代の人類の危機であって、これを母と子の「大和大愛の生活」から正しく見なおしていかねば、生命の法則に正しく叶う人類生活はあらわれない、とのべている。初めの野合時代にも母系時代にも「何の文化的発展もなかった」などと間違ったこともいっているが……。らいてうが高群の母系制研究を支持し、応援していたことをうかがうことができる。

らいてうはこの僧と交流があり、二〇一八年一月に「NPO平塚らいてうの会」からデジタル公開されたらいてうの「戦後日記[1]（1953―58）」（以下「戦後日記」と略称）五七年八月二一日には、「今成覚禅の『人間革命』の推薦文を夜三時頃までかゝってかいた」とある。

高群の死後、世田谷区立の児童公園として生まれ変わった森の家の跡地に「高群逸枝住居跡の碑」を建てるためにも、らいてうは建碑世話人の一人として尽力した。六九年六月七日に除幕式が行なわれた。

3　四つのテーマ――①婦団連結成　②国際民婦連副会長として　③大衆団体への政党支配の問題　④中国婦人代表団歓迎の問題

ここで他の資料をも使いながら考えたいと思うのは、四つのテーマについてである。

第一は、高良とみの訪ソ・訪中かららいてうを会長とする婦人団体連合会（略称婦団連）の結成に至る経緯と、その事務局長になった浜田らがコペンハーゲンの第二回世界婦人大会に参加し、社会主義国を回って帰国するまで。

第二は、らいてうが国際民主婦人連盟（略称国際民婦連あるいはＷＩＤＦ）の副会長に就任し、原水爆禁止の活動と母親大会を経て、連盟会長ウージェニー・コットンの著書の翻訳・出版計画を立てるまで。

第三は、第四の問題の背後に横たわっている、大衆団体への政党の支配の問題である。

第四は、これが最も重要なテーマなのだが、中ソ対立と中国の文化大革命を背景に、一九六六年に新日本婦人の会とらいてうの間で起こった中国婦人代表団の歓迎をめぐる問題と、それに対するらいてうの態度、またそこから浮かび上がってくるらいてうと中国の関係である。

4　五二年、高良とみの訪ソ・訪中――風見章、西園寺公一、石橋湛山の連携

朝鮮戦争最中《さなか》の一九五二年四月～五月、参議院議員だった高良とみが国交のないソ連に戦後日本人として初入国してモスクワで開催中の国際経済会議に出席し、ついで新中国に入国して帆足計（衆議院議員）らと共に第一次日中貿易協定を結んだ。

国際経済会議はアメリカの「封じこめ」政策をうちやぶって、国際貿易の促進運動をすすめるために提唱された。その情報は日本財界の有力者一〇氏に宛てた、中国人民銀行総裁の手紙によってもたらされた（『日中友好運動史』日本中国友好協会（正統）中央本部編、青年出版社、一九七五、以下同じ）。

この中国の呼びかけに応じて、不況にあえいでいた政財界の有力者は五二年一月、「国際経済懇談会」を設置した。そして日本からも代表を送ろうと旅券の申請をしたが、アメリカの「封じこめ」政策に忠実な吉田内閣は、許可しなかった。

しかし高良とみはユネスコの緑十字《グリーン・クロス》の会議に出席するため、すでに旅券を得ていた。戦争中から縁のあった

風見章（衆議院議員）、西園寺公一（参議院議員）、公職追放が解除されて政治活動を再開していた石橋湛山の三人が連携して、高良の訪ソを成功させる（旅券法違反にならない）ための〝秘策〟をねり、彼女はパリを経由して査証《ビザ》なしでモスクワに入った（『高良とみの生と著作　第7巻』解説　高良留美子、ドメス出版、二〇〇二、以下『高良とみ著作集』と略記）。

高良の秘書和田光代によると、西園寺は一九五一年一一月、対日平和・日米安保両条約の参議院における採決で、高良とみが日米安保条約に反対の青票を投じた翌日から、秘書を派遣して彼女と連絡していた（『高良とみ著作集　第7巻』解説）。

5　らいてうは高良とみの行動にコミット——市川房枝は反対した

〝鉄のカーテン〟を破り、〝竹のカーテン〟もくぐって社会主義国入りした高良の行動は、日本中、いやアメリカを含む世界中を驚愕させた。四月二八日に対日講和条約と日米安全保障条約の発効を控えていた吉田内閣は怒り、外務大臣は旅券法違反で逮捕すると息巻いたが、朝鮮戦争の終結を願い、平和を願って再軍備と反民主主義の「逆コース」に息づまる思いをしていた人々、ことに女性たちはその勇気ある行動に熱い共感を寄せた。

平塚らいてうは高良とみの青票投票から婦団連結成までの出来事を、歓迎会での自身の言葉も記録しながら、九頁近くにわたって熱く記している（『元始』）。らいてうは、「再軍備反対婦人委員会」を終わらせてまで、高良の行動にコミットしたのである。

らいてうは明示していないが、反対したのは歓迎会の支持も断わった（和田秘書談）委員会副会長の市川房枝だった。戦争中の大政翼賛会で、高良が市川の望んでいた婦人三団体の統合を提言せず、婦人局の設置を要望したことへの批判（『市川房枝集　第4巻』日本図書センター、一九九四）が、尾を引いていたとしか考えられない。市川の日本婦人有権者同盟は、後述する婦人団体連合会にも参加しなかった。

6　女たちが盛大な帰国歓迎会を開く——らいてうは熱い感謝の辞と平和への希望をのべた

労働組合や女性団体の間で歓迎集会を開こうという声が上がり、三十余団体が加わって歓迎準備会がつくられ、五〇年の婦団協分裂以来の幅広い運動になった（『婦団連のあゆみ——平和・平等めざす共同と国際連帯の歴史』日本婦人団体連合会、二〇〇九）。

女たちは一九五二年七月二七日、日比谷公会堂で盛大な高良とみ帰国歓迎会を開いた。それが婦団連誕生のきっかけとなったのである。「戦後の女性運動のターニング・ポイントは、この人によってもたらされた」と、小林登美枝はのべている（前掲『高良とみ著作集　第6巻』解説）。

集会では、熱心な聴衆を前に平塚らいてう、深尾須磨子、東山千栄子、岸輝子などの挨拶や詩の朗読が行なわれた（前掲『婦団連のあゆみ』）。この日はとくに事情のある人のほかは男子禁制で、講演者も聴衆も婦人に限られた。高良とみの一時間余の帰朝報告は、聴衆に大きな感動を与えた（『元始』）。

らいてうは「高良さん！／ようこそ、やってくださいました。ほんとに、ほんとに」と始まる挨拶で、熱い感謝の辞と平和建設への希望を語った。そして「これを機会として、セクショナリズムを捨て、女性の平和勢力を一つに結ぶことができるならば、それはほんとうにすばらしいことだと思います」とのべた。

らいてうはのちに書いている。「再軍備反対婦人委員会のメンバーのひとりの高良とみさんがグリーン・クロス会長として、パリーでひらかれたユネスコとの連絡会議に出席され、帰国の途中、折柄モスコーで開催中の国際経済会議、北京で開催されたアジア太平洋地域平和会議準備会に参会されたという知らせは、アジアと世界の平和を願う婦人たちに、多大の感銘を与えました。七月十五日、高良さんの帰国を迎えた婦人たちの間に、ぜひ高良さんの帰朝報告を伺いたいという話が持ち上り、七月二十七日日比谷公会堂で高良とみ氏帰朝報告婦人大会が盛会裡にひらかれました」(『作家の自伝8　平塚らいてう　わたくしの歩いた道』日本図書センター、一九九四)。

7　女性たちは共産党主流派の武闘方針を無視して動いた——初期の婦団連は広範な支持を集めた

高良とみ帰国歓迎会の準備会事務局は、参議院会館の西園寺公一の部屋に置かれた。当時の西園寺は秘密共産党員でもなく、第一クラブに所属する参議院議員だった。

神近市子(社会党左派の衆議院議員)や小林登美枝など、多くの女性たちが西園寺の部屋に集まって準備活動をした。その中には共産党の女性たちもいたが、彼女たちは党の武闘方針を無視して行動したのである。もっとも彼女たちには、次節で引用する文章で米田佐代子がのべる「意見のちがうもの」、すなわちコミンフォルム批判を受け入れなかった宮本顕治ら「国際派」による指導や支持があったと考えた方がいいと思う。

和田秘書からよく聞いたが、彼女はキリスト教徒で、後述するコペンハーゲンの世界婦人会議にも出席している。婦団連には女性たちの活気が満ち溢れ、広範な人々の支持を集めていた。私は北海道出身の小笠原貞子の名をのちに新日本婦人の会事務局長を経て、六八年から共産党の参議院議員を四期務めた。

8　高良とみ訪中時、日本共産党の幹部は北京に亡命——コミンフォルム批判による暴力革命路線で当選ゼロ

戦後の日本共産党は平和革命路線をとり、一九四九年の第24回総選挙では三五名の当選者を出した。しかし東西冷戦が激化する中で、五〇年一月、コミンフォルム（実質的にはスターリン）がその平和革命論を批判し、党内の内部対立が激化した。いわゆるコミンフォルム批判である。

五〇年五月、マッカーサーは共産党の非合法化を示唆し、六月六日、共産党中央委員全員二四名の公職追放を指令した（二五日、朝鮮戦争が勃発）。コミンフォルム批判を受け入れる書記長・徳田球一らの主流派（「所感派」）は地下活動に移行し、批判する宮本顕治らの「国際派」と分裂した。いわゆる五〇年問題である。主流派は山村工作隊などの武装闘争を展開した。

米田佐代子は、コミンフォルム批判をめぐって党内の意見が不一致のまま中央委員の追放が行なわれ、「中央委員会の多数をしめる部分が、正規の中央委員会をひらかずに意見のちがうものを排除して一方的に非合法活動にはいるという状態でした。そのため統一戦線の発展についても一貫した正しい方針を出すことができず（後略）」とのべている（『近代日本女性史　下』新日本新書、一九七二）。

五二年五月に高良とみが中国に入ったとき、徳田球一ら「所感派」中央委員四人は秘密裡に北京に亡命していた。かれらが「人民日報」などを通して高良の訪中を知ったかどうかは不明だが、党の暴力革命路線は変わらなかった。しかしその路線は人々の支持を得られず、五二年一〇月の第25回総選挙では全候補者が落選した。

五〇年から五二年にかけては、冷戦の激化を背景にして、レッド・パージ、旧軍人や元特高関係者らの追放解除、単独講和と日米安保条約、血のメーデー事件など、戦後史の大きな節目となる事件や事態が起こり、アメリカの長期占領下で日本の再軍備が進んだ時代である。五二年八月には、警察予備隊が保安隊と名を変えて増強さ

れた。

9　らいてうの呼びかけで婦団連結成――準備期間中に全国各地で高良とみ歓迎会

らいてうは『元始』で次のようにのべている。

「このときの歓迎会は、各階層の婦人団体がたくさん参加したことで、かつて例を見ないものでした。壇上に立って、会場にあふれるばかりの聴衆と、その異様なまで熱気にみちみちた雰囲気を肌身に感じたわたくしは、「この婦人たちを散らすべきではない、これを生かすべきだ」と、このとき痛切に感じたのです。

単独講和による逆コースの道を、はっきり歩み出した現在の日本で、いま何より大切なことは、平和をのぞむ人々の結集、団結であると、先年からの平和運動の教訓から学んだわたくしは、婦人団体協議会の無期休会という残念な事態を思うにつけ、このせっかくのもり上がりを、また潮の引くような、もとへ戻すにしのびなかったのでした。

この際、ここに集まった諸団体の、連合、存続をのぞむ提案をしよう、いいえ、どうしても今こそそれをしなければならないときではないか――そう考えたわたくしは、高良さんの歓迎準備会に参加した、日本生活協同組合婦人部の加納きくさんのお住居《すまい》が、わたくしの家に近い祖師谷にあったので、提案の趣旨をしるしたものを、加納さんまでお届けしました。

そこで加納さんは、八月二日にひらかれた高良さんの歓迎会の残務整理のための会合の席上、わたくしの提案の趣旨を説明して、みなさんに諮《はか》ってくれました。

（略）婦団協解散後、平和のための婦人の統一戦線をまちのぞんでいた人々のあいだに、高良さんの帰国が、大きな統一の気運をもたらした矢先のことですから、このわたくしの提案は全面的な賛同を得ました。そして、その年九月、高良さんの歓迎準備会がほとんどそのかたちのまま切りかえられて婦人団体連合会準備会が生まれたのです。」

小林は前掲「解説」に、一九五二年八月二日の会合でらいてうの電話の趣旨が、歓迎運動の委員長格だった神近市子から皆に伝えられた、「歓迎準備会の事務局は、全員の拍手をもって、「日本婦人団体連合会」(婦団連)準備会が生まれた」と書いている。おそらく会合に出られなくなった加納が神近に電話で伝えたのだろう。

それから半年の準備期間中に、高良とみ帰国歓迎集会を地方でも開きたいという要望がぞくぞくと寄せられ、全国各地で歓迎会が行なわれ、その準備運動が統一行動の基盤になった。婦団連準備会は、講和条約締結後、初の総選挙を前にして、「平和憲法擁護」「再軍備反対」の宣伝活動に取り組み、九月二三日には、再軍備反対婦人集会を開いた(『婦団連のあゆみ』)。

準備会はまた小冊子『祖国の婦人に訴える——高良とみ女史帰朝報告』(一九五三)をつくり、歓迎会での高良の講演を採録した(『非戦を生きる——高良とみ自伝』ドメス出版、一九八三、増補改訂版、一九八八、以下『高良とみ自伝』と略記)。

五三年四月五日、らいてうを会長、高良とみを副会長として婦団連が結成された。「平和憲法を守り、軍国主義の復活と反民主主義の逆コースをくいとめましょう」というスローガンを掲げ、日本民主婦人協議会、婦人民主クラブなど三十余の婦人団体が参加した。

皮肉なことに、クリスチャンで異性問題にことのほか厳しい高良を積極的に支持したのが、異性とのスキャンダルによって社会から追放の憂目をみた経験のあるらいてうと神近だったのである。

10　浜田はらいてうに会長就任を説得――最初は固辞、「浜田が事務局長をやるなら」という条件で

らいてうは、会長になれというまったく予期しない話を「かたく辞退したのですが、ついに一年間だけという条件で引きうけされました」と書いている（『元始④』）。

らいてうに会長就任を説得したのは浜田であった。浜田は三年前婦団協が無期休会に入らざるを得なくなった分裂さわぎにこりごりして、文学活動をするため西宮の実家に帰っていた。そのため高良とみ歓迎会には出席していない。しかし婦団連の準備段階には在京していて、要請を受けてやむなく「結成させることだけは引き受け」た（「私のかかわった戦後初期の婦人運動」本著作集上巻所収、以下同じ）。浜田は次のように書いている。

「会長を平塚らいてう先生にやっていただこうと何回か交渉に行きましたが、先生もなかなか受けてくれませんでした。「婦人の運動は男につぶされるのではなく、女の人自身の手でつぶされる。こんなことは、もうこりごりだ」というのが理由でした。

しかし、私も最後にお願いに行ったときは、引き受けてくれるまで一歩もここを動きませんと居なおったので、先生もようやく心を動かしてくれました。ただし、先生は、私が事務局長をやるならという条件をつけてきたのです。やむなく私はこれをのんで、帰ってきました。つづいて、高良とみ氏に副会長をお願いし、「婦人団体連合会」（婦団連）結成の準備がととのったのでした。婦団協の無期休会から三年、一九五三年四月でした。

婦団連は三十数団体の加盟を得て結成されましたが、残念ながら婦団協に参加していた自由党婦人部や市川房枝氏の「新日本婦人同盟」などはとうとう参加しませんでした。」

なお市川の「新日本婦人同盟」は五〇年から日本婦人有権者同盟と改称している。

「女の運動は女自身の手でつぶされる」という言葉が『青鞜』についてなのか、新婦人協会についてなのか、

それとも両方のことなのか、じっくり考えてみる必要があるだろう。

婦団連結成によって、五〇年七月に「婦人団体協議会」が休会声明を出して以来、三年目にして失われていた女性の統一行動の足場がつくられたのである。なお婦団連結成の経過や趣意書などは、「婦人団体連合会の結成（一九五三年）」（本著作集上巻）に収録した。

婦団連は五三年に二度の日本婦人大会を開いた。五月の大会では次節でのべる世界婦人大会への代表を選出し、一二月の三日間にわたる大会では「日本婦人の宣言」を採択した。

11　高良とみは中国残留邦人の帰国問題にとりくみ二期目の当選——出発当日に旅券を獲得

同じ一九五三年四月二四日に第三回参議院選挙が行なわれ、高良とみは全国区選出婦人議員の第一位、三三万七千何百という高得票で二期目の当選を果たした。婦団連推薦のこの選挙運動で、高良と浜田の関西での初対面があり、浜田は高良をトラックに乗って応援した（「「晩年の浜田糸衛を囲む座談会」より」最終章、本巻所収参照）。この年、高良は二度目の訪中をし、日赤などの民間三団体と協力して、内戦のため帰国できなくなっていた中国在留邦人三万人の帰国問題にとりくんだ。

前掲「戦後日記」の五三年一月二六日に「高良女史を除き引揚代表団今夜羽田出発」と書かれているのは、らいてうの誤解で、彼女はこの時点では知らなかったようだが、ぎりぎり当日に旅券が交付されて、高良は日本代表団の一員として出発したのである。大谷育平『引揚交渉録——戦後、中国に残された日本人3万人を祖国へ……』（白帝社、二〇一二）などからいくつかの資料を提示するが、この問題では婦団連も動いている。

派遣メンバーが決まる

一九五三年一月七日、中国紅十字会から返電。

「一九五二年一二月二六日の貴電受領した。中国紅十字会は島津忠承、工藤忠夫、内山完造、加島敏雄、平野義太郎、畑中政春、高良とみ七先生が貴方代表団を組織することに同意する。その他の人員については同意しがたい」

岡崎外相、高良とみへの旅券交付拒否

一月八日、政府は六代表には旅券は認めるが、高良に対しては旅券法違反を理由に、発給を拒否する方針を決めた。五二年の、例のモスクワ—北京訪問に対するハラいせである。高良らの吉田体制への挑戦を、よほどハラに据えかねていたことがよく分かる。人道主義の立場から取り組まれ、動き始めた邦人の引き揚げ問題は、政府の意趣返しによって、予期せぬ波乱を喚び起こしたのである。岡崎勝男外相は、「われわれは高良女史に対して旅券を出したくない。女史は旅券法を一度犯しているからだ。女史に旅券が与えられないで他の六代表だけが北京に行った場合、中共政府は高良女史が代表団にいないとの理由で、この代表団と引き揚げの交渉を行うことを拒むことはあるまいと思う。というのは、中国赤十字社は日本の三団体に対して招請を行い、その人選は日本側に任せている。そして高良女史はそのいずれにも所属していないのだから……」」（古川万太郎『日中戦後関係史』原書房、一九八八）

浜田の遺稿中に、「高良女史に旅巻を！」という五三年一月一四日付、外務大臣岡崎勝男宛の文書があった。差出人名は「婦人団体連合」。婦団連発足前のものだから、準備会が作ったのだろう。タイトルは手書き、本文以下は和文タイプで打たれている。完成して発送したと思われる（高良留美子注）。

一月一九日
一〇時、桜井氏が、婦団連の作った、三団体印入り（代表団は連帯責任であり不可分ゆえ高良に旅券発行を必要と認める）声明を持参。土屋局長へ提出したら、これでも不充分だから、李徳全へ特別打電して返事を取ったらよいと。正午頃電文書き中央局より打電す。読売土屋氏からさぐり出す。
（訳）中国紅十字　李徳全女史
「アナタノ私ヘノ電報ニヨル招待ハ反動的大臣ニヨッテ、カレノ面子ヲ救ウタメノ旅券発行ノ条件ヲデッチ上ゲサセテイマス。ドウカ今度ハ私タチノ面子ト人道主義的ナ努力トヲ救ウタメニ協力シテ下サイ。旅券以外ノ準備ハスベテ整ッテイマス。高良」（原文の英語は略、「和平日記」『高良とみの生と著作　第6巻』二〇〇二）
桜井氏は高良の秘書の一人である。

一月二〇日
午後二時から婦団連委員総会（外相へ打電）（「和平日記」）

一月二五日
婦団連打電／（訳）中国紅十字・李徳全様
「代表団ガ必ズオルガナイザート共ニ出発スルタメノ旅券獲得ニ協力スルヨウ、アナタガ高良トミニ、合同ノ代表団ヲ組織スルコトヲ依頼シタコトヲ三団体ニ説明シテ下サイ。婦団連」（原文の英語は略、「和平日記」）。

高良とみへ旅券交付

一月二六日

九時、高崎氏吉報がある。一〇時四〇分、大臣面会にて旅券出た由電話ある。二時、外務省古山氏来る。法務委員会から土屋準欧米局長を呼出す。〝お忙しければ議会まで持参させますから拒否はしないでください。旅券法は帰ってからゆっくり闘って話し合ってください〟と。四時、外務省旅券を持参し喫茶部で受取る。国民世論の勝利なり。(「和平日記」)。

午後十一時、盛大な見送りを受けてＢＯＡＣ機で香港へ出発。

「三、四時間の時間しかないのに無理に飛行機に飛び乗った私の腹の中は煮えくりかえるほどのものがあった。――いろいろの意味で。〝母なればこそ、あんなひどい仕打ちをされても許しこそすれ〟と飛行機の中でも考えないではいられなかった」(「母なればこそ」『高良とみの生と著作　第6巻』)。

一月二七日

午前一一時香港到着。飛行場で記者会見。団長の談話後、高良とみの談話をとった。

――代表団入国に敏感だった報道陣も〝代表六名〟と昨日まで考えていたので、飛行機から降下する高良とみを発見したときにはある新聞記者は「驚嘆を感じた」「護符(旅券)を出さぬ吉田政府的岡崎勝男が全代表団の結束に頭を下げたのだ」と(大谷前掲書)。

「そうして再び中国へ行き、在中国日本人の引揚げ交渉にあたったのです。北京に入ると、旅券をめぐるいきさつが中国側にも知れており〝ゴーリャンフー（高良富）〟が日本政府を屈服させて訪中したというので、大評判になっていました。」（『高良とみ自伝』）。

代表団の帰国交渉が成功して帰国する人びとのために、婦団連は三月中旬、中国への出迎船、高砂丸に比嘉正子を乗船させたり、舞鶴に二人の会員を派遣したりしている（「婦人団体連合会の結成」本著作集上巻所収）。帰国者たちは居住期間不足のため選挙区出馬の候補者には投票できなかったが、全国区の候補者には投票できた。高良の秘書になった和田光代もその一人だった。彼女はとみの父方の親戚で、大連から引き揚げて舞鶴の施設にいたのである。「女は高良とみに投票しよう」と話し合っていたという（『高良とみ著作集　第7巻』解説、高良留美子）。また日本共産党の多くの女性たちも高良に投票した。

らいてうは「貴重な国際的センス——平和を願う心の発露があなたへの一票です」（「読売新聞」一九五三・五・八、『平塚らいてう著作集　第7巻』大月書店、一九八四、以下『らいてう著作集』と略記）で、その当選を祝い、平和憲法擁護の線を守る最後のとりでとして、超党派的に手を結んで「婦人平和戦線」をつくることを期待している。

12　五三年、浜田は世界婦人大会へ——らいてうは羽田まで代表団を見送りに

これに先立つ一九五三年三月、らいてうはデンマークで開かれる婦人の世界大会についての呼びかけをウィーンの国際民婦連から受けとり、「〝婦人の世界大会〟のよびかけに答える」を「平和ふじん新聞」に書いて賛意を

表した（『らいてう著作集　第7巻』）。らいてうはその後も度々この大会に言及してその意義を強調している。

浜田は五三年六月にコペンハーゲンで開かれたこの第二回世界婦人大会に、婦団連選出の一〇名からなる日本代表団の事務局長として、参加した。高田なお子（参議院議員）、羽仁説子（子供を守る会副会長）、赤松俊子（画家、後の丸木俊）、村上トク（長崎県議）、浜田糸衛（婦団連事務局長）、千葉千代世（日教組婦人部）、高橋ひさ江（自治労連千葉県婦人部長）、宮城富士子（繊維労働者代表）、小笠原貞子（北海道地域代表、キリスト教友和会）、遠藤千枝（東北代表、福島児童福祉司主事）の一〇名で、これに野宮（秘書?）、柏木（秘書）、高良真木（通訳）らの随員が加わって総勢一三名となった。

らいてうは『元始』でこの世界大会のことを九頁にわたって書き、「この世界婦人大会への参加を契機として、これまで国内だけのものであった日本の大衆的婦人運動は、とみに国際連帯性をもつようになり、日本と世界をつなぐ、婦人運動へと発展することになったのです」と記している。

「戦後日記」には、「対立ではなく、婦人のねがいをひとつに」という強い意志が表明されている。

らいてうは代表の出発を見送りに、『婦人画報』の知人の車で二度まで羽田に出かけている。「戦後日記」六月六日には、「世界婦人大会（コッペンハーゲンにて五日より十二日まで開催）に日本婦人代表十名派遣、その旅券やうやく今日午前交附され、午後六時羽田空港より代表中の一名　赤松俊子氏だけ先に出発される」と書かれている。

しかし「ほんの五、六分のところで間に合はず、飛行機の爆音だけを聞く。残念だった。しかしこの機会に羽田空港を見学出来たのは幸である」という結果になった。他の代表の旅券交付はさらに遅れ、結局、赤松だけが大会の最終日に間に合ったのである。

その後、浜田、羽仁、赤松、千葉、高良を含む六人は東ベルリン、ソ連、中国、ルーマニア、チェコスロバキア等を視察・交流し、九月の帰国後は全国で約五〇回の報告会を展開した（浜田糸衛「コペンハーゲンへ――世界婦人大会へ正式参加」および高良留美子「浜田糸衛を読む」本著作集上巻所収参照）。未知の社会主義国のことを知ろうとして、延べ二五万人が参加した。『婦団連のあゆみ』年表は、全国で二〇〇カ所、二〇万人が参加したとしている。

13　らいてうは羽田で高良とみに会う――高良と婦団連との関係

「戦後日記」には、空港でのことが次のように書かれている。

「十日午後六時　千葉、羽仁、遠藤、高橋、高良（令嬢）、柏木、小笠原、浜田諸氏の第三陣出発の筈。（略）／高良さんも羽田に娘さんと一緒に見えていた。代表派遣について共産党の方が指導権をとったといって警戒の言葉を私にもらした。」（傍点引用者）

高良とみは三女の美世子と一緒に見送りにきていたのだ。一九五五年に死去する美世子は、これが真木との永別となった。

米田は国際民婦連の「よびかけをうけたのは、加盟団体である民婦協でしたが、組織としてはほとんど活動できなくなっていたところから、民婦協もくわわった婦団連が実質的に準備にあたったものです」と書いている（米田前掲書）。らいてうもそのことを認識している（『元始』）。

民婦協は正式名称が日本民主婦人協議会。四八年に結成され、三十余団体が加盟して労働婦人を中核とした日本で最初の強力な組織体となった。四九年、国際民主婦人連盟（ＷＩＤＦ）に正式加盟。五三年、婦団連の結成に参加し、やがて同会に解消した。最初の代表には松岡洋子が選ばれたが、浜田は「勝目テル氏らの」会と認識している（「私のかかわった戦後初期の婦人運動」）。勝目は戦後共産党員になり、四八年に民婦協の会長になっている（『日本女性史大辞典』吉川弘文館、二〇〇八）。

高良は晩年の自伝で、「私は、その後婦団連にはあまり力になれないで申しわけなかったと思っているのですが、私は、一つの団体のみにずっと長く所属して活動するということが、あまり性に合わないらしく、いつもはみ出して、一人で直感のままに行動することが実に多かったなあ、と今にして思います」と書いている（『高良とみ自伝』）。

高良が婦団連と距離をおいたのは、本人がのべている理由だけでなく、空港でらいてうに語ったことのためだったと思う。彼女は日本の再軍備に反対する平和主義者だったが共産主義者でもシンパでもなく、四九年三月から、右にも左にも偏さず、新憲法の精神にのっとった世界恒久平和や、家庭と民族における弊習の除去などを挙げていた緑風会に属していた（『高良とみ自伝』）。彼女は広範な人びとの支持を求めていたのである。

やがて和田秘書も党員になったらしく、秘書は和田家の旧知の知人の子息でのちに映画監督になる岩佐寿弥に変わった。五五、六年頃、私はとみが「困った」とつぶやいていたのを覚えている。

その表れか、手紙におけるらいてうと高良とみとの関係はかなり薄い。しかし高良は婦団連の副会長を、少なくとも五〇年代後半まで続けている。らいてう「戦後日記」によると、五五年八月九日には副会長が三人に増えている。

14　らいてうは野上弥生子に浜田を紹介――野上氏に何を求めたのか

ここからようやく、らいてうの手紙類の解読に入る。

一九五三年一一月七日の「1」は、婦団連事務局長の浜田糸衛を作家の野上弥生子に紹介する名刺の添え書きである。当時、らいてうは体調を崩して箱根で静養していた。

この紹介の意味が、二〇一七年に入手した「晩年の浜田糸衛を囲む座談会」によって推察可能になった。ここでの浜田の発言によると、らいてうは「相談したい人がいる」と浜田にいったのだが、それが作家の野上弥生子だった。しかし浜田が会いにいくと、野上はその依頼を断わった。そのあと次のようなやりとりがあったという。

野上「あなたね、どちらさんです?」浜田「高知県土佐です。」野上「それなら、浜田正信先生をご存じですか?」浜田「それ私の兄です」野上「そうですか。それじゃ、引き受けないわけにいかないですね。」

野上は軽井沢で、淀川製鋼社長の浜田正信と親しくしていたのだ。らいてうは野上に婦団連への支持を求めたのだろうか。詳細はわからないが、『青鞜』以来のらいてうと野上との関係が感じられる。

浜田は軽井沢まで行ったと思われる。九〇歳の浜田は前記座談会で語る。「らいてう先生が体弱いでしょ。会議に出られないのよ。らいてう先生のうちにお百度踏んだり、野上弥生子さんのおうちへ行ったり、ほんまに苦労したよ。今はもうでけへん、若かったからできた。」

Ⅱ　国際民婦連副会長として――李徳全来日、原水爆反対アピール、母親大会、原子力の平和利用（原発）の問題

15　らいてう、国際民婦連の副会長になる――浜田が懇請、執行局会議に浜田は旅券不許可のため出席不能

「1」の翌月にあたる一九五三年一二月、らいてうは第二回日本婦人大会で、国際民婦連（ＷＩＤＦ）の副会長に就任したことを発表した（「平塚らいてう年譜」『らいてう著作集　補巻』、以下「らいてう年譜」と略記）。

しかしらいてうはなおも静養を続けていた。

らいてうに国際民婦連の副会長就任を懇請したのは、同年一一月六日に静養先のらいてうを訪れた浜田糸衛だった。「戦後日記」には次の記述がある。

「濱田糸衛さん、畠山さんを同伴　中間報告に見え、日暮れまでいろ〳〵日本婦人大会の準備のこと、世界婦人大会のこと、国際民婦連の評議員副会長の件など話はつきない。（略）夕六時何分かのバスで帰る。その夜一晩考へた上、とう〳〵ＷＩＤＦの副会長、一期たけ引受ける決心をする。」

この苦渋の決断は、「いま、日本の婦人運動が国際的な連帯のなかで、あたらしい方向と力を加えようとしているとき、それをこんなに喜んでいる自分としても、また、全力をあげるべきではないかと、考えたから」だった。

「戦後日記」の五四年初めの頁には、新聞の「時のことば」欄に載った「国際民主婦人連盟」の紹介が貼付されている。

一月一四日の日記本文には、次の記述がある。

「午後七時、濱田糸衛さん、国際民主婦人連盟の執行局会議にはじめて、今度加盟した日本婦団連を代表し、出席するため羽田空港をたつ、羽仁説子さんが、副会長の私の代理として出席される筈だったのだが、血圧が高いとの理由で辞退されたので、事務局長の浜田氏か代って俄にたった。ところはスイスのジュネーブ。私は会長のコットン夫人に寄せる色紙二枚をかき濱田氏に托す。式紙面の言葉

「わか家はひろし五大州、わかはらからは二十億」（これは日本世界連邦建設同盟の歌）のはじめの句

「世界は一つ、人類は同胞」

濱田氏、コッペンハーゲンの世界婦人大会の際、ソ連中国入りをした理由で旅券下附されず、遂にその日出発不能。」

十七日／有田八郎氏と私の保証書（濱田氏今回の渡航は絶対入ソしないという）を外相岡崎氏宛提出する。あらゆる手段を尽して、今後のため旅券獲得運動をすることに決定する。」

らいてうは、この時点では婦団連が国際民婦連に加盟したと考えていたようだが、『元始』には「準加盟といった関係」であり、規則上は変則になるのだろうが日本からも役員を出すように要請されていたこと、羽仁と浜田がコペンハーゲンの大会で評議員になることを受諾していたことが書かれている。婦団連の正式加盟は、後述するように五七年のことだ。

五四年一月二六日の「2」に書かれている浜田の「詳細なご報告」とは、この間の事情の報告だろう。

七月二二日の「3」では、浜田は体調を崩して西宮の実家で療養生活に入っている。

16　五四年、ビキニ環礁でアメリカが水爆実験、日本のマグロ船乗組員が被爆——らいてうの原水爆禁止アピール、世界母親大会の原動力に

一九五三年は、らいてうがいうように、日本の女性運動がこれまでになく国際化した年であった。世界婦人大会に参加して国際経験をした女性たちが、主にそれを担った。「5」の「遠藤国際部長」は遠藤千枝のことかと思われるし、高田・羽仁・千葉も大会への参加メンバーだった。

五四年三月一日、太平洋ビキニ環礁でアメリカが水爆実験を行ない、日本のマグロ漁船第五福竜丸の乗組員二三人が「死の灰」を浴びて被爆した。放射能汚染で大量の魚が廃棄され、東京の主婦たちが原水爆禁止運動に立ち上がった。運動は全国に広がり、入院中だった久保山愛吉が九月に死去すると、運動は一層の高まりをみせた。杉並アピールにより、全国各地で始まった署名運動を一つに合流させることができ、原水爆禁止署名運動全国協議会が発足した。八月、広島で第一回原水爆禁止世界大会が開かれ、原水爆禁止日本協議会が発足した。このとき署名は三二〇〇万人を超えていた（『婦団連のあゆみ』）。

五四年九月一五日、婦団連は国際民婦連副会長の平塚らいてう、評議員の丸岡秀子、浜田糸衛、羽仁説子、高田なお子、千葉千代世ら六名の連名で、「全世界の婦人にあてた日本婦人の訴え—原水爆の製造・実験・使用禁止のために」を、国際民婦連執行局会議と各国の団体あてに送った。そして全世界の女性に向けて、原水爆兵器の禁止と平和を守るたたかいをつよく呼びかけた（『元始』および『婦団連のあゆみ』）。

らいてうは原水爆問題について、原水爆禁止署名運動全国協議会の代表委員に名を連ねたのとは別に、独自の国際的な運動を展開した。これが世界母親大会開催の原動力となったのである。

この「原水爆禁止の訴え」は、一一月にベルリンで開かれた国際民婦連執行局会議に平塚らいてうの代理とし

て出席した高田なお子が提案し、満場一致で支持採択された。そして五五年中に世界母親大会を開くことが決められた（『婦団連のあゆみ』）。このことについては『元始』にくわしいが、「戦後日記」の記述はより具体的である。五四年一二月の「5」に、高田氏の帰国が書かれている。

五五年二月九日から、世界母親大会の準備会として、高田を通して代表派遣を要請されていた国際民婦連の評議員会が、ジュネーブで開催された。高良とみ、丸岡秀子、羽仁説子、鶴見和子、本多喜美（医師）ら五人が出席し、高良が「世界母親大会へのアピール」を発表した(2)（『高良とみ著作集　第6巻』）。フランス留学中の美術評論家・高階秀爾が日仏語の通訳をしたことを、私は近年、妹・高良美世子の友人だった莒子夫人から聞いた。日英語の通訳は鶴見がした（『元始』）。

17　李徳全一行の来日――らいてうは母を看とる

一九五四年一二月七日の「4」には、李徳全のことが書かれている。中国紅十字会代表団は李徳全団長、廖承志副団長として、五四年一〇月三〇日に来日した。空港には高良とみの姿もあった。代表団は二週間にわたって日本の各都市を訪問し、各地で熱烈な歓迎を受け、「李徳全ブーム」といわれるような現象を全国にまきおこした。戦後の日中関係史上、画期的な出来事であった（『日中友好運動史』および古川『日中戦後関係史』）。

らいてうは翌日、宿舎の帝国ホテルに李徳全を訪ねて歓談した（『元始』）。「4」でいう「写真」とは、このときのものだろう。らいてうは体調のよくない時期で、「戦後日記」には記述がない。

一二月一一日、らいてうは老母光沢《つや》を見送った。

18　五五年、第一回日本母親大会――世界母親大会は一回限り

日本での第一回日本母親大会は一九五五年六月七日から三日間、東京で開催され、全国から二〇〇〇人の母親が集まった。彼女たちは涙ながらに戦中・戦後の苦労を語り、「涙の母親大会」といわれている。「母親がかかえているあらゆる問題が次々と報告され、爆発的な女性・母親のエネルギーは日本中に感動をひろげました」(『婦団連のあゆみ』)。私もこの母親大会の熱気はよく覚えているが、戦争中、母親が息子たちを戦地に送り出したことへの反省がないことを批判する、戦争世代の知識人もいた。

らいてうは「戦後日記」に「新しい歴史がはじまった感がある」とその感動を記し、『元始』でもその意義を強調しているが、「あまりに感銘が大きすぎて、自分が支えきれる自信がないままに」会場には行っていない(『元始』)。そして八月九日には、「婦団連会長を来る総会限り辞任する旨の書面」を郵送している(「戦後日記」)。「8」によると、彼女は世界母親大会の国際準備委員も「やむなく、これを最後と観念して」引き受けたのだった。

世界母親大会は五五年七月七日～一〇日にスイスのローザンヌで開かれ、川崎なつを団長として、日本全国から一四人の代表が参加した。世界からは六八ヵ国、一〇六〇人の女性・母親が集まった。「生命を生み出す母親は、生命を守り育てることを望みます」という言葉は、この大会のためにギリシャの女性詩人ペリディスから寄せられた詩の一節で、翌年の第二回日本母親大会から母親運動のスローガンとなった(『婦団連のあゆみ』以下同じ)。

日本代表たちはその後、八月二七日の東京・日本青年館での中央報告会を皮切りに、全国各地で報告活動を行ない、一年間で二〇〇〇回、七十余万人の女性を集めた。しかし各国の母親運動が大衆的な母親運動として発展

しなかったこともあり、世界母親大会はその後、開かれることはなかった。

五七年頃、らいてうは他国での母親運動が日本のように発展していないことを推察している（『元始』）が、これは母性主義の社会全体への浸透度の問題だと思う。今の日本でも、母親大会は以前のような広がりとインパクトを失っている。

19　コットン夫人からの来信――共産党は六全協で党内分裂を収拾、保守合同による五五年体制が成立

一九五五年三月、らいてうは国際民婦連会長のコットン夫人から、七〇歳の誕生日を祝い、副会長就任を喜ぶ手紙を受けとった。そこには「あなたが原子兵器に反対して送られた情熱的な訴えは、大勢の主婦や母親たちを啓蒙しました」という言葉がある（「戦後日記」および『元始』）。

五五年七月、日本共産党は第六回全国協議会（略称六全協）を開いて党内の分裂を収拾し、極左冒険主義の克服、セクト主義の反省に基づく党の団結をうたった。

徳田球一書記長が五三年一月に北京で死去したことが公表され（三月にはスターリン死去）、五〇年に起こった分裂・抗争（いわゆる五〇年問題）の責任が当時の指導部にあったことが明らかにされた。共産党が火焔ビン闘争路線をやめた重要な大会だった。

この六全協についてのらいてうの言葉はない。五五年八月二六日、らいてうは世界母親大会代表中央報告会にメッセージを送った（「戦後日記」）。

一〇月には左右の社会党が統一し、一一月には保守合同が成立して、いわゆる五五年体制が成立した。これ以後、自由民主党（自民党）の長期政権が続く。

翌五六年七月の日本共産党第七回党大会で、事実上の軍事革命路線であった五一年綱領は廃棄され、宮本顕治が書記長に就任した。

20 国際民婦連の副会長はらいてうに重荷──世界連邦思想に共鳴し、世界平和七人委員会のメンバーになる

らいてうは一九五五年九月三〇日の「7」では、世田谷の自宅に戻っている。それ以後、浜田との文通は五六年七月一三日の「13」まで、世田谷と西宮の間で交わされる。

「7」の国際民婦連の事務局長アンジェラ・ミネラからきた十周年記念の印刷物のための原稿依頼の手紙は、訳文もなく、カーボン紙をはさんでタイプしたものが浜田に送られている。コピー機もない時代だった。この依頼にこたえて、らいてうは「日本婦人十年の歩み」を書いて『婦人画報』五六年二月号に掲載し、英訳を国際民婦連に送った。

同封の「小川智子の手紙」によると、この時期には評議員会が開かれていた。評議員は羽仁、浜田のほか高田、丸岡、千葉、北の六人で、選んだのは浜田だとらいてうはいっている（「8」）。日本からの駐在員派遣の要請について評議員会で議論されたが、それが実現するのは婦団連が五七年に国際民婦連に加入したあとの、五八年四月のことだった（21節参照）。小川はまた、婦団連もＷＩＤＦ（国際民婦連）に加入すべきだという意見があることを喜び、「今度の総会などで討論されるかとも存じます」と書いている。しかしそれが実現するのは次の次、五七年三月の第４回総会においてだった（21節参照）。

女性運動は国際化したが、今のように帰国子女が大勢いる時代ではなく、人材が決定的に不足していた。婦団連幹事の小川が国際民婦連関係の仕事を担当していたと思われる。

評議員は皆それぞれ多忙で、羽仁には夫の参議院選挙もあり、病気になる人もいて、評議員会を開くのも大変だったことが五五年一〇月の「8」と五六年六月の「9」からうかがえる。

国際民婦連の日本への期待にも充分こたえられず、血圧の高い、だが責任感の強いらいてうは副会長の地位が重荷だったようだ。小川の手紙には、らいてうがたびたび副会長や評議員の任期をたずねたとある。「8」では、ついに辞意を表明したことをらいてうは浜田に語っている。

事情に通じた、私利私欲のない浜田は、らいてうにとって安心して愚痴もこぼせる話し相手だったと思う。浜田はよい聞き役であり、頼まれればＷＩＤＦへの手紙も代筆した。それだけに、らいてうの浜田への期待と、その不在を残念がる気持ちはつよかった。

「8」のあとの五五年一〇月二九日、小川がらいてうの代理として、モスクワで開かれる国際民婦連の執行局会議出席のために出発した（「戦後日記」）。

「らいてう年譜」は五五年の欄に「一二月　婦団連会長辞任、名誉会長となる」と書いている。第3回総会の時期だ。しかし『婦団連のあゆみ』によると、それは五七年三月の第4回総会においてだった（18節参照）。

五五年一一月一一日、らいてうは下中弥三郎の主唱による世界平和アピール七人委員会のメンバーになった。

21　五六年、フルシチョフのスターリン批判――らいてうはこの問題について沈黙

一九五六年二月、ソビエトで第二〇回党大会が開催され、フルシチョフ第一書記がスターリンを批判する秘密報告を行ない、スターリン執政期における政治指導や粛清の実態が暴露されて、その原因として個人崇拝が批判された。東西の冷戦を緩和し平和共存を図ろうとする〝雪どけ〟の動きは、五三年三月のスターリン死去から始

まっていたが、フルシチョフ報告以後、ソ連での言論統制などは一時的に弱まり、五九年にはフルシチョフのアメリカ訪問が実現した。

らいてうは二〇世紀の歴史を画したこのスターリン批判について、何の感想も記していない。ただスターリン批判の影響で起こった一〇月のハンガリー事件への（ソ連軍による）鎮圧には、七人委員会として抗議している。

スターリン時代の五五年一一月七日、らいてうはロシア革命三十八周年記念日に挨拶を送っている。日本共産党からの記念祝典への招待がきっかけだったが、彼女はソビエトを、女性たちが生き生きと活動している国、何よりも平和を愛する人々の国と認識している（『元始』）。そのらいてうに、フルシチョフの秘密報告は何の衝撃も与えなかったのだろうか。

かつてソビエト・ロシアを「独裁国家」と断じ、「生産者本位の、同時に男性中心の社会主義的婦人思想」への不信感を表明した（「育児社会化の思想を再吟味せよ」『婦人之友』一九三一・一一）、『らいてう著作集5』所収）らいてうの意見を、聞きたかったと思う。

『元始』4巻が、その真摯さにもかかわらずどこか起伏にとぼしく、〝切れがわるい〟のは、この問題についてのらいてうの沈黙に主な原因があると私は考える。

五六年六月の「9」には、「高良さんはきのう船でおたちになりました」とある。五五年三月に三女の美世子を喪った高良とみは、病気療養を経て六月一二日、英国の婦人会議などに出席するため留美子と共にアジアを回ってヨーロッパへの船旅に出発した。らいてうも共感している、六月二六日のナセルによるスエズ運河国有化宣言を知ったのは、その船上においてだった。

出発の前に、私は母と一緒に挨拶に行き、らいてうと初めて会った。ちょうど外出されるときで、二、三人の女性に囲まれたそのお召し姿は眩しいほど美しかった。しかし付きそいの女性たちには、やや違和感を覚えた。

五六年五月には、世界婦人大会に参加したあとパリやスペインに滞在して絵画制作に集中していた高良真木（以下真木と略記）が、帰国して六月末に浜田との交流を再開し、英仏語の翻訳を引き受けるようになる。

22　らいてうは五六年から野坂参三を支持——戦争責任の自覚、平和路線への共感、婦団連の存在

一九五六年七月の第４回参議院議員選挙で、らいてうは友人の富本一枝の再三の依頼にこたえ、「憲法改悪をくいとめ、平和をまもる最後のとりでをとうしても築かねはならぬ大問題がかゝっているからてす」（「戦後日記」）と訴えて、共産党の野坂参三を推薦した。その前の左派社会党支持はなお持続している。しかしこの参院選でも共産党は当選二人に留まった。

五五年末に、日本は婦選公布十周年を迎えた。六月には売春防止法が成立している。らいてうは『元始』で婦人参政権の重要な意義をのべ、いまこそかつての婦人運動の政治的中立主義を清算し、軍国主義に反対する革新陣営を選ぶべきだと主張している。

野坂参三への支持は、らいてうのこの考えの表れだったと考えられる。しかし『元始』のこのくだりには、女性が選挙権をもたなかった「この前の戦争の時」における自己の戦争責任についての記述がない（このことも、『元始』４巻の〝切れがわるい〟ことの一因になっている）。

「平塚らいてうの会ニュース」（二〇一九・四・一）で紹介されている講演で、米田が「「戦後日記」を読み解くなかで、自伝『元始、女性は太陽であった』には小林登美枝さんが盛り込めなかった部分が多く」とのべ、「「戦後日記」からは戦争責任を自覚していたことがうかがわれ」ると語っているのは、この問題についてである。

戦争責任の自覚が、革新支持の背景にあったと考えられる。それだけでなく、六全協以前から平和路線を唱えていた野坂への共感があったとも思われ、婦団連の存在も大きかったと思う。五〇年代半ばからのらいてうは、保守合同による五五年体制成立への危機感（『元始』）のなかで、共産党支持へと一歩踏みこんでいる。

23　国際民婦連の副会長らがらいてう宅訪問——副会長留任を求められる

一九五六年八月二二日、らいてうは、来日して原水爆禁止世界大会に出席した国際民婦連の女性たちを自宅に迎えた。「9」～「13」にその経緯が記されている。婦団連と原水爆禁止全国協議会の招待だった。副会長マリー・クロード、モニカ・フェルトン、ヴェリラン・クーチュリエの三人である。らいてうも婦団連への寄付を集めるために尽力している（『元始』）。「戦後日記」によると、らいてうは若い女性通訳を通じて婦団連のこと、評議員団のこと、日本の婦人指導者のことを話し、ＷＩＤＦ副会長を病気のため辞任したいと語ったが、来年の世界婦人大会まで気の毒だが副会長のポジションを空けておくわけにはいかないと、留任を求められた。まず婦団連の会長を選び、その人をＷＩＤＦの副会長の後任にしてほしいと望まれたのである。

その後の経緯は省略するが、ローマでの一一月の執行局会議には高田なお子がらいてうの代理として出席した。水爆実験禁止の国際提案を五七年中に実現したい、などの四提案を高田に書き送ったことを、らいてうは「戦後日記」十月二十四日に記している。

24　浜田は国際民婦連の評議員を辞任——東京で童話の創作に集中

らいてうは「戦後日記」一九五六年十月に「十月卅日付浜田糸衛氏よりのＷＩＤＦ評議員辞任願いの書留郵便

のコピー」として、次のように記している。この頃、浜田は東京で生活を始めていた。

高田さんも支障なくご出発になられ、これでＷＩＤＦの重大な事務的仕事も当分ないものと一安心しました。

私は八月以来、いろいろと考えましたが、自分が評議員であることは、いろいろのことから推理して適当でないという結論に到達いたしました。

これ以上評議員の仕事に止どまることは自分の魂にも逆いもとるものと思います。

先生をはじめ全評議員の皆様には誠に申し訳けない次第ですが、私の気持を何卒ご理解下さいまして辞任をお許しくださるよう御許り下さいませ。

十月卅日　　　浜田糸衛㊞

ＷＩＤＦ副会長　平塚らいてう様

感想は何も書かれていない。らいてうの浜田への手紙は、一九五六年七月一三日の「13」から五九年一月二〇日の「14」まで、二年半ほど途絶えている。電話でのやりとりはあったかもしれない。

この間、らいてうは静養を経て五八年五月、騒音にとり囲まれるようになった成城の家を売却し、北成城に建て売りの家を見つけて七月に転居した。夫婦二人だけの生活になったのだ。浜田は童話の創作に打ちこんでいる。

25　五七年、らいてうは婦団連会長を辞任――婦団連は国際民婦連に正式加盟

一九五七年三月の第４回総会で、らいてうは婦団連の会長を辞任して名誉会長になり、女医連の医師・藤間身加栄を会長に選出した。国際民婦連への加入について話し合われ、櫛田ふき副会長から「戦争をなくすためには世界の婦人と手をにぎらなければならない。ことに婦団連とはつながりが強く、世界の婦人と日本の婦人との交

流の窓口になっているが、まだ正式に加入していない。ここでまず加入しよう」と提案があり、加入が決定した。五七年五月二五日のコットン夫人からの手紙には、婦団連の会長を辞めたらいてうの体調に心を痛め、この会が藤間夫人を会長に推薦し、ことにＦＤＩＦへの加盟を決定したことを喜ぶ、とある。

国際民婦連は五七年一一月の執行局会議（ベルリン）において、婦団連の正式加盟を決定した。婦団連は民婦協のあとを継いで日本で唯一の加盟団体となり、櫛田ふき、小笠原貞子などを副会長や評議員に送り出した。五八年四月、斎藤瑛子が国際民婦連書記としてベルリンに赴任。このあとも婦団連は二人の書記を送り出した（『婦団連のあゆみ』）。

「らいてう年譜」によると、国際民婦連副会長としてのらいてうの活動の最後は、六二年三月八日、国際婦人デー中央大会にメッセージを送ったことである。

26　パグウォッシュ会議の声明――らいてうは科学者の発言の重大さを痛感

らいてうが浜田に送ったパグウォッシュ科学者京都会議の声明は一九六二年のものだが、核実験禁止の国際協定の締結を望むらいてうは、すべての核兵器およびすべての戦争の廃絶を訴えるこの国際科学者会議に、五七年から注目していた。そして湯川秀樹の核実験禁止、核なき世界を求める運動に共鳴していた。その詳細は、『元始』および多くの新聞記事が貼りつけられた「戦後日記」にくわしい。

らいてうは、客観的なデータに基づく冷静な態度で核問題にとりくむ科学者の発言の重大さを痛感し、「いまや、婦人の力だけではだめだ、科学者の協力を得て、運動をすすめるべき段階に来たことを、痛切に感じるようになった」のである（『元始』、以下同じ）。

科学者の発言への重視は、五五年二月の国際民婦連の評議会に医師の本多喜美を送り出し、その後のイギリスでの講演旅行につなげたことにも現れているが、らいてうは五八年六月、コペンハーゲン大会の次のウィーン世界婦人大会に、理学博士・猿橋勝子を送ることに尽力した。「日本婦人科学者の会」は同じ頃にらいてうも祝辞を送って結成された会で、猿橋はその会の代表としてウィーンの集会に出席したのである。

ちなみにらいてうはこの会議に国際民婦連副会長を辞する意志を会長あての文書で提出したが、結局留任となった（『元始』）。らいてうがいつまで副会長の地位にあったかは不明である。

27　六三年、コットンの著書出版計画――らいてうが原子力の平和利用（原発）に賛同した形跡はない。黙認したのかもしれない

一九六三年、らいてうは国際民婦連会長ウージェニー・コットンが櫛田ふきに託して贈った著書の翻訳出版を志した。「25」～「31」は、その件で浜田と高良真木に出した葉書と封書である。浜田は五六年に上京して文筆活動を再開し、六〇年一一月に童話『野に帰ったバラ』（理論社）を刊行した。らいてうの手紙類の浜田の住所は、五九年一月の「14」から中野区沼袋町に戻っている。

浜田家の近くに住んだ真木に、らいてうは遠慮しながら葉書で頼みごとをしている。真木は「資料」（おそらく目次などの邦訳）や、コットンへの手紙の仏訳を手伝っている。

コットンはフランスの物理学者で、キューリー夫人の愛弟子だった。第二次世界大戦中には、反ナチス抵抗運動のため二度も逮捕されている。彼女は原水爆には反対したが、原子力の平和利用は人類のため、とくに母親の毎日の仕事のために役立つと考えていた。

世界母親大会の準備会として五五年二月にジュネーブで開かれた国際民婦連評議員会（16節参照）の報告集「母の愛にうったえる　世界母親大会準備会報告集」（一九五五）には、次のようなコットンの原子力平和利用推進論が載っている。

「私たちは、原子力の平和利用を発展させることを、全力をあげて応援します。（略）原子力エネルギーは石炭とちがって運びやすく、軽くて、ウラニウム1キロが石炭３００トンの熱量を与え、人類のためどんなに役立つものであるかを知っています。それがあれば、後進国は産業施設を備えて、経済的従属と欠乏から解放されるのです。また、人類全体の物質的困難を、かなり緩和できるのです。とくに、母親の毎日の仕事はとても楽になるはずです」（加納実紀代「「原子力の平和利用」と近代家族」『ジェンダー史学』第11号、二〇一五）。

この報告集のことを知らなかったはずはないが、「25」〜「31」を読むかぎり、らいてうがコットンの原子力平和利用推進論に賛同した形跡はない。コットンの著書の翻訳出版計画は、らいてうの夫・奥村博史の病気入院によって中断された。

Ⅲ　大衆団体への共産党の支配の問題――婦人民主クラブと新日本文学会の抵抗

28　六二年、新日本婦人の会創設――「思想・信条の違いを超えて」

一九六二年一〇月、平塚らいてう、野上弥生子、丸岡秀子、羽仁説子、櫛田ふきら三十余名のよびかけで、全国的な個人加入の女性団体・新日本婦人の会が創設され、間もなく婦団連に加盟した。「思想・信条の違いを超えて、平和の問題から身近なくらしの問題まで、女性の切実な要求実現のために地域・職場を基礎に全国が手をむすんで活動できる新しい女性組織が誕生した。」結成と同時に全国四七都道府県に地方組織が作られ、会員数も急速に増加した（『婦団連のあゆみ』、傍点引用者）。

『元始』はらいてうが一期だけというかたい約束でその代表委員になったことを記し、「らいてう年譜」も「代表委員となる」と記しているが、『婦団連のあゆみ』はよびかけ人として名前を出しているだけだ。

新日本婦人の会が結成されるまでには、政党と大衆団体をめぐる長い葛藤があった。

29 「婦人民主クラブ」と佐多稲子――五〇年問題で共産党の支配に抵抗し、五一年除名された

婦人民主クラブ（ときに婦民と略記）は婦団連の創立時からの主要な加盟団体である。しかし長く会長を務めた作家の佐多稲子は、婦団連結成前から婦人民主クラブへの共産党の干渉に苦しみ、抵抗していた。時間を数年さかのぼってこの問題を考えたい。

婦人民主クラブは一九四六年三月、「加藤シヅエ・羽仁説子・宮本百合子・佐多稲子・山本杉・赤松常子・山室民子・松岡洋子が発起人となり、反封建、職場・地域・家庭での自主的生活展開、女性の能力発揮で日本の民主化達成を目的として組織された。四九年には会員六〇〇〇、五二支部に達したが、五〇年共産党の内部対立から干渉があり、クラブは拒否したが、会員・読者は激減した」（『日本女性史大辞典』）。

佐多は長編小説『渓流』（講談社、一九六四）に、五一年初夏から五五年暮までのことを書いている。主人公友江は、佐多稲子のことと考えていい。

その4章には、党から自立する佐多の主体的な立場と思想が、婦人民主クラブでの闘いの中で確立したことを示す重要な表現がある。党と大衆団体との関係についての、大衆団体の自立という理念の確立である（拙稿

「『渓流』における佐多稲子・中野重治・宮本顕治――「自分らしさ」の解放」『樋口一葉と女性作家　志・行動・愛』翰林書房、二〇一三所収参照、以下同じ)。

佐多は五〇年のコミンフォルム批判に端を発した、婦人大衆は今や立ち上る寸前にあって、マッチ一本擦れば一時に燃え上る、という情熱判断に立った共産党の武闘方針に反対したのである。「婦人団体の半数以上がこの立場に立って、党主流の判断を拒否した。」「この対立の中で主流から離れ、党内分裂そのものの中にはっきり立つようになった」友江は五一年春、分派活動を理由に共産党から除名された。

米田佐代子は五〇年問題に関連して、「このため統一戦線の発展についても一貫した正しい方針を出すことができず、たとえば婦人民主クラブに性急な批判をくわえるなどの問題をひきおこしました」と正当に批判している(『近代日本女性史　下』Ⅷ章5節)。

30　佐多稲子の手帳が翻刻された――婦団連結成の五三年、佐多の主体性確立の思想の根幹が形成された

佐多稲子の手帳は一九五六年の分が「〈資料〉佐多稲子の手帳」として『くれない――佐多稲子研究』第11号(二〇〇八・八)に翻刻されたが、二〇一八年、それ以外の五三年～六六年の手帳が翻刻された(『くれない――佐多稲子研究　第12号　没後20周年記念号』(佐多稲子研究会編、二〇一八・五、以下「佐多手帳53～66」と略)。

婦団連結成直前の五三年三月二〇日には、「クラブでは気持をいふみな真相ぶちまけの方針なり」と太い下線を引いた記述があり、委員たちが本音で語り合ったことがわかる。

五三年の「解題」には次のように記されている。「新日本文学会、婦人民主クラブでは中心的な働き手として主体的に活動し、そのいずれの団体においても、共産党の干渉と支配の圧力に抵抗した。のちに『渓流』に結実する佐多の党からの自立、主体性確立の思想の根幹が形成された年といえる」（小林裕子）。

31　五四年、新日本文学会の花田清輝編集長更迭問題――佐多の「自分らしさ」はらいてうの「私自身」と同じ内容

ついで一九五四年に起こったのが、新日本文学会における花田編集長更迭問題である。佐多はこの問題についても、大衆団体の自立を求めて共産党の支配に抵抗した。

新日本文学会は敗戦直後の四五年一二月三〇日、秋田雨雀《うじゃく》、蔵原惟人《これひと》、中野重治《しげはる》、宮本百合子ら九人を発起人として発足した。綱領第一に「民主主義文学の創造とその普及」を掲げた（『増補改訂　新潮日本文学辞典』新潮社、一九八八）。花田清輝は五二年の大会で機関誌『新日本文学』の編集長になり、多彩な書き手を新たに登場させて、誌面は次第に光彩を放ち始めていた。

『渓流』を読み解くと、次のようなことがわかってくる。新日本文学会はもともと反主流派（国際派）が主力になっていたから、党主流からは分派の指導する団体と見なされて活動の妨害にあい、危機に陥っていた。いっぽう『新日本文学』に対抗して五二年から発行された主流派の『人民文学』があり、その編集者・野間宏もやはり新日本文学会の会員だった。

国際派の中央委員である宮本顕治は、会員ではあったがそれまで会の活動にはほとんど関わっていなかった。その宮本が折から起こっていた党の統一問題に関連して、同じ国際派の若い世代・花田や大西巨人や菊池章一を排除して『新日本文学』と『人民文学』の統一を図ろうと、権力闘争を発動したのである。

会内の党員文学者グループも、佐多が最も信頼する中野重治も、宮本の側に立っていた。佐多は「絶対に更迭

は避けるべきだ」と思っていた。若し更迭に決まるなら、「党的権威の圧力が、大衆団体の人事に作用した、という結果をあらわにするにちがいないからである。」

会の常任幹事会で遂に採決となり、花田編集長は欠席したため、五対五の同数に議長である中野の一票が加わって、花田編集長の更迭が決定した。議長は通常採決には加わらない。その一票の意味は、佐多にとって深刻だった。

会は七月の末に「批判者たちの勝利の上で」拡大幹事会を開き、「彼女ひとりが、昔からの仲間の中で完全に別側に立った」という彼女の思いをきわだたせる。彼女は宮本から「情勢判断のできていない人」といわれる。佐多稲子にも戦争に協力したという心の傷があった。彼女が戦争協力への徹底した反省を通し、党の支配に抗して解放した「自分らしさ」とは、41節でのべる、らいてうが中国への加害責任への悔悟と謝罪を通して摑み直した「私自身」と、おそらく同じ内容をもっていた。『渓流』には、会に根強く存在する女性軽視、女性蔑視への批判も書かれている。

32　五五年の佐多の手帳——大衆団体の自主性を堅持し、五五年七月六全協により党に無条件復帰

「佐多手帳53〜66」一九五五年の「解題」で、小林は当時の佐多について次のようにのべている。

「1951年から引き続く共産党の分裂抗争、更にそれが波及した婦人民主クラブ、新日本文学会内部の混乱に悩む。そのなかで党と大衆団体との関係において、佐多は大衆団体の自主性を守るという原則を堅持し、党の方針をこれらの団体に押しつける共産党中央指導部に抵抗した。（略）「六全協」の新方針により対立する党主流派と国際派の妥協が成立し、除名された佐多稲子、中野重治の無条件復帰が実現した。とはいえ対立の原因や経

過、その後の責任問題など根本的問題を詰めずに行われた党復帰に佐多は釈然とせず、この間の佐多の懐疑の念は手帳にも散見される。」

五六年二月二八日、らいてうは婦人民主クラブ十周年記念名刺広告のために千円を送り、三月七日には祝辞を送った（「戦後日記」）。

五六年の佐多は、党と婦民との間に板挟みになった立場の困難さと苦渋を抱えていた。「前年に共産党への無条件復帰が認められ、党指導部との関係は表面上改善されたかに見えたが、婦人民主クラブにおいても、新日本文学会においても、党指導部への不信と対立的意識は根深くわだかまっていた」（前掲「〈資料〉佐多稲子の手帳」「解題」小林裕子）。

33　六一年、宮本顕治書記長から婦人統一組織への発展解消が提案される――婦人民主クラブは独立を守った

『日本女性史大辞典』は、「安保闘争後、日常不断に活動する女性の新組織が求められ、婦人民主クラブへの期待は強かったが、政党・党派・思想・国内外の諸潮流をめぐる討論で一致点を見出せず分立し、現在は三団体となり、それぞれに機関紙を発行し活動を続けている」と書いている。

「女性の新組織」とは、一九六一年に起こった婦人統一組織のことだろう。この頃から、五六年七月に共産党の書記長に就任した宮本顕治（19節）が、女性の統一組織問題に関して前面に現れてくる。「佐多手帳53～66」の六一年「解題」は、次のように記している。

「共産党宮本書記長からの婦人民主クラブに対する婦人統一組織への発展解消の提案をめぐる問題が持ち上がる。10月に開かれたクラブの第93回中央委員会に共産党から袴田、苅田あさのクラブ党員らが説明に臨んだが、

内部で意見が分かれ、当面はクラブとしての組織拡大に努めることで決着する。しかしその後、党によるクラブ員への働きかけが続けられ、翌年、共産党の主導で結成された「新日本婦人の会」へ移る会員も現れる」（谷口絹江）。

「佐多手帳53～66」は、クラブの第93回中央委員会初日の六一年一〇月七日、「クラブ独自の問題討論」と記す。八日「結極〔局〕党よりきてもらうことになり、また泊る。」九日「袴田苅田峠田氏来。昼すぎまで、しかし結論はやはりクラブは共闘をつづけてということになる。」

佐多の感想は書かれていないが、話し合いの結果、婦人民主クラブは独立を守ったのである。

34　六二年、新日本婦人の会結成——婦民の新日本婦人の会への〝発展的〟解消は実現しなかった

28節で書いたように、一九六二年、新日本婦人の会が結成された。

「佐多手帳53～66」の六三年「解題」は、「『文芸手帳　1963』（文芸春秋社）に記されている」として、次のように書いている。

「1963年、佐多は翌年の日本共産党除名を控えて、婦人民主クラブや新日本文学会における日本共産党の介入問題に絡む内紛の中に身を置くことになる。6月の婦人民主クラブの大会では、婦人運動における新日本婦人の会との統一問題、8月の原水爆禁止運動における社共対立による分裂など党的であることの意味について自省を深める時期になる」（北川秋雄）。

新日本婦人の会の結成以後、統一問題は婦人民主クラブの新日本婦人の会への〝発展的〟解消の問題になったということがわかる。しかしそれは前述したように、実現しなかったのである。

35　六四年、新日本文学会は大衆団体への政党の支配を否定――佐多の再除名。〇五年、新日本文学会解散

新日本文学会が大衆団体への政党の支配を明確に否定したのは、一九六四年の第一一回大会においてであった。私は「大衆団体の自立」の理念に賛成して、この大会直前に入会した。花田清輝は議長団の一人として見事な議長ぶりを発揮した。

翌六五年八月、日本民主主義文学同盟が日本共産党の主導で設立され、機関誌『民主文学』が創刊された。同盟参加者は新日本文学会から離脱した。『新日本文学』の定期購読者や一般読者は激減し、それ以来会は慢性的な資金不足に苦しむことになる。

除名という伝家の宝刀を振りかざして、大衆団体や文学者を政党の支配下におこうとする執拗な意志と試みが、戦後の女性運動や社会運動、文学や文学運動にどれほど大きな損失と打撃を与えてきたか、計り知れない。二〇一五年になって、日本共産党はようやく野党共闘に踏み切った。

「大衆団体の自立」という理念は、佐多稲子と仲間の女性たちが、五〇年代初頭に婦人民主クラブへの党の介入という誤謬と闘う中で先駆的に確立した理念であり、現在と将来にも生きる普遍的な原則であり、思想である。

中野と佐多はそれぞれの立場で党の官僚主義と闘った。そのため中野は六四年に共産党から除名され、佐多は連名で中野の除名に反対したため、再度除名された。

新日本文学会は二〇〇五年、六〇年の歴史の幕を閉じた。しかし実質的に会に解散を余儀なくさせたのは、九三年に関西から起こった権力闘争と、それによる機関誌の質の低下と読者離れだった。その過程で、私を含む編集調整委員全員が解任された。また針生一郎が一八年間世話人代表を続ける中で、不透明な会計処理などの末期症状的不祥事が続発した。権力闘争的体質は、最後まで会を蝕んだのである。

36　六七年、婦人民主クラブは婦団連を脱会——現在は三団体に分立

『婦団連のあゆみ』年表は、一九六七年一一月一四日の項に「婦人民主クラブ、脱会の申し入れ。婦団連、運動の交流と統一の立場で討議と活動をと再考をうながす」と記す。佐多の手帳はなお続いているが、今回翻刻されたのは六六年までである。

婦人民主クラブは七〇年、第24回大会で反主流派を解散させ、それ以降は主流派の名称で、のちに自らの機関紙名「ふぇみん婦人民主新聞」から「ふぇみん婦人民主クラブ」と名乗るようになる。「ふぇみん」という言葉からもわかるように、婦人民主クラブの主流派は七〇年代からのフェミニズムを受け入れたのである。

『日本女性史大辞典』は、「政党・党派・思想・国内外の諸潮流をめぐる討論で一致点を見出せず分立し、現在は三団体となり、それぞれ機関紙を発行し活動を続けている」とまとめているが、『婦団連のあゆみ』は次のようにのべている。米田の批判（30節参照）から三十数年経った二〇〇六年のことだ。

「婦人民主クラブは、執行部が、母親大会、日本原水協、婦団連からの脱退、過激派学生支援など、それまでの行動を否定する方針をつぎつぎに打ち出し、その方針に賛成しない者を七〇年の第二四回大会で物理的に排除したため、分裂に追い込まれました（排除された会員たちは、以後、婦人民主クラブ〈再建〉として再建活動を続け、二〇〇六年に名称を回復しました）。／その後もソ連や中国の対外政策の押し付けによって日ソ協会や日中友好協会から離脱した人たちが別組織をつくるなどの影響は婦団連加盟団体にも及びました。」

Ⅳ　中国婦人代表団の歓迎をめぐって問題が起こる——らいてうと中国の関係

37　六六年、日中の共産党が離反——中ソ対立と文化大革命を背景に

奥村博史の死去（一九六三年一〇月）を経た一九六六年、中国女性代表団の歓迎をめぐって、新日本婦人の会とらいてうとの間に問題が起こった。この問題へのらいてうの対応が、最後の最も重要なテーマである。

六六年当時、日本は従来通り中国との国交をもたないまま民間貿易だけを行ない、佐藤内閣は中国の激しい反対にもかかわらず、台湾の国民政府との結びつきを強めていた。また日米安保体制の中で、米軍のベトナム戦争を支持していた。いっぽう中国はソ連の修正主義批判（中ソ論争）を公然化させ、六四年に初の原爆実験を行ない、六六年五月には毛沢東が文化大革命を発動していた。

六六年二月〜三月、ベトナム支援の反帝国主義統一戦線におけるソ連共産党指導部批判問題での対立から、日本共産党と中国共産党との間に亀裂が生じた。日本共産党は理論的にはソ連共産党を修正主義として批判していたが、統一戦線にはソ連を含める必要があるとして、毛沢東が求める名指しでの批判には応じなかったのである。その背景には、中ソ対立と文化大革命があった（高良留美子「浜田糸衛をよむ」本著作集上巻所収参照）。

いっぽう新日本婦人の会は、従来の方針通り中国婦人代表団を迎える準備をしていた。六六年五月三一日、同会が中心になって中国婦人歓迎会の発会式が開かれ、「中国婦人をお招きする会」が結成された。らいてうが六月七日の「39」で、「過日の中国婦人歓迎準備会発会式」に出席できなかったというのは、この会のことだ。

38　新日本婦人の会は中国婦人代表団歓迎に消極的になる——浜田、真木はらいてう宅などを回る

その後、新日本婦人の会は中国婦人代表団歓迎に急速に消極的になっていく。ここから先は、当時浜田と一緒に行動していた真木の記録と、彼女から私が二〇〇六年に聞いた話を交える。

中国婦人代表団は一九六六年九月に来日する予定だった。「中国婦人をお招きする会」の実行委員会は一向に開かれなかったが、ようやく開かれた会で、共産党のある女性幹部は「今年の秋はニコヨン《ママ》の闘争があって新日本婦人の会には余裕がない」と発言した。共産党の立場についての説明はなく、この会で一〇人の代表委員をつくることが決まった。

日中友好協会総務の斎藤きえ、浜田糸衛、高良真木の三人が、その人たちの間を回った。らいてうのところに行くと、「今の中国の路線がわからない。何の本を読んだらいいのでしょう」と訊かれたので、「毛沢東の『矛盾論』と『実践論』を読んだらどうでしょう」と浜田が答えた。らいてうは「丸岡秀子さんのところに共産党の幹部が毎日のように行って、歓迎に関わらないように説得している」とも語った。

三人は大山郁夫夫人や帯刀貞代のところにも行った。結局代表委員になったのは、松岡洋子と社会党の田中寿美子の二人だけだった（らいてうも代表委員にはならなかったと思われる）。私は渋谷の日赤病院で八月一二日に娘を産んだばかりだったが、見舞いにきた姉が異常に忙しがっていたのを覚えている。駐車違反をしてしまった、ともいっていた。

六六年八月一日、中国共産党は「プロレタリア文化大革命」を宣言、一八日、毛沢東が紅衛兵の大集団と会見し、日本でも大きく報道され始めた。その後文革が激化する中で、中国共産党は暴力革命こそが日本の革命の唯一の道であると北京放送や「人民日報」で報じ始め、革命路線について日本共産党に干渉し始めた。

この前後から、日本共産党は「自主独立」路線を中国に対しても実行することになる。そして次第に反中国路線を明確にしていった。

浜田と真木は九月～一〇月、日中友好協会の北京放送聴取者代表団の団長および秘書長として、中国を約四〇日間訪れ、全国を移動する紅衛兵と行動を共にして文革の大きな影響を受けた。浜田にとっては戦後二度目の訪中だった。

六六年一〇月二六日、日中友好協会は分裂し、文革支持派は日中友好協会（正統）と名乗った。

39　らいてう「私自身であるだけのこと」――中国婦人代表団に歓迎の祝電を送る

らいてうは一九六六年一一月二三日の「40」に、次のように書いている。帰国した浜田がらいてうに出した手紙への返事だろう。

「御心配いたゞいているようですけれど、私の考えや、態度は最初から少しも変っていません、私自身であるだけのことですから、いくらしめつけられても、少々うるさいだけですから御放神《（ママ）》下さい。ただし現状が―日本の―なさけなくはなります。私も日本の婦人大衆の一人として、中国の婦人を心から歓迎したく、お招きする会の成功を今は□□□いのっています。」

新日本婦人の会の女性たちが、中国女性代表団歓迎から手を引くようらいてうを説得しに訪れたと思われる。それは「しめつけられ」という言葉をらいてうにいわせるほどのものだった。しかし彼女は信念を曲げなかった。

中国婦人代表団は翌六七年一月に来日した（真木は六六年一二月だという）。「お迎えする会」は、らいてうが送った歓迎の祝電を大きくステージに飾った。松岡は感極まって泣いたという。

野坂参三支持を表明した五〇年代後半以降、らいてうは〝共産党にかつがれた〟といわれ、それは事実だったが、らいてうは少なくとも中国問題について、どこまでも「らいてう自身であった」ことをこのことは示している。

らいてうが共産党の思想や原則にどこまで共感していたかは、疑問である。アナーキズム時代のらいてうの共産党への批判点は、まだ解消していなかったからだ。たとえば革命後のプロレタリア独裁の原則を、当時の共産党は放棄していなかった。

浜田と真木は、日中友好協会（正統）の神奈川県本部設立に参加した。斎藤きえを初め、日中友好協会の伝統的中国派はすべて除名された。斎藤は七二年、日中友好協会（正統）の中央選出の常任理事の一人になっている（『日中友好運動史』二八七頁）。すでに中国に移住していた西園寺公一《きんかず》は、五八年に共産党に入党していたことが暴露され、六七年に党から除名された。

このことは、「中国婦人をお迎えする会」の実行委員会までつくった新日本婦人の会が、思想・信条の違いを超えてという会の原則を破って、共産党の中国問題についての立場をらいてうに押しつけようとしたことを示している。

40　らいてうは新日本婦人の会の代表委員だった

新日本婦人の会の代表委員については、「らいてう年譜」の記事が正しいと思う。らいてうが代表委員でなければ、同会は中国婦人団歓迎についてそれほど熱心に翻意を迫る必要はなかったはずだ。

それに新日本婦人の会のような全国的な大きな団体の創設時に、代表がいないということは極めて不自然である。らいてうは一九六二年の創設時において新日本婦人の会の代表委員であったと私は考える。「らいてう年譜」は六七年のところに、「五月　新日本婦人の会代表委員辞任、顧問となる」と明記している。

41　中国への侵略の罪を深く悔い、詫びる（五四年九月）——らいてうはかつて「中華民国維新政府」を支持

らいてうには、中国女性を歓迎したいという深い思いがあった。

彼女は婦団連会長だった一九五三年、中華全国民主婦女連合会の招待に応えて、神近市子（衆議院議員）を団長とする一四人の婦人代表団を中国に送っている。高田なお子、石垣綾子（評論家）、斎藤きえ（婦人有権者同盟会長）らが参加した。『日中友好運動史』によると、これは初めて旅券を獲得して中国国慶節に参加した婦人代表団であった。

らいてうは「新中国の国慶節に招かれて」（『世界の婦人と日本の婦人』五号、一九五四年、『らいてう著作集第7巻』）に招待の書翰と二通の返信を採録し、最後の文章に次のように記している。

「なお、わたくしたちは、この機会に、もう一度、かつて日本が中国に対して犯した、侵略の罪の数々を思い浮べ、深く悔いるとともに、中国人民に心からなるお詫びをすることも忘れますまい。」

戦後のらいてうは一貫して中ソを含む全面講和を主張していたが、日本の中国侵略への謝罪の言葉を発したのはこれが初めてだった。それはらいてうの心の深いところから出た悔悟であり、謝罪だったと思う。

日中戦争中、らいてうは日本の中支那派遣軍が日中戦争時に樹立した「中華民国維新政府」や、汪兆銘の南京国民政府を支持していたのである。

42 「抗日にあやまられた民衆」というらいてうの中国人観――反共主義も働いていたのではないか

「Y夫人の夢」（掲載誌不明、『らいてう著作集　第6巻』）によると、奥村博史が一九三六年に中国への写生旅行をしたとき世話になったY夫人は、中国人と結婚していた上海在住の日本人女性である。当時は中国共産党による抗日独立活動が盛んに行なわれていて、親日派は影をひそめ、排日事件が頻発していた。

Y夫人は三六年八月の成都事件（日本人四人殺害）にも、九月三日の北海事件（広東省北海で日本人の商店経営者殺害）にも動じなかったのに、九月二三日に上海日本人水兵狙撃事件が起こると、これまでとは全く反対の分厚い手紙をらいてうのもとに送ってきた。「日支関係の不気味さを繰り返し説き、すでにこの一家は陸戦隊本体に近い危険区域から、どこか遠い安全地帯に立ち退いてさえいる」ことを知らせる手紙だった。

「維新政府」とは、三八年三月に南京で成立した「中華民国維新政府」のことで、江蘇省、浙江省《せっこう》、安徽省《あんき》の三省と南京および上海の両直轄市を統括していた。日本の中支那派遣軍が日中戦争時に樹立した傀儡《かいらい》政権である。四〇年に汪兆銘が南京国民政府を樹立すると、維新政府は南京国民政府に編入された。

らいてうはY夫人の夢をみてこの手紙のことを思い出し、「維新政府も成立した今日、夫人の一家も無事に上海に復帰され、長い間の夫人の念願であった日支親善を、抗日にあやまられた民衆の中に説いていられるのではなかろうか」と書いている。

らいてうは「中華民国維新政府」を支持し、当時の中国民衆を「抗日にあやまられた」と認識していたのである。そこには中国人の反日感情への無理解と同時に、米田佐代子が注目する、「反共主義」（『平塚らいてう　近代日本のデモクラシーとジェンダー』二〇〇二、吉川弘文館）が作用していたように思われる。

らいてうは三二年の「熱海事件」と呼ばれる共産党員逮捕事件について、警察の「共産党はエロ集団」といった発表をうのみにした共産党批判を書き、野上弥生子や窪川（佐多）稲子らから痛烈に批判された。米田によると、らいてうは戦後その文章に抹殺の線を引いている。

この「反共主義」の由来について、米田は、階級社会を否定しながらも、クロポトキンとの出会いから新社会実現の場を消費組合運動に求めてアナーキズム思想に共感したらいてうの、ソビエト社会主義批判と、マルクス主義は生産労働のみが社会的に価値ありとする生産者本位主義と前世紀の遺物である女権主義の継承の上に成り立っていて、母性は無視され抑圧されるという考え、そして一九三〇年代の日本では、社会主義の理論もソビエト社会の実態も知る機会がなかったことなどを挙げている（『らいてう著作集　第5巻』解説）。

43　らいてうは汪兆銘の南京国民政府を支持——近衛の「東亜新秩序」声明の影響が感じられる

米田によれば、らいてうはまた「中国の若き女性へ」（『輝ク』一九四一・一二・一七）において、「アジアがアジア人のアジアとなり、全アジア民族が共存共栄の一家のやうに楽しい平和な世界を創生する」というメッセージを発した。これは前年の一九四〇年一一月三〇日に日本政府が汪兆銘政権の間に日華基本条約を結んだのを受けて書かれたもので、これにより「長い文化の交通のあるこの二つの国の関係は、神から命ぜられた本然の相に還りました」としている（米田前掲書）。中国語訳までつけた短文である。

日中戦争勃発から半年後の三八年一月一六日、近衛文麿首相は、当時進んでいたドイツを介したトラウトマン和平工作で、日本側の和平条件に応じない国民政府に対して「国民政府を対手《あいて》とせず」と、交渉打ち切りを声明した（第一次近衛声明）。

戦争に熱狂する日本国民の世論に押されて、内閣は満州国の承認を求めるなど、中国政府が到底呑めないところまで和平条件を吊り上げていたのである。両国の外交関係は断絶し、日本政府は事変解決の手がかりを失った。日本軍は決戦によって一挙に蔣介石軍を殲滅しようと、徐州・武漢・広東作戦を敢行したが、かれらは激突を避けて重慶まで後退し、抗戦をつづけた。三八年一一月三日、近衛首相は「帝国の冀求《ききゅう》する所は、東亜永遠の安定を確保すべき新秩序の建設に在り」とする「東亜新秩序」声明を発表した。第二次近衛声明である（小林英夫『大東亜共栄圏』岩波ブックレット、一九八八ほか、以下同じ）。

もし重慶の蔣介石政権が中国共産党と袂《たもと》を分かって抗日政策をやめるなら、ともに手を携えて「東亜新秩序」を建設する努力は惜しまない、という声明であった。「東亜新秩序」とは、日・満・支三国による政治・経済・文化の提携を意味していた。

第一次声明の強硬路線を軌道修正しているのだが、その相手は水面下で交渉をつづけていた国民党副総裁の汪兆銘（汪精衛）だった。当時の汪は反共を第一に、対日早期和平をめざすべきと強硬に主張していた。

汪は「東亜新秩序」声明に呼応して、三八年一二月重慶を脱出してハノイに到着し、日本側との協議の末、四〇年三月南京に国民政府を樹立した。しかしそれは日本の傀儡政権にしかなりえず、民衆の支持を得られないまま日中戦争はさらに長期化し、アジア・太平洋戦争へと拡大していった。

らいてうの前掲文には、たとえば次のようなところに近衛の「東亜新秩序」声明の影響が感じられる。「新支那の統一ある独立国家としての早き成長を心から祈ると共に、この尊い握手の上に築かれる東亜の新秩序、更に全アジアの独立解放の輝かしい歴史の生成を夢みて、眼頭の熱くなるのを感じました。」

「さうして今この二つの国（お隣の満洲国も加へた三つの国が一体となつて）共同の高い理念に導かれ、同じ目的に向ひ、重い責任を分担しつゝ、すでに、すでにその新しい何歩かを歩みだしてゐます。」

41節で書いたように、戦後の五四年、らいてうが「かつて日本が中国に対して犯した、侵略の罪の数々」への悔悟と謝罪の気持ちを表明したのは、過去の自分の考えが、主観的には平和を望む気持ちからだったとしても、それが中国人にもたらした結果を悔い、詫びる気持ちからだったと思う。

らいてうは六六年、中国の女性たちを歓迎する自分の信念を変えることはなかった。また浜田の文革賛美を聞いていたと思われるにもかかわらず、中国の文化大革命を支持することもなかった。そして浜田との交流は続けている。

V　らいてうの最晩年から死まで――病床でベティー・フリーダンを読む

44　らいてうは仏教にも大本教にも神道にも入信していない――「神の心とは無限な愛そのもの」

一九六四年に夫の奥村博史が亡くなったとき、らいてうはその葬儀を近くの神社の神職に頼み、戒名も墓も死後の祭りも神道流で行なった。らいてう自身の葬儀も同じだった。しかしらいてうは神道に入信したわけではない。

若い頃のらいてうは精神の解放を求めて座禅に集中し、「見性」によって「第二の誕生」を経験している（『元始』）。しかしらいてうは仏教に帰依してはいない。米田によれば、「第二の誕生」とは「意識の最下層の深みから生まれ出た真実の自分」であり、有限の自分＝肉体を超越した自己であった（前掲『平塚らいてう』）。

折井美耶子から伺ったところによると、らいてうの父方の祖母には宗教的なところがあったが、母にはなかったように思う、という。父方の宗教性を受けついだのか、姉の孝は夫の勤務先の関西に長くいた間に大本教に入信し、五四年に死去した母光沢《つや》の戒名もその流れをくんだものになった。らいてうは大本教教祖のお筆先を熱心に読んでいたが、入信はしていない。らいてうにとっての神や宗教とは、既成宗教への入信とは次元を異にするものだったのである。米田は、「らいてうは「一貫して」自己の神霊的世界から発する「宇宙」構想を描きつづけた人間である」とのべている（『平塚らいてう』二四八頁）。

「戦後日記」五五年九月四日には「宇宙一体、世界一家」「神の心――純粋なる澄み切ったそして無限な愛そのもの」「智――愛が発現する様相」「宗教とは、独一真神即ち宇宙大精神の御意志を、地上に写すことにある」などの言葉がある。また五五年九月一四日には、「早く大神様を祭り、祖霊たちも家へ祀ることにしたい」と書いている。

らいてうは四七年、敗戦後初めて書いた文章「あなた自身を知れ」（『令女界』一九四七・二、三月合併号）に、「人間の内にはそれぞれ神様の分霊《わけみたま》が宿っている」と書いている。「人間も草木や昆虫や鳥獣などと同じように、この宇宙に遍満して生きとし生けるものを生み育てている大きな「いのち」の力によって、生み出されたものだということは否めません。」「この大きな「いのち」の力を神様とよび、人間は神様が創造りたもうたもの」だと記している。

らいてうの孫の精神科医・奥村直史は「これが見性体験から得た自己認識だった」と思うとのべ、それは「最近の遺伝学的な認識においても、人間である私は、父と母の遺伝子の一部を受け継いだ存在であり、さかのぼれば、そのつながりは人類のはじめに繋がり、もっと遡れば生物の発生した38億年まえに継っている、という科学的認識と、根本においては違わない、矛盾しないということに思い至りました」とのべている（前掲「らいてうの自己認識・世界認識」、1節参照）。

45　最晩年のらいてうはベトナム母子センター設立のため行動――病床でベティ・フリーダンの本を読む

「40」以後の手紙は四通だけだ。「37」には晩年のらいてうの一人暮らしの密かな楽しみが表れているが、「42」にはその幸福感が漲っている。なお「41」「43」「44」では、手紙の宛先が神奈川県真鶴町に変わっている。「43」は、浜田と真木が真鶴の家にらいてうを招待してもてなしたことへの礼状である。真木はおもてなしがとても上手だった。「女史によろしく御伝え下さい」とは、一九六〇年頃から真鶴の別の家で暮らしていた高良とみのことで、これが二人の最後の対面になった。

らいてうは共産党系の代々木病院に入院したが、七七年三月一三日の「44」でもベトナム母子保健センター設立のための行動を続けている。

浜田は（共産党に嫌われているとわかっていたので）「さすがにあそこには行けない」といって代々木病院には行かなかったが、真木がお見舞いにいったとき、らいてうはベティ・フリーダンの本を一生懸命読んでいたという。アメリカの女性解放運動の原点となった The Feminine Mystique（『女の神話』）の邦訳『新しい女性の創造』（三浦冨美子訳、大和書房、一九六五）である。さすが雀百までだなあと感じたと、真木は私に語った。

46　七七年、らいてうの通夜と葬儀――「カナシ　カナシ　タダカナシイノデス」ハマダ　イトエ

高良真木の遺稿中に、七七年五月二四日に亡くなったらいてうの通夜と葬儀に出席した浜田のノートの抜粋があった。葬儀・通夜の順を通夜・葬儀の順に変更して記す。Mとは真木のことだ。

「1971・5・26、水、晴、暑し、於マナヅル／西宮の家から、25日／カナシ　カナシ　タダカナシイノデス／ハマダ　イトエ／と弔電した。／昨夜10時半ごろ、通夜に行く。先生は納棺されて花の下にいた。お顔を見られず。Mも小田原より来る。」

「今日、午后2時からの故らいてう先生の自宅葬儀は始（ま）っていた。先生の　ひつぎの中に白い菊花を一つ頭の傍に置く。／静かに平和に、美しく　清らかなお顔　死の美しさ。そして80年余の先生の歩いた道の終結な《ママ》顔。高群先生のあの死と、ちがい、私には、波立つ感情は　なかった。（略）Mは（略）今朝早く小田原に来たため、葬儀に参加せず。」

浜田はもう党派にはこだわらずに「故人本人の問題である」と書き、「体制擁護の運動家ではなく、進歩を推進した運動家として」らいてうを評価したもろさわようこの「朝日新聞」の記事への共感を記している。

注

（1）らいてうの「戦後日記（1953～58）」……その書きおこし全文は『平塚らいてうの会紀要』第12号（NPO法人 平塚らいてうの会、二〇一九・八・一〇）に収録された。

（2）私は「高良とみ年譜」（『高良とみの生と著作　第8巻』）の一九五五年のところに、「2月～5月　フランス、ドイツ、デンマークを経て3月、国際民主婦人団体連合会評議員会（ジュネーブ）に同会副会長として出席、被爆報告、世界母親大会開催のアピール発表。」と書いたが、「2月～5月　フランス、ドイツ、デンマークを経て3月、国際民主婦人連盟の評議員会（ジュネーブ）に婦人団体連合会の副会長として出席、被爆報告、世界母親大会開催のアピール発表。」と訂正する。

森の家での高群逸枝と浜田糸衛

――生田長江・「続招婿婚の研究」計画・高群の死・DNAの研究による母系制社会の発見

1　高群逸枝の手紙――いのちあるもの、小さな弱いものへの愛

高群逸枝の手紙には、いのちあるものへの愛、とりわけ小さな弱いものへの愛が滲みでている。死者への哀悼の心も深い。村上信彦も『火の国の女の日記』の書評（「朝日新聞」一九六五・六・一四）で、「彼女は幼い頃から自然や動物や不幸なものを愛せずにはいられなかった」、「底ぬけの人のよさと純粋の愛」「生涯を通して変らなかったふしぎな子供らしさと無私の愛」がニヒリストだった夫・橋本憲三をついに感化した、と語っている。

高群が浜田の童話を愛して、『野に帰ったバラ』を世に出すために親身の世話をしたのは、その愛の表れだったと思う。また終始同じ封筒、同じ便箋、同じ色のインクでのペン書きなど、らいてうの動と比較すると、高群の静が印象に残る。そして彼女の中に疲労が重く蓄積されているのが感じられる。

なお愛鶏タロコの死については、『火の国の女の日記』（理論社、一九六五、以下『火の国』と略称）における憲三の文章しか残っていないので、手紙「10」を入れた。

高群は、彼女より一五年も長生きしたらいてうのような晩年には恵まれなかった。彼女は最後の仕事に向かって意欲を燃やしていた。しかし『続招婿婚の研究』計画については、「2」以外は「8」「11」「14」にひと言ずつ触れているだけだ。

I　前史――生田長江と高群逸枝、浜田槙尾、浜田糸衛

2　五〇年、第三回婦人の日に高群を表彰――高群、生田長江、浜田槙尾の縁

ここからは高良真木が遺した記録「高群逸枝と浜田糸衛（浜田糸衛聞き書きの一部として）」と、生田長江の研究者・荒波力による高良からの聞き書き（二〇〇七年一〇月七日、荒波力「よみがえる〝知の巨人〟生田長江⑧、南アルプス書房」および『知の巨人――評伝　生田長江』白水社、二〇一三）などを通して、高群逸枝と浜田糸衛の関係を探っていきたい。

高群と浜田は、戦後の婦人運動の中で出会った。一九五〇年四月の第三回婦人の日大会で高群に感謝状を贈るという浜田の提案が受け入れられ、浜田が折衝に当たることになったのである。

森の家を訪れた浜田は、初対面の高群から「もしや浜田槙尾さんの身内の方では？」と尋ねられた。「槙尾は私の姉です。私、生田長江先生の最後の弟子でもあるのですよ。」「えっ！　長江先生の？」そんな会話が交わされて、二人は終日語り合った。

生田長江が一一年に発刊された『青鞜』の名づけ親であることは、らいてうの自伝によってよく知られているが、高群と長江との縁は、二一年に始まる。前年九月に東京に出た彼女は、世田谷の軽部家に寄宿した。

高群はのちに自伝『火の国』に、次のように書いている。

「ここで私は『日月の上に』を書いた。生田春月に送ったが、紹介の能力をもたないといって送り返された。それで気を折っているときに、故郷の母が死んだ。」

「それから寝こみがちな日がつづいた。そのなかで、「民衆哲学」という論文を書いて生田長江さんに送った。長江先生は、わざわざこの遠い家まで、春陽堂の『新小説』の編集者といっしょにこられ、押し入れに投げ込んでいた『日月の上に』も、おもいがけなく日の目をみることになった。大正十年の早春のことだった。それが四月号に発表され、六月には『放浪者の詩』と前後して、本になった。」

「私はこの端正な、恩威かねそなわった第一級の人物に面接して何の不自然さも感じることがなく、その教えをうけ、激励を肝に銘じ、高話を謹聴して、たのしかった。先生は悪評にはいっさい取り合わないようにといってくださった。」

「私が詩劇の制作にすすみたい希望をのべると、すぐに賛成され、『日月の上に』をみてもその素質を感じるといわれ、(略)よろこんで便宜をあたえてやろうといってくださった。私はついに実現の機会をもたなかったが、もしゆるされれば、いまの仕事を終わったのちに、何らかのかたちで先生の愛顧にこたえたいと思うこころを失ってはいない。」

糸衛の姉の槙尾も長江に師事していて、高群が長江の推薦で売り出したころ、高群宅を訪れて半日ほど過ごしたことがあったのだ。逸枝を「素朴そのもの、赤ちゃんのような人」と少女時代の糸衛に語ったという。糸衛は姉の話を聞いて、長江や高群に親しみをもっていた。

五六年ごろ、逸枝は西宮の槙尾に「行きづまっている、誰よりもあなたに会いたい」という葉書を出している。

葉書は残っていないが、五五年五月末に『女性の歴史』中巻を刊行してから、五六年一一月に下巻の目次作成にかかるまでの苦しい時期だったと思われる。「彼女には、研究上のことで、年来深く心を悩ませているものがあった」と憲三は『火の国』に書いている。「結局、彼女は新研究を『続招婿婚の研究』（仮題）と題する独立した一巻にまとめること」にした（堀場清子『高群逸枝の生涯――年譜と著作』ドメス出版、二〇〇九）。Ⅲ章でのべる、招婿婚の基礎にある半原始的な生産関係の研究である。

のちに高群は、「あなたのお姉さんと同じ時代にこの地上で共に生きていることは私の幸福です」と糸衛に語った。

浜田は森の家に、表彰の記念品は品物かお金がいいかを聞きにいったのだが、橋本憲三はお金がいいと答えた。五〇年四月一〇日の婦人の日、二〇〇〇人の女性が集まった日比谷公会堂で、浜田自らが高群を表彰した。

この大会は婦人団体協議会の分裂を決定づけた大会でもあった。米ソの対立が深まり、協議会へのアメリカの圧力が強まっていた。五〇年六月二五日には、朝鮮戦争が始まっている。内部に左右の対立による乱れが生じ、七月五日、「〝戦争はいやです〟の一点で全参加団体が一致」の声明を出して無期休会に入ったのである（浜田糸衛「私のかかわった戦後初期の婦人運動」（本著作集上巻所収参照）。

3　京都の繁華街で自己アピール、小説『雌伏』を出版――三三年、長江の最後の弟子となる

浜田糸衛と長江との縁は一九三〇年から三一年に始まる。糸衛は小説『雌伏』（原題「恋愛乱曲」）を長江に送り、「現代においてこのような思想を保持されていることに驚くほかありません。全編にみなぎる詩的天分に失礼ながら敬服の至りです」という手紙をもらった。人を褒めるのに「失礼ながら」という長江の人格に感銘を受

けたと、後々まで浜田は人に話している。

これに力を得た彼女は、出版社に売り込みを開始したが、無名の新人の作品を出してくれるところはなかった。そこで彼女は京都の繁華街で、「現代文明は天才を川底に沈めて流れていく」と書いた大きな看板を立て、自己アピールの演説をして署名と注文を集めた。やがて「京都新聞」や京都の「朝日新聞」「毎日新聞」などがとり上げてくれ、春秋社からの出版にこぎつけた。本は三一年一〇月に出版された。二四歳の快挙であった。同じ月、同社から長江に師事していた槙尾の詩文集『乱夢』も出ている。高良真木は、長江の春秋社への働きかけがあったのではないかと推察している。

糸衛は三三年に上京して長江に入門している。長江最後の弟子であった。

荒波力はこの時代について次のように書いている。「昭和八年一月二三日には、戦争反対を叫び続け、社会主義者を全うした堺利彦が死んだ。続いて二月二〇日には『蟹工船』の作家・小林多喜二が、築地署で虐殺されている。三月一八日には、民本主義を唱えた吉野作造が結核で他界している。大正デモクラシー時代に長江とともに活躍していた人たちが、次第に鬼籍に入っていく。／この年、長江に弟子入りした女性がいる。童話作家として、また婦人・平和運動家として活躍した浜田糸衛である。」

「このころの長江に全盛時代の力はない。病気の様子も噂されている。（略）このころの長江を訪れる人はほとんどいなかった。」そんな状況で、あえて弟子にしてほしいと近づく人がいることなど、池川玲子を通して百歳になった浜田と会い、高良の話を聞くまで、荒波氏は信じられなかったという。当時長江はハンセン病を病み、近づく人はいなかった。

入門したての糸衛は、「高群君は女性史の研究に入ったようですね」という長江の言葉を聞いている（高群が面会謝絶をして女性史の研究に入ったのは、三一年七月一日のことだった)。長江は、高群の行く末を気にしていたようだ。

あるとき長江は縁側で、「浜田さん、あの白い花が見えますか? 私は見えなくなりましたよ」といった。荒波によると、長江は三一年の夏頃には完全に失明している。おそらく浜田が入門してすぐの発言ではなかったろうか、と荒波はのべている。

少女の頃、浜田家の近くにお遍路さんを泊める遍路宿があった。そこがいっぱいになると、浜田家にも泊めた。そのとき父親が、かれらは社会の先生だから話を聞くようにと、子どもたちに話を聞かせた。糸衛は眠い目をこすりながら必死に聞いたという。その中には眉毛や頭髪のないハンセン病者も混じっていて、糸衛には病者に対する嫌悪感は全くなかった。そういう訳で、彼女は躊躇することなく長江に近づいていけたのである。

糸衛は三六年一月に長江が死去する直前、前年のクリスマスイブの日まで長江の家に通い続けた。最後に訪ねたとき、長江は最近高群から手紙をもらった、と話したという。

Ⅱ　一九五六年から死去まで――浜田の森の家訪問

4　森の家に高群を訪ねる――五六〜六四年

浜田が高群の森の家を訪ねるようになったのは、コペンハーゲン世界婦人大会の報告活動後の病が癒えて、一九五六年東京に戻り、文学活動に復帰してからである。月に一度ほど、高良同道での訪問だった。

午後おそく、夕食の食物を持参し、書斎の隣の四畳半の茶の間で掘り炬燵を囲んで食事をしたあと、三〜四時間話をするのだった。渋谷からバスで行くときは、帰りに逸枝と憲三がバス停まで送ってくれた。

高群は『女性の歴史――続労働婦人の世紀』(講談社、一九五八)の扉カットに、高良が描いた浜田のデッサンを採用した(「女酋長ですか?」とある人に聞かれたという)。浜田の『野に帰ったバラ』を理論社に紹介し、推薦文「しあわせの国の絵巻」を書き、らいてうにすいせん文の名前を借りた。

六二年、「望郷子守唄の碑」が高群の故郷、松橋の寄田神社境内に建てられたときは、浜田が東京の講演会を発起し、連絡先をひき受けた。除幕式には浜田が高群名代として、奥村博史がらいてう名代として出席し、そのあと水俣、阿蘇、別府を高良と三人で回った。

5 茶の間の会話――女性史が一段落したら四国巡礼に行きましょう

四人の伝記を書きたい

逸枝「私は観音の性、あなたは不動さんの性、どちらも仏さん」(逸枝は母の願掛けで観音の日に生まれ、観音の申し子といわれていた)。「女性史が終わったら、四人の伝記を書きたい。清少納言(紫式部に比べて男に嫌われた)、松井須磨子(永遠の田舎娘)、らいてう、糸衛。四人とも男に誤解された。

糸衛「先生、私は絶対におことわりします。私という人間は他人にはわかりません。断じておことわりします」

逸枝著作について

糸衛「先生は詩人、なぜそれを捨て、女性史に入ったのですか?」

逸枝「夫は、〝あなたは詩人ではない(詩人の素質はない)〟と言った」

糸衛「女性史は誰にでもできる。詩人逸枝は誰にもできない」

『続招婿婚の研究』について

「大方の資料による研究は終わった。あとは東大図書館に行く必要がある。」門外不出が長く、外出の服がないとのこと。糸衛は手持ちの黒ちりめんを使って知人に仮縫い、仕立てを頼む（逸枝の通夜のとき、それを棺に入れるように頼んだが、憲三は肯ぜず、らいてうさんにいただいた寝巻を入れた）。

「長者制、荘園制に主軸をおく」とのこと。晩年に「この研究（あるいは女性史全般）は早稲田の若い学究が育っているので、継いでくれるだろう」（これは誰を指しているのか不明）。

女性史が一段落したら

逸枝「女性史が一段落したら、二人で四国巡礼に行きましょう」

糸衛「喜んでお供します」

逸枝「電車や車には乗りませんよ。笠を冠って杖をついて、巡礼の姿ですよ。遍路宿へ泊まって……」

糸衛「先生とご一緒なら、その通りで巡礼します」「ときには高良さんの車で、ドライブに行きましょう」

逸枝、うれしそう。

書籍、資料を浜田に託す

『日本婚姻史』の浄書作業中の一九六三年二月一三日夜、逸枝は廊下でころび、左肩をいためた（橋本憲三・堀場清子『わが高群逸枝』朝日新聞社、一九八一、三五四頁）。その後訪問したとき、糸衛に、

逸枝「私もいつ死ぬかわからない。私の死後は、この書籍は全部あなたにお任せします。大学の図書館にあげるか、あなたの手許におくか、どちらにしても、あなたにお任せします」（橋本も同席していたが、これは実

現しなかった。）
糸衛「先生、妙なことを言わないでください。先生はまだまだ生きてくださらなければ」

テレビのこと

糸衛「いつか、先生がテレビが見たいといわれたとき、私が買ってきましょう、といった。途端にK（橋本憲三）が〝テレビはいりません〟と怒ったようにいわれ、〝そのかわりに冷蔵庫を買ってほしい〟といったが、私はそのとき少し不快な気分になった。Kはテレビを見たら原稿が書けない、ともいった」
高良が指示する『わが高群逸枝』三三二頁書きこみをみると、熊本に帰った憲三は母屋で妹の静子さん一家と食事をするとき、皆がテレビを見ても絶対に見なかったという。「彼女（逸枝）が見なかったのに、自分だけ見ては、すまない」と、後ろ向きに坐っていた。

森の家への訪問者について

・逸枝がいちばん愛していたのは、市川房枝さんの養女みさをさん。こどものように無邪気な彼女に、何のおそれもなく接していたようだ。
・桜井きよしさん、俳人山口黄禾氏夫人。無一物で生きる人、素朴。
・らいてうさんをいちばん敬愛していたようだ。

6　書三点――らいてうの手紙、高群の手紙と共に日本近代文学館に寄贈

糸衛「あるとき先生は沢山の自筆の短歌を私の前におき、〝どれでも、幾枚でもおとりなさい〟と言われた。私はもともと人の書いたものを欲しがらないタチであるが、そのとき、三枚か四枚いただいた、記念のため

に」（『わが高群逸枝』三三九頁。）

〝曼殊沙華ふみわけて立つはるけさよ　吹く風は吹く一億万里〟（これは高良真木所有、と糸衛書きこみ）

〝雲と日をしづかにおきて、立ち上がり、風のまにまに歩みとどまらず〟

〝弦月を指で弾いて通夜すれば、おどろおどろに雲……〟（逸枝より小林喜代子に贈る）

高良真木は逸枝からいただいた書について、女性史家の関口裕子への手紙に次のように書いている。

「「曼殊沙華ふみわけて立つはるけさよ　吹く風は吹く一億万里　逸枝」／亡くなる前一年ほどのとき、先生から頂いた書のひとつです。「娘巡礼記」の旅の途次、土佐の海沿いの道を行くと、黒い町屋（土佐の家はタールで黒く塗ってあります）の隙間から、紅いひがん花が裏打ちをしたように見えた、といつか話して下さいました。今年も、ときを違えず、ひがん花が咲いています。／浜田糸衛と高群逸枝、ともに生田長江につらなる文学者、詩人、その交遊について、及ばずながら記録をしておかなくてはならないと考えております。／１９９７年９月21日／高良真木」

真木は高群の「続招婿婚の研究」の資料・カードの行方と、続招婿婚の研究が継承されているかどうかを知ろうとして、一九九七年夏に関口裕子と栗原弘に手紙で質問し、返事をもらっている。前者への手紙では「それにしても、今からいっても仕方がないことですが、私がもっと女性史について関心を持ち、少しでも勉強していたら、「続」についてもいろいろ先生に伺っておけたのに、と、悔みます」と嘆いている。

二人からの返事はどちらも否定的なものだったが、その手紙類や高良のノートは、彼女の死後、高群の書と手紙、らいてうの手紙類と共に、二〇一五年九月に目黒の日本近代文学館に寄贈した。ただ曼殊沙華の書は、真木の家を探したが見つからなかった。

Ⅲ　高群の「最後の冒険」をめぐって――招婿婚の社会的基礎の研究

7　「私の学問のしめくくりとなるもの」――長者制の研究を中心に据える

高群は招婿婚を「女家中心の原始的な婚姻」としたが、「続招婿婚の研究」では、招婿婚の基本にある半原始的生産関係を実証するという目的を立てた。招婿婚の社会的基礎の研究である。

それに関連する高群の『火の国』の記事と手紙を引用する。

五九年五月二四日　「夜、『続招婿婚の研究』の目的が確立した。前巻の『招婿婚の研究』は、招婿婚の形態とそれに照応する半原始的家族態を実証したが、『続』においては、その基底にある半原始的生産関係を実証することを目的とする。それについては、長者制の研究を中心にすえること。けっして死んではならないと考えた。」

六一年一二月二五日の「2」で、高群はこうのべている。「私のこんどの研究は、私としては最後の冒険で、私はこれを成就するか、その前に仆れるか予想されないわけで、勇気が要請され、神ないし運命の加護がねがわれています。しかし、この仕事は私の学問のしめくくりともなるもので、私はこれを成就して、バトンを次の人へ渡すことができれば、いささか自己満足がえられることでしょう。」

六一年一二月三十一日　「私自身は主として長者制関係調査。（略）来年は研究一途、成果を得たいと思う」。

六二年三月七日　「きょうは寝ないで、コタツで二月号『歴研』を読む。黒田俊雄「鎌倉時代の庄園の勧農と農民層の構成」おもしろい。名主の概念規定、清水三男（通説ほぼこれによる）の地主説にたいし、これは下級管理者説。また、渡辺澄夫の均等名説にたいし、これに均等田説がある（一月号）。その他、佐伯有清「日本古代史の基本問題」みるべし。」

六二年五月一五日　「『歴研』２４６号に、三十七年度大会討論のための問題提起がなされているが古代部会からは「律令制の再検討」。そのなかの重要事項として、郡司と公民の関係への注意喚起があるのは、『続招婿婚』にとっても歓迎すべきことといわねばならない。郡司は前族長（国造）の系譜をひくもので、再編族長とみるべき性格をもち、いぜん国造社（名神）を司祭するが、律令下では、賃租、出挙、雇役、雑徭等を利用して公民を搾取し、「富豪」として登場する。この再編族長的富豪こそ「長者」である（この長者は後に地頭、名主等に推移し、いぜん長者の名を保つ）。そして、わが歴史文献、または伝説に頻出し、しかも歴史家によって閑却されている「長者」ないし「長者館」をめぐって、地域の招婿婚が支えられるのである。」

8　『続招婿婚の研究』の内容——長者に原始共同体の族長の再編された姿をみる

一九六二年三月七日に高群が注目している黒田俊雄は、二六年生まれの当時若手の研究者で、岩波講座『日本歴史　中世2』（一九六三）所収の論文「中世の国家と天皇」で、初めて権門体制論を提唱した。

黒田は古代から中世への日本社会の展開について、旧体制である天皇を代表とする公家権力と宗教権力、新興の武家権力が三つ巴の対立抗争を行なっている社会であるという従来の見解に対して、公家権門・宗教権門・武家権門の三者がそれぞれ相互補完的関係をもち、一種の分業に近い形で権力を行使したのが日本の中世であると主張し、学会に大きな影響を与えた。

これは、古代的な公家の権力が克服されないまま、中世的な宗教や武家の勢力と相互補完的関係をもっていたという説といえる。

高群は六二年五月一五日の『火の国』で、さらに鎌倉幕府に任命された郡司に、原始共同体の族長の再編された姿をみている。郡司が、古代朝廷に任命された国造の系譜を引くばかりでなく、国家成立前の原始共同体の族長の系譜を引いていることを洞察したのである。

その郡司が律令制の下で公民を搾取して富豪となり、のちに地頭や名主として歴史文献や伝説に頻出する「長者」になるということは、「長者」の中に原始共同体の族長の再編された姿をみていることになる。

私見では、これは原始共同体で成員に共有されていた土地が、家父長制が未成立のため、古代ギリシアのような家父長による個人所有を経ずに国家所有にされ、さらに中世的な領主所有が阻まれて、荘園や幕府の支配下におかれたことを意味している。

その支配層は族長・国造・郡司・地頭・名主・長者という形で継続し、原始共同体で人々が享受していた基本的な平等性は崩れた。身分差、貧富差、男女差が発生し、階級社会が成立したのである。これは高群が『女性の歴史』で初めて導入したマルクスのアジア的生産様式論に基づくアジア的社会としての日本がたどった歴史過程だが、それについての記載は『火の国』にはない。

これは、日本に妻問婚や招婿婚が長く続いた理由ともされる。高群はそこに「女家中心の原始婚」である招婿婚の社会的基礎を見出していたのである。しかし階級社会成立以前の招婿婚と父権の確定した段階での招婿婚とでは、そのもつ意味が違う。

脇田晴子は、「高群氏においては、その違いを無視して、妻問婚・婿取婚は母所婚だから母権が高い、と単純に考えておられるところがある」と指摘する（『日本中世女性史の研究』東京大学出版会、一九九二、以下同じ）。「婿取婚では婿となって住みついた家の妻が、正妻格となるが、妻の親の甲斐性が問題で、夫の負担は「家」

を構えるほどは必要ではないのであるから、迎え入れる家さえあれば、他に妻問婚の妻をもってもいいのである」と脇田はのべている。

招婿婚という原始婚が南北朝頃まで支配的形態として存続し、家父長制的嫁取婚は未成立だったとする『招婿婚の研究』における高群の説は、現在ではさまざまな批判的検討によって修正されている。しかし平安時代末まで父系二世代の同居は未成立とする点は、今でも揺るがない実証的研究である（『日本女性史大辞典』）。

高群は六三年七月二四日の「11」で、「私も早く元気をとりもどして、きのうお話した「野生の道」と「続招婿婚」完成にかかるつもりです」と書く。六四年三月三日の「14」で、「四月には「続」にかかるつもり。」と書いたのが最後になった。

6節で書いたように、関口裕子と栗原弘の返信によると、「続招婿婚の研究」の資料とカードは保存されていず、研究も引きつがれていない。真木はそれらが早稲田大学に寄贈されたのではないかと考えていたが、鹿野政直は二〇一〇年に私が会ったとき、「それはない」と明確に否定された。逸枝の死後、橋本憲三が焼却したと考えられる。〈すべてを灰に〉（『火の国』）という二人の約束があったとはいえ、残念である。

Ⅳ　高群の死とその後——DNAの研究により母系制社会が見出された

9　「栄養補給の会」をつくる——高群の栄養状態を心配

浜田・高良は高群への食糧補給を思い立ち、一九六三年九月に「栄養補給の会」をつくった（『わが高群逸枝』三四三頁、および堀場清子『高群逸枝の生涯——年譜と著作』）。

二人は高群の栄養状態を心配したのである。真木の記録には「二、三度、夕方訪問し、食事中とてK、障子を閉め、終わるまで庭で待つ」、「トイレに行く途中、台所を二、三回通る。見ることがはばかられるほど、炊事の痕跡なし」という記述がある。憲三が戦時中からつくっていた菜園は、当時すでになかった。

二人は一人年三〇〇〇円として、三〇人位に呼びかけた。七〇〇〇円位の月給とりだったアメリカの黒人問題研究家の中島和子《よりこ》も、呼びかけ人になった。かれらは生鮮食品不足と考え、らいてうを通して世田谷生協に頼み、豆腐、野菜などの配達を依頼した。しかし〝人が出入りすると邪魔になる〟と憲三が断わったため、仕方なくデパートから缶詰や持ちのいい食品を配達させ、また浜田と高良が届けた。

真木の記録によると、主治医は高群の死因を、「ガン性腹膜炎と、近頃では珍しい栄養失調」といった。中島も通夜の席で主治医のこの言葉を聞いた一人である（中島和子については解説「『晩年の浜田糸衛を囲む座談会』から」本書所収参照）。

のちに「たいていパンとミルクだけの食事」とは本当でしょうか。三食ともですか」という質問に、憲三は「そんなことが実際にありうることでしょうか。でたらめ記事です。食事には私としては最善をつくしました」と答えているのだが……（『わが高群逸枝』三四三頁）。この「問27」は、「老夫婦ふたりだけの生活。からだが不自由なため、たいていパンとミルクだけの食事」という逸枝の発言（「婦人の幸福願って40年」「西日本新聞」一九六四・四・八）を引用しての質問だった。

10　高群の寝室には長江の写真――霊安室で高群に寄り添うらいてう、市川房枝、浜田糸衛

高群逸枝が国立東京第二病院に入院した一九六四年五月一二日、真木は救急車で彼女を運ぶため、担架をもっ

た救急隊員二名と一緒に初めて二階寝室に入った。高群のベッド枕元の祭壇めいたところには、新聞を切り抜いたと思われる赤茶けた生田長江の顔写真が貼られていた。

その前に彼女は高群から、「私は生田長江先生に何のご恩ほどきもしていない」という言葉を何度か聞いていたが、このとき高群の生田に対する深い思いをみたという。

市川ら支援者たちとの齟齬から、憲三が病室を面会謝絶にするという事態も起こったが、高群逸枝は同年六月七日、逝去した。享年七〇。真木によると、その夜、病院の霊安室で遅くまで高群逸枝に寄り添うらいてう、市川、浜田の姿があった（荒波力『よみがえる〝知の巨人〟生田長江』）。

真木は書いている。「お別れをする―まだほの紅さの残る静かなお顔。苦しみのあとなし。亡くなられる前に、もういちどお会いしたかった。」

11　『火の国の女の日記』への浜田の不満――最小限に浜田を表現している

高群が入院直前に書いた自伝『火の国』は、未完部分を橋本憲三が書き足して、彼女の死後、一九六五年に理論社から出版された。浜田はそれを読み、「高群逸枝／橋本憲三／構想／1965・6・21」と表記した大学ノートに、次のように書いている。高群ではなく、橋本への不満である。なお「浜田」と「私」は丸で字が囲まれている。

「六月二十一日、月、強風雨の日／故高群逸枝先生の自叙伝（火の国の女の日記）が理論社から出た。／最小限に浜田を表現しているようだ。一切、まっさつすることは出来ない衆人知しつの私を書き入れるにあたり、先生と私との本質的な関係には一切ふれず。まるで先生の使い走りか小遣い位いに私を引き出している。（略）／

私は将来、必ず故人のためにも、あの書によって、歪曲された人々のためにも、書かねばならない。」

12 『招婿婚の研究』への栗原弘の批判——双系制論が盛んになり、高群の母系制説は四面楚歌

一九七〇年代に始まったウーマン・リブ、七〇年代後半からのフェミニズムの潮流の中で、家族・婚姻史隆盛の時代が始まり、高群逸枝の仕事は高く評価され、研究された。しかし七九年頃からその戦争協力への批判が始まった。

さらに若手の研究者で高群の信奉者でもあった栗原弘が、『高群逸枝の婚姻女性史像の研究』（高科書店、一九九四）において、高群の代表作『招婿婚の研究』を厳しく批判した。平安時代に妻方居住婚が主流だったとする高群説を、栗原氏は一次資料に当たって克明に検討し、「部分的修正など全くできない、重大な誤謬がある」と批判したのである（三五一頁）。

いっぽう、七〇年代から始まっていた双系制説に多くの古代史研究者が同調し、日本古代の族制は双系制だといい始めた。妻問婚の広範な存在は双系制論者も認めている。しかしそれを「母系氏族の遺存」とする高群の説は誤りだというのである。

栗原も双系制の立場をとった。高群説に最も近い立場にいた関口裕子も、高群が最も力をそそいだ平安期の家族を研究して高群説を批判的に継承している服藤早苗も、母系制説は継承していない。

『日本女性史大辞典』（吉川弘文館、二〇〇七）は、「父系制・母系制」の項で「日本の原始社会にも母系制があったとする研究は、立場は異なるが渡辺義通《わたなべよしみち》・洞富雄《ほらとみお》・高群逸枝《たかむれいつえ》によって進められ、多くの母系的な現象を見いだしながらも、しかし証明はできなかった」と記載している。

現在、母系制説をとる日本の古代社会研究者は皆無といっていい。双系制説が主流になり、高群の母系制説とその遺制説は四面楚歌の有様である。

13　双系制説に納得がいかない——母系制が日本に存在しなかったことは誰も証明していない

私は歴史の専門家ではないが、双系制説には納得がいかなかった。一九七六年に『高群逸枝とボーヴォワール』（亜紀書房、一九七六）を出版し、また神話の女神、縄文土偶、昔話などを自分なりに研究した結果、日本の基層文化に母系的な伝統が深く根づいていることを感じていたためである。

またアイスキュロスのギリシア悲劇『慈《めぐ》みの女神たち』を読んで、私は父権制の前のギリシアに母権制の社会が存在したことを知っていた。母を殺して父の仇《かたき》を討った青年オレステスの裁判において、母殺しを最も重い罪とする古くからの伝統と、父の復讐を称揚する新しい父権制の立場とが対立したとき、最後に父権制の立場に立つアポロンがオレステスを弁護する劇である。

アポロンが展開するのは、「だいたいが母というのは、その母の子と呼ばれる者の生みの親ではない。その胎内に新しく宿った胤《たね》を育てる者に過ぎないのだ。子を儲けるのは父親であり」という、〝腹は借りもの〟の理屈である。

さらにギリシア神話と日本神話の間に類似・影響関係があることを論じた吉田敦彦『ギリシア神話と日本神話——比較神話学の試み』（みすず書房、一九七四）を通して、私はギリシアに存在したような母系制社会が日本にも存在したに違いないと考えていた。

グレーヴスの『ギリシア神話』上・下（紀伊國屋書店、一九七三）とミシュレの『魔女』上・下（現代思潮社、一九七三〜七四）は、私の愛読書だった。また記・紀にも『出雲風土記』にも登場する御祖《みおや》という存在は、多くの研究者が女性だと認めている。

高良真木も、真鶴の漁師の間には安全を願って姉妹の手拭いを舟にもちこむ、沖縄のオナリ神信仰を思わせる風習があるとよく語っていた。海岸沿いに文化が伝わったのでしょう、という高群の意見とともに。

高群逸枝が史料を歪めてまで妻方居住を主張したことを知って、わたしはさすがに驚いたが、だからといって双系制説に移行する気持ちにはなれなかった。高群が失敗したのは文献から母系制を証明することであって、母系制そのものが日本に存在しなかったことは誰も証明していないからだ。

14　ＤＮＡの研究による母系制社会の発見――縄文前期まではすべて妻方居住だったという説も

いっぽう一九七〇年代に始まった分子生物学の飛躍的な発展は、遺物に残された遺伝子の本体であるＤＮＡを直接解析することを可能にした。それは系統や血縁といった問題について、従来の骨や歯の形態学的な調査とは比較にならないほど精度の高い情報を得ることができる研究手法である。

篠田謙一『日本人になった祖先たち――ＤＮＡから解明するその多元的構造』（ＮＨＫ出版、二〇〇七）には、人骨のデオキシリボ核酸（ＤＮＡ）の研究によって、母系の血縁集団が発見されたと書かれている。ミトコンドリアという遺伝子のＤＮＡは母系に遺伝するため、同一のＤＮＡ配列をもつ個体同士は母系の可能性をもっているのである。この研究によって母系制が発見された縄文時代の遺跡は、茨城県取手市の中妻《なかつま》遺跡である。また弥生時代の母系制遺跡は、九州北部、福岡県筑紫野市の隈《くま》・西小田《にしおだ》遺跡群である。

さらに篠田氏を含む数人の研究者が、中妻遺跡についての論文を『人と社会――人骨情報と社会組織』（同成社、二〇〇八）に発表しているが、そこには縄文の母系制社会が房総半島から東北南部まで広がっていたという見解がみられる。

いっぽう縄文前期までの縄文社会はすべて妻方居住制をとっていたと思われるという春成秀爾の有力な説が、『縄文社会論究』（塙書房、二〇〇二）に書かれている。その内容は山田康弘『縄文時代の歴史』（講談社現代新書、二〇一九）に、わかりやすく説明されている。

私はこの問題について「見出された縄文の母系制と月の文化」八〇〇枚を書き、今その出版の準備をしている。高群の死から半世紀あまり経つが、その仕事の基本的な意義が明らかになると思う。

（二〇一八年一一月二四日）

「晩年の浜田糸衛を囲む座談会」より

——その生涯の未知の部分を探る

1　魅力的な語り口——九七年、真鶴で

浜田糸衛の人生には、行動の動機などのわからないことが多い。ところが二〇一六年七月に本著作集上巻を出版した翌年の一七年二月、晩年の浜田糸衛を囲んで中島和子《よりこ》・高良真木・常盤和子が語り合った座談会の録音テープ七本を、西宮市の重丸恵美という方が送ってくださった。

一九九六年の夏に、数日間に渡って行なわれた座談会である。浜田が土佐で過ごした幼年時代について書いた『あまとんさん』（農山漁村文化協会、一九九五）が高良真木の挿絵つきで出版された二年後に当たる。四人で話し合っているうちに、テープにとることにしたようだ。

座談は真鶴で行なわれたらしく、途中で森に住み着いていたタヌキが現れて、浜田が「私がおるとね、どこへ行ってもね、タヌキとか、猫とか、キツネとかね、ついてくるよ。私、どうも人間に好かれるよりか、動物に好かれる」とつぶやく音声も入っている。

浜田はすでに九〇歳になり、記憶があいまいな点もあるが、中島の質問に浜田が答え、高良が浜田の記憶を喚起・補足し、二日目から参加した常盤がほぼ聞き役に回るという形で話が進んでいる。ここでは『あまとんさん』には書かれていない糸衛の幼年期の暗い部分も赤裸々に語られている。

その座談会から、生き生きしたやりとりや、土佐弁を交えた魅力的な語りを生かしながら、浜田の生涯の未知の細部を探っていきたい。語り言葉のまま、差別語もそのままにした。年代などは編者が加えたところもある。

ちなみに中島は二八年京都生まれ、同志社大学卒・同大学院修士課程修了後ミシガン大学大学院に留学したアメリカ黒人問題の研究者である。桜美林大学、中央大学勤務を経て京都精華大学の教授になり、著書に『黒人の政治参加と第三世紀アメリカの出発（中央大学出版部、一九八九、カバー絵は高良真木）、訳書にマーチン・ルーサー・キング『良心のトランペット』（みすず書房、一九六八）、同『黒人はなぜ待てないか』（共訳、同書房、二〇〇〇）がある。

中島は同志社の学生時代に西宮の浜田家に下宿したのをきっかけに、糸衛との縁ができた。「森の家での高群逸枝と浜田糸衛」9節で書いたように、高群逸枝のお通夜にも列席している。

重松は日本文学の研究者で京都橘大学の文学部助教、中島の若い友人だった。二〇一五年に亡くなった中島氏の遺稿の整理をしていてテープを見つけたという。

常盤は四八年生まれ。伊東市在住で浜田らの日中友好運動に参加していた。

I　家庭環境と子ども時代――祖先のこと、父と母のこと

2　あまとんと呼ばれた幼少時代――父親がつけた仇名

あまとんとは、糸衛があまりやんちゃなので、ギリシャの勇敢な女たち・アマゾネスにちなんで父親がつけた仇名だった。浜田「私は子どものときから、あまとん、あまとんって、大人も子どもも親戚も、みんな呼ぶから、自分はあまとんと思うとったよ。」「私はね、男の子・女の子の意識はないの。友だちは全部、男の子。女の子は逃げていくの。」

しかし『あまとんさん』には政代ちゃんという女友だちが登場し、あまとんは彼女にとても優しい。「みんな、女学校へいけると、いいのに」というあまとんの思いにもかかわらず、政代ちゃんは小学校を終えると紙すき工場で働くことになる。クラスには紡績工場へ行く子も七、八人いた。伊野には結核になって紡績工場から帰された少女がいて、あまとんは父の作った薬草をせんじてもっていくのだった。にんにくと豆腐で養生して元気になる人もあれば、死んでいく人もあった。

父の惣次について、糸衛は語る。「いつもね、ご飯食べた後で『女の子は豹が決死の烈丈夫というぐらいの女にならんといけませんよ』というた。」「『豹が決死の烈丈夫』って何だろう、どんな人間だろう思うとった。」

それは豹ではなく、トラが危機に瀕したとき、川を渡って猛然と夫を助けに行ったという中国の話だった。中国の『烈女伝』に載っている話ではないだろうか。普通の親なら「女の子は女の子らしくせえ」というのだが、「先生はいうても、うちのおやじはそんなこといわない。」

3　浜田家の祖先のこと――肝のすわった曾祖父、美人でやり手の祖母、主な経済基盤は近代的

浜田家は武家ではなかったが、名字帯刀を許される家柄だった。浜田「山賊がいっぱいおる。そしたらね、ひいじいさんがね、名字帯刀を許されて、自分、持っちょるけんどね、山賊が出たと。そしたら、山賊のね、差しちょる刀をばっと引き抜いてね、『来い』というてきたと。そしたら、山賊がね、『私は、こんな四国山脈で何十年間か知らん、山賊を続けるけど、あなたのような方にお目にかかったことないから、弟子にしてくれ』いうたって。それね、いい伝えよ、浜田家の。」肝のすわった人だったのだ。

その息子の女房がまた立派な人で、伊野小町といわれる評判の美人だった。糸衛が生まれる前に亡くなり、遺影も残っていないが、伊野町一の切れ者で、やり手。裁判やもめごとも彼女が出ていくと収まった。まだ電車のない時代に、伊野―高知間の鉄道乗合馬車を経営したといわれている。

父の惣次は教育熱心で、息子二人を大学へ、女の子四人は皆女学校へ行かせたから、糸衛が成人する頃、不動産は墓地以外いっさいなかった。

浜田「とにかくね、現金がないのよ。田んぼ持ち、山持ち、何持ちって。だから、私のうちも現金がないの。父が、教育家やったしね。たとえ乞食しても、全部が、男の子も女の子も、日本の大学どころか、外国の大学へ行くいうたら、男でも女でもやってやる。」「あんな、大正時代に、男女同権やが。教育にはもう、金、一切惜しまなかった。」

「田を売る、山売る。で、財産がもう、不動産が、私の時代には一切なかった。」でも「サイケンというのがあったのよ」と糸衛はいうが、債券か債権か、詳細はわからない。「浜田糸衛の家族」（本著作集上巻所収）には、「地主として、小作料が生活基盤だった」と書かれているが、上記の発言からは、浜田家の主な経済基盤が封建

的なものではなく、近代的なものだったことが推察できる。

4　父の最初の妻は母に追い出された――与謝野晶子の両親と同じ状況

前掲「浜田糸衛の家族」には、「惣太は最初の妻を愛していたが、ほぼ一年後に母に追い出され、それから性格が変わったといわれる」と書かれている。

浜田「私のおやじはね、うんと女房孝行のおやじだったらしいんですよ。最初の嫁さんとはね、仲が良くってね、評判だったらしい。それをね、おやじのお母さんが気に入らんでね、おやじとおふくろとの間をね、無理やり割いて離縁したの。」

時代は違うが、与謝野晶子の父母とよく似た関係である。「姑」とは、前節で書いた伊野町一の切れ者の女性のことだ。糸衛の母は惣太の二度目の妻、越智町の材木商の娘の春尾である。「春尾は働き者で姑に愛されたが、夫婦の仲はあまり良くなかった。」

「そのあとへ来たのが私の母なの。私の母もほんまにかわいそう。そんなね、あとへ来るんだから。けど、私の母はまたそのおばあにうんとかわいがられたの。私のおやじが好いた女房はいじめられて、今度はかわいがられたの。だから、私のおやじとおふくろはうんと仲が悪かった。」

5　母は何度も実家へ帰った――妹の手を引いて母を探す、父はまれに見る子煩悩

浜田「お父さんはね、ものすごく、潔癖でね。畳がちょっと、こうなっちゅるやろ、そしたら、おやじが、おふくろが台所で用事しよるのにね、大きな声でおふくろ呼んでね、『これをのけてくれ』。手がすいたの、のけた

らええでしょ。」中島「自分でしないんですか。」浜田「しない。ものすごい潔癖症。」中島「それはお母さんも骨折れましたねえ。」浜田「あのおふくろ、あんな亭主によう何十年も仕えて、子ども六人もよう産んだことよ、ほんまに。」

「何回もねえ、お里へ帰ったよ。もう、ここでは死なないかん、いうてね、帰るいう。」中島「殺される、と。」浜田「うん。」中島「お父さんに。」

浜田「ほんで、私は下から二番目、下が私の妹、櫻子のお母さん。それと、私。ちっちゃいでしょ。悲しくて、悲しくてね。私のところはお金の苦労はしなかったの。その悲しみはねえ、よそではないよ。ほんでね、お母さんは越智じゃと。越智へ帰った、と。」

中島「遠かったんですか。高知の向こう?」浜田「西。」高良「西の方やね。」浜田「三里か四里ぐらい歩いたな。妹の手、引いてな。」中島「お母さんに会いに?」

浜田「越智はどっちでしょ、越智はどっちでしょ、いうてね。その時分ね、道路でミカンやらナシを売ってたのよ。人が足りないけんな、一山五銭とかで売ってるんで、ミカンか何か買うて、妹にやってな。ほいて、おなかがすくから、水筒なんかないんじゃから、それを食べながらな。大きな道路よ、子どもにとっては。越智はどっちでしょ、越智はどっちでしょ、って聞きながらやな、越智まで行きよったなあ。そしたら、越智の町へ行ったらな、お巡りさんが飛んできてね、『こら、どっから来た』いうて、『伊野から来た』いうたら、『ああ、よっしゃ、よっしゃ、おじさんについてきて。』何で警察行かないかんやろと思うたけど、連れていかれて、そこで母を呼び出して、それで、母に渡されたの。母の顔見たら、悲しくて、おいおい、おいおい、ワアワア、ワアワアいうて、妹と一緒に。」「ワアワア泣いたら、お巡りさんがお菓子をいっぱいくれた。だからね、私は思うの。

私のうちはね、金銭的に何も苦労なかったけど、そんなねえ、家庭の苦労はね、普通の家、ないですよ。」中島「そのとき、お父さん、どうだったんですか。」浜田「おやじはうんと、まれに見る子煩悩。……警察へ届けたのね。だから、警察のお巡りさんが探し回ったのよ。それで、こら、っていうて押さえられたのよ、どっから来たか、いうて。」中島「待ってましたとばかり。」浜田「うん、警察に連れていかれて、母の家に連れて行ってくれたんよ。母の顔見たら、妹と二人で泣いて、泣いて。」中島「ほんとねえ、わかるわあ。」浜田「そんな悲劇はね、普通の家にはないのよ。」

6 母が父を挑発していた――子ども時代の糸衛は不幸だった

浜田「おやじが短気でね、もう年がら年中おふくろをいじめるの。けど、今から思うとおふくろが悪いの。あんなこといいよったら父ちゃんが怒ると思ったら、必ず怒ったもん。おふくろが悪いんですよ。おやじは立派だったんです。」高良「高知弁でね、〝えけらかす〟っていう言葉があるんですって。お母さんがお父さんをえけらかす。」浜田「挑発する。」高良「えけらかしてたんです。」常盤「なるほど。昔の家というのはそういう感じらしいですね。」

浜田「私は子どものとき、うんと不幸でしたよ。悲惨でしたよ。例えば、おやじがおふくろを怒り出したらね、ほれ、昔じゃきに、床の間にいっぱい、刀をこうやっちゃあるやろ。一番にね、床の間へ行ってね、刀を全部のけてね。床は高い、昔は。床の下へぎっちり隠れてね、おやじが怒るのがね、鎮まってから出て来たの。そういう点ではまことに不幸な子だったんですよ、かわいそうな。だから、二十歳代はすっかりね、憂うつになってね、もう人にものもいわなくなって、無口になって、交際が嫌いになって。」

7　父の浜田惣次のこと——乞食の話を聞いて子どもを教育

父が常にお遍路さんを家に泊めて、子どもたちにその話を聞くようにいっていたことは、「浜田糸衛の家族」に書かれているが、父は乞食からも学ぶように子どもを教育していた。

糸衛はよく父の散歩についていった。「散歩に行くときはね、乞食がいっぱいおったの、昔。だからね、その乞食にお金上げないかんの。おやじは不器用で帯をよう結ばんの。だから、縮緬のへこ帯へね、二銭、一銭、五厘いうて、別々にしてくってね、それをちゅっと挟んどんの。ほんで、散歩しゆると、あっちでもこっちでも乞食おるやろ。ほしたら、乞食の前へ来たら、座り込むの、おやじが。長いことね、どっから来たか、親あるか、子はあるか、いうて、長いことね、まるでねえ、お巡りさんみたいになあ、尋問するの。もう、子どもはいらいらするの。父ちゃん、早う行こ、早う行こ、いうてたら、まあ、待ちなさい、いうてね。そこで父が教育するんやね。」中島「乞食を教育するんですか。」浜田「違う、違う、子ども。教育すると思うてやっているんじゃないのよ。長いことね、『おじさんはねえ、九州の遠いね、鹿児島や熊本から来たんだよ。どうして乞食になっちょるか。これは、かわいそうやから、みんな、日本人が助けないかん』と。ほんでね、『おまえも大きくなったらな、乞食を助けなさい』いうて。」

中島「それが、先生が女学校を出られた後、山の中の子どもたちを教育をしようと思われた、一つの理由ですね。京都へ出てきても、いろんな職業があったけれど、とくに、部落の子どもたちのためにというて。お父さんの教育のたまものですねえ。」

浜田「そうやろな。口には出さんけんど、そういう精神が。」中島「そうでしょうね。お兄さんもそうやし。その点では皆さん、子どもはお父さんを尊敬されてたってことですよね。」浜田「お母さん尊敬する、いうたのは一人もいないよ。全部、お父さんは偉い人だったいうて、みんな子どもは尊敬しちょる。」

8　高知の被差別部落――父にいわれてお米をもっていった

高良「高知にも部落があったらしいですねえ。」中島「そうですか、高知にも。」浜田「いっぱいあったよ。」高良「それで、お米を一升とか、袋に入れて……。」浜田「もっていかないかん。」高良「それをね、もっていくと、次の日に学校でね。」浜田「やじられる。」高良「『あまとん、また、あそこの何とかっていうとこへ行ってた』っていってね、やじるって。」中島「みんながねえ。ばかにしてたわけですね、部落をね。」高良「浜田先生が、やじられるから、行くの嫌だっていったら、お父さんがね、やじる方とやじられる方と、どっちが立派かって。考えてごらんって。」

中島「偉いですねえ。」浜田「ほんとにね、諄々というてくださる。」中島「やっぱり、子どもですもんね、お父さんがいうて、いいこととわかってても、友だちにばかにされたら気にしますよね。そのときお父さんが『そうじゃない』と、そしたらもう、確信になりますもんね。立派なお父さんですね。」浜田「おやじはうんと貧乏人に同情があったの。」

9　浜田家はハイカラ――暮らしではなく思想がハイカラ

浜田「私のうちはね、日本でもね、うんとね、ハイカラなんです。」中島「そうですよね、お父さんが『どこへでも行け』でしょ、女の子でも。」浜田「うん。ハイカラ、いわゆる顔がハイカラじゃない、着物がハイカラじゃないの。思想がハイカラや。」中島「浜田家みたいにお父さんがハイカラな考えをもっている人っていうのは、珍しかったですか。」浜田「珍しい、珍しい。私のうちは有名よ。金成るところは何ぼでもあるわ。ね、金持ち、いわゆる地主。私のところは、そうでないもん。教育家として有名だった。」

10 「必ず大きくなったらお父さんのいうことが役に立つ」——最後は日蓮宗に入信

浜田「私の家はみんなでごはん食べるときね、父が一条の訓示をするの。」中島「ご飯の前に?」浜田「うん。『みんな、よう聞きなさい。お父さんは皆から変人いわれているが、必ず、大きくなったら、お父さんのいうことが役に立つ』いうてね、いつもそういいよった。」

高良「そのころ、日蓮宗がね、すごく一世を風靡して、ほら、宮澤賢治なんかも最後、有名な日蓮宗の指導者がいましたよね……田中智学。あのころ、浜田先生のお父さんも日蓮宗にね、のめり込んで。それで、ご飯が済むと、みんな集めといて、夜ですね。」

浜田「夜も昼もあるわ。南無妙法蓮華経を一時間いわないかんのよ。みんなね、おやじやおふくろ、兄弟、女中さん、全部座って『南無妙法蓮華経』。もう嫌で嫌で嫌でね。けんどね、真向こうに時計があるのよ。ほんで、みんな時計を見てるの、一時間早う済みたいねん。で、おやじがおしっこに行ったときな、誰も何もいわない。わしな、そこら辺の椅子もってって、上がってね、時計をちゅーっとな、進めて、ふたして座ってたの。ほたら、おやじが帰ってきて『もうこんな時間になったかなあ』いうて。みんなはな、家族はなあ、わしにそれをしてもらいたいの。うんと悪いことしたの、私。」中島「でも、みんなの支持を受けてますわ。」

惣次は糸衛が女学校二年のとき結核で死去した。

11　唱歌「梅干しの歌」――第一次世界大戦の歌、ナイヤガラ瀑布の歌

中島「学校で教えたわけでしょう。世界名曲集っていうの、学校の音楽の時間に。」浜田「うん、名曲集もね、あったの。」高良「私が感心するのはね、小学校のとき習ったらしいですけどね、『梅干しの歌』っていって、梅干しの一生が。」

浜田「二月、三月、花盛り、うぐいす鳴いたも時のまよ。五月、六月実がなれば、枝からふるい落とされて、隣の町へもち出され、何升何合量り売り、シソにつかって赤くなり、塩につかってからくなり、」高良「三日三晩の」浜田「三日三晩の土用干し、思えばつらいことばかり、これも世のため人のため、ましていくさのそのときは、なくてはならないこの私、」高良「しわは寄っても若い気で、運動会にもついていく。」浜田「うん、にもついていく。」中島「それ、民謡ですか?」浜田「いや、音楽の時間、習うたよ。」

高良「そのころの世界情勢の歌はね。サラエボの。」中島「サラエボまで出てくるんですか。」高良「何ていう国でしたっけ、あそこは。」浜田「小さき国のセルビアの、一青年が話したる、弾の響きに欧州は、修羅の巷となりにけり」高良「それからね、驚いたのは、エリー湖。水ことごとく。」浜田「エリー湖に、注ぎて……」。

ナイアガラの大瀑布の歌である。五大湖の名前が全部入っていた。高良の話では、一九八九年にヨーロッパに行ったとき、糸衛が「どうしてもベニスに行きたい」という。徳冨蘆花作『不如帰《ほととぎす》』の武男と浪子の歌に、「春はベニスの宵の夢」という歌詞があったからだ。

また、列車でベルギーの都市アントワープの駅に着いたとき、糸衛が「アントワープは火の海で」と歌い出した。「それは何の歌ですか」と聞くと、第一次世界大戦の開戦後、アントワープは爆撃か何かで大火災に遭った。それが歌になっていたのだ。

12　歴史の出来事が歌になった――社会的情勢が刻印された教育

高良「第一次大戦の一九四一年というたら、六つか、七つぐらいでしょ。小学校のときですね。」中島「そうすると、小学校教育っていうのも、かなり社会的情勢を刻された教育ですよね。」浜田「歴史のことが全部歌になったんだから。」中島「じゃあ、唱歌っていうのは内容が、世界名曲集であったり、『梅干しの歌』であったり、世界情勢の歌だったわけですか。」浜田「うん、うん。読本に並行していくんじゃないか。読本に出てくることは並行して歌になってるから。」

浜田「わしの好きな歌は、そのころの歌ですよ。今でも歌うし。『青葉の笛』っていう歌がありますよ。あれ、悲しい歌よ。」高良「源平合戦の前に、平家の公達の一人の、平敦盛でしたっけ。笛の名手で、青葉の笛の一管を。」浜田「『一の谷の戦破れ』、これから始まる。」高良「その青葉の笛を、一管の笛を託して。」

中島「アフリカの人がよく日本へ来て、『日本人は歌、歌わない。自分たちは何かにつけて歌うたう。洗濯しているときは洗濯の歌がある。走ってるときは走ってる歌がある。日本は何にもない』っていったけど、昔はあったわけですよね。」

13　女学校時代の密かな無声映画見物――グレタ・ガルボ、ディートリッヒ、チャップリン

中島「女学校へは家から通ってらしたんですか、皆さん。」浜田「家から通うたり、体が弱くなったら下宿したりね。伊野から高知まで遠いよ、割に。ゴトゴト電車で。」

中島「先生、女学校時代に、すごくおもしろかったのはね。学校サボって映画を見に行った話ね。どんな映画でしたっけね、外国映画ですか。」浜田「外国映画。日本映画嫌いや、私。」中島「そのころって、まだ無声です

か。」浜田「無声よ。」中島「無声。じゃあ、グレタ・ガルボとか。」浜田「グレタ・ガルボ、ああ、なあ。」中島「すごい。グレタ・ガルボを高知で見てる。すごいですねえ。他に何だろう、あのころの女優さんっていうのは。ディートリッヒ。」浜田「ディートリッヒ。」中島「じゃあ、チャップリンも？」浜田「ああ、チャップリン。」中島「そんなの、高知まで行ってたんですね。」浜田「ああ、そりゃあ、高知市にでも来ます。」

浜田「女学校と中学校ね、絶対に映画見られないというね、高知県のね、規則やな。」中島「先生一人じゃないんでしょう。」浜田「うん、友だちと。」中島「どういう友だち。二、三人？　五、六人？」浜田「まあ、五、六人のときもあるし、二、三人のときもあるし。不良よ。」中島「それで、学校終わってから行くんですか。」浜田「うん、学校終わったり、日曜、土曜、祝日とか。」

中島「制服はありました？　そのころ。」浜田「着物。」高良「袴。」中島「あ、着物か。」浜田「着物や袴やった。袴の下に線が入って。」中島「それでどこの女学校か、わかった。」浜田「うん、うん。」中島「それ、はいては行けないでしょう。」浜田「そんな、はいて映画館入ったら大ごとだ。」中島「じゃ、脱いで？」浜田「うん。」中島「どっかで。」浜田「友だちのうち。」中島「映画館のそばの友だちの家で？」浜田「わしだけじゃないんだもの。」中島「そりゃそうよ。映画見たいんだもんね。」浜田「徒党を組んで、うん。」中島「そのお友だちの家へ、学校終わったら、たあっと走っていって。」浜田「うん。」中島「で、袴脱いで。」浜田「うん。」中島「さーっと映画館へ飛びこんだの？」

中島「誰かがいいつけるとか、そういうことはなかったんですか。」浜田「いや、なかった。」中島「上手だったわけね。上手。」浜田「うん。それからね、いいつけた人間はぶん殴られる。信頼がなくなるから。いいつけない。」中島「その辺、とっても友情に篤《あつ》いですね、先生のとこ、クラスメイトっていうのははね。」

中島「映画はガルボやディートリッヒを見ているし、歌は世界名曲集だし、歴史も歌、世界情勢も歌で習っていたっていうんだから、その頃の教育っていうのは時代を肌で感じるような教育だったんですね。」

Ⅱ　土佐は自由民権運動の発祥地――「土佐は女が偉かった」

14　「日本の自由思想と革命思想は土佐から生まれた」――「民権婆さん」もいた

高良「土佐にね、自由民権記念館っていうのがあって、なかなかおもしろいんです。」中島「一遍行ってみたいな。」高良「民権婆さんも出てて、楠瀬何とかっていう人なんですね。亭主も亡くなって戸主だったわけです。それで税金払ってる、と。しかるに、税金払ってるのに選挙権がないとは何事だっていって、建白書みたいなの書いて、やり出したんですよね。それから、明治の憲法ができる前に、高知市の一角の、東京でいえば中野区みたいなところでね、選挙権を行使してるんですよ、女性が。だから、今、婦人参政権発祥の地っていう記念碑が、ちゃんと建っているんです。」

楠瀬《くすのせ》喜多（一八三六〜一九二〇）は土佐国弘岡（高知県春野町）の米穀商の娘として生まれた。一八七四年に夫と死別し、女戸主となる。七八（明治一一）年の小区会議員の選挙に、女を理由に投票を拒まれ、地租を滞納。県の納税督促に対し、「税納ノ議ニ付御指令願ノ事」を提出、男女の権利に差別の有無を問い、「民権婆さん」と呼ばれた。実際には喜多の名で立志社社員がこの文書を書いたらしい（『日本女性史辞典』ほか）。彼女は立志社の人たちの世話をしていたのだ。

これが婦人参政権運動の初めての実力行使となり、「大阪日報」「東京日日新聞」などでも全国に報道された。

八〇年、上町町会の三カ月にわたる抗議行動に県令もついに折れ、日本で初めての女性参政権を認める法令が成立した。しかし四年後、政府は「区町村会法」を改訂して、各区町村が独自に規則を設けてよいとする「区町村会法」を区町村会からとりあげ、女性を町村会議員選挙から排除した。喜多はその後、自由民権運動の演説会などで自分の意見をのべるなど女性民権家として活躍した（こじゃんネット「土佐の人物伝」）。

浜田「高知、土佐はうんとね、進歩的なところよ。」「高知の高校の寮歌にね、『自由とかく恵まれし』っていってね、日本の自由思想と革命思想は土佐から生まれたというよ。」中島「なるほどね。そして、婦人参政権発祥の地という。」浜田「土佐の女、偉いよ。」中島「偉いですねえ。先生が生まれられたときには既にそういう女性たちがいたわけですねえ。」浜田「そうそうそう。自由思想、革命思想。」中島「それで、お父さんも……。」浜田「革命思想があったのよ。」

浜田の『あまとんさん』には、土佐における大正デモクラシーの雰囲気を伝えるエピソードが記されている。子どもたちが「デモクラシイ、ニ、ナッタ、ナラアー」「オオタモタロ、ガ、ウエニ、ナリ、テンノウ、ヘイカ、ガ……」と合唱して、巡査に叱られる話である。乞食のもたろうは、いつもあまとんさんの家に食物をもらいにきて、お父さんと話していく人だった。

15　土佐の箸拳《はしけん》――春のレンゲ畑で男も女も

浜田「ほんでね、宴会があるでしょ。大概、よそのくにの宴会いうたら男がするでしょ。女が半分おるよ。」中島「ああ、そうですか。」浜田「そして箸拳というのは、箸をね、ちりめん箸いうて、ちっちゃい、こんな、子どもがもつ箸なあ、赤く塗った。この箸を後ろへなあ、こうもっちょってねえ、私とあんたが箸拳するいうたらね、『いらっしゃい』いうと、『行きますよ』いうて、大きな掛け声。」中島「それで?」浜田「それで、『ほんじゃ、行きます』いうてね、合計をいわなあかんの。一〇本いうたら、こっちは八本というの。手をやってみて、八本が負けたら、酒飲む、男も女も。」高良「相手のと合わせた数をいうわけ。自分のはわかってるけど、相手のは。」中島「なるほどね。」浜田「男と女がおるけど、大きな声で。負けへんよ、女。」中島「勝ったら、その分、飲むんですか。負けたら飲むの?」浜田「負けたら飲まな。」中島「負けたら飲まされるわけ?」

浜田「男と女がやるよ、おじさんとおばさんが。それで、子どもたちは、どっちが勝つやろ? と見てる。女が負けたら、女が酒飲まないかん。」中島「飲みたかったら、負けたらいいわけですね。そうですか、おもしろい。」浜田「その掛け声はね、『いらっしゃい』というのよ。ほたら、『行きますよ』というのよ。掛け声がな、まるで話しているみたいな。」中島「勇ましいですねえ。」浜田「勇ましい。それがやねえ、春のレンゲ畑でもやってるのよ、あっちこっちでな。」中島「いらっしゃい、行きますよと。」浜田「ござをな、あっちこっちに、おばさんが敷いて、あっちにゃ八人、こっちにゃ五人でな。」高良「大きなとっくりもって。」浜田「とっくりをもってな、やりよるの。」

お座敷遊びとして高知に伝わっている箸拳は、二人が三本ずつ箸をもつというものだ。糸衛の記憶の中の箸拳は、もっとダイナミックなものだった。

中島「亭主は働いてるわけですか。」浜田「亭主は働くの。」中島「沖へ出て鰹釣ったり、工場で働いたり。」浜田「女房は留守番で、箸拳して、レンゲ畑で。」高良「何の経済力もないのに、何でそんなに威張ってるのかって、私もわかんないんですけどね。」浜田「とにかく、自由民権の日本の発祥の地やから、ここは。」

中島「だけど、何で発祥したんです、自由民権が、高知で。」浜田「それは、偉い人がおったやろ。自由民権思想の有名な偉い人がおったやろ。」中島「でも、他にも偉い人いたとこありますよね。例えば、吉田松陰が出たとこ。女性がしっかりしてますか。全然、話、聞かないですよねえ。高知がねえ……。」

高知で高校の教師をしていた友人の詩人・清岳こうの話によると、土佐の海岸地帯では男たちは遠洋漁業に出て留守にすることが多く、また市場に魚を売りにいくのは女たちだったという。土佐の女性の自主性や強さの理由が推察できる。宴会で大皿に盛りつけるのも、女たちが立ったり坐ったりして給仕しなくていいためだったという。

16　夜這いと嫁担ぎ——お母さんを担いできたことも

高良「あの土佐節にしても、『よさこい』っていうのは『夜這いに来い』っていうわけですよ。」中島「ほんと?」浜田「夜ね、忍んで来なさいっていう。」高良「夜這いっていうのはずっとあったよね。」中島「じゃ、女の人の歌ですね、あれは。」高良「夜来い、来いっていうから、行ってみたら、断られちゃったっていう。」中島「そういうことですか。」浜田「よさこい、晩来いといわんすけれど、来てみりゃ、真実来いじゃなし、よさこい、よさこい」

高良「嫁担ぎっていうのがあって。夜這いをやってるわけですよね、そのうちに、ほんとにね……。」中島「気が合ったら……。」高良「気が合ったらば、男の方が仲間の青年たちを連れて、嫁さんをね……。」浜田「担いでとりに行くの。」高良「嫁さんを……。」浜田「娘を。」高良「娘をね、親の家から、ひっ担いでさらってくるっていうわけですよ。」浜田「さらってくるの。」

中島「ちょっと待ってくださいよ。夜這いっていうのは、」高良「男が通ってるわけでしょ。」中島「ある女性のところへね。」高良「うん、そのうち合意ができて……。」浜田「親が許さんのよ。」中島「その男性が、自分たちの仲間を連れてきて、誰をさらって行くんですか。」高良「その娘をね……。」浜田「担いで来るの。」「それでもうおしまい。それで、親が許さないかんの。」中島「親が許さないかん?」高良「まあ、あとになったら儀式的にやるんでしょうけどね。」中島「強奪。」「でも、その前に同意が要るわけですか。」高良「それはもう、夜這いでやってるわけですよね。」中島「お母さんと、向こうの男性とが。」高良「いやいや、その娘と。」中島「娘、本人と。」高良「親もね、ある程度わかってるか知らないけど。」中島「あ、わかった、わかった。この女性とこの男性があらかじめオーケーということになって、そして、この男性がこの女性を強奪する。そのために友だちに加勢を頼む、と。」高良「うん、で、嫁担ぎつって……。」中島「奪ってしまえば、もう、親は何にもいえない、と。なるほどね。」浜田「その男の友だちも女の友だちもそれに協力する。」

高良「嫁担ぎに行って、担いできたのを見たら、娘さんじゃなくておっかさんを間違えて担いで来たとかね。」浜田「今みたいに電気がないから、真っ暗闇やから。」中島「そうそうそう。どう間違えて、お母さんを。」浜田「おうち帰ったら、お母さんを担いで。」

17 〝うちの庭には鯨が泳いでいる〟――「心がうんと広うなる」

土佐には「いうたちいかんちいや、おらんくの池にゃ、潮吹くビンビが泳ぎよる」という歌がある。

浜田「ビンビ、鯨の、魚のこと。子どもは、ビンビ、ビンビというの。潮吹くビンビが泳ぎよる。」中島「すごくおもしろい。やっぱり、太平洋に面してて開放的なんですね。」浜田「そう。四国があるでしょ。真ん中に四国山脈が、こう。」中島「ありますね。」浜田「ほて、愛媛県、香川県は瀬戸内海の、本州向いてるの。土佐は四国山脈でね、遮られるでしょ。」中島「太平洋に面してる、と。」浜田「アメリカばっかり見てるの。アメリカから船が来るでしょ。外国から船が来るでしょ。」高良「ジョン万次郎も土佐の人ですよね。」浜田「心がうんと広うなるの。」

18　土佐の宴会――大きな皿鉢《さはち》が中国から来た

浜田「土佐の料理で宴会は見事よ。もう、あんなことはでけんけんどね。わしらは子どものときに、宴会があると行かないかんから、『母さん、連れていって』いうたら、連れていってくれるの。これくらいのお皿よ。お皿にいっぱい盛って、一つじゃないよ。」「台があるの。台の上に並べて、ずらーと。子どものなあ、船には羊羹とかな。……こんな皿鉢でよ。この皿鉢はね、中国から来てるの。中国の人が絵を描いて焼いた皿鉢なの。『俺んとこは五枚あるのよ』『俺んとこは一〇枚ある』って、うそばっかりついてな。」

高良「今、大河ドラマで『毛利元就』をやってますけど、中国の船は日本海側に着くのが普通、でもそれが途絶えたときには土佐にも来たんです。」

19　父が皿鉢を割る――「男の意地や」

浜田「貧乏な家でも二、三枚はあったの。私の家では母が皿鉢をうんときれいにしよったの。一階の上が物置みたいになってる、そこへ全部置いてあるの。わしのおやじはね、母とけんかしたらね、一番、母のね、嫌がる、惜しがることとするのよ。ほてね、はしごをもってきて、上へ上がっていって、皿鉢がいっぱい積んである、それを一枚、二枚と、皿をバチャン、バチャンと。これでもか、これでもか、早うとめに来らにゃ、なくなるぞといわんばっかりに。うちの母はね、うんと意地が悪いのよ。知らんふりしてるのよ。ほんで、子どもはとめるのよ。『父ちゃん、そんな鉢割ったら、お客のときに困るよ』いうてね。『そうか、そうか』っていってる。」

中島「誰かとめてくれんと、とまらん。……結局、あとで自分が困るんですけどねえ。」浜田「自分がお金出して買うとるんよ。」高良「男のうっぷん晴らし。」中島「放ると割れちゃうんですか。」浜田「割れちゃうのよ。」中島「もったいない。」浜田「かあちゃん、早うとめないかん、いうたら、ほっとき、というのよ、おかあが。ほたら、また買わないかんでしょ。」浜田「それはね、日本で製造しないの。」中島「中国?」浜田「中国から、製造したものを買う。」中島「余計高いですね。」浜田「高いわ。こんなに大きいでしょ。きれいに描いてあるのよ、中国の人が。それを一枚、二枚、バンバン、これでもか、これでもかと。」

中島「結局、そういうときは男の人は自分の方に理が立たんから、暴力に訴えてるわけですよね。」高良「そうそう。」中島「だから、奥さんの方は知らんぷりしたりしてるんですよね。」浜田「そうそう、そうそうそう。」

中島「男の意地やね。」浜田「意地や。」

20　男は金を卑しんでいた――実権は母が握っていた

浜田「土佐ではね、お父さんがね、がま口や巾着なんか、誰ももってなかったよ。全部、お母さんが巾着、がま口や全部、どんな金持ちでも、どんな貧乏人でも。お父さんはそんなもんね、もってない。」中島「お金っていうようなもんは男のさわるもんじゃないということでしょうかねえ。それは日本の不思議なとこですね。」浜田「土佐ではね、よく、おふくろにね、おやじがお金もらいよるしね。」

浜田「大体ねえ、日本は男がお金のことをね……。」中島「卑しんだ。」浜田「商売人は別よ。けんど、男がお金のことに口を挟むのは下品だった。」中島「そうですよね、お金をばかにした思想が。」浜田「ばかにしてた。」中島「封建時代からありましたからねえ。」浜田「お金をばかにしたんだ、下品だって。」中島「そういうことかしらねえ。」浜田「わしのおやじなんかはねえ、乞食にお金やるときでも、お金つつかなかったよ。」中島「さわらなかったですか。」浜田「一遍もさわらない。」中島「ほな、お母さんが実権を。」浜田「全部。」

Ⅲ　長者村で小学校の代用教員をする――「あの時分の子どもはかわいくってね」

21　長者村の小学校で――読売懸賞短編に当選した『黙殺』のこと

浜田糸衛は一九二四年に高知県立第一高等女学校を卒業したあと、翌年にかけて高知県高岡郡の長者村小学校で代用教員をした。そこで短編小説『黙殺』を書いて読売懸賞短編に応募し、入選した。

常盤「この頃、小学校の教員でいらっしゃって、まだ一七歳のときに『黙殺』を書かれたんですよね。」高良「そうです。一九二四年から五年ぐらいですね。」浜田「ああ。それはね、読売新聞のね、懸賞でね。」高良「短編小説。」懸賞の入選は一九三〇年のことだった。

浜田「私ね、長者村のね、電気もないね、田舎のね、先生が六人と校長さんが一人で、たった七人。そこで教師しよったの。そしたらね、電気もない田舎でしょ。何にも遊ぶところもないでしょ。読売新聞見よったらね、懸賞小説募集って載ってるな。これひとつ、書いたろう思って書いたの。書いて、小学校の教師やきね、本名を書かれへんでしょ。」常盤「はい。」浜田「いいかげんに名前を書いたの。」高良「井元直衛とかいう。」

浜田「ほんで、新聞見ていったら井元直衛、なんやこの小説はどっかで読んだことあるなと思って。」常盤

「それはそうですよ。」浜田「よくよく考えたら自分の小説なんよ。そのとき、一五円か一〇円か忘れたけんどね、もろうたの、読売から。そのときね、東北が大冷害で、子どもをね、生まれたら殺したり、売ったりしよるということが新聞に載ったから、その金を全部そのままね、東北のそれへね、寄付したこと覚えてる。」

常盤「『黙殺』の内容はどういう小説だったんですか。」浜田「『黙殺』の内容はね、私がね、小学校の教師をしよった村ですよね。その村は、貧しい、貧しい村で、要するに、お医者さんがね、居ないの。」常盤「無医村。」浜田「だからね、馬のお医者さんがね、人間を診に来るの、馬に乗って。そういうようなところ。ほいで、貧しいね、娘がお母さんの連れ子になって、大酒飲みのところに、身売りよね。親子を養っちゃうき、わしの女房になれというて。それで、そこへ行くの。義理のおやじになるやつは大酒飲みで、お母さんをぶん殴ったりね、ののしったりするの。ほいで、連れ子になった義理の娘がね、もうおやじに腹が立ってたまらいで、殺意を催すのや。ほいで、小学校の、ほら、あんなもう、入れてあるところあるでしょう。」

高良「化学実験室みたいな。」浜田「ああ。そこへ行って。」常盤「理科室みたいな。」浜田「劇薬をとって来て、おやじが大酒飲みやきに、おやじのね、酒へそれを入れて知らんふりしてるの。おやじはころりと死ぬのよ。ほいたら、お医者が馬に乗ってくるの、お医者さん。」高良「獣医さんでしょ。」浜田「獣医さんが馬に乗ってきて、どういうた。『うん。あんなに酒を飲んでおったら、誰でもこれじゃ』いうてね、たったと帰るの。」

常盤「一七歳ですよね。」浜田「小学校の裏にね、明治時代か。」高良「日清、日露の。」浜田「戦争した人の。」高良「共同墓地みたいな。」浜田「学校裏の共同墓地へ行ってみ、たくさんの善良な青年が戦争で死んでるじゃないかと。」常盤「ああ。怖い小説ですね。」

浜田「だからね、読売新聞の懸賞の最後にね、それを選んだ記者か、何かが、原文はもっとはっきりした文章だったけれども、発表できない個所があったので、編集部でちょっと直したから、変になっとるって。」高良「断り書きが。」浜田「うん。」

高良「戦争で、という所がカットされてたということ。」常盤「なるほど。それは当然でしょうね、当時からすると。」浜田「今だったらどうもないけどね。」常盤「うん。」浜田「天皇陛下の時代やからね。天皇、天皇いうてね。」

発表された『黙殺』では、おやじは「娘の置いたねずみとり」で死ぬことになっている。小学校の理科室に劇薬が置いてあったとは考えられないから、そのほうが現実味がある。

糸衛は二八年ぶりに長者村を訪れたときのことを、「共同墓地」という文章に書いている（本著作集上巻所収）。共同墓地はずっと拡張されて、糸衛が教えた二年生「五十人近い子どもの殆どが戦死したり、不具者になったり、女の子は未亡人になったりして戦争の犠牲者であった。」。「私の生涯にあれほど多くの涙をこぼしたこともなかった」と彼女は書いている。

22　作家になろうとは思わなかった——小学校の先生をした時代が一番幸福だった

常盤「それで作家になるという決心を固められたんですか。」浜田「私は別にね、作家になろうと思ったことはいっぺんもないの、ひっそりそうなったの。」高良「途中であっち行ったり、こっち行ったり。」浜田「自分もね、作家になろうっていう気持ちは全然ないの。作家だいうね、職業があるいうことをね、気にしなかったの。ひっそり、そういうふうに見ただけで。作家になりたいとかね。あたしねえ、小学校の教師にうんとなりたかったの、子どもが好きだったから。ほんで、小学校の教師になって子どもと遊んでね。ええ。ほいで、小学校の正教員の資格ないんですよ、私。」

浜田「だから、田舎の田舎の電気もないようなね、小学校へ勤めて。もうのんきなもんよ。子どもは遠いところから山越え野を越え来て、弁当もって、弁当を食いに来るの。着いたらお昼なの。『先生、おはよう』いうて、着いてね、すぐ飯食って、『先生、さよなら』いうて帰るの、田舎やから。道路も悪いしね。私その小学校の先生した時代が一番自分で幸福だと思うよ、今から考えてもね。子ども相手にさ。」

長者村は伊野町から行く途中、木賃宿で一泊しなければならない辺鄙な所だった。ランプ生活である。雪も結構降って、正月に伊野に帰れないこともよくあった。

23 因幡の白兎の話を教えた――「先生、海ってどんなとこや」

あるとき、県視学が郡の学校の先生たちを連れて、小学校の授業を見にきて批評する機会があった。浜田が教えることになった。「まず、今日はみんなね、よその学校の先生たちがいっぱいくるから、後ろを向いて、たるばあ見なさい。たるばあ、もう満足するまで、先生たちの顔を見なさい。見て済んだら坐りなさい。みんな見たか、もう二度と見たらあかんで」といって、彼女はワニザメが兎の毛をむしる「因幡の白兎」の話をした。「毛をなあ、ワニザメがなあ、毛をむしると。一本残らずむしくったんだ」といって。「へー。先生、一本も残さなかったか」、「そうや、そうや。一本も残さなかった。」

すると子どもが「先生、海ってどんなとこや」と聞いてくる。長者村の回りは山ばかりで、盆地みたい、底みたいなところだ。「そうだなあ、この長者の村をねえ、天にひっくり返して、そこに水入れたようなもんだ」っていった。そしたらね、また生徒がね、『誰がね、塩をぶちこんだか』って。」浜田「ほんまにあの時分の子どもはかわいくってかわいくってね、私、都会の子ども嫌いなのよ。」

見にきていた四〇人ぐらいの先生たちが感心して、「こんな面白い授業見たことない。第一、生徒が行儀良くちっとも動かなかった」と大いに褒めてくれた。

長者村は、今でも高知市から車で一時間四〇分ほどかかる高知市仁淀川町長者地区で、樹齢一二〇〇年にもなる「長者の大銀杏」や棚田で名高いところである。この地区の石垣棚田は四〇〇年の歴史があるといわれ、その数六〇〇枚、近くで見ると視界一面棚田ばかりの圧倒的なスケールである。

Ⅳ　京都三条の被差別部落で働く――長編『雌伏』を出すまで

24　京都の隣保館時代――「その時分、部落民、えらかった」

その後、糸衛は佐川という大きな町の先生もしたが、一九二六年に京都へ出た。職業としての作家になろうとは思わなかったが、文学作品を書いて世に認められたいとは思っていたのだ。

中島「何で辞められたんですか。」浜田「もうね、あんな田舎におっても、自分は文学者になれへんしなあ。」中島「そうですねえ。」浜田「文学で、あんななあ、黙殺なんかされおったらなあ。」中島「自分、黙殺されると。」

京都では、京都大学を出た兄の正信が京都市役所に勤めていた。中島「で、お兄さんとおんなじ下宿に行かれたの?」浜田「別、別。私は兄弟とね、一緒におるのが嫌いなの、家。」中島「だけど、お金かかりますよね、別に住んだら。」浜田「だから、働かないかんのよ。」

糸衛は姉の知り合いに就職を頼み、その人の勧めで京都市三条隣保館に勤務した。兄には頼まなかった。上の兄正辰《まさとき》は大好きだったが、勉強一点ばりの下の兄は苦手だったようだ。姉と一緒に住んだこともあった。母は当時、病気の長男と一緒に高知の海岸沿いに住んでいた。

浜田「部落はね、京都が、日本でうんと多い。ほんで、七つか八つとか、部落のね、幼稚園みたいな託児所があったんです。」中島「学校へ行かない前のちっちゃい子どもたち。う～ん、かわいいでしょうね。」浜田「うん、かわいい。それが京都に七つか八つかあった。」

糸衛によると、京都には七つの隣保館があって、京都市役所の社会課が学校を作ったりして面倒をみていた。彼女はその学校で子どもたちを教えた。

浜田「その時分は部落民、えらかったから。」中島「どうして？　えらいっていうのは、どういうことですか。」高良「全国水平社が一九二二年にできてますね。」浜田「えらかったよ、ほんと。要するに部落民が」中島「意識が高かったわけですね。」浜田「松本治一郎、あれが最初や。」

松本治一郎（一八八七～一九六六）は福岡県の出身で、部落解放運動を草創期から指導した人である。二三年に九州水平社の委員長に選ばれ、二五年に全国水平社中央委員会議長（のち中央委員長）に就任した。「部落解放の父」と呼ばれる。

25　金持ちの娘の恋愛を成就させた――身の上相談がいっぱいきた

浜田「部落に金持ちがおるんよ。牛やらを殺す仕事して。一人ね、金持ちの娘さんがね、同志社専門部の英文科に入ったの。その娘が『浜田先生、私、家出した』いうて。何で、家出するん、いうたらね、『私ね、結婚したいけど、親が許してくれない。』結婚したい相手は誰、いうたらね、下駄直し、靴直しのお兄ちゃん。その娘がね、その靴直しと家出したんや。ほいてね、私なんかに泣いてきたきね、おやじとおふくろを呼んで、『あんた、どういうことかね、なんでそういうふうなね、金持ち、貧乏人のえこひい《ママ》きするか、あんたの娘はね、靴直しの男とね、恋愛になったたって許してやりなさい』いうたがね。お母さんに、『靴直し、靴直しいうけどな、立派な職業や。泥棒と違うんや。だから、あんたね、子どもは家出したら、もう子どもと縁が切れるじゃないか。そう思うたら、靴直しの人と結婚させなさい。あなたがお金出しなさい。金持ちやから。だから、あなたにはお金があるから、靴直しと結婚させて、靴屋でもね、京都にね、買いなさい。』買わせてね、結婚させたん。でも下駄屋だったたん。行ってみたら、下駄をいっぱいぶら下げとった。そんなね、身の上相談、いっぱい私のとこへ来るのよ。生徒相手だけじゃないの。大人から家からな、もう何もかにも相談に乗らないかんの。私、いろいろな体験したよ。」

26　子どもはトラホーム——職員たちの差別意識

浜田「子どもが全部トラホームなのよ。だからね、毎日ね、子どもも一列に並んで、学校帰る前に私が、京都府立医科大学から目薬をもろうてきて、全部こうやって、目にね、目薬入れよったよ。ほいで、治るの。治ってもまたすぐね、一つのタオルで顔をふくでしょ。うつるの。」

「それから、シラミもいっぱいあるから退治するの。自分の給料から水銀軟こう買って、べったり塗って、手拭いでほおかぶりしてね、置いとくん。ほいたら、卵も死ぬのね。それで、クシで梳って、全部とってきれいにすると、もう一週間したらまたシラミがわく。」

糸衛によると、部落の人たちは一般の人とそれほど違わなかったが、町とは妙に離れているような感じがあったという。

「部落民がね、託児所、幼稚園にね、先生というてね、おかずもってくる。うどんとか、何や煮たもんもってくるのよ。ほいたら、先生が全部ね、ありがとう、いうてて全部捨ててるの。部落で汚いからって。私は食べちゃう。でも、友だちは捨ててしまうんよ。そいで、もってきた人に『どうも、こないだのご馳走はおいしかったわ』なんていってんよ、うそを。私うんと腹が立ったの。私は全部食べたの。私はね、そんなことでは部落の教師はでけんと。『あんたなんか辞めて町の学校行ったらええ』いうて私がね、怒ったことあるのよ。」

真木の記録によると、糸衛以外の職員たちは部落に近いバス停では降りない。部落民だと思われるのを恐れたのだ。糸衛は部落の人たちに、差別されたくなかったら、まず自身を変えよ、と自尊を教えた。

27 売り子が映画館にただで入れてくれた——部落民は芸能の民でもあった

糸衛によると、京都の松竹の当時の映画館の売り子は、ほとんど、部落民だった。だから糸衛が行くと、「先生、こんにちは」という。そして、無料《ただ》で入れてくれた。

部落民と芸能の話になると、糸衛は有名な映画俳優の名前を何人もあげた。部落民は芸能の民でもあったことが語られる。そして「女の子が生まれると喜ぶよ。男が生まれると腹が立つ」という。女の子は舞妓さんにもなれるからだ。

28　被差別部落の起源（1）——仏教が入ってきて神社が弾圧された

「何で部落民に」という糸衛の疑問から、部落の起源についての話が始まる。

中島「一種類じゃないと思うんですよ。いろんな源がたくさんあるんじゃないですか。外国からきて、言葉も通じないし、みんな集まって生活する。それも一つの源泉だし、身分制から落ちこぼれた人が入ってきたこともあるし、やっぱり政治的な圧力もあったんじゃないですか、宗教的な。奈良の橿原《かしはら》っていうとこ、あるでしょ。橿原神宮。私ね、そこへ父や母と一緒に行ったことあるんですよ、奈良をずっと回ってね。で、橿原の後ろの香具山ですか、登ったんです、三人で。そしたら、上品な紳士がおりてきたんですよ、山から。それで、いろいろ話、してたんです。その紳士がいうことには、自分はこの橿原の村の村長、いや、名誉村民だと。でも、自分は部落民だったっていうんですよ。」

「どういうわけですかいうて。そしたら、神官だった。神社が弾圧された、仏教が入ってきて。神官や神官の家族はみんな被差別部落になっちゃったんですって。そういう宗教的な弾圧もあったんだなと。」

29　被差別部落の起源（2）——殺生戒をもつ仏教をとり入れた国家がハフリを禁止

私がこの橿原の紳士の話を作家で部落問題の研究者・川元祥一に伝えると、次のような返事が来た。

〈「橿原の人」は、かつて神武天皇陵にあった「洞部落《ほら》」の人だと思います。今もすぐ近くに部落があります。その部落は神武天皇陵の墓守をしていたとされ、「ハフリの末裔」という伝承をもっています。「神主」は、ハフリのことと思います。神仏習合で排斥されたというのもその通りと思います。〉

ハフリは、白川静『字訓』（平凡社、一九九五）に、次のように説明されている。「はふり（祝）けがれを祓《はら》い散らすもの。「放《ほふ》る」「屠《ほふ》る」と同根の語で、犠牲を供して、けがれを祓い清める職にあるもの、神官をいう。職制としては神主・禰宜に次ぐもので、もと地方の土豪に属していたものと思われる。（後略）」

もともと神社の神官は犠牲を供して神を祭るものだった。しかし殺生戒をもつ仏教をとり入れて仏教優位の神仏習合政策をすすめた国家は、天武天皇の肉食禁止令（六七五）や、奈良と京都の巫覡《ふげき》＝ハフリを禁止した平安時代の「禁断両京巫覡事」（八〇七）を契機として、ハフリを実質的に禁止したのである。

洞村で生まれ、今もそこで部落解放運動を続けながら著述活動をしている辻本正教は、その著書『洞村の強制移転――天皇制と部落差別』（解放出版社、一九九〇）で、「被差別部落の洞が、七世紀後半に成立していたというつもりはない。ただ、畝傍の洞に人びとが早くから住んでいたことは考えておかねばならない。そして恐らく、それは『ほうら』と発音される。『ほうら』はホフルの名詞形ホフリの訛ったものと考えらえる」と書いている。

川元によれば、「ホフリ」は諏訪神社や賀茂神社（上下）などで現在も用いられている神職の職名であり、「ハフリ」と同じである。『日本書紀』は神武天皇陵について、「畝傍山東北陵に葬《はぶ》りまつる（『日本書紀　上』日本古典文学大系67、岩波書店、二一六頁）と書いているが、「葬」の訓読（和語）はぶりも同じ意味だ（連載「部落共同体論　形成期における社会的分業とその構造」27、28、31『部落解放』二〇一八・一二、二〇一九・一、五）。

『日本書紀』神武紀には、天皇に帰順しない「居勢祝《こせのはふり》」「猪祝《ゐのはふり》」を「土賊」として征伐する記事がある（前掲書二一〇～二一一頁）。ハフリは諸国で天皇制以前の土着の神を祭る神職あるいは巫女だったと考えられる（川元、前掲連載21）。朝廷がそうしたハフリに「祝」の漢字を当てたのは、本来ハフリが祝賀の意味をもっていたためといわれている（川元）。土着の神の主なものは、私見では犠牲を求めると考えられた月母神である。

洞村の近隣には、村の人々が長く耕作してきた「神武田」という田があり、幕末にここが神武天皇陵と定められる根拠になった。しかしその後も近隣に「旧穢多村」があるため物議をかもし、ついに一九一八～二〇年、全民家が近くの大久保村に移転するという事態となった。

白川によれば、犠牲を供すること自体がけがれを祓い清めることであり、洞村のハフリたちはそのようにして神武天皇を祀り、その陵を祓い清めていたのだろう。仏教の「殺生戒」に基づく肉食禁止令は民衆の間には広まらなかったが、〈貴・賤〉中心の律令制時代と違って、中世になると空海がもたらしたヒンズー教化された真言密教が国家宗教として定着し、〈浄・穢〉中心のケガレ観が広がっていく（沖浦和光／廣松渉「〈貴賤〉〈浄穢〉を軸にアジア全域に身分社会が」「解放新聞」一九九二・一・一三、および野間宏／沖浦和光『日本の聖と賤 近代編』人文書院、一九九二）。

川元によれば、多くのハフリたちは禰宜《ねぎ》も含め、一一世紀頃から主に畿内の神社や寺社権門の間に発生して制度化される下級神職「神人《じにん》」に転身していく（川元、前掲連載28）。しかし動物供犠が禁じられて上級神職からはずされ、さらに部落民として差別されても、洞村のハフリたちは清掃や警備などの形（川元のいう「公務」）で陵を清め守ってきた。また培ってきた動物解体やなめしの技術を生かして皮革生産に携わり、その需要にこたえる人たちもいた。

江戸時代半ばの大和の人、竹口英斎は洞村について「保良村には、屠児（屠殺を業とする者）などが住んでいる。また除地があり、彼らの頭がそれを領している」と書いている（現代語訳）。除地とは年貢免除の土地で、神武田のことだ（川元、前掲連載31）。

神武田からとれる米は肉や野菜とともに陵に供えられ、また洞村の人々の暮らしを支えたにちがいない。

495 「晩年の浜田糸衛を囲む座談会」より

30　辻潤が押しかけてきた――高等難民のいた時代

糸衛のこの京都時代に、アナーキスト辻潤とのエピソードがある。辻潤は、関東大震災のドサクサに紛れて大杉栄とともに憲兵隊に虐殺された伊藤野枝の元の夫で、評論家である。このエピソードは荒波力『知の巨人　評伝生田長江』（白水社、二〇一三）にも書かれている。

浜田「尺八がうんとうまかったんだよ。尺八をもって、尺八を利用して、自分の知ったところへ上がりこんで、一月でも二月でもいる。京都の私の家へ来て、尺八もって。夜は尺八を吹いてどっか行くらしい。それでまた帰ってくる。とにかくね、一ト月以上おったよ。私はもう、しんどうなってね、たまらんでな、私が家を明け渡したんよ。ほいでね、一ト月ほどして帰ってきたらね、『糸衛さん、大変にお世話になりました』いう書き置き残して、いなくなっちゃった。」

「あとからもう酒屋のな、あっちからもこっちからもツケが来るのよ。けど、あの人はね、悪い気、何にもないねん。天真爛漫よ、それで生き抜いたんやから、えらいことよ。あんた、大物は、長生きする。」

戦前の、暗い時代に入る前は、いわば高等難民がいた時代だった。とても頭のいい人たちだったと、糸衛はいう。

31　『雌伏』の原稿を生田長江に送る――主人公が理想の生を求めて苦闘し恋愛を超越する物語

三条隣保館に勤めながら、糸衛は長編『雌伏』を書いた。最初は「恋愛乱曲」という題名で、幾つもの恋愛があって、大変長いものだった。しかしこのテーマでは書けないので『雌伏』とした。一〇〇〇枚ぐらいの原稿だった。浜田「『雌伏』はね、長いこと頭に構想があったんだよね。」

糸衛はその原稿を生田長江に送った。すると葉書で返事がきて、「失礼ながら、現代においてこのような思想を保持されていることに驚くほかありません」と書いてあった。

しかし出してくれるところがない。高良「それでね、この手紙に自信を得て、街頭に看板を立てて、この本をぜひ出版するようにという要請の署名運動を始めた。」常盤「それは初めて聞きました。」浜田「資本主義はね、天才をね。」高良「現代文明は天才を川底に沈めて流れて行く、と。」浜田「川底へね、資本主義者はけしからんと。わしゃ天才じゃと。」「大きなプラカードよ。」「ほいたら、みんなが署名してくれたの。一冊買う、一冊買う、一〇冊買ういうて。それで本出たの、『雌伏』という。」

高良「浜田先生じゃなきゃ考えられない話でしょ。それでね、『京都新聞』とか。」浜田「『朝日新聞』、『毎日新聞』、『京都新聞』や、私の写真と一緒に載ったのよ。」高良「そんなことした人ないから。」浜田「えらい宣伝や。」高良「浜田先生独特の大衆運動的なね。」常盤「それで春秋社が動いた。」浜田「うん。全国からね、文学青年やら少女がね、手紙をいっぱいくれたの。会いに来たの。」

「春秋社へ行ったら、社長が会うてくれた。その社長はね、お年寄りだったけど立派な社長でね、クリスチャンなの。短くしてくれというから、一〇〇〇枚ぐらいの原稿を短くして、それで、私の本が出させていただけた。」

『雌伏』は一九三二年一〇月に春秋社から出た。糸衛は二四歳だった。

浜田「よう売れたの。」中島「『雌伏』という名前がすごくおもしろいですよ。」浜田「女は伏する。けど、女には力がある。」中島「女性が、機会が来るのを待って、じっとこう、伏せて待ってると、そういう意味ですか。」浜田「うん、雌伏。」中島「それ、誰が考えたんですか。」浜田「わしが考えた。」中島「恋愛大乱曲よりいいですよ。知識層が読みたいと思いますよ。」浜田「そうね。」

糸衛にはファンもいっぱいできた。「そのファンの手紙も戦争でなくなった。」

『雌伏』は主人公の女性・馨《かをる》が理想の生を求めて苦闘し、恋愛を捨てて友愛を選ぶ物語である。最終節から馨の考えを引用する。

「無人格な人々の寄り集りである、不完全な人生にこそパンの悩みも功名の狂ひも恋の悶えもある。／だが人間は活きようとして居る。／時代は進化してゐる。／最後に人格の力でもつて総ての解決される日の来る事を吾々は決して、疑つてはならない。／永遠なる宇宙生活！／人間は遂に其処に向つて闘ふのである。／人間が真に、自我と自由の生活に目覚《めざ》める時、彼等は必ず恋愛を棄てて友愛につくだらう。そこには決してパンの悩みも無い。恋の悶えもない。名誉の煩《わづら》ひもない。／唯、あるものは無限なる宇宙生命に向つて、自己を活かさうとする人間の熱情と歓喜があるのみである。」

32　兄の正信が淀川製鋼をつくる――小さな町工場を大きくした

一九二七年に上の兄が死去してからは、下の兄の正信が長男として一家の責任を負った。兄の中学の同級生に、昔の貴族院議員の金持ちの息子がいた。
高良「宇田さんっていうその人はね、私生児《ママ》で、宇田家との関係を知らなかったらしいんですよ。中学一年か二年のときに、自分が宇田何とかの息子だってことがわかったら……。学校からそのままね……。」浜田「かばんもって。」高良「宇田家に乗りこんでって。」浜田「宇田家にはね、男の子がない。女の子だけやったの。『ここは俺の家や』いうてね。」

中島「その宇田さんのお父さんは知ってたわけでしょ、ここに男の子がいるいうこと。いわゆる私生児としているいうことを知ってたけども、妻にはいってなかったたっちゅうことでしょ。」高良「そうらしいですね。」中島「それで、乗りこまれたら断わるわけにいかないですよねえ。」浜田「中学校時代に。」

高良「浜田先生のお兄さんが市役所にいる頃に、淀川製鋼という、小さな町工場があったらしいですよ。宇田さんと一緒に工場をやろうじゃないかっていうことで、それを……。」中島「買いとって。」高良「それをね、ほんとの町工場みたいなのを大きくして。」中島「立派に、大きくして。」浜田「町工場で二〇人か三〇人なん、従業員がね。ほれで、宇田さんにはあんまり商才ないやん。けど、兄貴はね、うんと頭がよかった。中学校でね、一年からね、卒業するまで月謝が要らん、特待生。」中島「親孝行ですねえ。」浜田「町の人はね、『上の坊ちゃんは、あれはどうにもならんけど、下の坊ちゃんは将来、大事になるよ』いいよった。」高良「宇田さんはね、あとで代議士になったりした。」

戦後の五八年、正信は高知県から衆議院議員に選出され、二期務めた。自民党、三木・松村派。早くから日中貿易を提唱した（「浜田糸衛の家族」）。

V　就職難の東京で小説の修行——生田長江に入門、奥むめおの事業に協力

33　月島に安い部屋を借りる——就職難の日々

糸衛は一九三三年に東京に出て、生田長江に入門して文学修行を始める。長江の最後の弟子だった（「森の家での高群逸枝と浜田糸衛」本巻所収参照）。「若者を育てることが大好きな長江は、才能溢れる『雌伏』の著者を

優しく迎えた」と荒波は書いている。

常盤「それで、思い切って東京に行かれたわけですか。」浜田「そう、思い切ってということはないけんど、東京へ出る必然性になったから東京へ出たんだろな。京都であかんと思ったの、私。京都は保守的で、やっぱり東京へ出ないかんと思ったの。」中島「東京へ出るのも文学をしようと思って出られたわけですか。」浜田「それはそうよ。もう、文学が頭離れたことないもん。いずれは文学をと思うとった。」中島「文学いうことは、書くこと?」浜田「ああ、そうそう。小説を書くこと。」中島「で、一緒に東京へ行かれたでしょ。お姉さんもやっぱり文学ですか、好きなのは。」浜田「まあ、その時分、私も文学、姉も文学、上の兄貴も文学、下の姉も文学。みんな、浜田一家は文学者。」

東京へは、まだ元気だった下の姉美雪と、美雪が仲良しだった伊野の友だちと三人で行った。高知から汽車で高松まで行き、船に乗り換えて神戸かどこかから汽車で東京へ向かった。普通列車だったので二〇時間ぐらいかかった。

高良「で、東京駅着いたら、東京駅のドームがね、ぐるぐる、ぐるぐる回ったっていうんですよ。」浜田「ドームにね、こう座っとったのよ。ほいたら、何か、ぐるぐる、ぐるぐる回って、回って。」長時間座っていて急に立ったため、めまいがしたのだろう。

「まず、文学をしようと思うから、まず生田先生にお会いした。」そのあと、紹介者もないので、月島の一番安い家の二階を借りた。浜田「金がないし、ものすごく就職難だから、なかなかね、ぽっと出のね、われわれに就職あるはずないのよ。」

借りたのは四畳の部屋で、一畳分の上は押し入れになっていた。そこに住み出すと、夏の間に文無しの友だちが二人も三人も転げ込んできて、まるで梁山泊のようになった。

浜田「今度、屋台のおでん屋やろうっていって。ほいで、おでんのな、こんにゃくや、豆腐や何や、いっぱい買うてきて、鍋へ入れて、ぐつぐつ、ぐつぐつ煮て、味見しようういうて。その前に食べてしもうて。そんで、やめたん。」「みんな食ってしもた。」

高良「その下にいたのがね、鉄工所か何かに勤めてる夫婦なんだけど、そこで、毎朝ご飯炊くとね、いい匂いが来ると、それをみんなが上から眺めてね、匂いがいいなんて、いってたのね。その人の兄さんが歌舞伎の役者か何かで、その人に歌舞伎の切符をもらって、歌舞伎を見に行ったこともあった。」

封筒書きの内職をしようとすると、一種の詐欺で、封筒代、何代と買わせておいて、持っていくと気に入らないといって受けとらない。

高良「でも、最後に切羽詰まってね、一人、一番美人の、友だちにね、あんたね、カフェに行って稼いでこい、なんていって。」浜田「カフェへ行って稼ぎなさい、あんた。ほいで、チップもらうから、もろうたらもって帰りなさいいうて。」高良「するとその友だちがカフェへ行って、お客さんが手のつけないたべもの、残ったのをもって帰ってくれる。それを食べた。」浜田「もうあの時分の女性はね、金はなかったけんど、生活力は強かったのよ。うん。貧乏なんか平気や。」

34 「日比谷の図書館へびっちり通うた」――市電の車掌に「デモクラシー」

浜田「築地から、あっこ、海があるでしょ、渡るのにお金が要ったんよ。市電があって、市電は早朝ね、午前八時か九時まで乗れば、安いの。だから、朝早うに出てね、行ったの。」「日比谷の図書館へびっちり通うた。小説読むのに、お金がないから、本が買えんの。だから、図書館へびっちり。ただやから。びっちり通うて、一日中、図書館におったわ。小説読みながら。」「そんで、その帰りに、デパートの地下の食料街へ行って、ほれ、デパートの下にいろいろな試食があるでしょう。その試食のね、あれを食べちゃね。」「それから桜草が露店で売ってて、夕方になると安くなるから、なけなしの金で、桜草を買って、市電に乗って、おりるときは、デモクラシーとかいってね。」

浜田「降りるとき、デモクラシーやからいいでしょ、いうて、パーッと降りるの。車掌さんが『そうだ、そうだ』って。車掌さん、自分が払わへんから、構へんわ。ねえ。デモクラシーでしょというたら、にやにや笑うて。」

姉は右手が不自由だったので、普通の会社には勤められず、糸衛がずっと姉の面倒をみていた。当時は家からの仕送りもなく、結局貯金で暮らした。

35　図書館には似た者同士が集まった——失業者が多く、政府が「満州」へ送っていた

図書館には文学少女のような似た者同士が集まっていた。戦前からの社会主義者で中国新聞に入った人と結婚して、それ以降、ずっと付き合いのある人もいた。昭和八年頃、日本は貧しかった。失業者が大勢いて、政府が、どんどん「満州」へ送っていた。食糧難だった。

中島「いい経験になったでしょう。」浜田「いや、東京へ出て、それはいい経験になった。田舎っぺやもん、私は。」

糸衛は一九三五年のクリスマスイブに生田長江を訪ねているから、東京に二年ほどはいたようだ。浜田「あっちひっかかり、こっちひっかかりね。あっちで闘い、こっちで闘いね。」

36　奥むめおの婦人セツルメントに協力——コンドームの販売など

在京中、糸衛は奥むめおの婦人セツルメントに協力した。その頃は独りになっていたようだ。奥と知り合ったきっかけは不明だが、「先生が来いいうたのよ」と彼女はいう。「奥むめおさんと、うんと運動一緒にしたのよ。奥むめおさんの運動助けようと思って。」

奥むめおは一九三〇年に産児制限相談所を東京に開設し、また本所深川に婦人セツルメントを設立して、総主事として託児部を中心に婦人の協同隣保事業を始めている。『野火あかあかと　奥むめお自伝』（ドメス出版、一九八八）の次の記述と照合すると、糸衛が働いたのはこの婦人セツルメントの妊婦調節部だったようだ。

「わたしは職業婦人社に産児調節相談部をおいたが、婦人セツルメントでも託児所のつぎに手をつけたのが、この妊婦調節部だった。（略）毎週月・水・金曜日の午後を相談日とした。薬品や器具は無論、相談料も格安で、場合によっては無料としたから、近所の人びとをはじめ、うわさを聞き付けた遠方の人びとまでつぎつぎと相談にやってきた。産調は、貧しい人たちにとって文字通り〝死活〟問題だったから、この相談所は多くの人たちに感謝された。」

糸衛はここで、産児制限のためのコンドームなどを販売したらしい。浜田「買いにきたんよ。何かさっぱり分からん。何ですか？　いうたらね、『これは、避妊の道具や』。けど、私には分からんのよ、それが。他の人に聞いてくださいいうたら、『ああ、そうですか』いうてた。それね、ゴムの袋だったらしい。うん。奥むめおさんの運動の、社会運動の一部よ、それ。」

「そしたら、しばらくしたら、また男の人がきてね、『あんなもん、役に立たん、また女房がこれや』とかいって、怒りにきた。『役に立たんもん、また買いに来んでもええやろ』いうたな。」

37　若い女性を集めて講座を開く――岡本かの子も講師に

高良「ミシンを教えたり、そういうこともしていた。また時々若い女の人を集めて、教養講座のようなものを開いていた。当時の一流の文化人を全部呼んで、講座をやっていた。その一人が、岡本かの子さん。」

この話は前掲書の次の記述と符合する。「婦人セツルメントでは、その他和洋裁の講習会や社会問題講座を開いて、一流の講師陣をそろえ、どんな人でも学べるような機関をもったが、その他、昼間働く婦人たち専用に夜間女子部を置いた。これは本科（一般婦人常識）、家政科（家事裁縫など）、選修科（希望科目だけ）とに分かれ、一年間で終了。本所には高等女学校がひとつもなかったし、そこいらあたりの、ぼんくら奥様養成機関とは全然ちがう、実際生活に役立つ勉強ができます、と宣伝したから、若い娘さんたちが集まって盛況だった。」

奥のあげる講師陣には岡本かの子は入っていないが、糸衛は「こうやってな」とおそらく身振りを交えて、かの子の破天荒な口紅のつけ方を描写した。

38　奥の寄付集めに同行――「浜田さん一緒に行きましょう」

浜田「奥むめおさんは、いつも私を連れていってくれたの。私感心したのはね、大臣に会いに行くのも、誰に会いに行くのも、奥むめおさんはね、ぼろぼろのね、継ぎのあたった、着物を着て、私を、誰も連れて行かんの、私を連れて行ってね。浜田さん、一緒に行きましょう、いうて。」

「お金をもらいに行かないかん。お金がないけん、寄付を。だから、大臣とか、そういうふうな所ばかり連れていくのよ。奥先生がね、どんな汚い着物でも、ちゃんと繕うてな。貧乏だから。」

奥むめおは「町に一つ、村に一つ――婦人セツルメントを持ちましょう」と、ことあるごとに呼びかけていた。「そのためにもわたしは、婦人セツルメントの経営がどんなにつらいことになっても歯をくいしばって耐えた。婦人セツルメントの灯を消してはならない。しかしセツルメントの事業が大きくなればなるほど、赤字は大きくなった」(前掲書)。

奥は一九三三年大阪に「働く婦人の家」を設立し、三五年三月東京・牛込に「働く婦人の家」を設立している。糸衛が寄付集めを手伝ったのは、この「働く婦人の家」設立のためだったかもしれない。

奥は前掲書でのべている。「幸いにして、わたしにはいつもよき協力者、後援者が大勢いて、わたしを励まし、助け、叱ってくださった。」浜田糸衛は明らかにその協力者の一人だったのである。

39　糸衛の〝二重人格〟の話――「政治運動ではアジテーターとして活躍し、本の中では詩人になる」

座談会では、浜田の〝二重人格〟のことが話題になっている。

浜田「奥むめお先生がね、『私、浜田さんをどうも理解できん。浜田さんは二重人格や』って。わしが二重人格なんてね、そんなに、わし、一重人格でもこまっちょる、二重人格なん、ありませんから。『あんた、そう思うちょるけんど、あんた、どうも二重人格じゃ』いうたよ。そんなに見えるの？　ああ、ええです。先生、三重人格でもええです、っていうたことある。」

中島「先生ほど一本気で、裏表がない人いないのにね。」浜田「そういう人とね、それから奥先生みたいにね、浜田さんは二重人格のある人じゃいうてね。悪い意味ではいわないの。よい意味でいいよるの。」

高良「浜田先生の二重人格っていうのは、ものすごく、ユーモアがあって。」中島「快活であると同時に。」高良「深刻ですよ。一九五三年にソ連に行ったときね、ずっと、二週間か、ついてくれた人がね、ソ連の人ですけどね、『浜田先生はユーモア作家でいらっしゃいます』って。もうほんとにね、ユーモアがあるでしょ。片っぽではそうなんだけど、片っぽではやっぱりね、深刻なところが。」

それは吉良森子が「メガネおばさま——浜田糸衛の二つの顔」（本著作集上巻所収）でのべていることでもある。「躁鬱」の躁の面と鬱の面の表れだったかもしれない。「政治運動ではアジテーターとして活躍し、本の中では詩人になる」と、「姉妹たち　女の暦二〇〇〇」（編集＝女の暦編集室、発行＝じょじょ企画、一九九九・一〇・一五）の解説者（沢）は書いている。

Ⅵ　「満州」に渡る——日満友好のため

40　日満友好のため——紙芝居を作ったが言葉が分からない

糸衛は一九三八年に「満州国」へ渡り、四二年まで滞在した。すでに日中戦争が始まっていたが、この戦争についての感想は語られていない。日本は三一年に満州事変を起こし、三二年に中国東北部に傀儡国家「満州国」をつくって実質的に支配していた。座談会中の「中国」という言葉を、「満州」に変更する。

浜田「新聞を読むと日本人がたくさん満州に行って、悪いことばっかりしよるけん。これはいかん思うて、それで、満州行こうと思って。」「紙芝居、作って行った。行ったら、満州語が全然分からん、私。」

「あの頃、いっぱい紙芝居あったよ。日満友好のよ。私、あんまり深く考えんで、すーっすーっとやるところがあるんよ、生活では。他のことはうんと深く深刻に考えるけんな。」

「なんで紙芝居作ったかというたら、「朝日新聞」を読みよったら、満州へ行く人間は日本も制限せないかんって。悪いことばっかりするけんね、日満友好どころか、日満非友好になっとると書いてあるんよ。こら、あかんで、自分が行かないかんと思うたん。大体おっちょこちょいよ、私。それからすぐに行ったよ、満州へ。」

41 〈国産電機〉の重役と意気投合――社内報を編集し「満州人」女性の文集を作る

浜田「瀋陽が、昔奉天っていったの。飯食わなあかん。そいで働かないかんと思って、国産電機というな、日本の会社のね、奉天支店みたいなのがあったが、『あんたな、満州語できますか』と、いえ、できません、いうたら、『それじゃ話にならん』って。話になるかならんか、おたくね、日本の労働者がいっぱいおるんでしょう、と。それで、満州へきて、働かせてもらってるのに、日本の中国の会社におるのはみんな反中国やから、反満。満州が怒りよったんよ。だから、私が、たたき直しちゃるって。そしたら、重役に、徳山さんという人があって、この人が週に一回満州にくる、というね。」

「ほんで、きてくれいう。徳山さんがきたあとに、呼び出しがきたけん行ったらな、私と意気投合して、浜田さんのような人がわが社へくれば、もう、どんなにええか分からんって、ものすごい月給くれたんよ。それで、そこで何年か、三年か、四年か知らんけんど、おって。」

糸衛はそこで会社の人材向けの社内報の編集に携わり、かたわら「満州人」女性職員の文集を出した。会社には、満州の男女の労働者が半々ぐらいいいた。

42　同じ服装で人気――「満州人」と間違えられたことも

「満州人」と全く同じ服装をした糸衛は、人気があった。奉天の金持ちの奥さん連中は、全部洋服を着ていたのだ。糸衛は綿入りの上着にズボンを履き、「満州」の靴を履いて、髪はおかっぱで、「満州人」そっくりだった。

浜田「電車に乗ったら最初、くちゃくちゃくちゃくちゃっていうたから、中国語が分からん。そんで私ね、これはいかんと思うて、中国語の勉強もびっちりしたの。そしたら、一年たっても、二年たっても、みんな卒業するのにな、わし、卒業できんの。そしたら、中国語の先生がな、『ゆっくりゆっくりやりましょうね』って。私、大体ね、語学が下手なの。英語も下手、日本語も下手。ましてや、中国語、難しいもんな。」

「満州人」と間違えられたこともあった。浜田「うちの会社の隣が、三立製菓の大きな工場やった。そこのおっさんと、いつもバスで乗り降りも一緒。で、そのおっさんが私に、日本語で、『あんたうちの、月給、どれくらいもろうとる？』いうてな、なんぼか知らんけどな、いうたら、『うちの会社で二倍になるからきてくれ』いうたな。そんなに、いうたら、思ったらね。私を満州人と思って、『日本語もできるねん、通訳にね、来てくれ』と。いや、私役に立ちません、いうてな。日本語以外ようしません、いうてやった。それで、そのおっさん、その停留所から、乗らんようになった。」

43　「満州日日新聞」に日本人の反省を迫る文章を寄稿――共鳴者も現れる

浜田「その会社に、五年ぐらいおったかな。その間に、「満州日日新聞」っていうのがあって、それに時々、原稿を書いたのよ。原稿ね。「満州日日新聞」は、「満州国」でただ一つの日本の新聞なのよ。日本人が非常に悪いことしてる。けしからんって。間違いだっていうようなことを書いた。」

「そしたら、手紙が来たんよ。手紙が、男の名前で。ぜひ会いたい、いうて。ほんで、私ね、手紙見たらね、巻紙か何かにしたためた手紙で、八〇ぐらいのおじいさんの人と思うたんよ。」「その人がきたんよ。寮母が変な顔して、物がいえんのよ。それで、まあ、まあ、いうて、座ってもろうたら、向こうはな、私の新聞の原稿を見て、青年と思ったのよ。」その人も青年だった。浜田「兄弟の契りを結ぼうと思ってやってきたっていうわけ。」

44 憲兵隊に呼び出された――「戻れると思うとるんか」

高良「あるとき、憲兵隊の呼び出しが来たっていうんですよ。」浜田「憲兵隊の呼び出しが来て。」中島「奉天にいるときに?」浜田「うん。戻れんというね。」中島「戻れない?」浜田「うん。憲兵隊に呼び出されたら戻れないという、噂がいっぱいあったのよ。私は、憲兵隊になんで呼び出しになったか分からんのよ。サーベル、ガチャーンとして、『ここへ座れ』いうて、ガチャンとな。」中島「そんなに威張るんですか。」

浜田「あんたがそんな大きな声でいわれても、私は自分で勝手に座ります、いうてやったもん。ほんでいろいろ。」「『戻れると思うとるんか』いうのよ。私は足があるから、帰ります、いうた。」

中島「何が理由なんです?」高良「『満州日日新聞』に書いてたりしたんでしょう。だから、目つけたんでしよ。」中島「ああ、なるほど。日本人のやり方いかんと。」浜田「要するに注意人物になったのよ、私。」高良「そしたら浜田先生が、戻れないなら戻れないで、連絡したいと。」浜田「電話貸してくださいちゅうたのよ。『電話どこへかけるか』って、偉そうにね。私の兄が、奉天へね。」

浜田「大和ホテルって、今、そこにある。『おまえの兄は何しよるか』って。淀川製鋼の社長してるっていうたら、びっくり仰天で。」高良「そのときは専務でね。」浜田「掌を返すようにして、もう慌てふためいて、向こうの方が、今度は。そんで、私、帰ってきたよ。」

中島「ちょうどお兄さんが来られててよかったですね。」浜田「うん、兄は淀川製鋼の会社を設立するのにしょっちゅう来よったの。満州の役人と兄はよく知り合いなのよ。憲兵隊のもんじゃないのよ。」中島「憲兵隊どころじゃないですよね。」

このときは兄のおかげで助かったが、地位や肩書によって〝手の平を返す〟日本人の権威に弱い態度に、糸衛はその後も出会うことになる。

45　のちに会った李徳全——「浜田糸衛はいい日本人だった」という手紙がきている

浜田「友だちがね、男の人も、女の人も、全部中国人。満人《ママ》。この時分は満人、満人、いうたから、全部満人。日本人はほとんどいなかったもんね。」

高良「そのあとの話になるんだけど、一九五三年にコペンハーゲンから中国に行ったでしょ。そしたらね、李徳全さんって、当時の厚生大臣。『浜田さんね、李ケイヨウさんていう人、知ってますか』って聞いたんですよ。浜田先生が、『ああ、それはね、昔自分が中国にいたときに、同じ会社にいた日本語のできる人だった』っていったらね。『その人から手紙がきてます』っていうんですよ。新聞で見たらしいんですよ、その当時ね、浜田糸衛という人がきてるっていうね、それを見て、自分はかつて『満州』時代に浜田さんを知っていたと、その人は、日中友好をやる人だと、いい日本人だったというふうなことが、褒めちぎって書いてあるんですよ、それはうれしいことですよね。昔のこと、覚えててくれるとはね。」

この話は、新保敦子「日中友好運動の過去・現在・未来——高良真木のオーラル・ヒストリーに依拠して」

（『早稲田大学大学院教育学研究科紀要』第23号　2013年3月）には、五四年一〇月に初来日した李徳全の歓迎会の席上のこととして、次のように書かれている。「李は出席していた浜田に『李けいゆを知っているか』と、尋ねた。国産電気の従業員で、かなり日本語ができたらしい。李けいゆから李徳全へ『浜田は本当の友人である』と手紙が来たそうである。日本人への反感が強い時代であったのに、それほどまでに浜田は中国人から慕われていたことを物語るエピソードであろう（真木インタビュー）。」

このインタビューは真木が死去する二カ月余り前の二〇一〇年一一月に行なわれた。真木の記憶は九七年の座談会の方が正しいように思う。李徳全は、中国を代表して世界婦人大会への日本女性の参加をすすめた人である。しかし次のお酒の話は歓迎会にふさわしい。

浜田「李徳全さんはね、乾杯しても絶対お酒飲まんのよ。先生、どうしてお酒飲まんですか、いったら、『私はクリスチャンです』と。クリスチャンは酒飲まん？　李徳全さんの夫は、うんと中国で偉い人だったよ。」高良「プロテスタントの人は飲まないですね、宗教上はね。李徳全さんの夫の馮玉祥はクリスチャン・ジェネラルっていわれる有名な将軍でしたね。」

46　中国の人民の思想――日本より中国が好きになった

高良「私が聞いたんでも、例えば、たばこを一本売りしてたんですよね。一箱二〇本入ってるのと、それから安売りの場合ね、日本だったら、一本の方が高いわけですよ。逆なんです。」中島「二〇本の方が高いんですか。」高良「そうです。二〇本買える人は金持ちだと。一本しか買えない人は一般に貧乏だから。」中島「一本は安くして。なるほど。」高良「うん、そういう考え方なんですよ。」中島「お金のある人はいっぺんにたくさん買えるんですもんね。」

浜田「だから、中国はうんと、土地が広いでしょ。それから歴史も古いでしょ。そういう中で、中国の人民の思想がやっぱり、出てきたんよ。日本は島国で、だからちっちゃいのよ。ちっちゃいことは悪いことやなくて、非常に清潔だしな、潔癖だしね。」「何千年の。国民の中で培われた性格なのよね。私、中国が大好きだったから。日本よりか中国が好きになったの、その時分。」中島「五年もいらしたんですね。それで、帰ってこられたのは、戦争と関係ありますの？」

Ⅶ　帰国して大日本産業報国会へ——当時の浜田の思想とは矛盾しなかった

47　四二年に帰国——大日本産業報国会とは

浜田「兄貴が帰れ、帰れ、いうてくるし、母も帰れ、帰れていうてくるし、戦争が始まったら危ないから、いうてね。手紙がいっぱいくるの。それでも帰らなかったの。そしたら、いよいよ戦争が始まったというので、帰ってきた。帰ってきて、どこへ行った、いうたら、産業報国会。産報。」

「戦争」とは太平洋戦争のことだ。糸衛が帰国したのは一九四二年、開戦の翌年だった。アメリカとの戦争で日本が負けそうになる、これは大変だ、とにかく日本を守らなければならない、という気持ちだった。

産業報国会の正式名称は大日本産業報国会、労使協調・戦争協力の官製労働者組織である（略称「産報」）。日中戦争期に全国の事業所でつくられ、四〇年一一月、全国組織として大日本産業報国会を結成した。労働組合を傘下に収め、内務省・厚生省の指導のもと、労働者を戦時体制に統合した。四二年五月、大政翼賛会の監督下に入り、戦後の四五年九月、ＧＨＱの命令により解散した。

48　赤松常子が婦人部長──産報には社会運動家が大勢いた

浜田「そこで赤松常子さんが、婦人部長だった。赤松さんがうんと私を愛してくれて、どこ行くにも連れて行ってくれて。そこで穂積七郎さんと会うたんよ。あの時分、運動家がいっぱい産報におった。」

「私を一番愛してくれた人は赤松常子さん。戦後、初代の女の政務次官になった人。赤松克麿の妹さんよ。」

「着物でもほんとに地味な着物着てね。赤松さんがうんと私を愛してくれた、『浜田か、浜田か』いうてね。」

赤松常子（一八九七～一九六五）は社会運動家、政治家。京都女子専門学校入学後、賀川豊彦の事務所で働き貧民救済活動に従事、同校を退学して女工生活を体験。上京し、一九二五年に日本労働総同盟婦人部書記となり、労働争議を支援。他方、右派系の無産女性運動のリーダーとしても活躍、三二年、社会大衆婦人同盟の設立に参画、委員長。同年の岡谷・山一林組争議・野田醤油争議を支援する傍ら、婦選運動・消費組合運動をも担う。四〇年、日本労働総同盟解散後は大日本産業報国会に入り厚生局生活指導部嘱託として活動した。戦後の活動については後述する。

穂積七郎（一九〇四～一九九五）は東京帝国大学を出て商工省に入ったが退官、日本労働総同盟に入り、戦時中は大日本産業報国会参事、大日本言論報国会理事として活動した。戦後は四六年の衆議院選挙に無所属で立候補して初当選。翌年、言論報国会での活動のため公職追放となる。五三年の衆議院選挙で左派社会党から立候補して当選。社会党では外交部会長、中央執行委員などを歴任し、松本治一郎派に属した。

赤松克麿（一八九四～一九五五）は東京帝国大学在学中にロシア革命の影響を受けて一八年新人会を結成。日本労働総同盟に参加。日本共産党に参加したが、第一次共産党事件で検挙され、獄中転向、科学的日本主義を唱えた。社会民衆党の結党に加わって中央委員、ついで書記長になった。その後、社会民主主義からさらに右派的な国家社会主義へ転じた。戦後は公職追放となる。

49　糸衛は反戦思想は抱いていなかった——戦後、反省があってもよかった

中島「先生は、戦争中はどうだったですか。私は学生で勤労奉仕に行って、すごく憤慨して、憲兵に手紙書いた話、しましたでしょ。先生は、それを指導する側だったんですからね。何か矛盾を感じられませんでした？」浜田「私、あんまり矛盾を感じなかった。」中島「いつも義憤して、憤慨する先生がね。」高良「浜田先生の面白いのはね、女学校時代に、赤旗振って、かなり、その当時の運動なんかしてた人がいて。同級生でも、そういう運動に関わった人がいるらしいんですね。ところが、先生は一切そういう、組織にまったくノータッチだったんですよ。その友だちがね、そういうことを浜田さんに吹きこむと、あれはもう一徹者だから、たちまちのうちにかぶれて、自分で真っ先に行って討ち死するに違いないから、っていうんでね。だから、まったくの、持ち前の正義感みたいなものでね。」

中島「正義感とヒューマニズムというか、ね。大体、赤松常子さんも、奥むめおさんもそうなんでしょ？」浜田「そう。」中島「ある思想によってじゃなくて。」浜田「ヒューマニズムでね。」

糸衛が読んでいた「朝日新聞」は、満州事変をきっかけに軍部の行動を追認し、満州の中国からの分離独立を容認する方向へと社論を転換していた（『新聞と戦争』朝日新聞出版、二〇〇八）。彼女が渡満するきっかけとなった「満州」での日本人の振る舞いを批判する記事は、辛うじて掲載が許される範囲の記事だったと思われる。

戦時下の厳しい言論統制下で糸衛が抱くことのできた思想は、反戦思想ではなかった。「満州」を中国に返すべきだと考えていたかどうかはわからないが、人間的なやり方を求める思想だったことは確かだ。それは愛国主義と矛盾しない。日米戦争が始まったとき、日本のために戦うことは、彼女の思想とは矛盾しなかったのだ。しかし戦後、反戦思想を抱くようになった以上、戦争中の自分への何らかの反省があってもよかったと私は思う。

糸衛は当時激励していた女性たちに対して、戦後、ある責任のとり方をしている。後述する、女子勤労同盟の設立である。

50 赤松と各地の工場へ行く——たんぽぽ劇団と間違えられたことも

糸衛は赤松常子と一緒に各地の工場に行って、労働者に話をした。その人たちの待遇について会社に改善要求をしたりもした。中島「激励ですか」浜田「尻を叩くんよ」という対話が残っている。

雪の中を赤松と一緒に札幌へ行ったとき、一流のホテルに泊まることになっていたのに、列車の都合でだめになった。街じゅうの旅館がいっぱいで、どこへ行っても泊めてくれない。やっと一軒、泊めてくれた部屋はぼろ部屋だった。赤松が宿帳に「大日本産業報国会婦人部長」と書き、糸衛も書いて、五円か何か渡してお釣りはいらないというと、旅館は手の平を返して立派な部屋に替えてくれた。

ちょうどたんぽぽ劇団という劇団が札幌を回っていた。二人は「たんぽぽ劇団の役者と間違えられたんですね」「蛇皮線引きと間違えられたのよ」などと話し合った。糸衛が「ほんとは、今日は札幌のホテルで泊まることになってたのに、こんな安い宿に」というと、赤松に「浜田さん、それじゃだめですよ。修行が足りませんよ」とたしなめられた。

51　労働者と動員された女性との関係で自殺者も出た――札幌で大講演会

浜田「それで札幌で大講演会して、赤松常子先生と私との講演するねん。『赤松・浜田大講演会』というね。いっぱいよ。私が何話したか、赤松さんが何を話したか忘れたけんど、もうその時分は、陸軍が全部ね、命令出して集めるから、超満員なんよ。」

命令を出したのは直接には会社だろう。当時は学生も一般の女性たちも工場に動員されていて、それまで儒教的道徳で厳しく抑えられていた男女の問題も起こっていた。

浜田「労働者と、まじめな家庭の動員された女の人との関係がいっぱいできて、今と違うから、急に自由になったから。だからね、妊娠したりして、それで汽車で自殺したり。会社へ行ったら、勤労課長さんが、必ず私のところにきて、実はこないだもうちの会社に、学校から、あれ、何というの、勤労学生だね。汽車で自殺しましたと。先生のお話の中でもどうか、そんなことはないようにいうてくださいって。そんなこと、いえるかいな。」

浜田は「職場における男女の問題」（本著作集上巻所収）の前半に、全国の工場や職場で起こっていた戦争末期の男女交際の乱れについて書いている。

52　重役たちだけが贅沢をしていた――中島飛行機三鷹工場の前で機銃掃射を受ける

浜田「会社行くでしょ、昼飯に、動員された学徒にいろんなもん食わせて。そして、今度晩飯に、そこの重役なんかと食べる。もう、うちらは見たこともないおいしいの。わし、怒ってやったの。これで日本が戦争が勝てますか、って、あんたらがこんなことで、いうて。ぼろくそに怒ってね、しょっちゅう帰りよったよ。それで、うちらみたいな役員が行ったら、みんな、お土産にいっぱいもらって帰る。」

中島「ということは、穂積さんなんかは、そのご馳走を食べてお土産をもらってきたんですか。」浜田「穂積さんなんか、うんと真面目な人じゃけんね。いかん、いうてね。」「そしたら、あとから、かれらは産報へ手紙送るのよ。浜田糸衛さんという人、寄越してくれるなって。そんで、穂積さんなんかが『浜田さん、ちょっとちょっと、こんな手紙がきてるけど』っていう。ああ、私、うんとあの課長を、怒ってやったんだ、って。」

あるとき、糸衛は中島飛行機三鷹工場の前で、米軍の艦載機による機銃掃射を受けた。会社の防空壕に避難すると、それは重役たちのためのもので、安楽椅子の揃った豪華な防空壕だった。

Ⅷ　敗戦後の浜田糸衛——敗戦の悲しみから婦団連結成まで

53　戦災で焼け出された——「敗戦の時、うんと悲しかったの」

中島「戦争が負けるという感じは、随分あったでしょ？」浜田「あった、あった。もう、敗戦は時の問題だと思っとった。」

高良「最初いたところ、焼け出されたんですか。」浜田「うん。」高良「中野のね、新井薬師のあたりかどっか、いたんだけど、焼け出されて、どんどん、どんどん逃げて、今の鳥山あたりまで行って、農家に行って、水でももらおうと思ったら、『東京からの避難民ですか』っていわれて。避難民だ、って。」浜田「ほうじゃね。」

中島「鳥山、そんな田舎だったんですね。今はもう。」高良「うん。世田谷の。」中島「住宅地ですけどね。」

浜田「ご飯食べさしてくれたよ。えらい沢山食べたよ。」

高良「その次は、□□のアパートにいたんですって。で、そのときにね、襖の張り替えから、畳の裏返しから、全部自分でやったっていうんですよ。畳もね、机を……」浜田「机を二つ置いてね。それで、畳をこうやって抜いて。」中島「ひっくり返して?」浜田「裏開けて、ぺっぺっぺっと、畳の裏返し、全部やった、私が。」中島「なんでもやれるんですね。」浜田「ほんと、器用よ。」

高良「『いやあ、上手ですね』なんていわれてね、『いや、親父が畳職人でしたから』って。」中島「うそいって。みんなほんとにそう思いますよ。」浜田「ああ、それでわかったいうたよ。」

浜田「私、敗戦のときはもう、疲労困憊してたね、敗戦のとき、うんと悲しかったの。とても悲しかったの。」

54　参議院選挙で赤松常子を応援――「政治家になろうとは思わなかった」

高良「一九四五年に、女子勤労連盟っていうのつくられたんですよね。それは赤松さんが。」浜田「委員長。」

高良「委員長で、戦争中、自分たちが行って、指導した人たちが。」浜田「全国にいっぱいいた。」

彼女たちは戦後大量に首を切られ、「この先どうしたら良いのか、一寸先がわからない」という手紙を沢山送ってきた。糸衛たちは責任を感じて、四五年一〇月に「日本女子勤労連盟」を設立したのである(「私のかかわった戦後初期の婦人運動」本著作集上巻所収、以下「戦後初期の婦人運動」と略記)。

高良「そいで赤松先生が社会党に入って、選挙に出るっていうんで、日本女子勤労連盟の会長を、浜田先生が引き受けた。」

戦後、赤松常子は日本労働総同盟の婦人部長となり、四七年四月の参議院選挙で社会党から立候補して初当選した。糸衛は赤松を応援した。「二番目に当選したよ」と彼女はいう。糸衛は赤松から、ぜひ社会党に入りなさいとスカウトされた。「あんたはな、政治家にもってこいだいうて」。「私がね、社会党の婦人部長になりますと、だからあんたに助けてもらわないかんけん、ね、社会党へ入ってくださいってね、でもね、私は政治家になろうとは全然思わんの。」

赤松は四八年、芦田連立内閣の厚生政務次官になった。当選三回。六〇年、民主社会党（右派社会党）の結成に参加し、翌年、日本婦人教師の会会長となる（『日本女性史大辞典』ほか）。

糸衛は赤松にぜひ会ってくれといわれて、社会党の片山哲と三度も会ったが、片山の話に共感できず、社会党には入らなかった。高良「『私ね、社会党に入るんだったら、共産党に入ります』っていったんですって。」浜田「うん。わしが社会党へ入ってたら、代議士になっとるわね。」

55　新憲法を普及して回る――青梅で年配の女性たちを説得

高良「そのあと一九四七年に、新憲法ができて、新憲法を普及して回る。」浜田「講師。」中島「新憲法、そうですよね、今度はね。」高良「講師にね、東京都から頼まれて、話しに行ったらしいんですよ。青梅かどっかへ。」浜田「青梅。」高良「新憲法で、女性も選挙権。お嫁さんもね、今までみたいにあれしないで、人権がちゃんと守られるみたいな話をしたらしいんですよ。そうしたらね、年配のおばさんたちからね、『私は新憲法反対だ』って。」浜田「絶対反対。」中島「え、女性が？」高良「うん。つまりね、私たちはどんなに苦労して、姑に仕えて、やってきたか分からんと。それで今やっとね、お財布を渡されて、自分たちの天下になったと思ったらば、今度は嫁をね、一人前に扱わなきゃいけないっていうことになったらばね、何のために私たちは苦労したのか。」中島「苦労したか分かんないと。なるほどね。」

高良「そう。浜田先生が『あなた、娘さんがいるじゃないか。あんたの娘さんもね、嫁に行ったとすると。そうしたらあなたたちが苦労したような苦労をね、あなたの娘さんもすることになるけど、それでもいいか』っていったら黙っちゃったって。」

56 メーデーで演説した女性は浜田だけ――おそらく五〇年のこと

浜田「メーデーの日にね、人民広場、四〇万も集まったんだよ。あっこでね、女で演説したのは、わしだけ。」

皇居前広場は戦後メーデーの復活以来メーデーの会場となり、他の多くの集会も開催されて、人民広場と呼ばれていた。

高良「らいてうさんが亡くなったときにね、たまたまばったり駅の近くで、□□さんに会ったんですよ。そしたら浜田さんは、戦後にね、女性として、メーデーで演壇から話をしたのは浜田さんが初めてで、それ以来いまだにないって。」

浜田「何十万といたからね、話すのに気持ちがええ。」高良「それを聞いてたのが、たまたまね、浜田先生の姪御さんの、吉良櫻子さん。櫻子さんが、女子医大の学生で、友だちと一緒に平和演説を聞きにきてたんですよ、メーデーの。そうしたら、お友だちが櫻子さんにね、『あの人、朝鮮人?』って聞いた。櫻子さん、よく見たら、自分のおばさん。とはいえない。黙って。それが血のメーデー（五二年）の前の年ぐらいですかね。」

五一年のメーデーでは、アメリカ占領軍は皇居前広場での開催を禁止した。糸衛が演説したのはおそらく五〇年のメーデーだろう。

57　市川房枝との交流は戦争中から――戦後は市川に食糧支援

糸衛と市川房枝との関係は、前掲「戦後初期の婦人運動」によると戦後からのように思えるが、この座談会によると、戦争中から始まっていた。

浜田「戦争中は私、市川房枝さんの会にね、非常に微々たるもんだったけどね、会長になったよ。」

市川は一九四〇年に婦選獲得同盟を解消して「婦人時局研究会」に統合した。糸衛が「会長になった」というのは、この会のことだろう。もっとも彼女が「満州」から帰国した一九四二年以後のことになる。だが質問が出なかったためか、話はそこで途切れている。

浜田「房枝さんと私と、うんと親しかったの。戦後、お米がないときでしょ。私はおうちから米を送ってくるから、米に不自由しなかったの。だから市川房枝さんと斎藤きえさん。あの二人が、いつもわしのうちに飯食いにきよった。」「おふくろは関西にいた。姉さんも一緒におった。兄さんと。食べ物不自由でしょ、東京。だから、おふくろが袋にお米入れて、その横へね、大根をこう置いて。人参を置いて、見つかったらとり上げられるから、カムフラージュをして、送ってくれたの。」

「私は市川さん、うんと助けたんですよ。こんなことは人にいうべきじゃないけ、いわなかったけどね。」

米は戦時中から配給制で、四二年から一日一人当たり二合三勺（330g）配給されていたが、戦後の四五年七月からは二合一勺（300g）に減った。米の自由な流通は禁止され、見つかると〝闇米〟として没収された。当時、宅急便などはない。郵便小包では大きな荷物は送れない。鉄道による〝チッキ〟で送り、糸衛は通知の葉書をもって高田馬場駅へ行き、西武線（現・西武新宿線）で沼袋まで運んだのだろう。

58　五三年四月の参院選で高良とみを応援――高良真木とも初対面

糸衛は一九五二年七月の高良とみの帰国歓迎会には出席していない。文学に集中するため、西宮の実家に戻っていたためだろう。しかしその後の婦団連の設立時には、在京して主動的に活動している。平塚らいてうに婦団連会長の就任を頼んだことなどについては、「平塚らいてう晩年の活動」（本巻所収）に書いた。

高良とみは五三年四月二四日の第三回参議院選挙に二度目の立候補をし、糸衛は婦団連から大阪に出張してとみを迎え、応援した。このとき、とみに同行していた高良真木と初対面をしたのである。

高良「私は五二年にアメリカの大学を卒業して、帰ってきたでしょ。そしたら、五三年の選挙で、二回目の選挙ですかね。うちの母が、関西に行くっていうんで、こりゃしめた、と一緒についていって、奈良のね、お寺でも見てこようと。豊中の選挙事務所へ行ったんですよ。そうしたら浜田先生がいて、『あ、あなた、高良とみさんの娘さんでしょ。早速トラック乗って、やんなさい』って。こりゃ大変だ。こういうおばさんにとっ捕まったら。」

浜田「あんたのお母さんのことだよ、あんたが、やらんでどうするんか、トラック乗って、演説しなさい、みたいな感じで。」高良「慌てて、ずらかって。」中島「ずらかったんですか。」高良「そうです。」

浜田「最初の演説ね、私がもうびっちりトラックの上からね、高良とみを応援したよ。だから高良とみは、私に恩があるんですよ。」中島「娘はどうだったんですか。娘は。」高良「全然もうだめですよ。ノンポリもいいとこでね。」浜田「そいでも、この人、知らんもん、わし。」

高良は「ずらかって」、奈良や京都のお寺を見にいった。それが二人の初対面だった（「一つの出発」本著作集上巻所収参照）。

59　婦団連結成、コペンハーゲン世界婦人大会への招待が来る——高良真木が通訳になるまで

婦人団体連合会（婦団連）は、平塚らいてう会長、高良とみ副会長、浜田事務局長で一九五三年四月五日に発足した。ここで国際民主婦人連盟（国際民婦連）主催の六月の第二回世界婦人大会への支持、協力が決議された。この大会のよびかけは、すでに日本民主婦人協議会（略称民婦協）に届き、らいてうにももたらされていた。らいてうはその国内へのよびかけのために起ち上がり、全国の婦人にあてたよびかけ文を二月に発表している（らいてう自伝『元始、女性は太陽であった』大月書店、以下『元始』と略称）。

民婦協は四八年に結成され、三十余団体が加盟して労働婦人を中核とした日本で最初の強力な組織体となった。四九年、国際民主婦人連盟（ＷＩＤＦ）に正式加盟。五三年、婦団連の結成に参加し、やがて同会に解消した。

高良「第一回のときは、誰も行けなかったんですね。第二回のときも、本当は炭婦協っていうのに来たんですね。炭鉱の婦人の」中島「向こうからの招待状が。」高良「ええ。要するに共産党のほうの組織に来たらしいんですよ。それを婦団連が受け継いで、出すことになって。」

炭婦協は一九五二年に結成され、同年秋、炭労ストライキのとき、とくに注目をひいた日本炭鉱主婦協議会である（米田佐代子『近代日本女性史　下』XIV章5、一九七二）。

高良のいう「共産党の方の組織」とは、まずこの民婦協のことだろう。炭婦協からは、北幸子が国際民婦連の日本評議員の一人になっている（『元始』）。しかし北は五五年に、病気と遠隔地にいるという理由で解任届を提出した（「平塚らいてうの手紙　8」本巻所収）。

中島「そん中にお二人、入ってらしたわけね。」高良「私は、通訳。」浜田「わし、通訳が要ると思って。こんな人いること知らんから、一生懸命探しよったの。ほしたらね、高良とみがね、『浜田さん、あんた英語、でけ

んでしょ』って、『みんな、でけんでしょ』って。ああ、あんまりでけん、って。『わしの娘はな、うんとできるで、通訳に連れてけ』っていった。私は見たこともないしな。どんな娘だろうと思ったのよ。それで通訳、それがなれそめ。」

糸衛と真木のつながりは、五三年春から糸衛の死去する二〇一〇年、いや真木が死去する一一年まで、半世紀以上続くことになる。

Ⅵ　浜田糸衛年譜

浜田糸衛年譜

年	浜田糸衛事蹟	関連事項
一九〇七（明治四〇）（〇歳）	七月二六日高知県吾川郡伊野町（現いの町）に生まれる。浜田惣次・春尾の三女 〝父親の教育方針で自然児のようにのびのび育つ。曲がったことが大嫌いで男の子並みに喧嘩も強かったので、あだ名は「アマゾネス」に因んで「あまとんさん」。人間は万物の霊長！　怖いことは世の中にない」と勇気づけてくれた父のことばは、生涯の支えである〟〈姉妹たちよ　女の暦〉二〇〇〇年	生田長江、馬場孤蝶、与謝野晶子ら閨秀文学会を発足。平塚らいてう、山川菊栄らが参加
一九一〇（明治四三）（三歳）		■八月二二日　韓国併合に関する日韓条約調印
一九一一（明治四四）	〝木登り、粘土あそび、輪廻し、練木《ネッキ》、たこ上げ、こま廻し、川干し、夜釣り、魚取り、山で川で畑で	平塚らいてう、青鞜社（生田長江命名）を創立。九月一日『青鞜』創刊。「元始女性は太

（四歳）	田圃で遊ぶことが多かった〟ノート「彼という人」一九五四年	陽であった」 ■一〇月　中国で辛亥革命
一九一三（大正二）（六歳）	四月　伊野尋常小学校入学	生田長江「新しき女性を論ず」 ■八月　孫文、第二革命に失敗、日本に亡命／宋慶齢、米国留学より帰国の途上、横浜に上陸、孫文に再会
一九一九（大正八）（一二歳）	三月　伊野尋常小学校卒業。作文は一番だった 四月　高知県立第一高等女学校入学	■五月四日　北京で五四運動始まる。反日の機運高まる
一九二〇（大正九）（一三歳）		平塚らいてうら、新婦人協会創立
一九二一（大正一〇）（一四歳）	父物次死去	■七月　中国共産党創立大会
一九二二（大正一一）（一五歳）		■三月　全国水平社創立、水平社宣言
一九二三（大正一二）（一六歳）		六月五日　共産党への最初の弾圧事件（第一次共産党事件）

一九二四（大正一三）（一七歳）	高知県立第一高等女学校卒業。翌年にかけて高知県高岡郡（当時）長者村小学校で代用教員	▩九月一日　関東大震災 一一月　孫文・宋慶齢来日。孫文「大アジア主義」演説、宋慶齢は「東西の女性は世界を改造するために連帯しましょう！」と呼びかける
一九二五（大正一四）（一八歳）	高知県吾川郡佐川町の小学校で代用教員	▩三月　治安維持法成立 五月　普通選挙法成立（男子のみ）
一九二六（大正一五）（昭和一）（一九歳）	―社会活動の開始― 二八年まで京都市立三条隣保館に勤務。被差別部落で保育、生活指導。シラミ退治、トラホーム治療など。自尊をすすめる。浜田家は京都に移る	
一九二八（昭和三）（二一歳）	長兄正辰死去	三月一五日　共産党への全国的大弾圧（三・一五事件、第二次共産党事件）
一九二九（昭和四）（二二歳）		▩世界恐慌はじまる
一九三〇（昭和五）（二三歳）	―文学活動の開始― 読売新聞懸賞小説に「黙殺」が入選。二月一〇日	三月　高群逸枝『婦人戦線』創刊 一〇月一日　奥むめお、婦人セツルメント開

	同紙に掲載（ペンネーム　井元直衛） 賞金一五円は冷害で娘を売る東北への義捐金に寄付	設。東京本所／託児部中心に婦人のための協同隣保事業（託児、健康・妊娠調節相談、夜間女学校等） 四月　共産党全国的検挙（第三次共産党事件） 七月　高群逸枝、世田谷の〝森の家〟で女性史研究に入る
一九三一（昭和六）（二四歳）	一〇月　長編小説『雌伏』刊行（春秋社） 〝仕事の傍ら小説を書き上げて生田長江に認められたが、本にしてくれる出版社がない。そこで京都堀川の繁華街に「現代文明は、天才を川底に沈めて流れていく」と大書した看板を立て、自己アピールの演説をぶって、署名を集め、出版にこぎつけた〟。タイトルは〝女は雌伏する〟という意味。よく売れた	■九月一八日　満州事変勃発
一九三二（昭和七）（二五歳）		■三月一日　満州国、建国宣言
一九三三（昭和八）（二六歳）	—文学修業と社会活動— 次姉美雪らと上京して生田長江に師事。月島に部	生田長江、五一歳、ハンセン病闘病の中『釈尊』執筆の時期、翌年失明

一九三五（昭和一〇）（二八歳）	屋を借り、日比谷図書館に通って小説を読む 本所・深川の奥むめおの婦人セツルメントに協力 クリスマスイヴに生田長江を訪問（最後の訪問者）。「もう庭の花が見えない」「高群君、女性史研究に入る」と聞く。スペイン戦争（内乱）を話題にした	
一九三六（昭和一一）（二九歳）		一月一一日　生田長江死去 ■二月二六日　二・二六事件
一九三七（昭和一二）（三〇歳）		■七月七日　盧溝橋事件。日中全面戦争はじまる　九月、国民精神総動員運動はじまる ■一二月一三日　南京事件。日本軍南京占領、南京事件／東京では提灯行列
一九三八（昭和一三）（三一歳）	―「満州」に渡る― 奉天（瀋陽）の鉄西〈国産電機〉に勤務。社内報編集に携わり、傍ら中国人女性職員の文化活動を支援「満洲日日新聞」に日本人の反省を迫る記事を寄稿	■四月　国家総動員法公布　満蒙開拓青少年義勇軍五〇〇〇人渡満開始 九月　高群逸枝『母系制の研究』発刊
一九三九（昭和一四）		■九月一日　ドイツ軍、ポーランド進攻を開

（三二歳）		始。第二次世界大戦勃発
一九四〇 （昭和一五） （三三歳）		一〇月一二日　大政翼賛会発会式 一一月一〇～一四日　紀元二六〇〇年祝賀行事
一九四一 （昭和一六） （三四歳）		一一月二三日　大日本産業報国会創立 ■一二月八日　日本軍、ハワイ真珠湾奇襲攻撃。太平洋戦争勃発
一九四三 （昭和一八） （三六歳）	—「満州」より帰国、戦時下で— 大日本産業報国会に副参事として勤務 赤松常子参事と全国の工場で女子挺身隊員を指導 生産促進、勤労動員された女性の待遇視察など	一〇月　動員学徒壮行会
一九四四 （昭和一九） （三七歳）		■三月　学徒勤労令の通年実施を閣議決定 八月二三日　女子挺身勤労令公布（勤労動員への法措置）
一九四五 （昭和二〇） （三八歳）	・被災し、赤坂区（当時）の青山から中野区の新井薬師へ、杉並区の方南へ（「晩年の浜田糸衛を囲む座談会」では新井薬師から世田谷区の烏山に避難したと語る）	■三月　東京大空襲 ■八月　広島、長崎に原爆投下される ■八月一五日　ポツダム宣言受諾。敗戦 一一月　市川房枝、新日本婦人同盟結成。五

一九四六（昭和二一）（三九歳）	―敗戦直後の混沌の中で― ・一〇月、日本女子勤労連盟結成（初代委員長赤松常子）。四六年委員長になり、四八年国際婦人デー、婦人平和大会、四九年婦人の日中央大会に中心的に活動 ・餓死防衛同盟（一〇月結成／松谷天光光）の活動に参加 ・同胞援護婦人連盟（六月結成／理事長吉岡弥生）で戦災孤児救護活動 ・新日本婦人同盟（市川房枝）の活動に参加。一九四六～五〇年常任委員	〇年、日本婦人有権者同盟と改称 三月　婦人民主クラブ結成 ■四月　戦後初の衆議院議員総選挙に最初の婦人参政権行使、婦人議員三九名当選
一九四七（昭和二二）（四〇歳）		三月　戦後初の国際婦人デー 四月　初の参議院選挙、婦人議員一〇名 ■五月三日　日本国憲法施行
一九四八（昭和二三）（四一歳）	妹藤子死去、娘の櫻子を養女にする	四月　日本民主婦人協議会（民婦協）結成、四九年一月からの会長 勝目テル。労働婦人を中核とした日本で最初の強力な組織体となる
一九四九	四月一〇日　婦人の日中央大会で明治の堺ため子、	五月　日本婦人団体連絡協議会（婦団協）結

（昭和二四）（四二歳）	大正の平塚らいてうを、ＧＨＱの干渉に抗して公職追放中の市川房枝を表彰	成、四六団体、一〇〇万人が加盟　性病、売春一掃、婦人少年局継続設置、女子の首切り反対 ■一〇月一日　中華人民共和国建国
一九五〇（昭和二五）（四三歳）	日中友好協会理事に選出される 四月　婦団協主催「四・一〇」婦人の日大会で高群逸枝を表彰。浜田―高群の出会い。市川房枝の追放解除を提案 中野平和婦人会を設立、会長。女性平和団体の嚆矢 文学活動に戻るため西宮に帰郷	一月　コミンフォルム、日本共産党の平和革命論を批判、以後内部対立激化（五〇年問題） 六月　マ元帥、共産党中央委員全員二四名の追放を指令（「所感派」は地下活動へ、「国際派」と分裂） ■六月二五日　朝鮮戦争勃発 七月　婦団協「戦争はいやです」で全加盟団体が一致し、無期休会に入る 一〇月　日中友好協会創立
一九五一（昭和二六）（四四歳）		■九月八日　対日平和条約、日米安全保障条約調印
一九五二（昭和二七）（四五歳）	八月　日本婦人団体連合会（婦団連）設立準備会結成。中野平和婦人会として加盟	四月、高良とみ（参議院議員）モスクワ国際経済会議に出席。戦後初の社会主義国入り

一九五三（昭和二八）（四六歳）

四月　日本婦人団体連合会（婦団連）結成　初代事務局長に就任／平塚らいてう会長、高良とみ副会長／参加団体三〇余団体
五月　第一回日本婦人大会に参加。旅券獲得闘争
六月一〇日～九月八日　国際民婦連主催の第二回世界婦人大会に日本代表団事務局長として参加。東ベルリン、ソ連、中国、ルーマニア、チェコスロバキア等を視察、交流／初めての日本婦人訪中団。国際民婦連の日本評議員に就任
帰国後約四カ月、報告会を全国で活発に展開。五〇回、延べ二五万人参加
一二月　第二回日本婦人大会に参加　報告活動を

五月　中国政府の招待に応じて、高良とみ、宮腰喜助（衆議院議員）及び帆足計（同）が北京を訪問。新中国建国後初めて訪中した日本人
七月　高良とみ帰国報告会／平塚らいてう、再軍備反対、平和憲法擁護の女性統一組織の結成を呼びかける
一月　高群逸枝『招婿婚の研究』刊行
▩三月　スターリン死去
六月五日～一一日　国際民主婦人連盟（国際民婦連）主催第二回世界婦人大会、コペンハーゲンにて開催。六七カ国七〇〇〇人参加、「婦人の権利の宣言」採択／日本代表団（高田なお子団長）は、旅券闘争により出発が大いに遅れる。高良真木随員として同行、フランスで画業に専念。五五年帰国
▩七月　朝鮮戦争休戦協定調印
一二月　平塚らいてう、国際民婦連副会長就任を発表

	しめくくる。婦団連の事務局長役に復帰	
一九五四（昭和二九）（四七歳）	―東京と西宮の実家で病気療養― 一月　平塚らいてうとの文通が始まる。旅券不許可のため、国際民婦連執行局会議（ジュネーブ）への出席は不可能 英語の勉強に熱中。読書、音楽と芸術鑑賞 三月　婦団連の事務局長代理が決まる（実質的退職）	■一〇月三〇日～一一月一二日　中国紅十字会代表団来日。李徳全団長、廖承志副団長／新中国最初の訪日団 高群逸枝『女性の歴史』刊行開始
一九五五（昭和三〇）（四八歳）	三月　母春尾を看取る　享年八〇 六月　ヨーロッパから帰国した高良真木と再会 八月　次姉美雪を看取る	二月　国際民婦連評議員会（ジュネーブ）に高良とみら五名出席 六月　第一回日本母親大会
一九五六（昭和三一）（四九歳）	―上京、再び文筆活動を志す― 三月　高群逸枝に師事、高群との文通が始まる 五月　一時、国際民婦連の仕事をする 一〇月　国際民婦連の日本評議員を辞す	■二月　ソ連第二〇回党大会、フルシチョフ、秘密報告でスターリン批判 八月　国際民主婦人連盟副会長マリー・クロードがらいてう宅を訪問
一九五七（昭和三二）（五〇歳）		三月　平塚らいてう、婦団連の会長を辞任し名誉会長となる 一一月　婦団連、国際民婦連に正式加盟
一九五八	八月　前年着想を得た童話「野に帰ったバラ」を	六月　国際民婦連の世界婦人大会（ウィー

（昭和三三）（五一歳）	完成	ン）に高田なお子、猿橋勝子ら一〇名出席。
一九六〇（昭和三五）（五三歳）	六月　樺美智子追悼（抗議）集会に参加 一一月　童話『野に帰ったバラ』を理論社より刊行	六月一五日　安保条約改定反対闘争、国会議事堂を取り巻く。その中で樺美智子死去
一九六一（昭和三六）（五四歳）	三月　養女吉良櫻子の長男太郎生まれる	
一九六二（昭和三七）（五五歳）	熊本県・松橋町に高群逸枝「望郷子守歌」の碑建立。高群逸枝名代として除幕（平塚らいてう名代としての奥村博史とともに）。熊本、宮崎、鹿児島旅行	一〇月　新日本婦人の会結成、平塚らいてう代表委員となる
一九六四（昭和三九）（五七歳）	―この年、神奈川県真鶴（高良真木宅）に転居― 沼袋と往復生活	六月七日　高群逸枝死去　享年七〇
一九六五（昭和四〇）（五八歳）	二月　櫻子の長女森子生まれる 吉良家の家事にも関わる	▨二月七日　米、北爆開始（ベトナム） ベティ・フリーダンの著書の邦訳『新しい女性の創造』出版
一九六六（昭和四一）（五九歳）	八月　中国婦人代表団を迎えるためらいてう宅などを回る	五月　中国でプロレタリア文化大革命始まる 一〇月二三日　日中友好協会分裂、翌日日中

年	事項	社会
	九月～一〇月　日中友好協会〈北京放送聴取者代表団〉の団長として、中国各地を約四〇日間視察交流　国慶節パレードを参観 一〇月　日中友好協会（正統）に参加（のち協会理事～参与）	友好協会（正統）本部発足 アジア・アフリカ作家会議が分裂、中国は活動停止
一九六七（昭和四二）（六〇歳）	一月　中国婦人代表団歓迎 真鶴で今晩話会開催（月一回）。漁民と連帯して中国物産展、映画上映など 一〇月　日中友好協会（正統）神奈川県本部設立に参加（のち神奈川県日中友好協会顧問） 次兄正信死去	二月六日～三月二日　善隣学生会館事件 五月　平塚らいてう、新日本婦人の会の会長辞任、顧問となる
一九六九（昭和四四）（六二歳）	六月　日中友好協会（正統）西湘支部設立（のち西湘日中友好協会副会長～会長代行～名誉顧問） 志澤デパートで中国物産展、中国語講座、中国問題講座など西湘地区での活動が発展	
一九七一（昭和四六）（六四歳）	～七四　この間、沖縄返還、日中国交回復、ベトナム反戦を三大課題として積極的に行動。三里塚の空港反対にも参加	五月二四日　平塚らいてう死去　享年八五 ■六月一七日　沖縄返還協定調印 ■九月　林彪事件 ■一〇月　中国、国連に加盟

一九七二 （昭和四七） （六五歳）	九月　相模原で米軍装甲車の輸送に抗し負傷（肋骨二本骨折）、第二の樺美智子かといわれた	■二月　あさま山荘事件（連合赤軍事件） ―日中国交正常化― ■九月二九日《日中共同声明》調印。田中角栄首相―周恩来総理／「平和共存と共同の繁栄を目指して」
一九七四 （昭和四九） （六七歳）	一一月　中国婦人代表団神奈川歓迎委員会発足（副委員長）、県下四〇団体参加	
一九七五 （昭和五〇） （六八歳）	一月　九年ぶりで来日の中国婦人代表団を神奈川県で歓迎。四〇団体 三月八日　日中友好神奈川県婦人連絡会（婦連）設立（副会長～会長～名誉会長）／四月　日中友好神奈川県活動家訪中団の団長として三度目の訪中、以降二〇〇一年まで、〃友好を求めて〃一〇回訪中	■四月　ベトナム戦争終わる 六月一九日～七月二日　国際婦人年世界会議（メキシコシティ）
一九七六 （昭和五一） （六九歳）	―日中友好・平和運動と並行して著作活動―	■周恩来中国国務院総理（一月）、朱徳全中国人民代表大会常務委員長（七月）、毛沢東中国共産党主席（九月）、相次ぎ死去 ■一〇月　江青ら四人組が逮捕され、文化大

		革命終息
一九七八（昭和五三）（七一歳）	『野に帰ったバラ』（理論社）新装再刊	■八月一二日《日中友好平和条約》締結 ■一二月　中国、改革開放路線へ
一九七九（昭和五四）（七二歳）	この頃真鶴に定住	
一九八〇（昭和五五）（七三歳）	三月　『豚と紅玉《べにだま》』をアンヴィエルより刊行。高群逸枝は、生前この作品を評して「人間のほんとうの幸福を願う心をこれほど純粋に示してくれる作者は、日本には稀です」	日中友好協会（正統）、その付称を削除
一九八二（昭和五七）（七五歳）	四月　中国婦人代表団歓迎 五月〜六月　高良真木と南北アメリカ旅行 八月　教科書検定問題で文部省・自民党に抗議に行く	■六月二六日　教科書検定問題おこる。「侵略」を「進出」に文部省が書き換えさせたという報道をきっかけに教科書検定をめぐり、国内、国外に起きた一連の騒動。
一九八三（昭和五八）（七六歳）	七月七日　「七・七盧溝橋事件」記念の集い。これより毎年開催	
一九八四（昭和五九）（七七歳）	宋慶齢日本基金会設立に参加（発起人〜評議員）	

一九八五（昭和六〇）（七八歳）	長姉槙尾死去	七月　国際婦人年世界会議（ナイロビ）
一九八七（昭和六二）（八〇歳）	一月　『金の環の少年』を国土社より刊行 「二一世紀半ばには、中国は世界一の国になる。中国は、決して覇権を行使しない。」	
一九八九（昭和六三／平成一）（八二歳）	六月二日　婦連で訪中、七日帰国。会長名で天安門広場での武力行使に対する「抗議文」を送る 高良真木とヨーロッパ旅行	■六月四日　六四天安門事件 ■一一月一〇日　ベルリンの壁崩壊はじまる。東西の冷戦終結に向かう
一九九〇（平成二）（八三歳）	婦連設立一五周年。五月中国婦人代表団を神奈川県に招請／「嬉しいときも、苦しいときも友好！」	
一九九五（平成七）（八八歳）	三月　『あまとんさん』を農山漁村文化協会より刊行 八～九月　第四回国連世界女性会議ＮＧＯフォーラムに参加	
一九九七（平成九）（九〇歳）	夏、真鶴で「晩年の浜田糸衛を囲む座談会」が行なわれる	
一九九九	九～一〇月　婦連訪中団。一〇月一日中国建国五	■中華人民共和国建国五〇周年

（平成一一）（九二歳）	〇周年式典に参加
二〇〇二（平成一四）（九五歳）	六月　真鶴共生舎設立（名誉代表） 七月一五日　共生舎・グループリビング〈木の家〉に入居 〝一人の人間として国家の独立、個人の独立ということを骨の髄まで刻み込まなくては、何かの弾圧が来ると日和見になってしまう〟「私のかかわった戦後初期の婦人運動」
二〇一〇（平成二二）（一〇二歳）	五月二一日　東京都中野区の病院に入院、六月一三日　老衰のため同病院で死去。享年一〇二 七月二四日　〝浜田糸衛を送るつどい〟日中友好神奈川県婦人連絡会主催　地球市民かながわプラザ〈レストラン・メルヘン〉 一一月　新保敦子、高良真木にインタビュー
二〇一一（平成二三）	二月一日　高良真木死去。享年八〇

監修・資料　浜田糸衛・高良真木
作成　久保田博子・高良留美子

あとがき

『浜田糸衛　生と著作』上巻を二〇一六年七月に上梓してから二年余りが経ち、ようやく下巻の編集を終えることができた。

本巻の解説で、私は平塚らいてうと高群逸枝の手紙を解読するだけでなく、その晩年の活動や仕事の意義を解明することに努めた。

らいてうが一九六六年に中国婦人代表団の来日に際してとった「私自身であるだけ」の態度と、七一年に死の床でベティ・フリーダンを読んでいたという証言は、本書で初めて明らかにされたことである。

「平塚らいてう晩年の活動」を書き終えて私が感じたことは、日本では政党から自由な文化運動・社会運動の成立と持続が困難だということだった。しかしそれ抜きには、下からの社会変革を実現することはできない。

執筆直前までできていた高群逸枝「続招婿婚の研究」の資料が失われたことは残念だが、近年高群研究の気運は高まっている。若い世代の研究に期待したい。

次に、「晩年の浜田糸衛を囲む座談会」によって、浜田の幼年期の環境と家族、土佐・高知の解放的で先進的な歴史と文化、長者村の小学校と京都の被差別部落での経験、東京での文学修行と社会活動、「満州」渡航の志、戦争中の大日本産業報国会での活動、そして戦後の婦人団体連合会をめぐる活動などが明らかになった。

ことに浜田が「満州」で抱いた中国と中国人への親しみと愛は、戦後の日中友好運動への参加と、持続的な活動へのつよい動機づけになったと思う。

また戦前から奥むめおや市川房枝の活動に協力したことは、浜田の戦後最初期の女性運動への参加と国際会議への出席、婦団連事務局長としての活動などとつながっている。その間、彼女は終始文学への志を捨てず、四冊の長編童話を出版した。稀有な生涯だった。

改めて座談会の出席者と二〇一七年にテープを送ってくださった重松恵美氏、高良真木にインタビューしてくださった新保敦子氏、「浜田糸衛年譜」の初稿作成者・久保田博子氏、「らいてう戦後日記53〜58」を公開された「NPO法人平塚らいてうの会」会長の米田佐代子氏、らいてうの宗教観について教示された折井美耶子氏、佐多稲子の手帳の翻刻が掲載された『くれない——佐多稲子研究』11号と12号を送ってくださった小林裕子氏、「晩年の浜田糸衛を囲む座談会」の中の洞村について教示された川元祥一氏に感謝したい。

またこの機会に、浜田糸衛と高良真木が後半生を共に過ごした神奈川県真鶴の「一般社団法人まなづる森の家」を守り活用してくださっている木幡佳子理事長、増本敏子弁護士を初めとする理事の方々、そして木幡啓志氏にお礼を申し上げたい。

上巻と同様、本書も生方孝子氏とドメス出版のおかげで世に出ることができた。心からお礼を申し上げる。

二〇一九年一〇月二一日

高良留美子

浜田糸衛（はまだ　いとえ）
文学者・社会運動家

1907年７月26日高知県吾川郡伊野町（現いの町）生まれ。高知県立第一高女卒。高知県高岡郡長者村小学校などで代用教員。京都市立三条隣保館に勤め被差別部落の保育・生活指導をする。1930年、短篇小説「黙殺」が読売新聞の懸賞に入選。小説『雌伏』(1931年、春秋社)出版。上京し生田長江の最晩年の弟子となる。1938〜43年「満州」に滞在し日満友好に努める
戦後、平和・女性運動に携わり、平塚らいてう、高群逸枝と強い信頼関係を結ぶ。1953年、日本婦人団体連合会事務局長としてコペンハーゲンの第２回世界婦人大会に出席、ソ連、中国、東欧を歴訪、帰国後全国的な報告活動を展開する
文学に回帰し『野に帰ったバラ』（1960年、理論社）をはじめ４冊の長編童話を発表
また1966年、文化大革命を機に、歴史認識、「従軍慰安婦」問題、天安門事件など激動する日中関係において一貫した平和、友好活動を推進した
神奈川県日中友好協会顧問、日中友好神奈川県婦人連絡会名誉会長
後半生の多くと晩年は神奈川県の真鶴に住み、2010年６月13日、東京中野の病院で老衰のため死去、102歳

浜田糸衛 生と著作　下巻
平塚らいてうと高群逸枝の手紙／長編小説を中心に

2019年11月27日　第１刷発行
定価：本体4800円＋税

編　者　高良真木・高良留美子・吉良森子
発行者　佐久間光恵
発行所　株式会社 ドメス出版
東京都文京区白山 3-2-4
振替　0180-2-48766
電話　03-3811-5615
FAX　03-3811-5635
http://www.domesu.co.jp

印刷・製本　株式会社 太平印刷社

ISBN978-4-8107-0848-6　C0036